Instalação e Configuração do Windows Server 2012 R2

Exam Ref 70-410

O autor

Craig Zacker é autor e coautor de vários livros, artigos e sites sobre sistemas operacionais, tópicos de rede e hardware de PCs, entre eles *Windows Small Business Server 2011 Administrator's Pocket Consultant* e *MCITP Self-Paced Training Kit for Exam 70-686: Windows 7 Desktop Administrator*, da série Microsoft Learning. Ele também foi professor de inglês, administrador de rede, webmaster, instrutor em empresas, técnico em fotografia, atendente de biblioteca, aluno e entregador de jornais. Vive em uma pequena casa com sua linda esposa e um gato neurótico.

Z15e   Zacker, Craig.
          Exam Ref 70-410 : instalação e configuração do
       Windows Server 2012 R2 / Craig Zacker ; tradução: Aldir
       José Coelho Corrêa da Silva ; revisão técnica: Luciana
       Monteiro Michel. – Porto Alegre : Bookman, 2015.
          xii, 394 p. : il. ; 25 cm.

          ISBN 978-85-8260-357-4

          1. Sistema operacional. 2. Windows Server 2012. I.
       Título.

                              CDU 004.451.9Windows Server

Catalogação na publicação: Poliana Sanchez de Araujo – CRB 10/2094

Craig Zacker

Instalação e Configuração do Windows Server 2012 R2

Exam Ref 70-410

Tradução:
Aldir José Coelho Corrêa da Silva

Revisão técnica:
Luciana Monteiro Michel
Profissional com certificações MCSA, MCSE, MCTS, MCITP, MCT
Instrutora da Alfamídia Prow – Educação Profissional

bookman

2015

Obra originalmente publicada sob o título
Exam Ref MCSA 70-410: Installing and Configuring Windows Server 2012 R2
ISBN 978-0-7356-8424-9

Copyright © 2014, de Craig Zacker

Tradução autorizada a partir do original em língua inglesa da obra intitulada EXAM REF MCSA 70-410: INSTALLING AND CONFIGURING WINDOWS SERVER 2012 R2, 1ª Edição, autoria de CRAIG ZACKER, publicado por Pearson Education, Inc., sob o selo Microsoft Press, Copyright © 2014. Todos os direitos reservados. Este livro não poderá ser reproduzido nem em parte nem na íntegra, nem ter partes ou sua íntegra armazenado em qualquer meio, seja mecânico ou eletrônico, inclusive fotocópia, sem permissão da Pearson Education,Inc.

A edição em língua portuguesa desta obra é publicada por Bookman Companhia Editora Ltda., uma empresa do Grupo A Educação S.A. Copyright © 2015.

Gerente editorial: *Arysinha Jacques Affonso*

Colaboraram nesta edição:

Editora: *Mariana Belloli*

Leitura final: *Cristhian Matheus Herrera*

Capa: *Kaéle Finalizando Ideias*, arte sobre capa original

Editoração eletrônica: *Techbooks*

Reservados todos os direitos de publicação, em língua portuguesa, à
BOOKMAN EDITORA LTDA., uma empresa do GRUPO A EDUCAÇÃO S.A.
Av. Jerônimo de Ornelas, 670 – Santana
90040-340 – Porto Alegre – RS
Fone: (51) 3027-7000   Fax: (51) 3027-7070

Unidade São Paulo
Av. Embaixador Macedo Soares, 10.735 – Pavilhão 5 – Cond. Espace Center
Vila Anastácio – 05095-035 – São Paulo – SP
Fone: (11) 3665-1100   Fax: (11) 3667-1333

SAC 0800 703-3444 – www.grupoa.com.br

É proibida a duplicação ou reprodução deste volume, no todo ou em parte, sob quaisquer formas ou por quaisquer meios (eletrônico, mecânico, gravação, fotocópia, distribuição na Web e outros), sem permissão expressa da Editora.

IMPRESSO NO BRASIL
PRINTED IN BRAZIL

Sumário

Introdução   xi

Certificações da Microsoft. xi

Suporte técnico. xii

Preparando-se para o exame xii

Capítulo 1   Instalação e configuração de servidores   1

Objetivo 1.1: Instalar servidores 2

    Planeje uma instalação de servidor 2

    Escolha entre as opções de instalação. 6

    Upgrade de servidores. 12

    Migração de funções 14

    Resumo do objetivo 16

    Revisão do objetivo 17

Objetivo 1.2: Configurar servidores 18

    Execute tarefas pós-instalação 18

    Use o Gerenciador de Servidores. 26

    Configure serviços 36

    Delegue a administração do servidor 37

    Use a Configuração do Estado Desejado (DSC) do
Windows PowerShell 37

    Resumo do objetivo 39

    Revisão do objetivo 40

Objetivo 1.3: Configurar o armazenamento local 41

    Planeje o armazenamento no servidor 41

    Configurações de disco do Windows 43

    Discos 47

    Resumo do objetivo 62

    Revisão do objetivo 63

Respostas 65

Capítulo 2 Configuração de funções e recursos do servidor 70

Objetivo 2.1: Configurar o acesso a arquivos e compartilhamentos 70

    Crie compartilhamentos de pastas 71

    Atribua permissões... 76

    Configure cópias de sombra de volume........................... 85

    Configure cotas do NTFS.. 86

    Configure o Work Folders....................................... 88

    Resumo do objetivo.. 89

    Revisão do objetivo 90

Objetivo 2.2: Configurar serviços de impressão e documentos 91

    Implante um servidor de impressão 91

    Compartilhe uma impressora.................................... 98

    Gerencie documentos 102

    Gerencie impressoras... 103

    Use a função Print and Document Services 105

    Resumo do objetivo... 110

    Revisão do objetivo 110

Objetivo 2.3: Configurar servidores para gerenciamento remoto 111

    Use o Server Manager no gerenciamento remoto 112

    Use ferramentas de administração de servidor remoto 120

    Como usar servidores remotos.................................. 121

    Resumo do objetivo... 122

    Revisão do objetivo 123

Respostas 124

Capítulo 3 Configuração do Hyper-V 129

Objetivo 3.1: Criar e definir configurações de máquina virtual............. 129

    Arquiteturas de virtualização 130

    Implementações do Hyper-V 131

    Instale o Hyper-V 134

    Use o Hyper-V Manager 136

    Configure a avaliação do uso de recursos 150

    Resumo do objetivo... 152

    Revisão do objetivo 152

Objetivo 3.2: Criar e configurar o armazenamento da máquina virtual...... 154

    Formatos de discos virtuais..................................... 154

    Crie discos virtuais 155

Configure discos pass-through (de passagem) 161
Modifique discos virtuais... 162
Crie pontos de verificação.. 163
Configure a qualidade de serviço (QoS) para o armazenamento...... 164
Conecte-se a uma rede de área de armazenamento (SAN).......... 165
Resumo do objetivo... 171
Revisão do objetivo 171

Objetivo 3.3: Criar e configurar redes virtuais 172
Crie switches virtuais 173
Crie adaptadores de rede virtuais 179
Configure NIC teaming em um ambiente de rede virtual 183
Crie configurações de rede virtual................................ 186
Resumo do objetivo... 188
Revisão do objetivo 189

Respostas 190

Capítulo 4 Implantação e configuração de serviços básicos de rede 195

Objetivo 4.1: Configurar os endereçamentos IPv4 e IPv6................. 195
Endereçamento IPv4 196
Endereçamento IPv6 203
Crie sub-redes de endereços IPv6 208
Planejando uma transição de IP................................. 209
Resumo do objetivo... 213
Revisão do objetivo 213

Objetivo 4.2: Configurar servidores.................................... 214
DHCP 215
Implante um servidor DHCP..................................... 220
Implante um agente de retransmissão DHCP 225
Resumo do objetivo... 228
Revisão do objetivo 229

Objetivo 4.3: Implantar e configurar o serviço DNS 230
Arquitetura do DNS 230
Implante um servidor DNS 239
Resumo do objetivo... 247
Revisão do objetivo 248

Respostas 249

Capítulo 5   Instalação e administração do Active Directory   255

Objetivo 5.1: Instalar controladores de domínio 255
    Implante o Active Directory Domain Services 256
    Resumo do objetivo 272
    Revisão do objetivo 273

Objetivo 5.2: Criar e gerenciar usuários e computadores do Active Directory 274
    Crie objetos de usuário 274
    Crie objetos de computador 283
    Gerencie objetos do Active Directory 286
    Resumo do objetivo 292
    Revisão do objetivo 292

Objetivo 5.3: Criar e gerenciar grupos e unidades organizacionais (OUs)
do Active Directory 293
    Grupos 298
    Resumo do objetivo 307
    Revisão do objetivo 308

Respostas 309

Capítulo 6   Criação e gerenciamento de Políticas de Grupo   314

Objetivo 6.1: Criar objetos de política de grupo (GPOs) 314
    Objetos de política de grupo 315
    Configure um repositório central 316
    Use o console de gerenciamento de política de grupo (GPMC) 316
    Gerencie starter GPOs 319
    Defina configurações de política de grupo 320
    Crie várias GPOs locais 321
    Resumo do objetivo 323
    Revisão do objetivo 324

Objetivo 6.2: Configurar políticas de segurança 325
    Defina políticas locais 325
    Use modelos de segurança 330
    Configure usuários e grupos locais 333
    Controle de Contas de Usuário (UAC) 336
    Resumo do objetivo 341
    Revisão do objetivo 341

Objetivo 6.3: Configurar políticas de restrição de aplicativo 342
    Use políticas de restrição de software 342

Use o AppLocker. 349
Resumo do objetivo. 352
Revisão do objetivo 353

Objetivo 6.4: Configurar o Firewall do Windows. 354
Configurações do Firewall do Windows 354
Firewall do Windows 355
Use o applet do Painel de Controle para o Firewall do Windows. 356
Use o console Firewall do Windows com Segurança Avançada 360
Resumo do objetivo. 366
Revisão do objetivo 366

Respostas 368

Índice   375

Introdução

A maioria dos livros usa uma abordagem de mais baixo nível, ensinando como usar conceitos básicos na execução de tarefas mais simples. Como no exame de certificação 70-410 da Microsoft, este livro usa uma abordagem de mais alto nível, indo do conhecimento básico de administração de sistemas baseados em Microsoft Windows até os conceitos mais avançados de servidor necessários ao Windows Server 2012 R2.

As pessoas que prestam esse exame são profissionais de tecnologia da informação (TI) que conhecem e sabem usar o sistema operacional Windows Server 2012 R2 e querem validar as habilidades e o conhecimento necessários à implementação dos serviços de infraestrutura básicos do sistema.

O exame 70-410 é o primeiro de uma série de três exames que validam as habilidades e o conhecimento necessários à implementação de uma infraestrutura básica do Windows Server 2012 R2 em um ambiente empresarial. Este livro aborda a implementação e a configuração inicial dos serviços básicos do Windows Server 2012 R2, como o Active Directory e os serviços de rede. Tanto este quanto os livros dos exames 70-411 e 70-412 ilustram coletivamente as habilidades e o conhecimento necessários à implementação, ao gerenciamento, à manutenção e ao fornecimento de serviços e infraestrutura em um ambiente Windows Server 2012 R2.

No livro, são abordados todos os objetivos do exame, mas não todas as perguntas. Só a equipe de exames da Microsoft tem acesso a elas, e novas perguntas são adicionadas regularmente, o que nos impossibilita incluir perguntas específicas. Você deve considerar este livro um complemento de sua experiência no mundo real e de outros materiais de estudo. Se você encontrar um tópico com o qual não se sinta totalmente à vontade, use os links espalhados pelo texto para buscar mais informações e dedique algum tempo à pesquisa e ao estudo do assunto. Há boas informações disponíveis nos sites da MSDN, da Technet e em blogs e fóruns.

Certificações da Microsoft

As certificações da Microsoft dão destaque ao candidato aprovado, comprovando seu domínio em um amplo conjunto de habilidades e vivências ao usar produtos e tecnologias da empresa. Os exames e as certificações correspondentes são desenvolvidos para validar o domínio em habilidades cruciais no momento do projeto e desenvolvimento, ou na implementação e no suporte de soluções que envolvam produtos e tecnologias da Microsoft tanto localmente quanto na nuvem. A certificação traz vários benefícios para profissionais, empregadores e empresas.

> **MAIS INFORMAÇÕES** **TODAS AS CERTIFICAÇÕES DA MICROSOFT**
>
> Para obter informações sobre certificações da Microsoft, inclusive uma lista completa de certificações disponíveis, acesse *http://www.microsoft.com/learning/pt-br/default.aspx*.

Suporte técnico

Todos os esforços foram feitos para garantir a exatidão deste livro. Caso sejam detectados erros após sua publicação, uma errata (em inglês) poderá ser encontrada no site:

http://aka.ms/ER410R2/errata

Se quiser reportar algum erro diretamente para a Microsoft Press, você poderá fazê-lo pela mesma página. Ou então, você pode fazer comentários, dar sugestões, tirar dúvidas ou reportar erros para a editora brasileira deste livro, pelo endereço secretariaeditorial@grupoa.com.br.

Preparando-se para o exame

Os exames de certificação da Microsoft são uma ótima maneira de você melhorar seu currículo e mostrar ao mundo seu nível de conhecimento. Eles comprovam sua experiência profissional e seu conhecimento do produto. Embora nada substitua a experiência profissional, a preparação pelo estudo e pela aplicação de práticas pode ajudá-lo no exame. Recomendamos que você complemente seu plano de preparação para o exame usando uma combinação de materiais de estudo e cursos disponíveis. Por exemplo, você pode usar o Exam Ref e outro guia de estudo em sua preparação em casa e fazer um curso oficial da Microsoft para uma vivência em sala de aula. Selecione a combinação que achar mais apropriada.

CAPÍTULO 1

Instalação e configuração de servidores

Instalar novos servidores Windows na rede não é algo a ser feito casualmente – você deve planejar a instalação com bastante antecedência. Entre outras coisas, deve decidir qual edição do sistema operacional instalará, se instalará a interface gráfica de usuário (GUI, graphical user interface) completa ou a opção Server Core, qual será a estratégia de virtualização, se houver alguma, e quais funções implementará no servidor. Se estiver instalando o Windows Server 2012 R2 pela primeira vez, você também pode ter que decidir se adicionará o servidor à sua rede de produção ou se irá instalá-lo em uma rede de teste.

Este capítulo discutirá o processo para instalar o Windows Server 2012 R2 com o uso de uma instalação limpa ou de um upgrade de servidor e as tarefas de configuração do servidor que você deve executar imediatamente após a instalação. Para concluir, veremos a configuração de vários tipos de tecnologias de disco rígido usadas para armazenamento local e a implantação de funções em servidores da rede.

Objetivos deste capítulo:

- Objetivo 1.1: Instalar servidores
- Objetivo 1.2: Configurar servidores
- Objetivo 1.3: Configurar o armazenamento local

> **DICA DE EXAME**
>
> Algumas perguntas do exame se apresentam no formato múltipla escolha, em que as respostas estão certas ou erradas. Se, no momento do exame, duas respostas parecerem certas, mas só for possível escolher uma, você pode ter deixado passar alguma pista no enunciado da pergunta que lhe permitiria descartar uma das repostas. Quando os exames são criados, o redator da pergunta tem que fornecer razões lógicas para uma resposta ser a correta e razões válidas para as outras respostas estarem erradas. Embora haja uma pequena possibilidade de haver uma pergunta mal formulada, isso é pouco provável. No entanto, é mais provável que, sob as duras condições da situação de um exame cansativo, você deixe passar alguma evidência vital que poderia descartar uma das respostas que estejam sendo consideradas corretas.

Objetivo 1.1: Instalar servidores

A instalação é um tópico-chave e teve presença constante em exames anteriores do Windows Server. O exame 70-410 não é diferente. Este objetivo discutirá o planejamento de uma instalação do Windows Server 2012 R2. Ele examinará os requisitos pré-instalação e como você pode preparar seu hardware para a instalação. Também considerará as funções de servidor que você pode implementar durante a instalação.

Para percorrer os tópicos do objetivo, esta seção o conduzirá por uma instalação limpa do Windows Server 2012 R2 usando a opção Server Core e descreverá como a função Features on Demand (Recursos sob Demanda) permite otimizar recursos, removendo todos os arquivos associados a uma função ou recurso de servidor que tenha sido excluído. O objetivo também examinará as opções de upgrade de um servidor Windows Server 2008 ou Windows Server 2008 R2 para o Windows Server 2012 R2 e a migração de funções de um servidor existente para um novo.

> **Este objetivo aborda como:**
> - Planejar uma instalação de servidor
> - Planejar funções de servidor
> - Planejar um upgrade de servidor
> - Instalar um servidor usando a opção Server Core
> - Otimizar a utilização de recursos usando a função Features on Demand
> - Fazer a migração de funções de versões anteriores do Windows Server

Planeje uma instalação de servidor

Em versões do Windows Server anteriores ao Windows Server 2008 R2, o planejamento da instalação podia ser uma tarefa complexa. Era preciso decidir desde o início qual edição do sistema operacional seria instalada, se seria usada a versão de 32 ou 64 bits e se seria executada uma instalação Server Core ou com a GUI completa. Todas essas decisões afetavam os requisitos de hardware do servidor e eram irrevogáveis. Para mudar a edição, a plataforma ou a interface, era preciso reinstalar o servidor inteiro a partir do zero.

Com o Windows Server 2012, há bem menos opções para selecionar e decisões de instalação para tomar. Desde o Windows Server 2008 R2, não há versão de 32 bits; só um sistema operacional de 64 bits está disponível, o que reflete o fato de a maioria dos principais aplicativos agora serem de 64 bits e de normalmente as configurações de servidor modernas terem suporte em hardware que requer 64 bits. Há apenas quatro edições do Windows Server 2012 R2 para escolher, duas a menos do que as seis edições do Windows Server 2008 R2. A opção de instalação Server Core e a de instalação com GUI completa permanecem, junto com uma terceira opção chamada *Minimal Server Interface* (Interface Mínima do Servidor). No entanto, agora é possível alternar entre essas opções sem reinstalar o sistema operacional.

Selecione uma edição do Windows Server 2012 R2

A Microsoft lança todos os seus sistemas operacionais em múltiplas edições, o que disponibiliza aos consumidores preços e conjuntos de recursos variados. Ao planejar uma implantação de servidor, você deve escolher a edição do sistema operacional de acordo com diversos fatores, entre eles:

- As funções que deseja que os servidores executem
- A estratégia de virtualização que deseja implementar
- A estratégia de licenciamento que planeja usar

Se compararmos com o Windows Server 2008, a Microsoft simplificou o processo de seleção da edição do servidor, reduzindo os produtos disponíveis. Como o Windows Server 2008 R2, o Windows Server 2012 R2 requer uma arquitetura de processador de 64 bits. Todas as versões de 32 bits foram eliminadas, e não há builds que deem suporte a processadores Itanium. Isso deixa para o Windows Server 2012 R2 as edições básicas a seguir:

- **Windows Server 2012 R2 Datacenter**   A edição Datacenter foi projetada para servidores grandes e poderosos com até 64 processadores e inclui recursos de tolerâncias a falhas, como o suporte à inclusão dinâmica (hot-add) de processadores. Como resultado, esta edição só está disponível por meio do programa de licenciamento por volume da Microsoft e é fornecida em conjunto com servidores em formato OEM (OEMs, Original Equipment Manufacturers).
- **Windows Server 2012 R2 Standard**   A edição Standard inclui o conjunto completo de recursos do Windows Server 2012 R2 e difere da edição Datacenter apenas no número de instâncias de máquina virtual (VM, virtual machine) permitidas pela licença.
- **Windows Server 2012 R2 Essentials**   A edição Essentials inclui quase todos os recursos das edições Standard e Datacenter; ela não inclui a opção Server Core, o Hyper-V e o Active Directory Federation Services (Serviços de Federação do Active Directory) e está restrita a uma única instância de servidor físico ou virtual e a um máximo de 25 usuários.
- **Windows Server 2012 R2 Foundation**   A edição Foundation é uma versão do sistema operacional mais simples, projetada para pequenas empresas que só precisem de recursos básicos de servidor, como serviços de arquivo e impressão e suporte a aplicativos. Ela vem pré-instalada com o hardware do servidor, não inclui direitos de virtualização e só pode ter até 15 usuários.

O preço de cada edição é proporcional aos seus recursos. É claro que, quando os administradores planejam implantar servidores, eles tentam comprar a edição de custo mais apropriado que atenda a suas necessidades. As seções a seguir examinarão as principais diferenças entre as edições do Windows Server 2012 R2.

Suporte a funções de servidor

O Windows Server 2012 R2 inclui combinações de serviços predefinidas, chamadas *funções* (roles), que implementam tarefas comuns de servidor. Computadores que executam o sistema operacional Windows Server 2012 R2 podem realizar várias tarefas, usando tanto o software incluído com o produto quanto aplicativos de terceiros. Após instalar o sistema, você poderá usar o Server Manager (Gerenciador do Servidor) ou o Windows PowerShell para instalar uma ou mais funções nesse computador.

Algumas edições do Windows Server 2012 R2 incluem todas as funções disponíveis, enquanto outras só incluem parte delas. A seleção da edição apropriada do Windows Server sempre foi uma questão de se prever as funções que o computador deve executar. Em um determinado momento, esse era um processo relativamente simples. Planejávamos nossas implantações de servidor decidindo quais seriam controladores de domínio, quais seriam servidores de certificados, quais usariam cluster de failover, e assim por diante. Uma vez tomadas essas decisões, o serviço terminava, porque as funções de servidor eram, em grande parte, estáticas.

No entanto, com o aumento da importância dada à virtualização no Windows Server 2012 R2, um número maior de administradores é forçado a considerar não só quais funções um servidor deve executar no momento da implantação, mas quais funções ele pode executar no futuro.

Usando servidores virtualizados, você pode modificar à vontade a estratégia de servidores da rede para acomodar cargas de trabalho e requisitos empresariais variáveis ou para se adaptar a circunstâncias imprevistas. Logo, o processo de prever as funções que um servidor executará deve levar em consideração a potencial expansão de seu negócio e possíveis necessidades emergenciais.

Suporte à virtualização de servidores

As edições Datacenter e Standard do Windows Server 2012 R2 incluem o suporte ao Hyper-V, mas variam no número de VMs permitidas pela licença. Cada instância em execução do sistema operacional Windows Server 2012 R2 é classificada conforme sua localização em um *ambiente de sistema operacional físico (POSE, physical operating system environment)* ou em um *ambiente de sistema operacional virtual (VOSE, virtual operating system environment)*. Quando compramos uma licença do Windows Server 2012 R2, podemos executar uma instalação POSE do sistema operacional, como sempre. Após instalar a função Hyper-V, podemos, então, criar VMs e executar instalações VOSE nelas. O número de instalações VOSE permitidas pela licença depende da edição comprada, como mostrado na Tabela 1-1.

TABELA 1-1 Instâncias físicas e virtuais suportadas pelas edições do Windows Server 2012 R2

Edição	Instâncias POSE	Instâncias VOSE
Datacenter	1	Ilimitadas
Standard	1	2
Essentials	1 (POSE ou VOSE)	1 (POSE ou VOSE)
Foundation	1	0

> **NOTA** **AS RESTRIÇÕES DAS LICENÇAS NÃO SÃO RESTRIÇÕES DO SOFTWARE**
> As limitações especificadas na Tabela 1-1 são da licença, e não do software. Você pode, por exemplo, criar mais de duas VMs em uma cópia do Windows Server 2012 R2 Standard, mas deve comprar licenças adicionais para fazê-lo.

DICA DE EXAME

O exame 70-410 pode conter perguntas sobre licenciamento em que você tenha que descobrir quantas cópias do Windows são necessárias para um número específico de máquinas virtuais em um servidor Hyper-V e qual versão do Windows atenderia melhor aos requisitos, além de reduzir o custo.

Licenciamento de servidores

A Microsoft fornece vários canais de vendas diferentes para licenças do Windows Server 2012 R2, mas nem todas as edições estão disponíveis em todos os canais. O licenciamento do Windows Server 2012 R2 inclui a compra de licenças tanto para servidores quanto para clientes, e há muitas opções para cada um.

Se você estiver envolvido em um contrato de licenciamento da Microsoft, já deve saber quais edições de servidor ele lhe permite obter. Se você não souber, deve examinar as opções de licenciamento disponíveis para você antes de selecionar uma edição de servidor.

A Tabela 1-2 lista os canais de vendas pelos quais você pode comprar cada uma das edições do Windows Server 2012 R2.

TABELA 1-2 Disponibilidade de canais de vendas do Windows Server por edição

	Varejo	Licenciamento por volume	Licenciamento OEM
Datacenter	Não	Sim	Sim
Standard	Sim	Sim	Sim
Essentials	Sim	Sim	Sim
Foundation	Não	Não	Sim

Requisitos da instalação

Se seu computador não atender às especificações de hardware a seguir, o Windows Server 2012 R2 não será instalado corretamente (ou talvez nem seja instalado):

- Processador 1.4 GHz, 64 bits
- 512 MB de RAM
- 32 GB de espaço disponível em disco

- Monitor Super VGA (1024 x 768) ou com resolução mais alta
- Teclado e mouse (ou outro dispositivo apontador compatível)
- Acesso à Internet

32 GB de espaço disponível em disco devem ser considerados um mínimo absoluto. A partição do sistema precisará de espaço adicional se você instalar o sistema por meio da rede ou se seu computador tiver mais de 16 GB de memória RAM instalados. O espaço extra em disco é necessário para paginação, hibernação e arquivos de despejo (dump). Na prática, você provavelmente não se deparará com um computador com 32 GB de memória RAM e apenas 32 GB de espaço livre em disco. Se isso ocorrer, libere mais espaço em disco ou invista em hardware de armazenamento adicional.

Como parte da maior ênfase da Microsoft na virtualização e na computação em nuvem em seus produtos de servidor, houve um aumento significativo nas configurações máximas de hardware para o Windows Server 2012 R2. Esses valores máximos estão listados na Tabela 1-3

TABELA 1-3 Configurações máximas de hardware em versões do Windows Server

	Windows Server 2012 R2	Windows Server 2008 R2
Processadores	640	256
RAM	4 TB	2 TB
Nós de cluster de failover	64	16

Escolha entre as opções de instalação

Atualmente, muitas redes empresariais usam servidores dedicados a uma função específica. Quando um servidor está desempenhando uma única função, não faz sentido haver muitos processos sendo executados nele dando pouca ou nenhuma contribuição a essa função. O Windows Server 2012 R2 fornece opções de instalação que permitem aos administradores manter o menor número possível de recursos desnecessários instalados no servidor.

Opção Server Core

O Windows Server 2012 R2 inclui uma opção de instalação que reduz a interface de usuário do servidor. Quando você selecionar a opção *Instalação Server Core*, instalará uma versão básica do sistema operacional. Não há menu Iniciar, shell do Explorer para área de trabalho, Microsoft Management Console (MMC, Console de Gerenciamento Microsoft) e praticamente nenhum aplicativo gráfico. Tudo que você verá ao iniciar o computador será uma única janela com um prompt de comando, como mostrado na Figura 1-1.

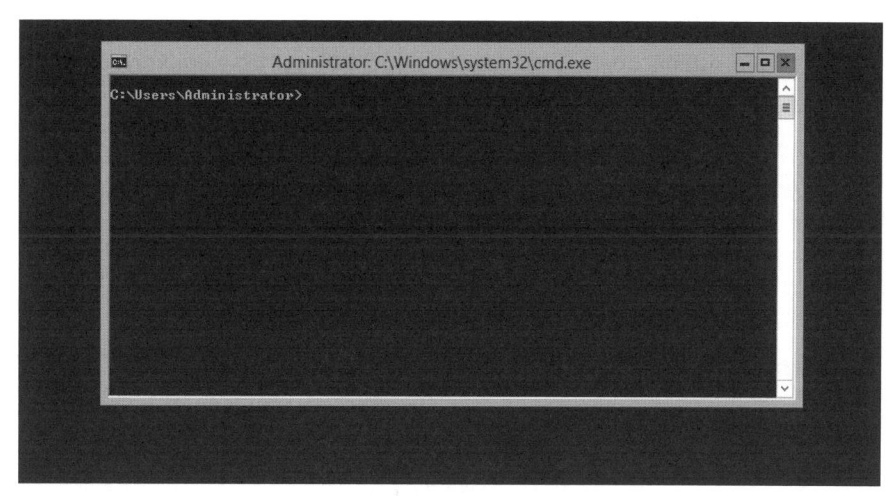

FIGURA 1-1 Interface padrão da opção Instalação Server Core.

> **NOTA O QUE É SERVER CORE?**
> Server Core não é um produto ou uma edição separada. É uma opção de instalação incluída com as edições Standard e Datacenter do Windows Server 2012 R2.

Há várias vantagens na execução de servidores com a opção Server Core:

- **Conservação de recursos de hardware**   A opção Server Core elimina alguns dos elementos do sistema operacional Windows Server 2012 R2 que mais usam memória e processador, deixando, assim, que o hardware do sistema se ocupe mais com a execução de serviços essenciais.

- **Menos espaço em disco**   A opção Server Core requer menos espaço em disco para os elementos do sistema operacional instalado e menos espaço de swap, o que reduz a utilização dos recursos de armazenamento do servidor.

- **Atualizações (patches) menos frequentes**   Os elementos gráficos do Windows Server 2012 R2 estão entre os que têm atualizações mais frequentes, logo o uso da opção Server Core reduz o número de atualizações que os administradores devem aplicar. Menos atualizações também significam menos reinicializações do servidor e menor período de inatividade.

- **Menor superfície de ataque**   Quanto menor for o número de software sendo executados no computador, menos pontos de entrada existirão para os invasores explorarem. A opção Server Core reduz as possíveis aberturas apresentadas pelo sistema operacional, aumentando sua segurança geral.

Quando a Microsoft introduziu a opção de instalação Server Core no Windows Server 2008, foi uma ideia intrigante, mas poucos administradores se beneficiaram dela. A principal razão foi que a maioria dos administradores de servidor não estava suficientemente familiarizada com a interface de linha de comando usada para gerenciar um servidor Windows sem uma GUI (Graphical User Interface, Interface Gráfica de Usuário).

No Windows Server 2008 e no Windows Server 2008 R2, a decisão de instalar o sistema operacional usando a opção Server Core era irrevogável. Uma vez que você instalasse o sistema operacional usando-a, não havia como trazer a GUI de volta sem executar uma reinstalação completa. Isso mudou no Windows Server 2012 e no Windows Server 2012 R2. Agora, sempre que quiser, você pode passar um servidor da opção Server Core para a opção Servidor com GUI e, depois, voltar à opção anterior usando os comandos do Windows PowerShell.

> *MAIS INFORMAÇÕES* **DE UMA OPÇÃO A OUTRA**
> Para obter mais informações sobre passar da opção Server Core à opção Servidor com GUI e voltar à opção anterior, consulte "Objetivo 1.2: Configurar servidores", mais à frente neste capítulo.

Este recurso permite que os administradores instalem o Windows Server 2012 R2 usando a opção Servidor com GUI, configurem-no usando as ferramentas gráficas conhecidas e, então, passem o servidor para a opção Server Core para se beneficiarem das vantagens já listadas.

PADRÕES DA OPÇÃO SERVER CORE

No Windows Server 2012 R2, a Instalação Server Core é a opção de instalação padrão por razões que vão além de os administradores poderem alternar entre as opções após a instalação. Neste sistema operacional, a Microsoft está tentando modificar a maneira básica como os administradores trabalham com seus servidores. Server Core agora é a opção de instalação padrão porque, na nova maneira de gerenciar servidores, apenas em raras ocasiões – ou até mesmo nunca – os administradores terão que trabalhar física ou remotamente conectados no console do servidor.

Há muito tempo o Windows Server fornece administração remota, mas esse recurso se desenvolveu em etapas. Alguns snap-ins do Microsoft Management Console já permitiam que os administradores se conectassem a servidores remotos, e o Windows PowerShell 2.0 fornecia recursos remotos a partir da linha de comando, mas o Windows Server 2012 R2, pela primeira vez, inclui ferramentas abrangentes de administração remota que quase eliminam a necessidade de trabalhar no console do servidor.

O novo aplicativo Server Manager do Windows Server 2012 R2 permite que os administradores adicionem servidores de toda a empresa e criem grupos de servidores para facilitar a configuração simultânea de vários sistemas. O novo ambiente do Windows PowerShell 4.0 aumenta o número de cmdlets disponíveis de 230 para bem mais de 2.000.

Com ferramentas como essas, você pode instalar seu servidor usando a opção Server Core, executar alguns comandos para associar cada servidor a um domínio do Active Directory Domain Services (AD DS, Serviços de Domínio do Active Directory) e nunca mais tocar no console do servidor novamente. É possível executar todas as tarefas de administração subsequentes, inclusive a implantação de funções e recursos, usando o Server Manager e o Windows PowerShell a partir de uma estação de trabalho remota.

RECURSOS DA OPÇÃO SERVER CORE

Além de omitir grande parte da interface gráfica, uma instalação Server Core omite algumas das funções de servidor encontradas em uma instalação Servidor com GUI. No entanto, a opção Server Core do Windows Server 2012 R2 inclui 12 das 19 funções mais o suporte ao SQL Server 2012, e não apenas as 10 funções do Windows Server 2008 R2 e as nove do Windows Server 2008.

A Tabela 1-4 lista as funções e os recursos que estão ou não disponíveis em uma instalação Server Core do Windows Server 2012 R2.

TABELA 1-4 Funções da opção Server Core no Windows Server 2012 R2

Funções disponíveis na instalação Server Core	Funções indisponíveis na instalação Server Core
Active Directory Certificate Services (Serviços de Certificado do Active Directory)	Active Directory Federation Services (Serviços de Federação do Active Directory)
Active Directory Domain Services (Serviços de Domínio Active Directory)	Application Server (Servidor de Aplicativos)
Active Directory Lightweight Directory Services	Fax Server (Servidor de Fax)
Active Directory Rights Management Services	Network Policy and Access Services (Serviços de Acesso e Política de Rede)
DHCP Server (Servidor DHCP)	Remote Desktop Gateway (Gateway de Área de Trabalho Remota)
	Remote Desktop Session Host (Host da Sessão da Área de Trabalho Remota)
	Remote Desktop Web Access (Acesso via Web à Área de Trabalho Remota)
DNS Server (Servidor DNS)	Volume Activation Services (Serviços de Ativação de Volume)
File and Storage Services (Serviços de Arquivo e Armazenamento)	Windows Deployment Services (Serviços de Implantação do Windows)
Hyper-V	
Print and Document Services (Serviços de Impressão e Documentos)	
Remote Access (Acesso Remoto)	
Web Server (IIS) [Servidor Web (IIS)]	
Windows Server Update Services	

Use a Minimal Server Interface

Se as vantagens da opção Server Core parecem tentadoras, mas há ferramentas tradicionais de administração de servidores que você não quer deixar de usar, o Windows Server 2012 R2 fornece uma alternativa chamada Minimal Server Interface (Interface Mínima do Servidor).

A *Minimal Server Interface* é uma configuração que remove da interface gráfica alguns dos elementos que mais usam hardware. Esses elementos incluem o Internet Explorer e os componentes do shell do Windows, que afetam a área de trabalho, o File

Explorer (Explorador de Arquivos) e os aplicativos de área de trabalho do Windows 8. Também são omitidos os itens do Control Panel (Painel de Controle) implementados como extensões do shell, incluindo os seguintes:

- Programs and Features (Programas e Recursos)
- Network and Sharing Center (Central de Rede e Compartilhamento)
- Devices and Printers Center (Dispositivos e Impressoras)
- Display (Vídeo)
- Firewall do Windows
- Windows Update
- Fonts (Fontes)
- Storage Spaces (Espaços de Armazenamento)

O que sobra na Minimal Server Interface são o aplicativo Server Manager, o aplicativo MMC, o Device Manager (Gerenciador de Dispositivos) e toda a interface do Windows PowerShell, o que fornece aos administradores a maioria das ferramentas de que eles precisam para gerenciar os servidores local e remoto.

Para configurar o Windows Server 2012 R2 com uma instalação com GUI para usar a Minimal Server Interface, você deve remover o recurso Server Graphical Shell (Shell de Servidor Gráfico) usando o Windows PowerShell ou o Remove Roles And Features Wizard (Assistente de Remoção de Funções e Recursos), como mostrado na Figura 1-2.

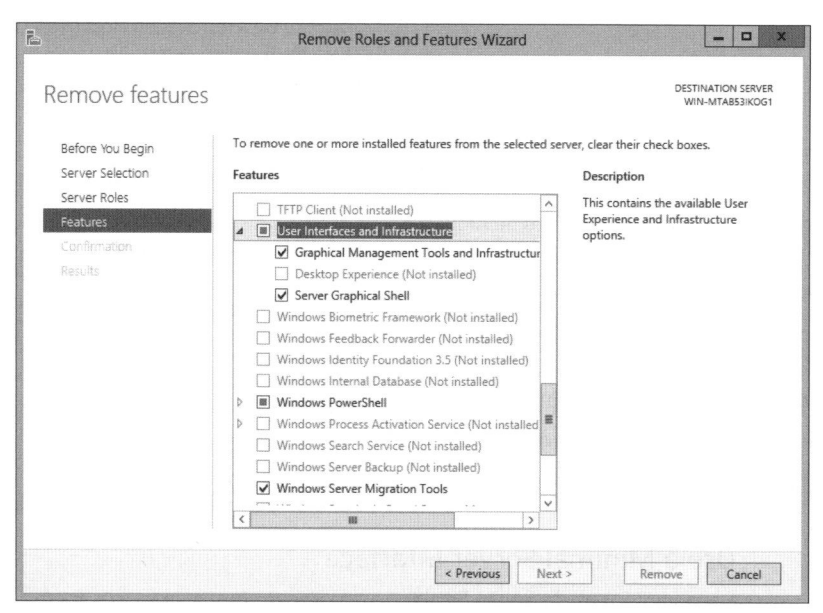

FIGURA 1-2 Usando o recurso User Interfaces And Infrastructure do Remove Roles And Features Wizard.

Use Features on Demand

Durante uma instalação do Windows Server 2012 R2, o programa de instalação copia os arquivos de todos os componentes do sistema operacional da mídia de instalação para uma pasta chamada *WinSxS*, um repositório de componentes "lado a lado". Isso nos permite ativar qualquer um dos recursos incluídos no Windows Server 2012 R2 sem ser preciso fornecer mídia de instalação.

A única desvantagem desse esquema é que a pasta WinSxS ocupa permanentemente cerca de 5 GB de espaço em disco, grande parte dele, em muitos casos, dedicado a dados que nunca serão usados após a implantação inicial do servidor.

Com o crescente uso de VMs para a distribuição de funções de servidor, as redes empresariais, com frequência, têm mais cópias do sistema operacional de servidor do que jamais tiveram e, portanto, desperdiçam mais espaço em disco. Além disso, geralmente, as tecnologias de armazenamento avançadas usadas pela infraestrutura dos servidores atuais, como redes de área de armazenamento (SANs, storage area networks) e unidades de estado sólido (SSDs, solid state drives), encarecem esse espaço em disco.

A função Features on Demand (Recursos Sob Demanda), introduzida no Windows Server 2012, é um terceiro estado para recursos do sistema operacional, que permite que os administradores liberem espaço em disco removendo recursos específicos não só da operação, mas também da pasta WinSxS.

O Features on Demand fornece um terceiro estado de instalação para cada um dos recursos do Windows Server 2012 R2. Em versões do sistema operacional anteriores ao Windows Server 2012, os recursos só podiam ser habilitados (Enabled) ou desabilitados (Disabled). A função Features on Demand fornece os três estados a seguir:

- Enabled (Habilitado)
- Disabled (Desabilitado)
- Disabled with payload removed (Desabilitado com carga removida)

Para implementar esse terceiro estado, você deve usar o cmdlet Uninstall-WindowsFeature do Windows PowerShell, que agora dá suporte a um novo flag –Remove. Logo, o comando do Windows PowerShell para desativar o Server Graphical Shell e remover seus arquivos-fonte da pasta WinSxs seria o seguinte:

```
Uninstall-WindowsFeature Server-Gui-Shell -Remove
```

Mesmo que você exclua os arquivos-fonte de um recurso da pasta WinSxs, eles ainda poderão ser recuperados. Se você tentar ativar esse recurso, o sistema o baixará a partir do Windows Update ou, alternativamente, irá recuperá-lo de um arquivo de imagem especificado com o flag –Source no cmdlet Install-WindowsFeature. Isso permitirá a recuperação dos arquivos requeridos a partir de um disco removível ou de um arquivo de imagem na rede local. Você também pode usar a Group Policy (Política de Grupo) para especificar uma lista de fontes de instalação.

> **NOTA FEATURES ON DEMAND**
>
> A possibilidade de recuperar arquivos-fonte de um recurso em outro local é a funcionalidade à qual o nome Features on Demand (Recursos sob Demanda) se refere. A Microsoft costuma usar esse método para reduzir o tamanho de atualizações baixadas da Internet. Quando o usuário instala a atualização, o programa baixa os arquivos adicionais requeridos e conclui a instalação.

Upgrade de servidores

Um upgrade "in-place" é a forma mais complicada de instalação do Windows Server 2012 R2. Também é que leva mais tempo e mais provável de causar problemas durante a execução. A Microsoft recomenda que, sempre que possível, os administradores executem uma instalação limpa ou transfiram as funções, os aplicativos e as configurações necessárias.

Embora, na maioria das vezes, os upgrades in-place ocorram sem problemas, a complexidade do processo de atualização e o grande número de variáveis envolvidas significam que há muita coisa que pode dar errado. Para diminuir os riscos envolvidos, é importante que você tenha cuidado com o processo de atualização, prepare o sistema antecipadamente e tenha habilidade para resolver qualquer problema que surgir. As próximas seções discutem esses tópicos mais detalhadamente.

Caminhos de atualização

Os caminhos de atualização do Windows Server 2012 R2 são limitados. Na verdade, é mais fácil especificar quando é possível executar uma atualização do que quando não é possível. Se você tiver um computador de 64 bits executando o Windows Server 2008 ou o Windows Server 2008 R2, poderá atualizá-lo para o Windows Server 2012 R2 contanto que use uma edição de sistema operacional apropriada.

O Windows Server 2012 R2 não dá suporte ao seguinte:

- Upgrade de versões do Windows Server anteriores ao Windows Server 2008
- Upgrade de edições do Windows Server 2012 R2 pré-RTM
- Upgrade de sistemas operacionais Windows de estação de trabalho
- Upgrade entre plataformas, como do Windows Server 2008 de 32 bits para o Windows Server 2012 R2 de 64 bits
- Upgrade de qualquer edição baseada em Itanium
- Upgrade entre idiomas, como do Windows Server 2008 em inglês para o Windows Server 2012 R2 em português

Em qualquer um desses casos, o programa de instalação do Windows não permitirá que o upgrade prossiga.

Prepare-se para atualizar

Antes de começar um upgrade in-place para o Windows Server 2012 R2, você deve executar vários procedimentos preliminares para assegurar que o processo ocorra sem problemas e que os dados do servidor fiquem protegidos.

Considere o seguinte antes de executar uma atualização para o Windows Server 2012 R2:

- **Verifique a compatibilidade de hardware**   Verifique se o servidor atende aos requisitos mínimos de hardware para o Windows Server 2012 R2.
- **Verifique o espaço em disco**   Verifique se há espaço livre suficiente em disco na partição em que o sistema operacional está instalado. Durante o processo de upgrade, é necessário que exista espaço suficiente em disco para conter simultaneamente os dois sistemas operacionais. Quando a atualização for concluída, você poderá remover os arquivos antigos, liberando algum espaço adicional.

- **Confirme se o software está assinado**   Todos os software de modo de kernel do servidor, inclusive drivers de dispositivos, devem estar assinados digitalmente, ou o software não será carregado. Isso pode resultar em um processo de upgrade abortado, em falhas no hardware após o upgrade ser concluído ou no sistema não ser inicializado após o upgrade. Se você não conseguir localizar uma atualização de software para o aplicativo ou driver que esteja assinada, deve desinstalar o aplicativo ou driver antes de prosseguir com a instalação.

> *IMPORTANTE*   **DESABILITE A ASSINATURA DE DRIVERS**
>
> Se um driver não assinado impedir a inicialização do computador, você pode desabilitar o requisito de assinatura de drivers pressionando F8 durante a inicialização, selecionando Advanced Boot Options e selecionando Disable Driver Signature Enforcement.

- **Salve drivers de armazenamento em massa em mídia removível**   Se um fabricante fornecer um driver separado para um dispositivo de seu servidor, salve o driver em um CD, em um DVD ou em uma unidade flash USB na pasta raiz da mídia ou na pasta /amd64. Para fornecer o driver durante a instalação, clique em Load Driver (Carregar Driver) ou pressione F6 na página de seleção de disco. Você pode pesquisar para localizar o driver ou fazer o programa de instalação pesquisar a mídia.
- **Verifique a compatibilidade dos aplicativos**   O programa de instalação exibe a página Compatibility Report (Relatório de Compatibilidade), que avisa sobre possíveis problemas de compatibilidade de aplicativos. Às vezes, conseguimos resolver esses problemas atualizando os aplicativos. Crie um inventário dos produtos de software instalados no servidor e procure atualizações, disponibilidade de upgrades e notificações relativas a suporte para o Windows Server 2012 R2 nos sites dos fabricantes. Em um ambiente empresarial, você deve testar todos os aplicativos em relação à compatibilidade com o Windows Server 2012 R2, não importando o que diz o fabricante, antes de executar upgrade do sistema operacional.
- **Verifique a funcionalidade do computador**   Verifique se o Windows Server 2008 ou o Windows Server 2008 R2 está funcionando apropriadamente no computador antes de começar o processo de upgrade. Você deve iniciar um upgrade in-place de dentro do sistema operacional existente, logo não pode esperar que o Windows Server 2012 R2 corrija problemas que impeçam o computador de ser inicializado ou de executar o programa de instalação.
- **Faça um backup completo**   Antes de executar qualquer procedimento de upgrade, você deve fazer o backup do sistema inteiro ou, no mínimo, dos arquivos de dados essenciais. Seu backup deve incluir todas as informações de configuração e dados necessários para o funcionamento do computador de destino. Ao fazer o backup, certifique-se de incluir as partições de inicialização e do sistema e os dados de estado do sistema (System State). Unidades de disco rígido removíveis simplificam esse processo, mesmo se não houver um dispositivo de backup apropriado no computador.
- **Desative o software de proteção antivírus**   O software de proteção antivírus pode tornar as instalações muito mais lentas, examinando cada arquivo que é

copiado localmente em seu computador. Se instalado, você deve desativar esse software antes de executar o upgrade.

- **Desconecte o dispositivo no-break** Se houver uma fonte de alimentação ininterrupta (UPS, Uninterruptible Power Supply) conectada ao computador de destino, desconecte o cabo de dados antes de executar o upgrade. O programa de instalação tenta detectar automaticamente dispositivos conectados; o equipamento UPS pode causar problemas para esse processo.
- **Compre a edição correta do Windows Server 2012 R2** Cuide para comprar a edição do Windows Server 2012 R2 correta para o upgrade e tenha o disco de instalação e a chave do produto em mãos.

Durante o processo de upgrade, quando o sistema é reiniciado, o menu de reinicialização fornece uma opção de reversão para a versão anterior do sistema operacional. No entanto, quando o upgrade for concluído, essa opção não estará mais disponível e não será possível desinstalar o Windows Server 2012 R2 e voltar à versão anterior do sistema.

Migração de funções

A migração é o melhor método de substituição de um servidor existente por um que execute o Windows Server 2012 R2. Diferentemente de um upgrade in-place, uma migração copia informações vitais de um servidor existente para uma instalação limpa do Windows Server 2012 R2.

Na migração, quase todas as restrições listadas anteriormente em relação aos upgrades podem ser desconsideradas. Usando os guias de migração e as Windows Server Migration Tools (Ferramentas de Migração do Windows Server) fornecidos com o Windows Server 2012 R2, você pode transferir dados entre servidores em qualquer uma das condições a seguir:

- **Entre versões** A partir do Windows Server 2003 SP2, você pode transferir dados de qualquer versão para o Windows Server 2012 R2. Isso inclui migrações entre dois servidores executando o Windows Server 2012 R2.
- **Entre plataformas** Você pode transferir dados de um servidor de 32 ou 64 bits para um servidor de 64 bits executando o Windows Server 2012 R2.
- **Entre edições** Você pode transferir dados entre servidores executando diferentes edições do Windows Server.
- **Entre instâncias físicas e virtuais** Você pode transferir dados de um servidor físico para um virtual ou vice-versa.
- **Entre opções de instalação** Você pode transferir dados de um servidor para outro mesmo quando um servidor estiver usando a opção de instalação Server Core e o outro estiver usando a opção Servidor com GUI.

A migração no nível do servidor é diferente de migrações executadas em sistemas operacionais de estações de trabalho. Em vez de efetuar um único procedimento de migração que copie todos os dados do usuário do computador de origem para o de destino de uma só vez, em uma migração de servidor você transferirá funções ou serviços de funções individualmente.

O Windows Server 2012 R2 inclui um conjunto de guias de migração que fornece instruções individualizadas para cada uma das funções suportadas pelo sistema. Algumas funções requerem o uso das Windows Server Migration Tools, e outras, não.

Instale as Windows Server Migration Tools

As Windows Server Migration Tools (Ferramentas de Migração do Windows Server) são um recurso do Windows Server 2012 R2 composto por arquivos de ajuda e cmdlets do Windows PowerShell que permite que os administradores transfiram certas funções entre servidores.

No entanto, antes de poder usar as ferramentas de migração, você deve instalar o recurso Windows Server Migration Tools no servidor de destino que estiver executando o Windows Server 2012 R2 e, então, copiar a versão apropriada das ferramentas no servidor de origem.

As Windows Server Migration Tools são um recurso padrão que você pode instalar no Windows Server 2012 R2 usando o Add Roles And Features Wizard (Assistente de Adição de Funções e Recursos) do Server Manager, como mostrado na Figura 1-3, ou o cmdlet Install-WindowsFeature do Windows PowerShell.

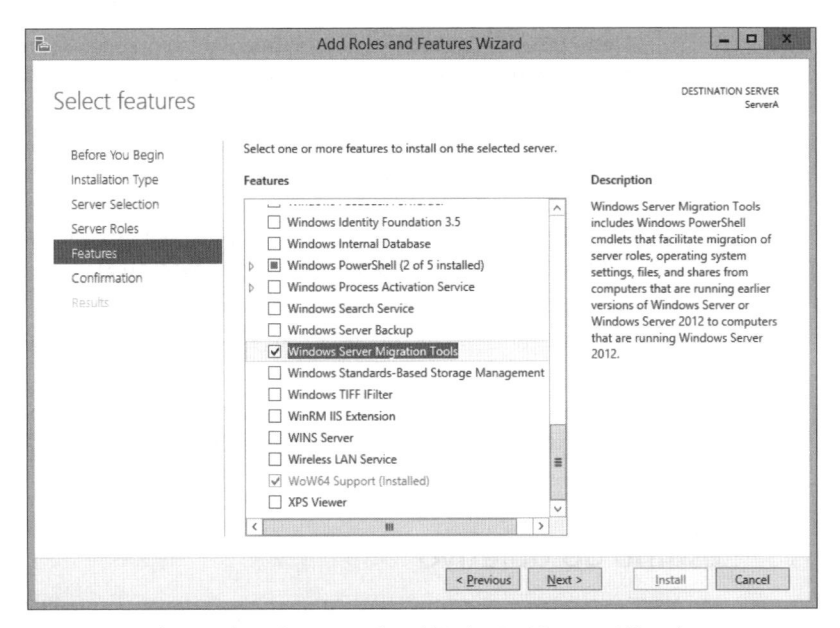

FIGURA 1-3 A página Selected Features do Add Roles And Features Wizard.

Use guias de migração

Uma vez que tiver instalado as Windows Server Migration Tools tanto no servidor de origem quanto no servidor de destino, você poderá executar a migração de dados entre os dois.

Usando as ferramentas de migração, os administradores podem transferir certas funções, recursos, compartilhamentos, configurações do sistema operacional e outros dados do servidor de origem para o servidor de destino que estiver executando o Windows Server 2012 R2. Algumas funções requerem o uso das ferramentas de migração, mas outras, que têm seus próprios recursos internos de comunicação, não precisam.

Não há um procedimento único para a migração de todas as funções do Windows Server, tendo elas suas próprias ferramentas de migração ou não. Em vez disso, a Microsoft fornece guias de migração detalhados para funções individuais; em alguns casos, são fornecidos guias de migração detalhados para os serviços individuais de uma função.

> *MAIS INFORMAÇÕES* **GUIAS DE MIGRAÇÃO**
>
> Guias de migração atualizados estão disponíveis no Windows Server Migration Portal (Portal de Migração do Windows Server) do Windows Server 2012 R2 TechCenter (*http://technet.microsoft.com/en-us/library/jj134039*).

> ### Teste de raciocínio
> **Instale funções com o Windows PowerShell**
>
> Neste teste de raciocínio, você aplicará o que aprendeu sobre este objetivo. As respostas às perguntas podem ser encontradas na seção "Respostas" no fim do capítulo.
>
> Recentemente, Ralph adquiriu um novo servidor com a edição Datacenter do Windows Server 2012 R2 já instalada com a opção de GUI completa. Ralph quer configurar o sistema como um servidor web, usando a menor quantidade possível de recursos de hardware. Seu primeiro passo é usar o Server Manager para instalar a função Web Server (IIS).
>
> Com isso em mente, responda às perguntas a seguir.
>
> 1. Qual comando do Windows PowerShell Ralph deve usar para converter a instalação com GUI completa em uma instalação Server Core?
> 2. Qual comando do Windows PowerShell Ralph deve usar para remover totalmente do sistema os arquivos de instalação da GUI?

Resumo do objetivo

- A Microsoft lança todos os seus sistemas operacionais em múltiplas edições, o que disponibiliza aos consumidores preços e conjuntos de recursos variados.
- Quando você selecionar a opção Instalação Server Core, instalará uma versão básica do sistema operacional.
- A Minimal Server Interface é uma configuração que remove da interface gráfica alguns dos elementos que mais usam hardware.
- Um upgrade in-place é a forma mais complicada de instalação do Windows Server 2012 R2. Também é a que leva mais tempo e mais provável de causar pro-

blemas durante a execução. A Microsoft recomenda que, sempre que possível, os administradores executem uma instalação limpa ou transfiram os aplicativos e as configurações necessários.

- A migração é o melhor método de substituição de um servidor existente por um que execute o Windows Server 2012 R2. Diferentemente de um upgrade in-place, uma migração copia informações vitais de um servidor existente para uma instalação limpa do Windows Server 2012 R2.

Revisão do objetivo

Responda às perguntas a seguir para testar seu conhecimento sobre as informações deste objetivo. Você pode encontrar as respostas a estas perguntas e explicações de por que cada opção de resposta está certa ou errada na seção "Respostas" no fim do capítulo.

1. Qual das arquiteturas de processador a seguir pode ser usada para uma instalação limpa do Windows Server 2012 R2? (Selecione todas que forem aplicáveis.)
   A. Só processadores de 32 bits
   B. Só processadores de 64 bits
   C. Processadores de 32 e de 64 bits
   D. Processadores de 64 bits ou Itanium

2. Qual dos caminhos a seguir é um caminho de upgrade válido para o Windows Server 2012 R2?
   A. Windows Server 2003 Standard para Windows Server 2012 R2 Standard
   B. Windows Server 2008 Standard para Windows Server 2012 R2 Standard
   C. Windows Server 2008 de 32 bits para Windows Server 2012 R2 de 64 bits
   D. Windows 7 Ultimate para Windows Server 2012 R2 Essentials

3. Qual dos recursos a seguir deve ser adicionado a uma instalação Server Core do Windows Server 2012 R2 para convertê-la a Minimal Server Interface?
   A. Graphical Management Tools and Infrastructure (Ferramentas de Gerenciamento Gráfico e Infraestrutura)
   B. Server Graphical Shell
   C. Windows PowerShell
   D. Microsoft Management Console

4. Qual destes termos é o nome da pasta em que o Windows armazena todos os módulos do sistema operacional que ele pode precisar instalar em um momento posterior?
   A. Windows
   B. System32
   C. bin
   D. WinSxS

5. Quais das declarações a seguir são razões válidas para os administradores quererem instalar seus servidores Window Server 2012 R2 usando a opção Server Core? (Selecione todas que forem aplicáveis.)

   A. Uma instalação Server Core pode ser convertida na de GUI completa sem a reinstalação do sistema operacional.
   B. A interface do Windows PowerShell 4.0 no Windows Server 2012 R2 inclui 10 vezes mais cmdlets do que o Windows PowerShell 2.0.
   C. O novo Server Manager do Windows Server 2012 R2 facilita muito a administração de servidores remotamente.
   D. Uma licença Server Core do Windows Server 2012 R2 custa significativamente menos do que uma licença de GUI completa.

Objetivo 1.2: Configurar servidores

Raramente um servidor está pronto para executar todas as tarefas que planejamos para ele logo após a instalação. Normalmente é preciso ajustar alguma configuração pós-instalação, e alterações adicionais podem ser necessárias após o servidor estar em funcionamento.

> **Este objetivo aborda como:**
> - Configurar a instalação Server Core
> - Delegar a administração
> - Adicionar e remover recursos em imagens offline
> - Implantar funções em servidores remotos
> - Converter uma instalação Server Core para a de GUI completa e vice-versa
> - Configurar serviços
> - Configurar o NIC teaming (agrupamento NIC)
> - Instalar e definir a Desired State Configuration (DSC, Configuração do Estado Desejado) do Windows PowerShell

Execute tarefas pós-instalação

Como parte da nova ênfase em serviços baseados em nuvem da rede do Windows, o Windows Server 2012 R2 contém várias ferramentas que foram otimizadas para facilitar o uso de recursos de gerenciamento de servidores.

O novo Server Manager, por exemplo, foi projetado para permitir que os administradores gerenciem servidores Windows sem ter que interagir diretamente com o console do servidor, física ou remotamente. No entanto, há algumas tarefas que os administradores podem ter que executar imediatamente após a instalação do sistema operacional que demandam acesso direto ao console do servidor:

- Configurar a conexão de rede
- Definir o fuso horário
- Habilitar a área de trabalho remota
- Renomear o computador
- Associar-se a um domínio

Use ferramentas da GUI

No Windows Server 2012 R2, o painel Properties (Propriedades) do Server Manager, como mostrado na Figura 1-4, fornece a mesma funcionalidade que a janela Initial Configuration Tasks (Tarefas de Configuração Iniciais) de versões anteriores do Windows Server. Para executar alguma ou todas as tarefas de configuração pós-instalação em uma instalação com GUI do Windows Server 2012 R2, você pode usar as ferramentas do painel Properties, trabalhando diretamente no console do servidor ou usando a área de trabalho remota (Remote Desktop) para acessar o servidor a partir de outro computador.

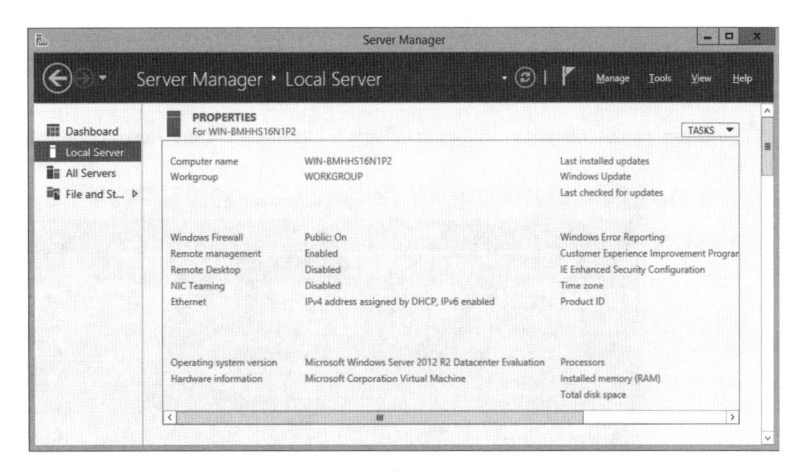

FIGURA 1-4   O painel Properties do servidor local no Server Manager.

A entrada Ethernet do painel Properties especifica o status atual da interface de rede do computador. Se houver um servidor Dynamic Host Configuration Protocol (DHCP) ativo na rede, ele já terá obtido um endereço IP e outras configurações e os usado para configurar a interface. Se não houver um servidor DHCP na rede ou se você tiver que configurar o computador com um endereço IP estático, clique no hiperlink à direita de Ethernet para exibir a janela Network Connections (Conexões de rede) do Control Panel (Painel de Controle). Você poderá usar esse procedimento para abrir as páginas Ethernet Properties (Propriedades de Ethernet) e Internet Protocol Version 4 (TCP/IPv4) Properties (Propriedades de Protocolo TCP/IP Versão 4) e configurar o cliente TCP/IP.

A hora precisa no computador é essencial para a comunicação com o Serviço de Domínio Active Directory. Se o servidor estiver localizado em um fuso horário diferente do padrão, que é o do Pacífico, clique no hiperlink à direita de Time Zone (Fuso Horário) para abrir a caixa de diálogo Date and Time (Data e Hora), onde poderá corrigir a configuração.

Por padrão, o Windows Server 2012 R2 não permite conexão de área de trabalho remota. Você pode habilitá-la clicando no hiperlink à direita de Remote Desktop (Área de Trabalho Remota) para abrir a guia Remote (Remoto) da página System Properties (Propriedades do Sistema).

Em uma instalação manual do sistema operacional, o programa de instalação do Windows atribui um nome aleatório e exclusivo começando com WIN ao computador. Para alterar o nome do computador e associá-lo a um domínio, clique no hiperlink à direita de Computer Name (Nome do computador) para abrir a página System Properties (Propriedades do Sistema) e clique em Change (Alterar) para abrir a caixa de diálogo Name/Domain Changes (Alterações de Nome/Domínio do computador).

Use ferramentas de linha de comando

Se você selecionou a opção Server Core ao instalar o Windows Server 2012 R2, pode executar as mesmas tarefas pós-instalação pela linha de comando. No mínimo, terá que renomear o computador e associá-lo a um domínio. Para fazê-lo, você poderá usar o programa Sconfig.exe ou Netdom.exe.

Para renomear um computador, execute o Netdom.exe com a sintaxe a seguir, como mostrado na Figura 1-5:

```
netdom renamecomputer %ComputerName% /NewName: <NovoNomeComputador>
```

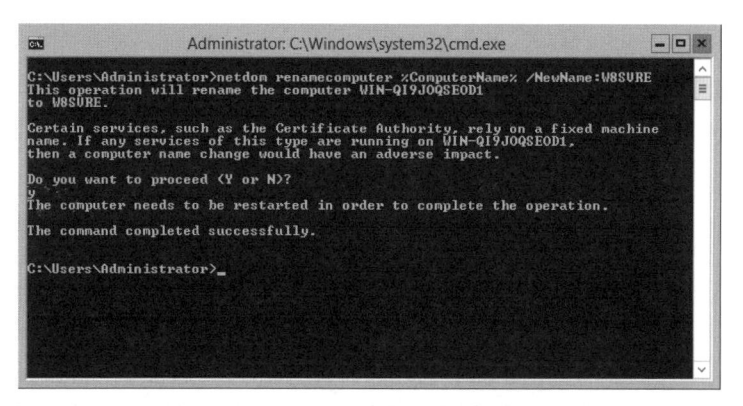

FIGURA 1-5 Renomeando um computador por linha de comando.

Para reiniciar o computador como solicitado, use o comando a seguir:

```
shutdown /r
```

Em seguida, para associar o computador a um domínio, use a sintaxe a seguir:

```
netdom join %ComputerName% /domain: <NomeDomínio> /userd: <NomeUsuário> / passwordd:*
```

Nesse comando, o asterisco (*) do parâmetro /passwordd faz o programa solicitar a senha da conta de usuário especificada.

Esses comandos presumem que um servidor DHCP já tenha configurado o cliente TCP/IP do computador. Se isso não tiver ocorrido, você deve configurá-lo manualmente antes de poder associar a um domínio. Para atribuir um endereço IP estático a um computador com a opção Server Core, você pode usar o programa Netsh.exe ou o cmdlet New-NetIPAddress do Windows PowerShell.

Faça a conversão entre a instalação com GUI e a opção Server Core

No Windows Server 2012 R2, você pode converter um computador instalado com a opção de GUI completa para a opção Server Core e adicionar a GUI completa a um computador Server Core. Essa é uma grande melhoria na utilização da opção Server Core em relação à versão do Windows Server 2008 R2, em que só é possível alterar a interface reinstalando o sistema operacional inteiro.

Com esse recurso, os administradores podem instalar servidores com a GUI completa, usar as ferramentas gráficas para executar a configuração inicial e, então, convertê-los para Server Core para conservar recursos do sistema. Se for necessário posteriormente, é possível reinstalar os componentes da GUI.

Para converter uma instalação de GUI completa do Windows Server 2012 R2 para Server Core usando o Server Manager, você deve executar o Remove Roles And Features Wizard (Assistente de Remoção de Funções e Recursos) e desinstalar os recursos a seguir, como mostrado na Figura 1-6:

- Graphical Management Tools and Infrastructure (Ferramentas de Gerenciamento Gráfico e Infraestrutura)
- Server Graphical Shell

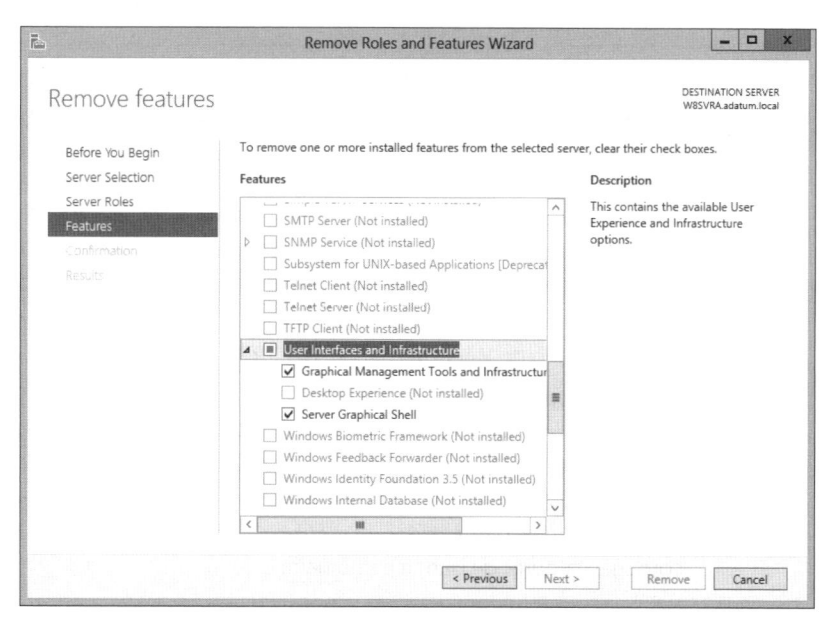

FIGURA 1-6 Desinstalando recursos com o uso da página Remove Features do Server Manager.

Para adicionar a GUI completa a um computador Server Core, você deve usar o Windows PowerShell para instalar os mesmos recursos que removeu no procedimento anterior. Para converter uma instalação Server Core do Windows Server 2012 R2 para a opção de GUI completa, use o seguinte comando do Windows PowerShell:

`Install-WindowsFeature Server-Gui-Mgmt-Infra,Server-Gui-Shell -Restart`

Para converter uma instalação de servidor com GUI completa para a instalação Server Core, use este comando:

`Uninstall-WindowsFeature Server-Gui-Mgmt-Infra,Server-Gui-Shell -Restart`

Configure o NIC Teaming

O NIC teaming (agrupamento NIC) é um recurso do Windows Server 2012 R2 que permite que os administradores combinem a largura de banda de vários adaptadores de interface de rede, fornecendo melhor desempenho e tolerância a falhas. A virtualização permite que os administradores separem funções vitais da rede em diferentes sistemas sem ter que comprar um computador físico separado para cada um. No entanto, uma das desvantagens dessa prática é que um único servidor hospedando várias VMs ainda constitui um único ponto de falha para todas elas. Uma falha em apenas um dos adaptadores de rede, um switch defeituoso ou até mesmo um cabo desconectado pode desativar um servidor host e todas as suas VMs.

> **DICA DE EXAME**
>
> Os objetivos do exame 70-410 mencionam especificamente o uso do recurso NIC teaming. Os candidatos devem conhecer esse recurso e sua operação.

O *NIC teaming*, também chamado de *junção*, *balanceamento* e *agregação* de placas de rede, é uma tecnologia que já está disponível há algum tempo, mas sempre esteve associada a implementações de hardware específicas. O recurso NIC teaming do Windows Server 2012 R2 independe do hardware e permite que você combine vários adaptadores de rede físicos em uma única interface. Os resultados podem incluir melhoria no desempenho pela combinação do throughput (taxa de transferência) dos adaptadores e proteção contra falhas nos adaptadores pela transferência dinâmica de todo o tráfego para NICs funcionais.

O NIC teaming do Windows Server 2012 R2 dá suporte a dois modos:

- **Switch Independent Mode (Modo Alternar Independente)** Todos os adaptadores de rede são conectados a switches diferentes, fornecendo rotas alternativas na rede.

- **Switch Dependent Mode (Modo Alternar Dependente)** Todos os adaptadores de rede são conectados ao mesmo switch, fornecendo uma única interface com suas larguras de banda combinadas.

No Switch Independent Mode (Modo Alternar Independente), você pode selecionar duas configurações. A configuração ativo/ativo deixa todos os adaptadores de rede funcionando, o que fornece maior throughput. Se um adaptador falhar, todo o tráfego será desviado para os adaptadores restantes. Na configuração ativo/em espera, um adaptador é deixado offline para funcionar como failover no caso de o adaptador ativo falhar. No modo ativo/ativo, uma falha no adaptador causa piora no desempenho; no modo ativo/em espera, o desempenho permanece o mesmo antes e depois de uma falha no adaptador.

No Switch Dependent Mode (Modo Alternar Dependente), você pode selecionar o agrupamento estático, um modo genérico que balanceia o tráfego entre os adaptadores do agrupamento, ou usar o Link Aggregation Control Protocol (Protocolo de Controle de Agregação de Link) definido no IEEE 802.3ax, supondo que seu equipamento o suporte.

No Windows Server 2012, há uma limitação significativa no NIC teaming. Se seu tráfego for composto por sequências TCP grandes, como em uma migração dinâmica do Hyper-V, o sistema evitará usar múltiplos adaptadores para essas sequências para reduzir o número de segmentos TCP perdidos e fora de ordem. Logo, você não perceberá melhorias no desempenho em grandes transferências de arquivo usando o TCP. No Windows Server 2012 R2, um novo Dynamic Mode (Modo Dinâmico) divide essas sequências TCP grandes em unidades menores e as distribui entre as NICs de um agrupamento. Esse agora é o modo padrão de balanceamento de carga no Windows Server 2012 R2.

Você pode criar e gerenciar agrupamentos de NICs usando o Server Manager ou o Windows PowerShell. Para criar um agrupamento de NICs usando o Server Manager, siga estas etapas.

1. No Server Manager, no painel Properties, clique em NIC Teaming. A janela NIC Teaming será aberta, como mostrado na Figura 1-7.

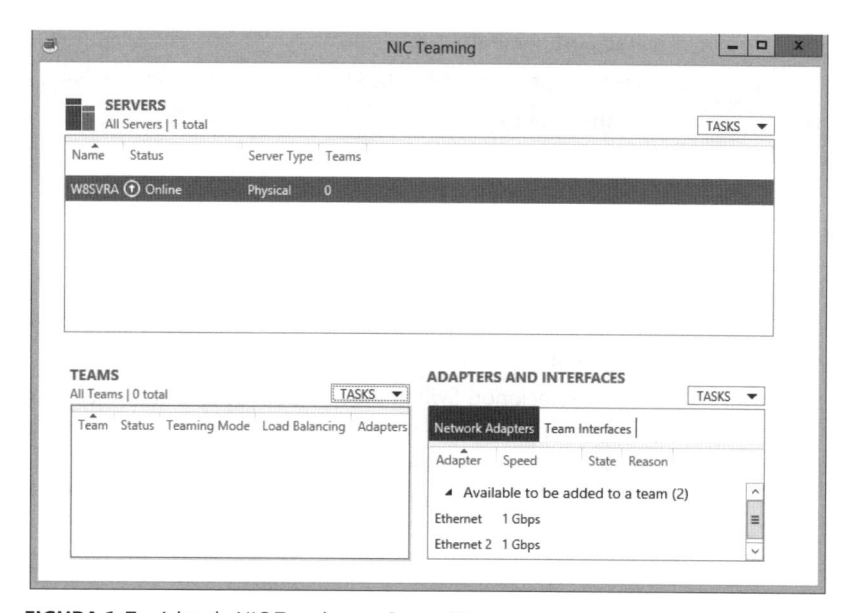

FIGURA 1-7 A janela NIC Teaming no Server Manager.

2. No painel Teams, clique em Tasks e selecione New Team para abrir a página New Team.

3. Clique na seta Additional Properties para expandir a janela, como mostrado na Figura 1-8.

FIGURA 1-8 A janela New Team no Server Manager.

4. Na caixa de texto Team Name, digite o nome que deseja atribuir ao agrupamento.
5. Na caixa Member Adapters, selecione os adaptadores de rede que deseja adicionar ao agrupamento.
6. Na lista suspensa Teaming Mode, selecione uma das opções a seguir:
   - Static Teaming
   - Switch Independent
   - LACP
7. Na lista suspensa Load Balancing, selecione uma das opções a seguir:
   - Address Hash
   - Hyper-V Port
   - Dynamic
8. Se você selecionou Switch Independent para o valor de Teaming Mode, use a lista suspensa Standby Adapter para selecionar um dos adaptadores para funcionar como "standby offline".
9. Clique em OK. O novo agrupamento será listado no painel Teams, como mostrado na Figura 1-9.

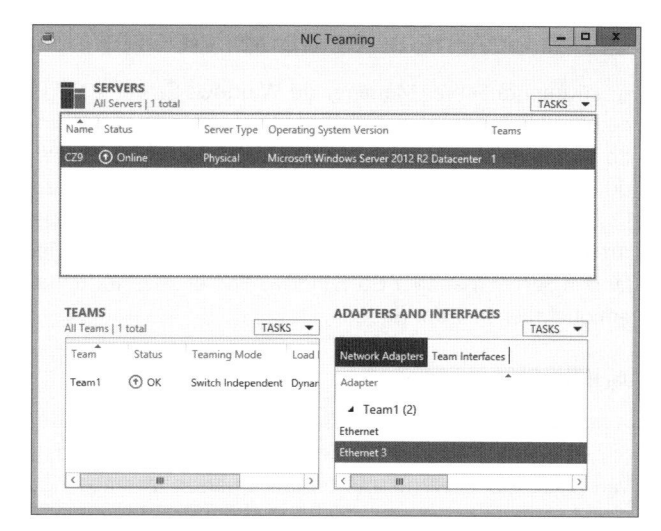

FIGURA 1-9 O novo agrupamento de NICs na janela NIC Teaming do Server Manager.

Uma vez que você tiver criado um agrupamento de NICs, a janela NIC Teaming lhe permitirá monitorar o status do agrupamento e a interface criada. Tanto o agrupamento quanto os adaptadores individuais têm indicadores de status que informam se um adaptador está offline.

Se isso ocorrer, o indicador do adaptador defeituoso mudará imediatamente para desconectado, como mostrado na Figura 1-10, e, dependendo do modo de agrupamento escolhido, o status do outro adaptador também pode mudar.

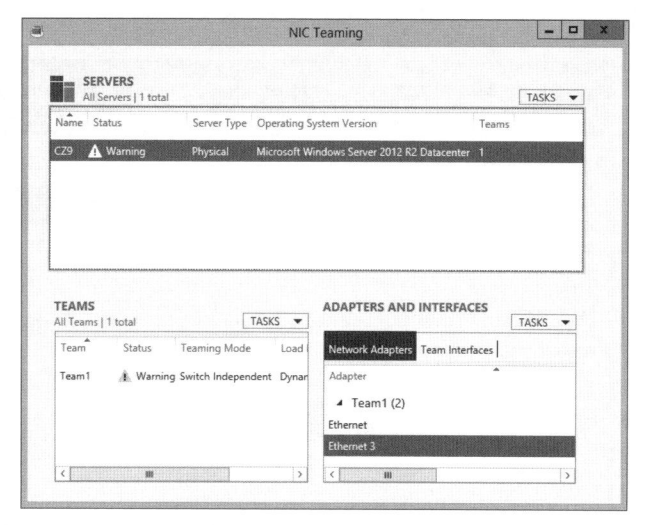

FIGURA 1-10 Um agrupamento de NICs exibindo um adaptador defeituoso.

Use o Gerenciador de Servidores

A ferramenta Server Manager do Windows Server 2012 R2 é a evidência mais óbvia de uma grande mudança de paradigma na administração do Windows Server. Antes do Windows Server 2012, um administrador que quisesse instalar uma função usando controles gráficos tinha que trabalhar no console do servidor sentado fisicamente junto ao teclado ou conectar-se a ele usando o Remote Desktop Services (Serviços de Área de Trabalho Remota, anteriormente chamado de Terminal Services). Por outro lado, o Server Manager do Windows Server 2012 R2 pode instalar funções e recursos em qualquer servidor da rede.

Adicione servidores

A principal diferença entre o Server Manager do Windows Server 2012 e do Windows Server 2012 R2 e os de versões anteriores é a possibilidade de adicionar e gerenciar vários servidores ao mesmo tempo. Quando fazemos logon em uma instalação com GUI do Windows Server 2012 R2 com uma conta administrativa, o Server Manager é carregado automaticamente, exibindo o painel Welcome (Bem-Vindo).

A interface do Server Manager é composta por um painel de navegação à esquerda contendo ícones que representam vários modos de exibição de recursos de servidor. A seleção de um ícone exibe uma home page no painel direito, que é composto por vários painéis contendo informações sobre o recurso. A página Dashboard (Painel), que é aberta por padrão, contém, além do painel Welcome, miniaturas que resumem os outros modos de exibição disponíveis no Server Manager, como mostrado na Figura 1-11. Esses outros modos de exibição incluem uma página para o servidor local (Servidor Local ou Local Server), uma para todos os servidores (Todos os Servidores ou All Servers) e páginas para grupos de servidores e grupos de funções.

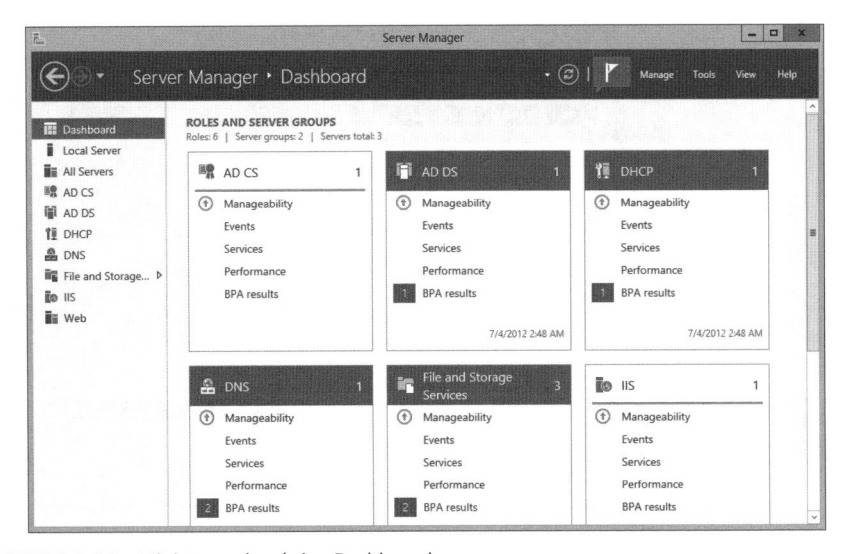

FIGURA 1-11 Miniaturas da página Dashboard.

Embora só o servidor local apareça no Server Manager quando ele é executado pela primeira vez, podemos adicionar outros servidores, o que permite gerenciá-los em conjunto. Os servidores adicionados podem ser físicos ou virtuais e podem estar executando qualquer versão do Windows Server a partir do Windows Server 2003. Após adicionarmos servidores à interface, podemos criar grupos contendo conjuntos de servidores, como os servidores de uma filial específica ou os que desempenhem uma determinada função. Esses grupos aparecerão no painel de navegação, permitindo que os administremos como uma única entidade.

Para adicionar servidores no Server Manager, use o procedimento a seguir.

1. Abra o Server Manager e, no painel de navegação, clique em All Servers. A página All Servers será aberta, como mostrado na Figura 1-12.

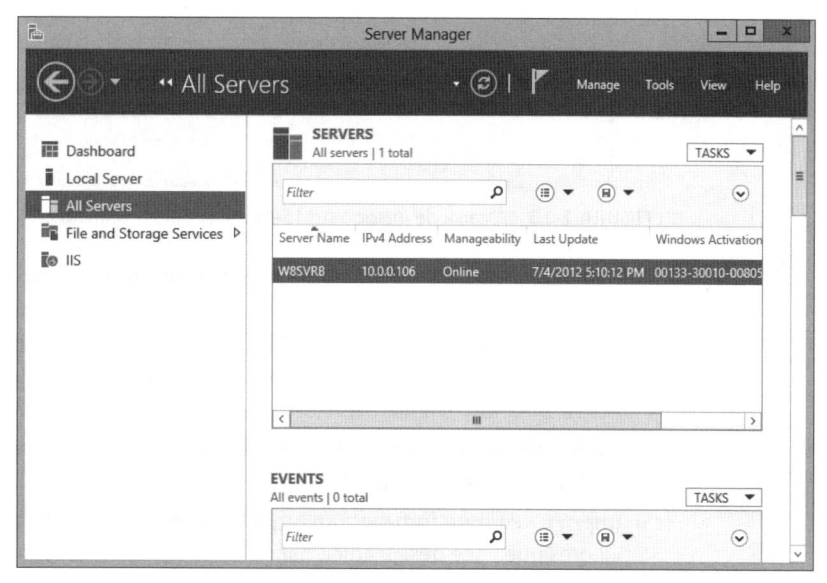

FIGURA 1-12 A página All Servers no Server Manager.

2. No menu Manage, selecione Add Servers. A caixa de diálogo Add Servers será aberta, como mostrado na Figura 1-13.

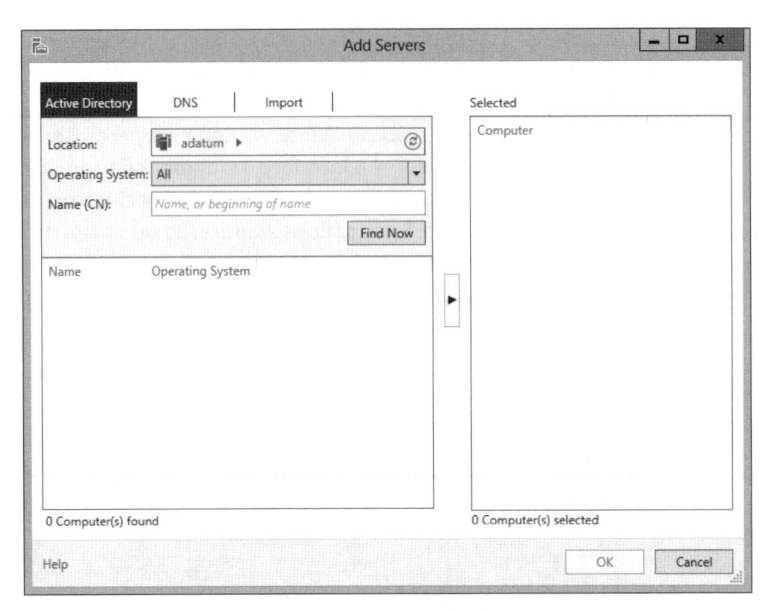

FIGURA 1-13 A caixa de diálogo Add Servers no Server Manager.

3. Selecione uma das guias a seguir para especificar como deseja localizar os servidores a serem adicionados:

   - **Active Directory** Permite procurar computadores que estejam executando sistemas operacionais específicos em determinados locais de um domínio do Active Directory Domain Services (Serviços de Domínio do Active Directory)
   - **DNS** Permite procurar servidores no servidor DNS (Domain Name System) configurado atualmente
   - **Import** Permite fornecer um arquivo de texto contendo os nomes dos servidores que você deseja adicionar

4. Inicie uma busca ou faça o upload de um arquivo de texto para exibir uma lista de servidores disponíveis, como mostrado na Figura 1-14.

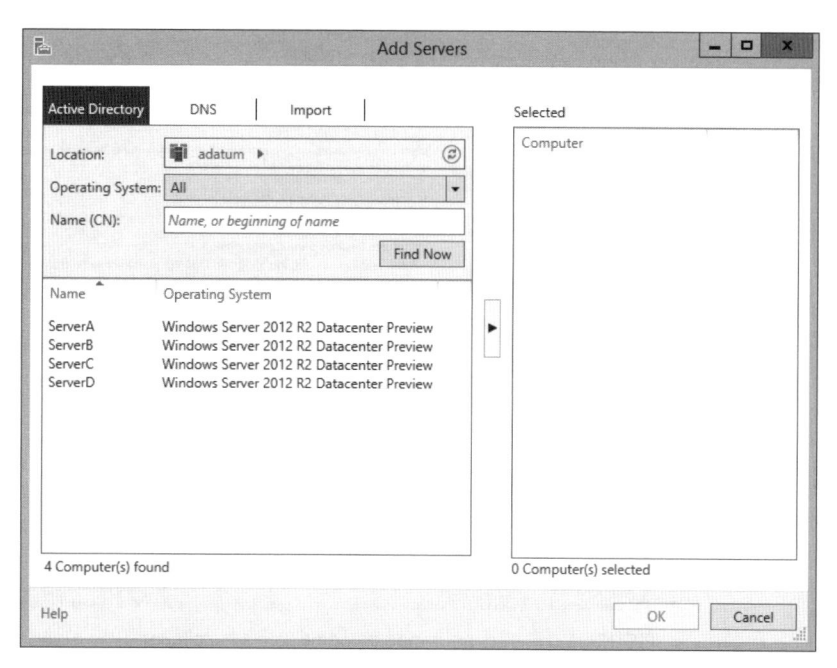

FIGURA 1-14 Procurando servidores no Server Manager.

5. Selecione os servidores que deseja adicionar e clique no botão de seta para a direita para adicioná-los à lista Selected.
6. Clique em OK. Os servidores que você selecionou serão adicionados à página All Servers.

Para administradores de redes empresariais, pode ser necessário adicionar um grande número de servidores ao Server Manager. Para evitar trabalhar com uma longa lista de rolagem de servidores, você pode criar grupos baseados em sua localização, em sua função ou em qualquer outro parâmetro organizacional.

Adicione funções e recursos

O console Server Manager do Windows Server 2012 R2 combina o que costumavam ser assistentes separados para a adição de funções e recursos em um único assistente, o Add Roles And Features Wizard. Uma vez que você tiver adicionado vários servidores à interface do Server Manager, eles serão integrados ao Add Roles And Features Wizard. Assim, será possível implantar funções e recursos em qualquer um dos servidores.

Para instalar funções e recursos usando o Server Manager, siga o procedimento a seguir:

1. No menu Manage do Server Manager, selecione Add Roles And Features. O Add Roles And Features Wizard é iniciado, exibindo a página Before You Begin.
2. Clique em Next para abrir a página Select Installation Type, como mostrado na Figura 1-15.

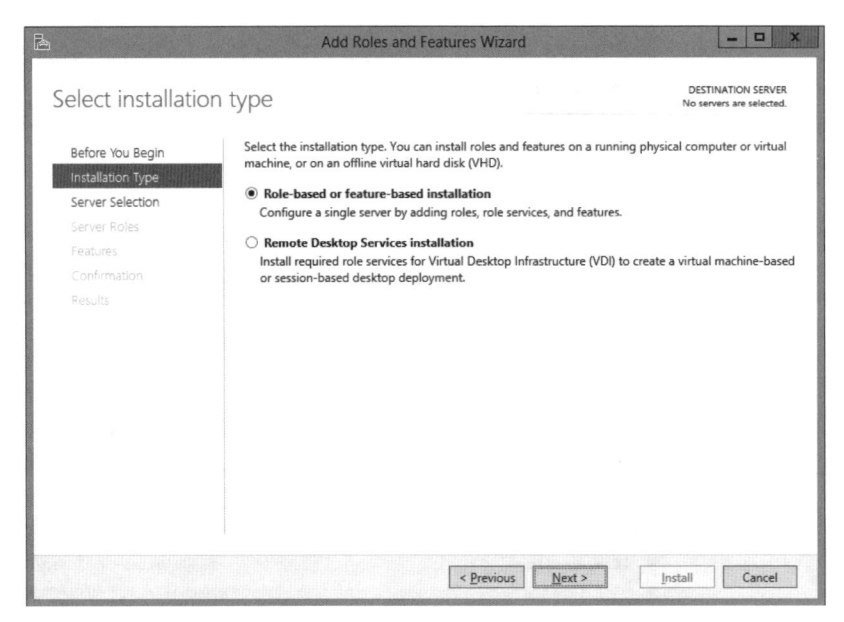

FIGURA 1-15 Configurando a página Select Installation Type no Add Roles And Features Wizard.

3. Deixe a opção Role-Based Or Feature-Based Installation selecionada e clique em Next. A página Select Destination Server será aberta, como mostrado na Figura 1-16.

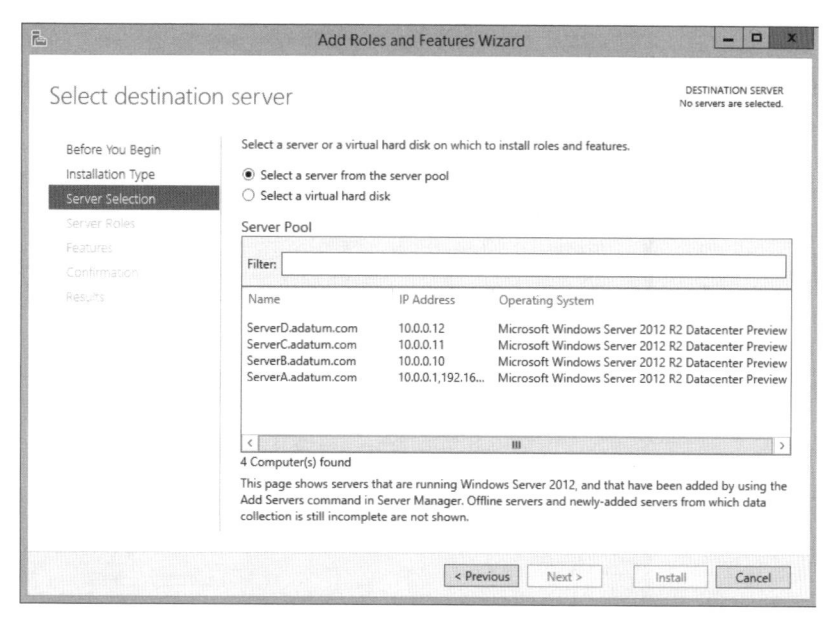

FIGURA 1-16 Configurando a página Select Destination Server no Add Roles And Features Wizard.

4. Selecione o servidor em que deseja instalar as funções ou os recursos. Se o pool tiver um grande número de servidores, você pode usar a caixa de texto Filter para exibir um subconjunto do pool baseado em um string de texto. Quando tiver selecionado o servidor, clique em Next. A página Select Server Roles será aberta, como mostrado na Figura 1-17.

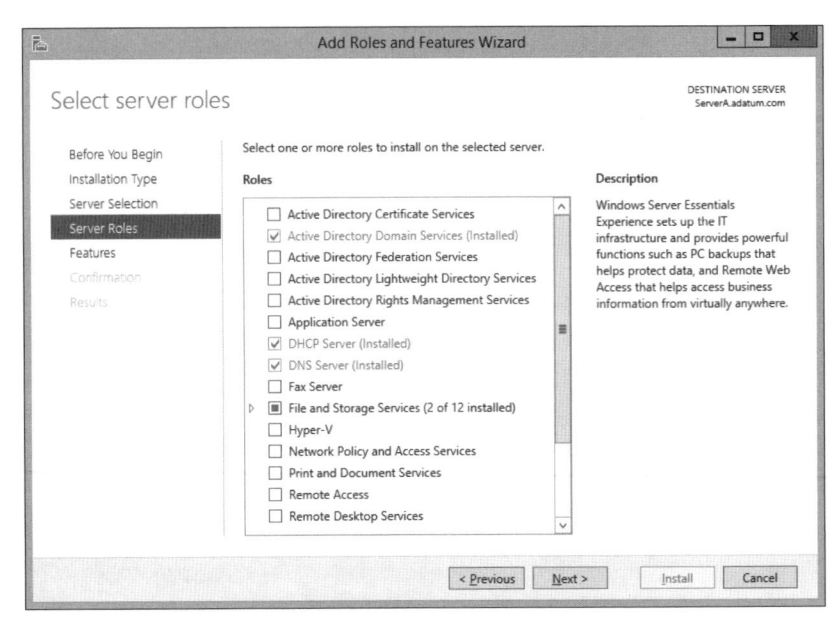

FIGURA 1-17 A página Select Server Roles no Add Roles And Features Wizard.

> **NOTA INSTALANDO COMPONENTES EM VÁRIOS SERVIDORES**
>
> Embora você possa usar o Add Roles And Features Wizard para instalar componentes em qualquer servidor que tiver adicionado ao Server Manager, não pode usá-lo para instalar componentes em vários servidores ao mesmo tempo. No entanto, isso pode ser feito com o Windows PowerShell.

5. Selecione a função ou as funções que deseja instalar no servidor escolhido. Se as funções selecionadas tiverem outras funções ou recursos como dependências, uma caixa de diálogo Add Features That Are Required será aberta.

> **NOTA SELECIONANDO TODAS AS FUNÇÕES E OS RECURSOS**
>
> Diferentemente de versões anteriores do Server Manager, a versão do Windows Server 2012 R2 permite que você selecione ao mesmo tempo todas as funções e os recursos para uma configuração de servidor específica em vez de ter que executar o assistente várias vezes.

6. Clique em Add Features para aceitar as dependências e, então, clique em Next para abrir a página Select Features, como mostrado na Figura 1-18.

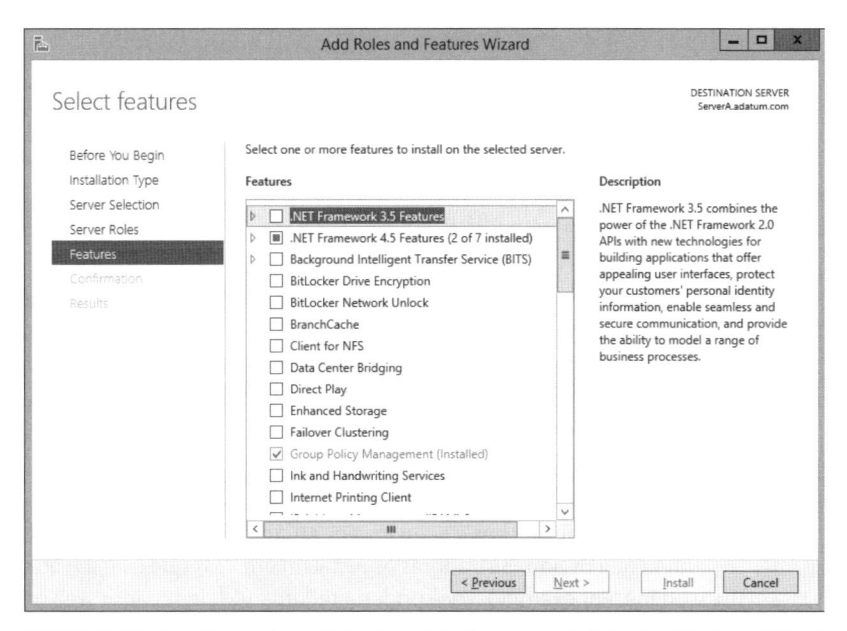

FIGURA 1-18 Configurando a página Select Features do Add Roles And Features Wizard.

7. Selecione qualquer recurso que quiser instalar no servidor escolhido e clique em Next. Podem aparecer dependências para suas seleções de recursos.

8. O assistente exibirá páginas específicas das funções ou dos recursos selecionados. A maioria das funções tem uma página Select Role Services, em que podemos selecionar os elementos da função que queremos instalar. Preencha cada uma das páginas específicas de funções ou recursos e clique em Next. Uma página Confirm Installation Selections será aberta.

9. Você pode selecionar as funções opcionais a seguir:

    - **Restart The Destination Server Automatically If Required** Faz o servidor ser reiniciado automaticamente quando a instalação for concluída, se assim as funções e os recursos selecionados exigirem.

    - **Export Configuration Settings** Cria um script XML documentando os procedimentos executados pelo assistente, que você pode usar para instalar a mesma configuração em outro servidor usando o Windows PowerShell.

    - **Specify An Alternate Source Path** Especifica a localização de um arquivo de imagem contendo o software necessário à instalação das funções e dos recursos selecionados. Use esta opção se tiver excluído os arquivos-fonte do sistema usando Features on Demand.

10. Clique em Install para abrir a página Installation Progress. Dependendo das funções e dos recursos instalados, o assistente pode exibir hiperlinks das ferramentas necessárias à execução das tarefas pós-instalação requeridas. Quando a instalação terminar, clique em Close para fechar o assistente.

> **NOTA** **USANDO UM ARQUIVO DE CONFIGURAÇÃO EXPORTADO**
>
> Para usar um arquivo de configuração exportado para instalar funções e recursos em outro computador executando o Windows Server 2012 R2, use o comando a seguir em uma sessão do Windows PowerShell com privilégios elevados:
>
> ```
> Install-WindowsFeature -ConfigurationFilePath <ExportedConfig.xml>
> ```

Uma vez que você tiver instalado funções em seus servidores, elas aparecerão como ícones no painel de navegação do Server Manager. Na verdade, esses ícones representam grupos de funções. Cada grupo de funções contém todas as instâncias da função encontradas em qualquer um dos servidores adicionados. Logo, você pode administrar a função em todos os servidores adicionados e nos em que a tiver instalado.

Implante funções em VHDs

Além de instalar funções e recursos em servidores da rede, o Server Manager também permite que os administradores os instalem em VMs que estejam atualmente em estado offline. Por exemplo, você poderia ter uma VM de servidor web offline armazenada em um servidor host de backup, para o caso de o computador que está hospedando as VMs de seu servidor web principal falhar. O Server Manager permite que você selecione um arquivo de disco rígido virtual (VHD, virtual hard disk) e instale ou remova funções e recursos sem ter que iniciar a VM.

Para instalar funções ou recursos em um arquivo VHD offline, use o procedimento a seguir.

1. No menu Manage do Server Manager, selecione Add Roles And Features. O Add Roles And Features Wizard é iniciado, exibindo a página Before You Begin.
2. Clique em Next para abrir a página Select Installation Type.
3. Deixe a opção Role-Based Or Feature-Based Installation selecionada e clique em Next. A página Select Destination Server é aberta.
4. Selecione a opção Select A Virtual Hard Disk. A caixa de texto Virtual Hard Disk aparecerá na parte inferior da página.
5. Na caixa de texto Virtual Hard Disk, digite ou procure o local em que se encontra o arquivo VHD que você deseja modificar.
6. Na caixa Server Pool, selecione o servidor que o assistente deve usar para montar o arquivo VHD, como mostrado na Figura 1-19, e clique em Next. A página Select Server Roles é aberta.

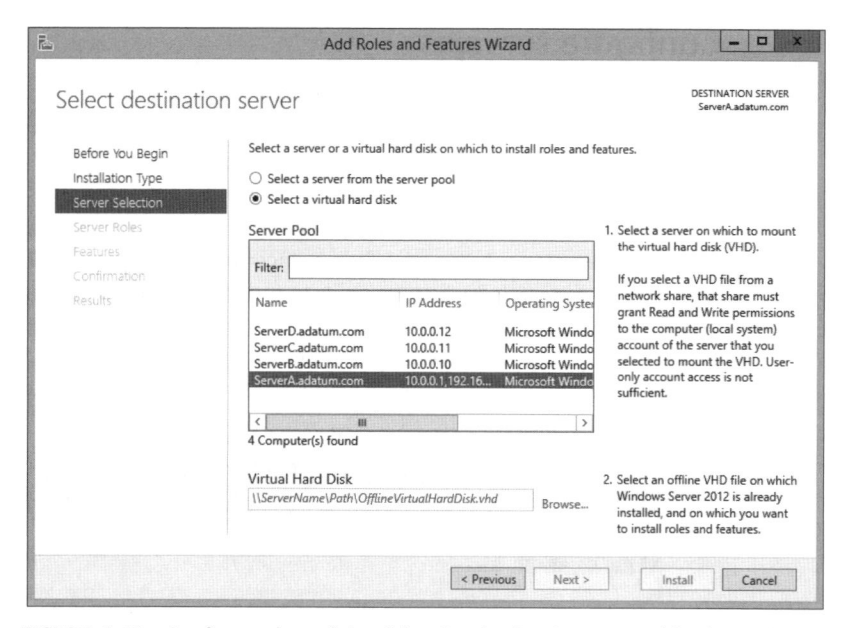

FIGURA 1-19 Configurando a página Select Destination Server no Add Roles And Features Wizard.

> **NOTA** **O QUE SIGNIFICA MONTAR O ARQUIVO VHD**
>
> O assistente deve montar o arquivo VHD no servidor que você selecionou para examinar e determinar quais funções e recursos já estão instalados e quais estão disponíveis para instalação. A montagem de um arquivo VHD só o disponibiliza por intermédio do sistema de arquivos do computador; não é o mesmo que iniciar a VM usando o VHD.

7. Selecione a função ou as funções que deseja instalar no servidor escolhido – adicionando as dependências necessárias, se preciso – e clique em Next. A página Select Features é aberta.
8. Selecione qualquer recurso que quiser instalar no servidor escolhido e clique em Next. Podem aparecer dependências para suas seleções de recursos.
9. Agora o assistente exibirá páginas específicas das funções ou dos recursos que você escolheu, permitindo a seleção de serviços de funções e a definição de outras configurações. Preencha cada uma das páginas específicas de funções ou recursos e clique em Next. Uma página de confirmação será aberta.
10. Clique em Install. A página Installation Progress é aberta. Quando a instalação terminar, clique em Close para desmontar o VHD e fechar o assistente.

Configure serviços

A maioria das funções e muitos dos recursos do Windows Server incluem serviços, que são programas executados de maneira contínua em segundo plano, normalmente esperando um processo de cliente enviar uma solicitação para eles. O Server Manager dá acesso a serviços sendo executados em servidores de toda a rede.

Na primeira vez em que você examinar a página Local Server (Servidor Local) no Server Manager, um dos painéis que encontrará será o painel Services (Serviços), mostrado na Figura 1-20. Esse painel lista todos os serviços instalados no servidor e especifica seu status operacional e seu tipo de inicialização (Start Type). Se você clicar com o botão direito do mouse em um serviço, o menu de contexto fornecerá controles que lhe permitirão iniciar, interromper, pausar e retomar o serviço.

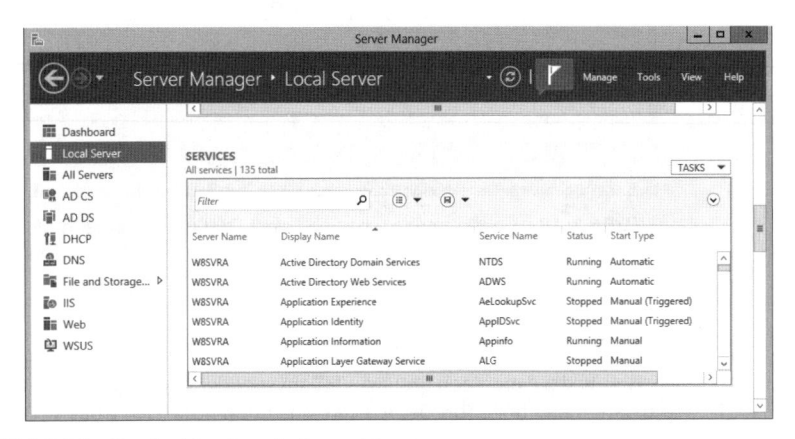

FIGURA 1-20 O painel Services do Server Manager.

O painel Services que aparece na tela do Server Manager é semelhante ao snap-in tradicional Services do MMC encontrado em versões anteriores do Windows Server. No entanto, embora você possa iniciar e interromper um serviço no Server Manager, não pode modificar seu tipo de inicialização, que especifica se o serviço deve ser iniciado automaticamente com o sistema operacional. Para fazê-lo, você deve usar o snap-in Services do MMC ou o cmdlet Set-Service do Windows PowerShell.

Outra diferença do painel Services no Server Manager do Windows Server 2012 R2 é que esse painel aparece em muitos locais em todo o Server Manager e, em cada local, ele exibe uma lista de serviços para um contexto diferente. Esse é um bom exemplo do princípio organizacional do novo Server Manager. As mesmas ferramentas, repetidas em muitos locais, fornecem uma interface de gerenciamento coerente para diferentes conjuntos de componentes.

Por exemplo, quando você selecionar o ícone All Servers (Todos os Servidores) no painel de navegação, primeiro verá o painel Services, como sempre, contendo todos os serviços de todos os servidores adicionados ao console do Server Manager. Quando selecionar alguns ou todos os servidores e rolar para baixo para o painel Services, verá a mesma tela de antes, mas agora ela conterá todos os serviços de todos os computadores selecionados. Isso permite monitorar os serviços de todos os servidores ao mesmo tempo.

Da mesma forma, quando você selecionar um dos ícones de grupo de funções, poderá escolher os servidores que estão executando essa função, e o painel Services só conterá os serviços associados a ela para os servidores selecionados.

Para manipular outras definições de configuração de serviços, você deve usar o snap-in Services do MMC, como mencionado anteriormente. No entanto, pode iniciar esse snap-in, e muitos outros, usando o Server Manager.

Após selecionar um servidor no painel Servers (Servidores) da página de qualquer grupo, clique no menu Tools (Ferramentas) para exibir uma lista dos utilitários e de snap-ins do MMC, o que inclui o snap-in Services. Para gerenciar um servidor remoto com um snap-in do MMC, você deve conectá-lo manualmente.

Delegue a administração do servidor

À medida que as redes crescem, o mesmo ocorre com o número de tarefas administrativas a serem executadas regularmente e com a equipe de TI necessária para executá-las. A delegação de tarefas administrativas a pessoas específicas é uma parte natural do gerenciamento empresarial de servidores, bem como o é atribuir a essas pessoas as permissões de que elas precisam – e só as de que precisam – para executar essas tarefas.

> **NOTA DELEGANDO PRIVILÉGIOS**
>
> Para obter informações sobre a delegação de privilégios para impressão, consulte o Objetivo 2.2, "Configurar serviços de impressão e documentos". Para se informar sobre a delegação de controle administrativo via Active Directory, consulte o Objetivo 5.3, "Criar e gerenciar grupos e unidades organizacionais (OUs) do Active Directory".

Em redes menores com equipes de TI pequenas, é comum a delegação de tarefas ser informal e todas as pessoas do departamento de TI terem acesso total à rede inteira. No entanto, em rede maiores com grandes equipes de TI, isso é cada vez mais impraticável. Por exemplo, seria interessante que os integrantes juniores recém-contratados da equipe de TI pudessem criar novas contas de usuário, mas não pudessem reformular a árvore do Active Directory ou alterar a senha do Diretor-Geral.

Delegação é a prática pela qual os administradores concedem a outros usuários um subconjunto dos privilégios que eles possuem. Como tal, é mais uma questão de restringir persmissões do que de concedê-las. Queremos dar às pessoas os privilégios de que elas precisam, protegendo, ao mesmo tempo, informações sigilosas e uma infraestrutura sensível.

Use a Configuração do Estado Desejado (DSC) do Windows PowerShell

A Desired State Configuration (DSC, Configuração do Estado Desejado) é a próxima fase no desenvolvimento do Windows PowerShell, um processo que começou há mais de uma década e apareceu pela primeira vez como um componente do Windows no

Windows PowerShell 1.0 (lançado em 2006). O Windows Server 2012 expandiu a funcionalidade do Windows PowerShell usando a infraestrutura de linha de comando como suporte para todos os novos recursos gráficos do sistema operacional. O Windows PowerShell 3.0 adicionou milhares de novos cmdlets, possibilitando usarmos a linha de comando para executar qualquer tarefa que poderia ser executada no Server Manager.

No Windows PowerShell 4.0, a DSC fornece um novo modelo de script que permite que os administradores criem módulos chamados *configurações* (configurations), compostos por *nós* (nodes) que representam computadores e *recursos* (resources) que definem elementos que os administradores pretendem estabelecer como parte da configuração de um nó específico.

Por exemplo, um script relativamente simples para a implantação de um servidor web poderia ser como o seguinte:

```
Configuration CompanyWeb
{
    Node "ServerB"
    {
        WindowsFeature INstallIIS
        {
            Ensure = "Present"
            Name = "Web-Server"
        }
        File CopyWebSite
        {
            Ensure = "Present"
            Type = "Directory"
            Recurse = $true
            SourcePath = $WebsitePath
            DestinationPath = "C:\inetpub\wwwroot"
            Requires = "[WindowsFeature]InstallIIS"
        }
    }
}
```

Nesse script, o bloco Node identifica o computador a ser configurado, e os blocos WindowsFeature e File são recursos internos que você pode usar para definir a configuração que deseja implantar. O bloco WindowsFeature especifica que a configuração deve instalar a função Web-Server, e o bloco File copia os arquivos de conteúdo de um site para o nó a partir de um local definido pela variável $WebsitePath. A DSC inclui muitos outros recursos internos que você pode usar para definir elementos de configuração mais complexos, como serviços do sistema, configurações do Registro, variáveis de ambiente e contas de usuário e grupo. Os administradores também podem criar seus próprios recursos personalizados.

Uma vez que você tiver criado um script de configuração, poderá distribuí-lo executando o nome definido para a configuração – neste caso, CompanyWeb – a partir de um prompt do Windows PowerShell.

Em grandes implantações empresariais, os administradores podem criar um servidor DSC centralizado instalando o *PowerShell Desired State Configuration Service* (Serviço de Configuração do Estado Desejado do PowerShell), um recurso do Windows PowerShell que usa o servidor do Internet Information Services (IIS, Serviços de Informações da Internet) para implantar lógica e dados de configuração em nós de toda a rede. Após armazenar os scripts de configuração DSC nesse servidor centralizado, os administradores podem definir que os nós procurem periodicamente alterações em suas configurações nesse local ou configurar o servidor em questão para enviar novas configurações aos nós quando necessário.

> *Teste de raciocínio*
> **Configurando um Server Core usando o Windows PowerShell**
>
> Neste teste de raciocínio, você aplicará o que aprendeu sobre este objetivo. As respostas às perguntas podem ser encontradas na seção "Respostas" no fim do capítulo.
>
> Deepak é um técnico de TI que recebeu a tarefa de configurar um novo servidor executando a instalação Server Core do Windows Server 2012 R2, chamado ServerA, que está para ser enviado para a filial da empresa. O servidor deve ser configurado para funcionar como um servidor de arquivos com suporte ao Distributed File System (DFS, Sistema de Arquivos Distribuído), um servidor de impressão com suporte a impressão a partir da Internet e um servidor web/FTP seguro na intranet para usuários do domínio.
>
> Com isso em mente, responda às perguntas a seguir.
>
> 1. Qual comando do Windows PowerShell Deepak deve usar para instalar as funções requeridas no servidor?
> 2. Qual comando Deepak deve usar para obter os nomes curtos das funções usados pelo Windows PowerShell?
> 3. Liste os comandos que Deepak deve executar no novo servidor para instalar os módulos requeridos.

Resumo do objetivo

- O Server Manager foi projetado para permitir que os administradores gerenciem de maneira plena servidores Windows sem nunca ter que interagir diretamente com o console do servidor, física ou remotamente.
- Há algumas tarefas que os administradores podem ter que executar imediatamente após a instalação do sistema operacional que demandam acesso direto ao console do servidor.
- Se você selecionou a opção Server Core ao instalar o Windows Server 2012 R2, pode executar tarefas pós-instalação na linha de comando.
- No Windows Server 2012 R2, o painel Properties do Server Manager fornece a mesma funcionalidade que a janela Initial Configuration Tasks (Tarefas de Configuração Inicial) de versões anteriores.
- No Windows Server 2012 R2, você pode converter um computador instalado com a opção com GUI completa para a opção Server Core e adicionar a GUI completa a um computador Server Core.
- O NIC teaming é um novo recurso do Windows Server 2012 R2, o qual permite que os administradores combinem a largura de banda de vários adaptadores de interface de rede, fornecendo melhor desempenho e tolerância a falhas.

- Para administradores de redes empresariais, pode ser necessário adicionar um grande número de servidores ao Server Manager. Para evitar trabalhar com uma longa lista de rolagem de servidores, você pode criar grupos baseados em sua localização, em sua função ou em qualquer outro parâmetro organizacional.
- Além de instalar funções e recursos em servidores da rede, o Server Manager permite que os administradores os instalem em VMs que estejam atualmente em estado offline.

Revisão do objetivo

Responda às perguntas a seguir para testar seu conhecimento sobre as informações deste objetivo. Você pode encontrar as respostas a estas perguntas e explicações de por que cada opção de resposta está certa ou errada na seção "Respostas" no fim do capítulo.

1. Quais recursos devem ser removidos de uma instalação com GUI completa do Windows Server 2012 R2 para que ela seja convertida em uma instalação Server Core? (Selecione todas que forem aplicáveis.)

   A. Windows Management Instrumentation (WMI)

   B. Graphical Management Tools and Infrastructure (Ferramentas de Gerenciamento Gráfico e Infraestrutura)

   C. Experiência Desktop (Desktop Experience)

   D. Server Graphical Shell

2. Qual dos modos de NIC teaming a seguir fornece agregação de tolerância a falhas e largura de banda?

   A. Migração dinâmica do Hyper-V

   B. Switch Independent Mode

   C. Switch Dependent Mode

   D. Link Aggregation Control Protocol

3. Qual das ferramentas de linha de comando a seguir é usada na associação de um computador a um domínio?

   A. Net.exe

   B. Netsh.exe

   C. Netdom.exe

   D. Ipconfig.exe

4. Qual das declarações a seguir sobre o Server Manager *não* é verdadeira?

   A. O Server Manager pode implantar funções em vários servidores ao mesmo tempo.

   B. O Server Manager pode implantar funções em VHDs enquanto eles estão offline.

   C. O Server Manager pode instalar funções e recursos ao mesmo tempo.

   D. O Server Manager pode instalar funções e recursos em qualquer servidor Windows Server 2012 R2 da rede.

5. Quais das operações a seguir você não pode executar em um serviço usando o Server Manager? (Selecione todas que forem aplicáveis.)
   A. Interromper um serviço em execução
   B. Iniciar um serviço interrompido
   C. Desativar um serviço
   D. Configurar um serviço para ser inciado quando o computador for inicializado

Objetivo 1.3: Configurar o armazenamento local

Embora o Windows Server 2012 R2 tenha sido projetado para se beneficiar do armazenamento remoto e da computação na nuvem, a configuração do armazenamento local ainda é uma consideração importante.

> **Este objetivo aborda como:**
> - Projetar espaços de armazenamento
> - Configurar discos básicos e dinâmicos
> - Configurar discos MBR e GPT
> - Gerenciar volumes
> - Criar e montar discos rígidos virtuais (VHDs)
> - Configurar pools de armazenamento e pools de discos
> - Criar pools de armazenamento usando compartimentos de discos

Planeje o armazenamento no servidor

Um servidor Windows pode executar suas tarefas usando o mesmo tipo de armazenamento que uma estação de trabalho; isto é, um ou mais discos rígidos padrão conectados a uma interface de unidade padrão, como uma Serial ATA (SATA). No entanto, os volumes de I/O de um servidor são diferentes dos de uma estação de trabalho; um subsistema de armazenamento padrão pode facilmente ficar saturado com solicitações de arquivo de dezenas ou centenas de usuários. Além disso, os discos rígidos padrão não oferecem tolerância a falhas e são limitados em sua escalabilidade.

Várias tecnologias de armazenamento são mais apropriadas para uso em servidores. O processo de projetar uma solução de armazenamento para um servidor depende de muitos fatores, entre eles:

- O espaço de armazenamento de que o servidor precisa
- O número de usuários de que acessarão o servidor ao mesmo tempo
- O sigilo dos dados a serem armazenados no servidor
- A importância dos dados para a empresa

As próximas seções examinarão esses fatores e as tecnologias que você pode usar ao criar um plano para suas soluções de armazenamento de rede.

De quantos servidores preciso?

Quando um grande servidor de arquivos é preferível a vários servidores menores? Essa é uma das perguntas frequentes no planejamento de uma implantação de servidor. No passado, podíamos considerar as vantagens e desvantagens do uso de um único servidor para executar várias funções *versus* a distribuição das funções entre muitos servidores menores. Atualmente, no entanto, é dada ênfase à virtualização, ou seja, podemos ter muitas VMs executando diferentes funções, mas todas elas poderiam ser executadas em um único servidor físico grande.

Se você estiver considerando servidores físicos grandes ou se os requisitos de armazenamento de sua empresa tiverem um nível muito alto, também é preciso considerar as limitações de armazenamento do Windows Server 2012 R2.

O número de filiais que a rede de sua empresa engloba e as tecnologias que você usa para fornecer comunicação de rede entre elas também podem afetar seus planos. Se, por exemplo, sua empresa tem filiais espalhadas mudialmente e usa links de rede de longa distância (WAN, wide area network) relativamente caros para conectá-las, provavelmente seria mais econômino instalar um servidor em cada filial do que fazer todos os seus usuários acessarem um único servidor usando os links WAN.

Dentro de cada filial, o número de servidores necessário pode depender da frequência com que seus usuários trabalham com os mesmos recursos e do nível de tolerância a falhas e da alta disponibilidade que você deseja possuir no sistema. Por exemplo, se cada departamento de sua empresa trabalha com seus próprios aplicativos e documentos e raramente precisa acessar os de outros departamentos, pode ser preferível implantar servidores individuais para cada departamento. Se todas as pessoas de sua empresa trabalham com o mesmo conjunto de recursos, servidores centralizados podem ser uma opção melhor.

Estime os requisitos de armazenamento

O espaço de armazenamento necessário em um servidor depende de vários fatores, e não apenas dos requisitos iniciais de aplicativos e usuários. No caso de um servidor de aplicativos, comece alocando o espaço necessário para os arquivos do aplicativo mais qualquer espaço adicional de que o aplicativo precise, como recomendado pelo desenvolvedor. Se os usuários armazenarem documentos no servidor, aloque um espaço específico para cada usuário ao qual o servidor der suporte. Em seguida, leve em consideração o possível crescimento de sua empresa e de sua rede, nos dois casos pensando nos usuários adicionais e no espaço extra requerido por cada usuário e nos arquivos de dados e atualizações do próprio aplicativo.

Use Espaços de Armazenamento

O Windows Server 2012 R2 inclui uma tecnologia de virtualização de disco chamada *Espaços de Armazenamento* (Storage Spaces), que permite que um servidor concatene o espaço de armazenamento de discos físicos individuais e aloque esse espaço para criar discos virtuais de qualquer tamanho de acordo com o suportado pelo hardware.

Com frequência, esse tipo de virtualização é um recurso encontrado em tecnologias SAN e de armazenamento conectado à rede (NAS, network attached storage), que requerem um investimento significativo em hardware especializado e habilidade administrativa. Os Espaços de Armazenamento fornecem recursos semelhantes usando unidades de disco padrão diretamente conectadas ou conjuntos externos com "um simples arranjo entre discos" (JBOD, Just a Bunch of Disks).

Os Espaços de Armazenamento usam espaço em disco não alocado das unidades do servidor para criar pools de armazenamento. Um *pool de armazenamento* pode se estender de forma transparente por várias unidades, fornecendo um recurso de armazenamento acumulado que os administradores podem expandir ou reduzir conforme necessário adicionando discos ou removendo-os do pool. Usando o espaço do pool, os administradores podem criar *discos virtuais* de qualquer tamanho.

Uma vez criado, o disco virtual se comporta da mesma forma que um disco físico, exceto por os bits poderem ser armazenados em qualquer número de unidades físicas do sistema. Os discos virtuais também podem fornecer tolerância a falhas usando os discos físicos do pool de armazenamento para guardar dados espelhados ou de paridade.

Após criar um disco virtual, você pode criar volumes nele, como faria em um disco físico. O Server Manager fornece as ferramentas necessárias à criação e ao gerenciamento de pools de armazenamento e discos virtuais e permite criar volumes e compartilhamentos do sistema de arquivos, com algumas limitações.

Configurações de disco do Windows

Quando você instalar o Windows Server 2012 R2 em um computador, o programa de instalação executará automaticamente todas as tarefas de preparação do disco rígido primário do sistema. No entanto, quando instalar unidades de disco rígido adicionais em um servidor ou quiser usar configurações diferentes dos padrões do sistema, terá que executar as seguintes tarefas manualmente:

- **Selecionar um estilo de particionamento** O Windows Server 2012 R2 dá suporte a dois estilos de partição de disco rígido: "registro mestre de inicialização" (MBR, master boot record) e "tabela de partição" (GPT, global unique identifier partition table). Você deve selecionar um desses estilos de particionamento para cada unidade; não é possível usar os dois.
- **Selecionar um tipo de disco** O Windows Server 2012 R2 dá suporte a dois tipos de disco: disco básico e disco dinâmico. Você não pode usar os dois tipos na mesma unidade de disco, mas pode usá-los no mesmo computador.
- **Dividir o disco em partições ou volumes** Embora muitos profissionais usem os termos partição e volume de maneira indiscriminada, o correto é usar o termo "partições" no caso de discos básicos e "volumes" no caso de discos dinâmicos.
- **Formatar as partições ou os volumes com um sistema de arquivos** O Windows Server 2012 R2 dá suporte ao sistema de arquivos NTFS, ao sistema de arquivos FAT (incluindo as variantes FAT16, FAT32 e exFAT) e ao novo sistema de arquivos ReFS (abordado posteriormente neste capítulo, na seção "Sistemas de arquivos").

As próximas seções examinarão as opções para cada uma dessas tarefas.

Selecione um estilo de partição

O termo *estilo de partição* refere-se ao método que os sistemas operacionais Windows usam para organizar partições no disco. Servidores executando computadores Windows Server 2012 R2 podem usar um dos dois estilos de particionamento de disco rígido a seguir:

- **MBR**   O estilo de partição MBR já existia antes do Windows e ainda é um estilo de partição comum para computadores baseados em plataformas x86 e x64.
- **GPT**   O GPT existe desde o fim dos anos 90, mas nenhuma versão x86 do Windows anterior ao Windows Server 2008 e ao Windows Vista o suporta. Atualmente, a maioria dos sistemas operacionais dá suporte ao GPT, inclusive o Windows Server 2012 R2.

Antes do Windows Server 2008 e do Windows Vista, todos os computadores Windows baseados em x86 só usavam o estilo de partição MBR. Computadores baseados na plataforma x64 podiam usar o estilo de partição MBR ou GPT, contanto que o disco GPT não fosse o disco de inicialização.

A menos que a arquitetura do computador dê suporte a uma partição de inicialização baseada na Extensible Firmware Interface (EFI), não é possível fazer a inicialização a partir de um disco GPT. Se for esse o caso, a unidade do sistema deve ser um disco MBR, e você só pode usar o GPT em discos separados, não inicializáveis, usados para o armazenamento de dados.

Quando você usar o Server Manager para inicializar um disco no Windows Server 2012 R2, ele empregará o estilo de partição GPT, sendo o disco físico ou virtual. Não há controles no Server Manager que deem suporte ao MBR, embora ele exiba esse estilo de partição no painel Disks (Discos).

Tipos de disco

A maioria dos computadores pessoais usa discos básicos, porque eles são os mais fáceis de gerenciar. Tipos de volume avançados requerem o uso de discos dinâmicos. Um *disco básico* usando o estilo de partição MBR organiza dados empregando partições primárias, partições estendidas e unidades lógicas. Uma partição primária aparece para o sistema operacional como se fosse um disco fisicamente separado e pode hospedar um sistema operacional, caso em que é conhecida como partição ativa.

Quando você trabalhar com discos básicos MBR no Windows Server 2012 R2 usando o snap-in Disk Management (Gerenciamento de Disco), poderá criar três volumes que assumirão a forma de partições primárias. Quando criar o quarto volume, o sistema gerará uma partição estendida, com uma unidade lógica nela, do tamanho que você especificou. Se ainda houver espaço livre, o sistema o alocará para a partição estendida, como mostrado na Figura 1-21, onde você poderá usá-lo para criar unidades lógicas adicionais.

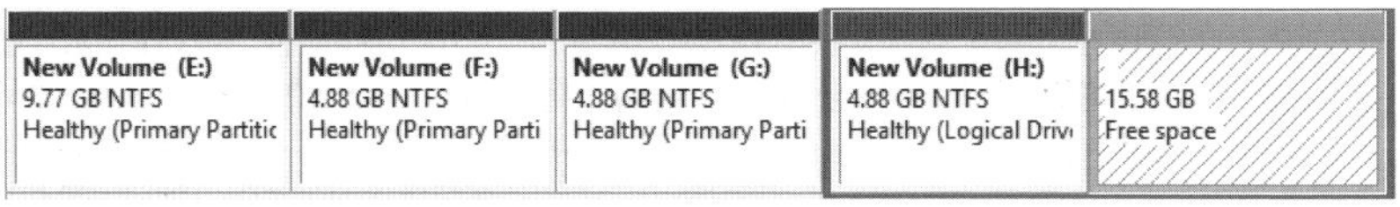

| New Volume (E:) 9.77 GB NTFS Healthy (Primary Partitic | New Volume (F:) 4.88 GB NTFS Healthy (Primary Parti | New Volume (G:) 4.88 GB NTFS Healthy (Primary Parti | New Volume (H:) 4.88 GB NTFS Healthy (Logical Driv | 15.58 GB Free space |

FIGURA 1-21   Partições primária e estendida em um disco básico usando o MBR.

Se você selecionar o estilo de partição GPT, o disco ainda aparecerá como um disco básico, mas poderão ser criados até 128 volumes, cada um aparecendo como uma partição primária, como mostrado na Figura 1-22. Não há partições estendidas ou unidades lógicas em discos GPT.

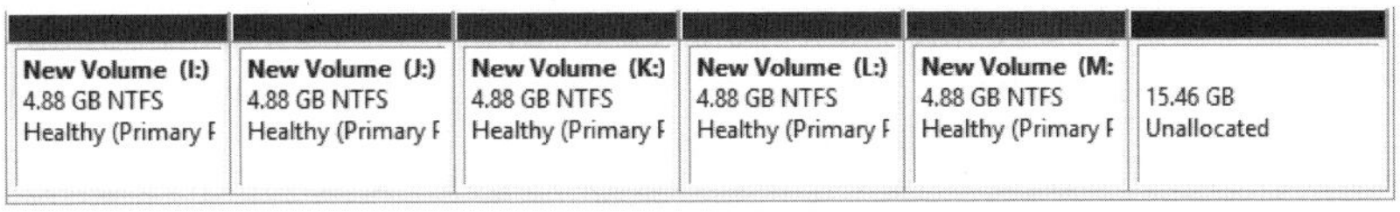

New Volume (I:)	New Volume (J:)	New Volume (K:)	New Volume (L:)	New Volume (M:	
4.88 GB NTFS	4.88 GB NTFS	4.88 GB NTFS	4.88 GB NTFS	4.88 GB NTFS	15.46 GB
Healthy (Primary P	Healthy (Primary P	Healthy (Primary P	Healthy (Primary P	Healthy (Primary P	Unallocated

FIGURA 1-22 Partições primárias em um disco básico usando o GPT.

A alternativa ao uso de um disco básico é convertê-lo para um *disco dinâmico*. O processo de conversão de um disco básico em um disco dinâmico cria uma única partição que ocupa o disco inteiro. Você pode, então, criar um número ilimitado de volumes no espaço dessa partição. Os discos dinâmicos dão suporte a diferentes tipos de volumes, como descrito na próxima seção.

Tipos de volumes

Um disco dinâmico pode conter um número ilimitado de volumes que funcionam de maneira muito semelhante às partições primárias de um disco básico, mas não é possível marcar um disco dinâmico existente como ativo. Quando você criar um volume em um disco dinâmico usando o snap-in Disk Management do Windows Server 2012 R2, poderá escolher entre os cinco tipos de volume a seguir:

- **Volume simples**   É composto por espaço em um único disco. Após criar um volume simples, você pode estendê-lo para vários discos para criar um volume expandido ou distribuído, contanto que não seja um volume do sistema ou de inicialização. Você também pode estender um volume simples para qualquer espaço adjacente não alocado no mesmo disco ou, com algumas limitações, reduzir o volume para liberar espaço não usado.

- **Volume expandido**   É composto por espaço de 2 a 32 discos físicos, todos tendo que ser discos dinâmicos. Um volume expandido é, basicamente, um método de combinação do espaço de vários discos dinâmicos em um único volume maior. O Windows Server 2012 R2 grava no volume expandido preenchendo todo o espaço do primeiro disco e, então, preenchendo cada um dos discos adicionais, um de cada vez. Você pode estender um volume expandido a qualquer momento adicionando espaço em disco. A criação de um volume expandido não melhora o desempenho de leitura/gravação em disco ou fornece tolerância a falhas. Na verdade, se um único disco físico do volume expandido falhar, todos os dados do volume serão perdidos.

- **Volume distribuído**   É composto por espaço de 2 a 32 discos físicos, todos tendo que ser discos dinâmicos. A diferença entre um volume distribuído e um volume expandido é que, em um volume distribuído, o sistema grava dados em uma faixa de cada vez, em cada disco do volume, sucessivamente. A distribuição fornece melhor desempenho, porque cada unidade de disco do conjunto tem tempo para procurar o local de sua próxima faixa enquanto as outras unidades estão gravando. No entanto, os volumes distribuídos não fornecem tolerância a falhas e não é possível estendê-los após a criação. Se um único disco físico do volume distribuído falhar, todos os dados do volume serão perdidos.

- **Volume espelhado** É composto por uma quantidade de espaço idêntica em dois discos físicos, ambos tendo que ser discos dinâmicos. O sistema executa todas as operações de leitura e gravação nos dois discos simultaneamente para que eles contenham cópias de todos os dados armazenados no volume. Se um disco falhar, o outro continuará dando acesso ao volume até o disco defeituoso ser reparado ou substituído.

- **Volume RAID-5** É composto por espaço de três ou mais discos físicos, todos tendo que ser discos dinâmicos. O sistema distribui dados e informações de paridade em todos os discos para que, no caso de um disco físico falhar, os dados ausentes possam ser recriados com o uso das informações de paridade existentes nos outros discos. Os volumes RAID-5 fornecem melhor desempenho de leitura devido à distruição nos discos, mas o desempenho de gravação é prejudicado pelos cálculos de paridade.

Sistemas de arquivos

Para organizar e armazenar dados ou programas em uma unidade de disco rígido, você deve instalar um sistema de arquivos. Um sistema de arquivos é a estrutura subjacente da unidade de disco que permite o armazenamento de informações em seu computador. Para instalar um sistema de arquivo, é preciso formatar uma partição ou um volume do disco rígido.

No Widows Server 2012 R2, cinco opções de sistemas de arquivos estão disponíveis:

- NTFS
- FAT32
- exFAT
- FAT (também conhecido como FAT16)
- ReFS

O NTFS é o melhor sistema de arquivos para um servidor; seus principais benefícios são o melhor suporte a unidades de disco rígido maiores do que as da FAT e uma maior segurança na forma de criptografia e permissões que restringem o acesso de usuários não autorizados.

Já que os sistemas de arquivos FAT não têm a segurança que o NTFS fornece, qualquer usuário que tiver acesso ao computador poderá ler arquivos sem restrição. Além disso, os sistemas de arquivos FAT têm limitações no tamanho do disco: a FAT32 não consegue lidar com uma partição que tenha mais do que 32 GB ou com um arquivo com mais de 4 GB. A FAT não lida com discos rígidos com mais de 4 GB ou arquivos com mais de 2 GB. Devido a essas limitações, a única razão viável para o uso da FAT16 ou da FAT32 é a necessidade de dual boot do computador com um sistema operacional diferente do Windows ou uma versão anterior do Windows que não dê suporte ao NTFS, o que não é uma configuração provável para um servidor.

O *ReFS* é um novo sistema de arquivos que apareceu pela primeira vez no Windows Server 2012 R2 e oferece tamanhos de arquivo e pasta (diretório) praticamente ilimitados e uma maior resiliência, que elimina a necessidade de ferramentas de verificação de erros, como o Chkdsk.exe. No entanto, ele não inclui o suporte a recursos do NTFS, como a compactação de arquivos, o Encrypted File System (EFS) e cotas de disco. Os discos com ReFS também não podem ser lidos por sistemas operacionais mais antigos do que o Windows Server 2012 e o Windows 8.

Discos

O Windows Server 2012 R2 inclui ferramentas que permitem o gerenciamento de discos graficamente ou no prompt de comando. Todas as instalações do Windows Server 2012 R2 incluem a função File and Storage Services (Serviços de Arquivo e Armazenamento), que faz o Server Manager exibir um menu quando clicamos no ícone no painel de navegação, como mostrado na Figura 1-23. Esse menu dá acesso às páginas que permitem que os administradores gerenciem volumes, discos, pools de armazenamento, compartillhamentos e dispositivos iSCSI.

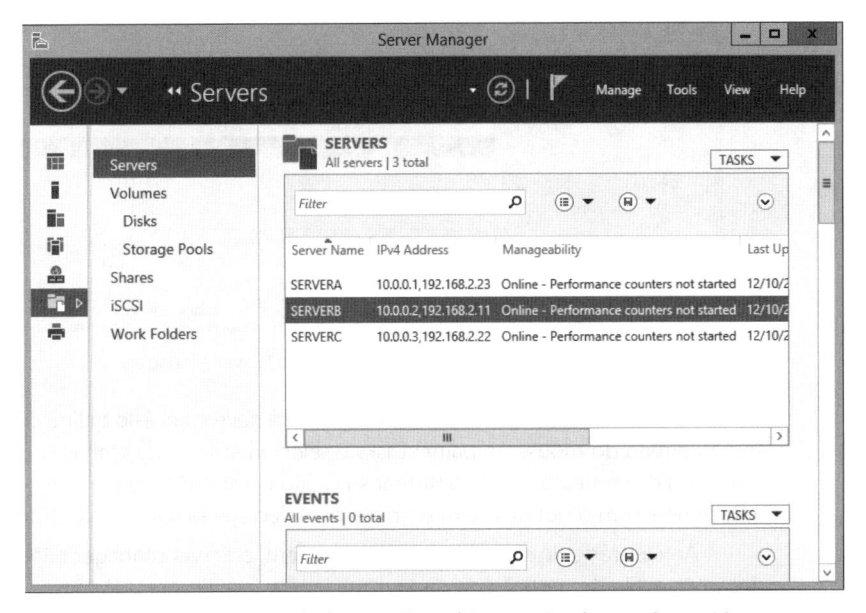

FIGURA 1-23 Usando o menu da função File and Storage Services no Server Manager.

O Server Manager é a única ferramenta gráfica que pode gerenciar pools de armazenamento e criar discos virtuais. Ele também pode executar algumas – mas não todas – operações padrão de gerenciamento de discos e volumes em discos físicos. Como as outras páginas do Server Manager, a página File (Arquivo) e a página Storage Services (Serviços de Armazenamento) permitem a execução de tarefas em qualquer servidor que você tiver adicionado à interface.

O Disk Management (Gerenciamento de Disco), um snap-in do MMC, é a ferramenta tradicional de execução de tarefas relacionadas a discos. Para acessar o snap-in, abra o console Computer Management (Gerenciamento do Computador) e selecione Disk Management.

Você também pode gerenciar discos e volumes por meio da linha de comando usando o utilitário DiskPart.exe.

Adicione um novo disco físico

Quando adicionar um novo disco rígido a um computador Windows Server 2012 R2, você terá que instalar o disco antes de poder utilizar seu armazenamento. Para adicionar um novo disco secundário, desligue o computador e instale ou anexe o novo disco físico conforme as instruções do fabricante. Um disco físico recém-adicionado é listado no Server Manager no painel Disks (Discos), como mostrado na Figura 1-24, com o status Offline e estilo de partição Unknown (desconhecido).

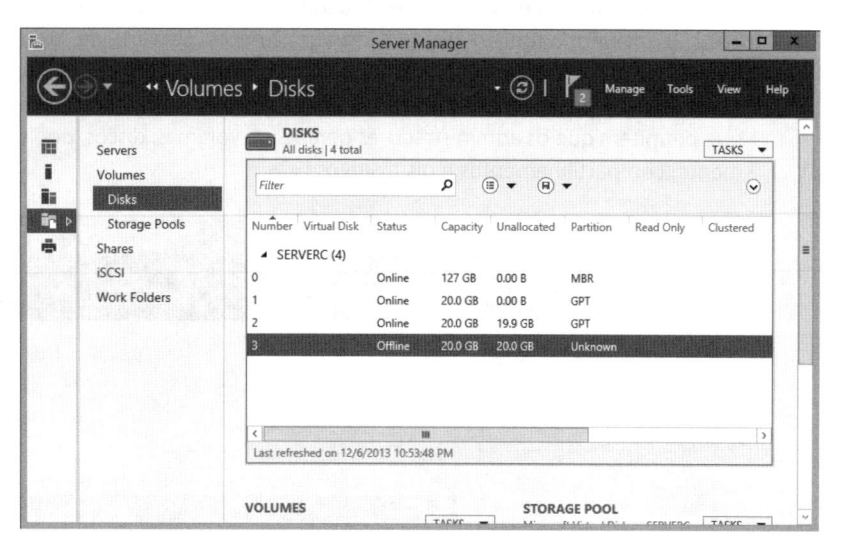

FIGURA 1-24 Um disco físico recém-adicionado ao Server Manager.

Para tornar o disco acessível, primeiro você deve colocá-lo online clicando com o botão direito do mouse no painel Disks e selecionando Bring Online (Colocar Online) no menu de contexto. Após confirmar sua ação e o status do disco alterar para Online, clique nele com o botão direito do mouse e selecione Initialize (Inicializar).

Ao contrário do snap-in Disk Management, o Server manager não permite a seleção do estilo de partição do disco. Uma janela Task Progress (Andamento da Tarefa) será aberta; quando o processo terminar, clique em Close (Fechar). O disco aparecerá na lista com o estilo de partição GPT.

Você pode converter um disco de um estilo de partição para outro a qualquer momento usando o Disk Management, clicando com o botão direito do mouse no disco que quer converter e selecionando Convert To GPT Disk (Converter em Disco GPT) ou Convert To MBR Disk (Converter em Disco MBR) no menu de contexto. No entanto, lembre-se de que a conversão do estilo de partição do disco é um processo destrutivo. Você só pode executar a conversão em um disco sem alocações, logo, se o disco que quiser converter tiver dados, será preciso fazer backup e, então, excluir todas as partições ou volumes existentes antes de começar a conversão.

Crie e monte discos rígidos virtuais (VHDs)

O Hyper-V depende do formato de disco rígido virtual (VHD ou VHDX) para armazenar dados de discos virtuais em arquivos que podem ser transferidos facilmente de um computador para outro. O snap-in Disk Management do Windows Server 2012 R2 permite a criação de arquivos VHD e VHDX e sua montagem no computador. Uma vez montados, podemos tratá-los como discos físicos e usá-los para armazenar dados. Na desmontagem de um VHD ou VHDX, os dados armazenados são empacotados no arquivo para podermos copiá-los ou transferi-los quando necessário.

Para criar um VHD no Disk Management, use o procedimento a seguir.

1. No Server Manager, clique em Tools e em Computer Management. O console Computer Management será aberto.
2. Clique em Disk Management para abrir o snap-in Disk Management.
3. No menu Action, selecione Create VHD. A caixa de diálogo Create And Attach Virtual Hard Disk será aberta, como mostrado na Figura 1-25.

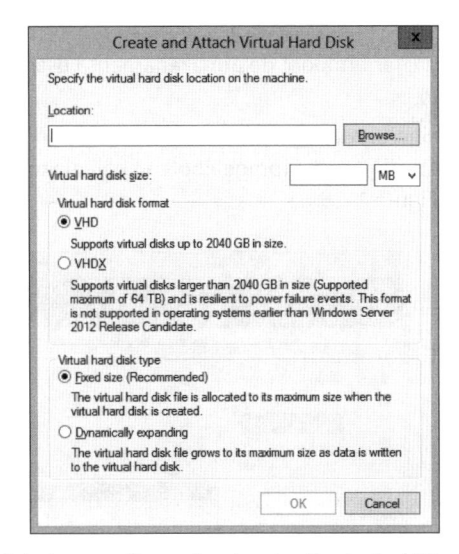

FIGURA 1-25 Definindo as configurações da caixa Create And Attach Virtual Hard Disk.

4. Na caixa de texto Location, digite o nome e o caminho do arquivo que deseja criar.
5. Na caixa Virtual Hard Disk Size, digite o tamanho máximo do disco que deseja criar.
6. Selecione uma das opções a seguir para o formato de disco rígido virtual:
   - **VHD**   O formato original e mais compatível, que dá suporte a arquivos com até 2.040 GB
   - **VHDX**   Uma nova versão do formato VHD que dá suporte a arquivos com até 64 TB, mas que só pode ser lida por computadores executando o Windows Server 2012 e o Windows Server 2012 R2
7. Selecione uma das opções a seguir para o tipo de disco rígido virtual:
   - **Fixed Size (Recommended)**   Aloca de uma só vez todo o espaço em disco necessário para o arquivo VHD/VHDX
   - **Dynamically Expanding**   Aloca espaço em disco para o arquivo VHD/VHDX à medida que dados forem sendo adicionados ao disco rígido virtual

8. Clique em OK. O sistema cria o arquivo VHD ou VHDX e o anexa para que ele apareça como um disco no snap-in.

Uma vez que você tiver criado e anexado o arquivo VHD ou VHDX, ele aparecerá como um disco não inicializado no snap-in Disk Management e no Server Manager. Usando uma das duas ferramentas, você pode inicializar o disco e criar volumes nele, como faria em um disco físico. Após armazenar dados nos volumes, se quiser, desanexe o arquivo VHD ou VHDX e mova-o para outro local ou monte-o em uma VM do Hyper-V

Crie um pool de armazenamento

Quando você instalar seus discos físicos, poderá concatenar seu espaço em um pool de armazenamento, a partir do qual será possível criar discos virtuais de qualquer tamanho.

Para criar um pool de armazenamento usando o Server Manager, siga este procedimento.

1. No Server Manager, clique no ícone File and Storage Services e, no menu que se abriu, clique em Storage Pools. O painel Storage Pools é aberto, como mostrado na Figura 1-26.

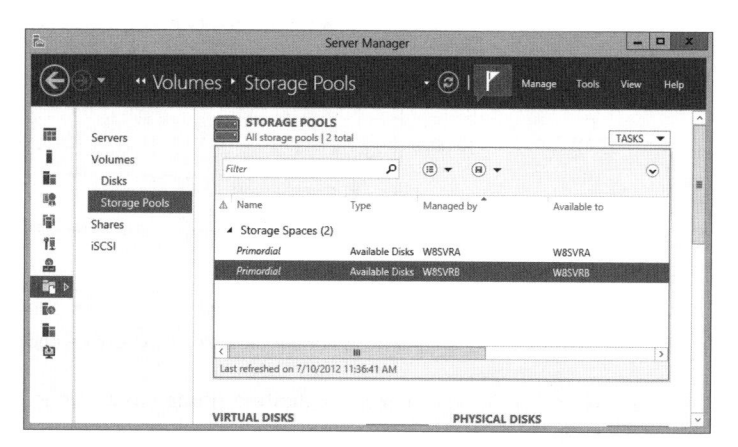

FIGURA 1-26 O painel Storage Pools.

2. No painel Storage Pools, selecione o espaço no servidor em que deseja criar o pool e, no menu Tasks, selecione New Storage Pool. O New Storage Pool Wizard é iniciado, exibindo a página Before You Begin.

3. Clique em Next. A página Specify A Storage Pool Name and Subsystem será aberta, como mostrado na Figura 1-27.

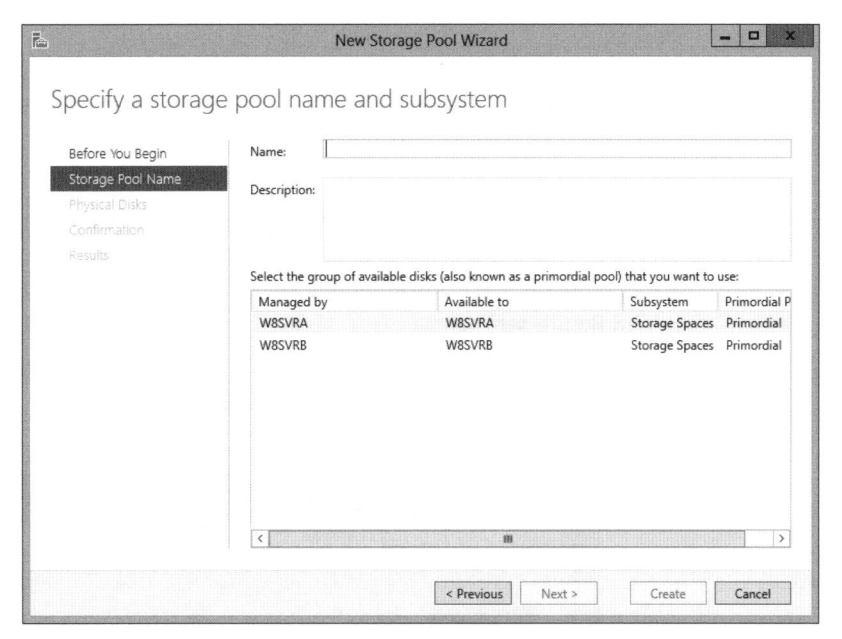

CAPÍTULO 1 Instalação e configuração de servidores **51**

FIGURA 1-27 A página Specify A Storage Pool Name and Subsystem.

4. Na caixa de texto Name, digite o nome que deseja atribuir ao pool de armazenamento. Em seguida, selecione o servidor em que deseja criar o pool e clique em Next. A página Select Physical Disks For the Storage Pool será aberta, como mostrado na Figura 1-28.

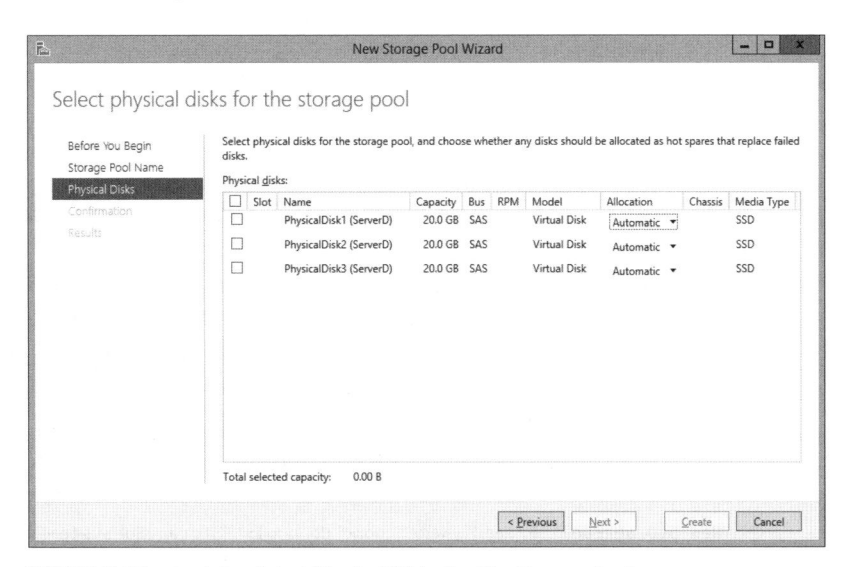

FIGURA 1-28 A página Select Physical Disks For The Storage Pool.

> **NOTA** **O ASSISTENTE SÓ EXIBE DISCOS QUALIFICADOS**
> O assistente só exibe os discos que forem elegíveis à inclusão no pool. Discos que já têm partições ou volumes não aparecem.

5. Marque as caixas de seleção dos discos que deseja adicionar ao pool e clique em Next para abrir a página Confirm Selections.
6. Clique em Create. O assistente criará o novo pool de armazenamento, e a página View Results será aberta.
7. Clique em Close. O assistente será fechado, e o novo pool aparecerá no painel Storage Pools, como mostrado na Figura 1-29.

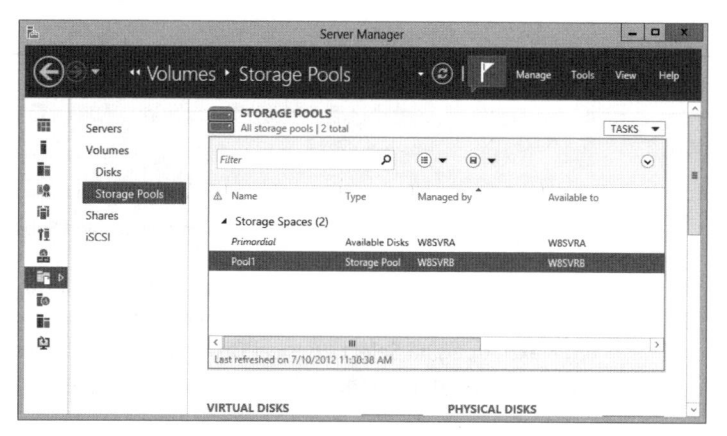

FIGURA 1-29 O novo pool exibido no painel Storage Pools.

8. Feche a janela do Server Manager.

Após criar um pool de armazenamento, você pode modificar sua capacidade adicionando ou removendo discos físicos. O menu Tasks (Tarefas) do painel Physical Disks (Discos Físicos) exibido na página Storage Pools (Pools de Armazenamento) contém as opções a seguir:

- **Add Physical Disk (Adicionar Disco Físico)** Permite que você adicione um disco físico ao pool, contanto que ele seja inicializado e não contenha volumes.
- **Remove Disk (Remover Disco)** Remove do pool de armazenamento o espaço fornecido por um disco físico. Esta opção só estará disponível se todos os dados tiverem sido removidos do disco.

Para criar um novo pool de armazenamento usando o Windows PowerShell, você pode usar o cmdlet New-StoragePool com a seguinte sintaxe básica:

```
New-StoragePool -FriendlyName <nome do pool> -StorageSubSystemFriendlyName
<nome do subsistema> -PhysicalDisks <instâncias CIM>
```

Para obter as designações corretas do subsistema de armazenamento e dos discos físicos, use os cmdlets Get-StorageSubsystem e Get-PhysicalDisk.

Além dos parâmetros requeridos, o novo cmdlet New-StoragePool também aceita as opções a seguir, que não estão disponíveis no assistente.

- **-EnclosureAwareDefault** Especifica se o pool de armazenamento está sendo criado a partir de discos hospedados em um compartimento de disco que dê suporte aos SCSI Enclosure Services. Isso permite que o pool use informações adicionais fornecidas pelo compartimento, como a localização de slots, para balancear o armazenamento de dados entre os dispositivos de hardware.
- **-ProvisioningTypeDefault** Especifica o tipo de provisionamento (Unknown, Fixed ou Thin) a ser usado na criação de discos virtuais a partir desse pool.
- **-ResiliencySettingsNameDefault** Especifica a configuração de resiliência (Simple, Mirror ou Parity) que o sistema deve usar por padrão na criação de discos virtuais a partir do pool.

Crie discos virtuais

Após criar um pool de armazenamento, você pode usar o espaço para gerar quantos discos virtuais precisar.

Para criar um disco virtual usando o Server Manager, siga o procedimento a seguir.

1. No Server Manager, clique no ícone File and Storage Services e, no menu que se abriu, clique em Storage Pools. A página Storage Pools é aberta.
2. Role para baixo (se necessário) para mostrar o painel Virtual Disks e, no menu Tasks, selecione New Virtual Disk. O menu New Virtual Disk é aberto, exibindo a página Before You Begin.
3. Clique em Next para abrir a página Select The Server And Storage Pool.
4. Selecione o pool no qual deseja criar o disco virtual e clique em Next. A página Specify The Virtual Disk Name será aberta.
5. Na caixa de texto Name, digite um nome para o disco virtual e clique em Next. A página Select The Storage Layout será aberta, como mostrado na Figura 1-30.

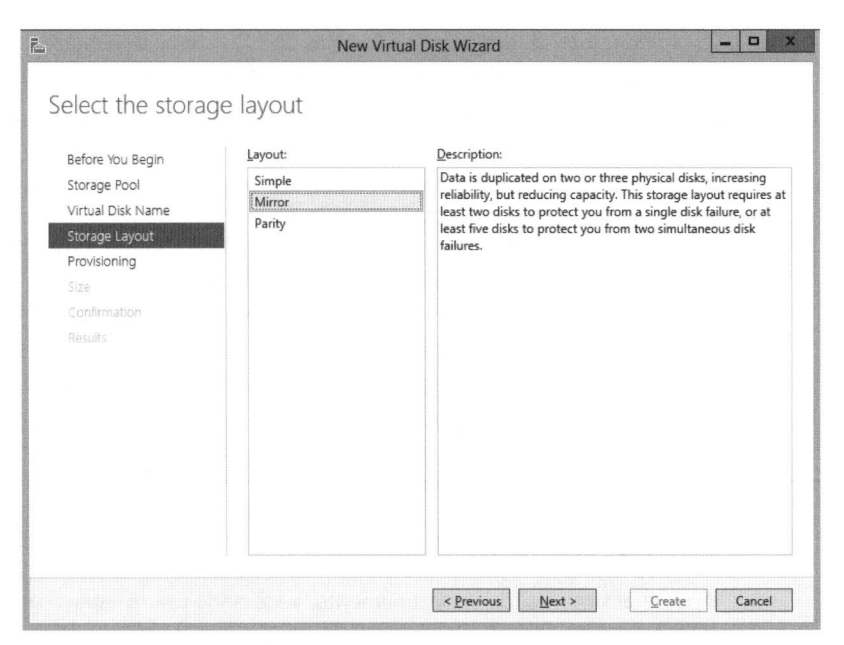

FIGURA 1-30 A página Select The Storage Layout.

6. Selecione uma das opções de leiaute a seguir e clique em Next.
   - **Simple** Requer que o pool contenha pelo menos um disco físico e não fornece tolerância a falhas. Quando vários discos físicos estão disponíveis, o sistema distribui dados pelos discos.
   - **Mirror** Requer que o pool contenha pelo menos dois discos físicos e fornece tolerância a falhas armazenando cópias idênticas de cada arquivo. Dois discos físicos fornecem proteção contra falhas em um único disco; cinco discos físicos fornecem proteção contra falhas em dois discos.
   - **Parity** Requer que o pool contenha pelo menos três discos físicos e fornece tolerância a falhas distribuindo informações de paridade além dos dados.

> *IMPORTANTE* **TOLERÂNCIA A FALHAS NO NÍVEL DO DISCO**
>
> A tolerância a falhas construída nos Storage Spaces é fornecida no nível do disco, e não no nível do volume, como no snap-in Disk Management. Teoricamente, você pode usar o Disk Management para criar volumes espelhados ou RAID-5 a partir de discos virtuais, mas, neste caso, não faria sentido criá-los, porque os discos virtuais podem estar localizados no mesmo disco físico.

7. A página Select The Provisioning Type será aberta, como mostrado na Figura 1-31.

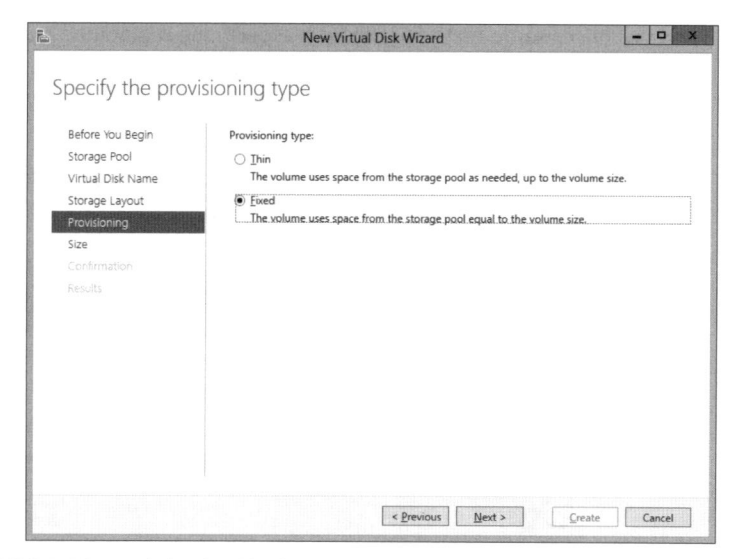

CAPÍTULO 1   Instalação e configuração de servidores   **55**

FIGURA 1-31   A página Specify The Provisioning Type.

8. Selecione uma das opções de tipo de provisionamento a seguir e clique em Next.

   - **Thin**   O sistema aloca espaço do pool de armazenamento para o disco quando necessário, até o tamanho máximo especificado.
   - **Fixed**   O sistema aloca para o disco a quantidade de espaço máxima especificada quando o cria.

   A página Specify The Size Of The Virtual Disk é aberta, como mostra a Figura 1-32.

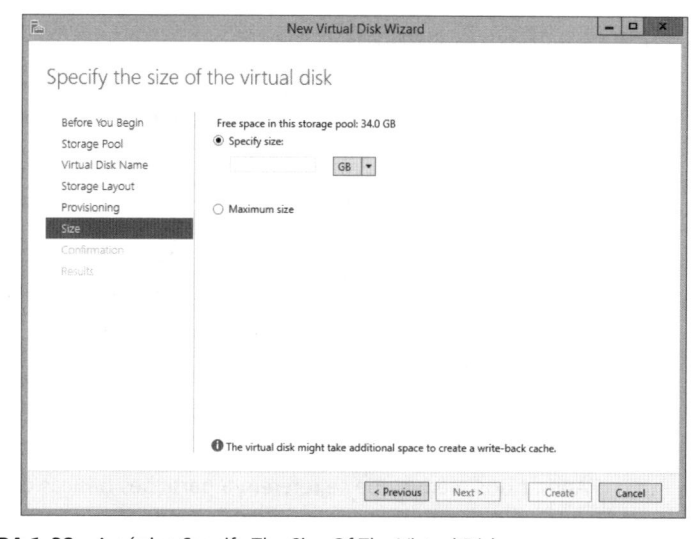

FIGURA 1-32   A página Specify The Size Of The Virtual Disk.

9. Na caixa de texto Specify Size, especifique o tamanho do disco que deseja criar e clique em Next. A página Confirm Selections é aberta.
10. Clique em Create. A página View Results será aberta enquanto o assistente cria o disco.
11. Clique em Close. O assistente será fechado, e o novo disco aparecerá no painel Virtual Disks, como mostrado na Figura 1-33.

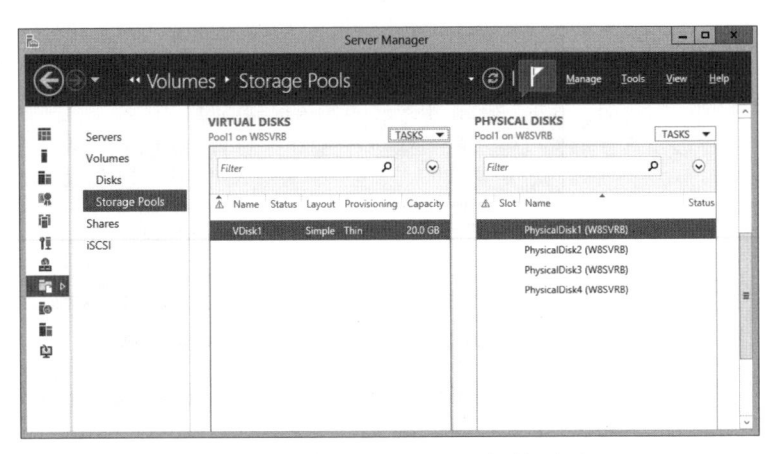

FIGURA 1-33 O novo disco é exibido no painel Virtual Disks do Server Manager.

12. Feche a janela do Server Manager.

Por padrão, o New Volume Wizard (Assistente de Novo Volume) é iniciado quando criamos um novo disco virtual. Nesse momento, o disco é o equivalente virtual a um disco físico recém-instalado. Ele só contém espaço não alocado, e temos que criar pelo menos um volume antes de poder armazenar dados.

Crie um volume simples

Tecnicamente falando, criamos partições em discos básicos e volumes em discos dinâmicos. Essa não é apenas uma diferença arbitrária na nomenclatura. A conversão de um disco básico em um disco dinâmico cria, na verdade, uma grande partição, ocupando todo o espaço no disco. Os volumes criados no disco dinâmico são divisões lógicas dentro dessa partição única.

Versões do Windows anteriores à 2008 usam a terminologia correta no snap-in Disk Management. Os menus permitem criar partições em discos básicos e volumes em discos dinâmicos. O Windows Server 2012 R2 usa o termo volume para os dois tipos de disco e permite a criação de qualquer um dos tipos disponíveis, seja o disco básico ou dinâmico. Se o tipo de volume que você selecionar não tiver suporte em um disco básico, o assistente o converterá para um disco dinâmico como parte do processo de criação de volumes.

Apesar dos menus que se referem a partições básicas como volumes, as regras tradicionais dos discos básicos continuam valendo. A opção de menu New Simple Volume (Novo Volume Simples) pode criar em um disco básico até três partições. Se você criar um quarto volume em um disco básico, na verdade, o assistente gerará uma partição estendida e uma unidade lógica com o tamanho especificado. Se ainda houver espaço em disco, você poderá criar unidades lógicas adicionais na partição estendida.

> **IMPORTANTE TENHA CUIDADO AO USAR O UTILITÁRIO DISKPART.EXE**
>
> Se você usar o DiskPart.exe (utilitário de linha de comando incluído com o Windows Server 2012 R2) para gerenciar discos básicos, poderá criar quatro partições primárias ou três partições primárias e uma estendida. O utilitário DiskPart.exe contém um "superconjunto" dos comandos suportados pelo snap-in Disk Management. Em outras palavras, o DiskPart pode fazer tudo que o Disk Management faz e ainda mais. Contudo, enquanto o snap-in Disk Management impede a execução involuntária de ações que podem resultar em perda de dados, o DiskPart não dá garantias e, portanto, não inibe a execução dessas ações. Logo, a Microsoft recomenda que só usuários avançados usem o DiskPart e que o usem com a devida cautela.

Para criar um novo volume simples em um disco básico ou dinâmico usando o snap-in Disk Management, siga o procedimento a seguir.

1. No Server Manager, clique em Tools e em Computer Management. O console Computer Management será aberto.
2. Clique em Disk Management para iniciar o snap-in Disk Management.
3. No modo de exibição gráfico, clique com o botão direito do mouse em uma área não alocada do disco em que queira criar um volume e, no menu de contexto, selecione New Simple Volume. O New Simple Volume Wizard será iniciado.
4. Clique em Next para saltar a página Welcome. A página Select Volume Size será aberta, como mostrado na Figura 1-34.

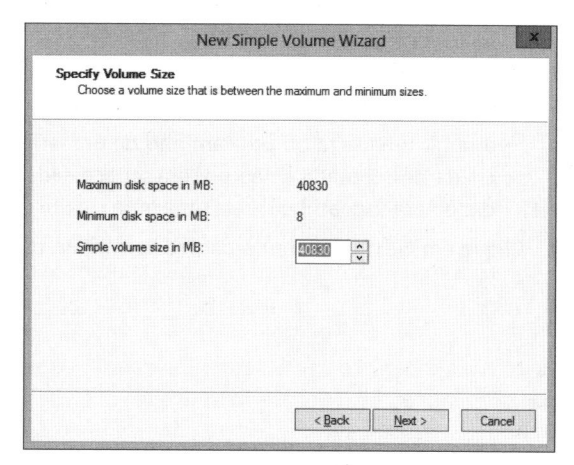

FIGURA 1-34 Configurando a página Specify Volume Size.

5. Selecione o tamanho da nova partição ou volume, respeitando os limites máximo e mínimo declarados na página, usando a caixa de número Simple Volume Size In MB e clique em Next. A página Assign Drive Letter Or Path será aberta, como mostrado na Figura 1-35.

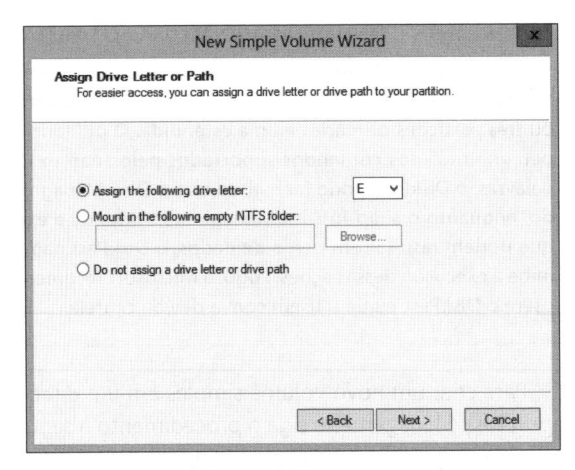

FIGURA 1-35 Configurando a página Assign Drive Letter Or Path.

6. Configure uma das três opções a seguir:
   - **Assign The Following Driver Letter** Se selecionar esta opção, clique na lista suspensa associada para abrir uma lista de letras disponíveis e selecione a letra que deseja atribuir à unidade.
   - **Mount In The Following Empty NTFS Folder** Se selecionar esta opção, digite o caminho de uma pasta NTFS existente ou clique em Browse para procurar ou criar uma nova pasta. O conteúdo inteiro da nova unidade aparecerá na pasta especificada.
   - **Do Not Assign A Drive Letter Or Drive Path** Selecione esta opção se quiser criar a partição, mas ainda não estiver pronto para usá-la. Se você não atribuir uma letra ou um caminho de unidade a um volume, a unidade será criada desmontada e não poderá ser acessada. Quando quiser montar a unidade para uso, atribua a ela uma letra ou um caminho de unidade.

7. Clique em Next para abrir a página Format Partition, como mostrado na Figura 1-36.

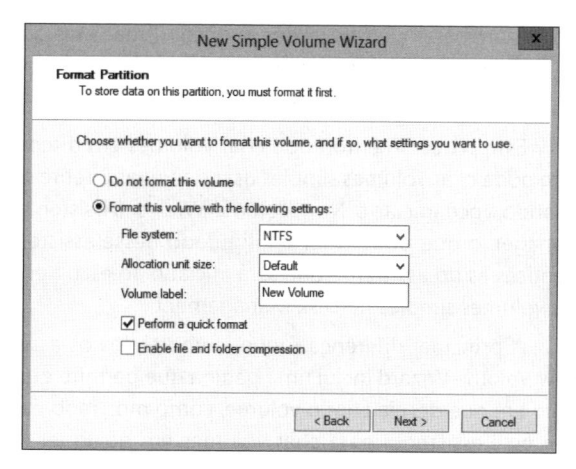

CAPÍTULO 1 Instalação e configuração de servidores 59

FIGURA 1-36 Configurando a página Format Partition.

8. Especifique se o assistente deve formatar o volume e, caso ele seja formatado, como isso ocorrerá. Se não quiser formatar o volume agora, selecione a opção Do Not Format This Volume. Se quiser formatá-lo, selecione a opção Format This Volume With The Following Settings e configure as opções associadas, como descrito a seguir.

- **File System** Seleciona o sistema de arquivos desejado. As opções disponíveis vão depender do tamanho do volume e podem incluir ReFS, NTFS, exFAT, FAT32 e FAT.

- **Allocation Unit Size** Especifica o tamanho do bloco do sistema de arquivos. O tamanho do bloco é a unidade básica em bytes segundo a qual o sistema aloca espaço em disco. O sistema calcula o tamanho padrão da unidade de alocação com base no tamanho do volume. Você pode mudar esse valor clicando na lista suspensa associada e selecionando um dos valores. Por exemplo, se seu cliente, por padrão, usa arquivos pequenos, talvez você queira definir o tamanho da unidade de alocação com um tamanho de bloco menor.

- **Volume Label** Especifica um nome para a partição ou o volume. O nome padrão é New Volume (Novo Volume), mas você pode alterá-lo para o que quiser.

- **Perform A Quick Format** Quando esta caixa de seleção é marcada, o Windows formata o disco sem procurar erros. Este é um método mais rápido de formatação da unidade, mas a Microsoft não o recomenda. Quando procuramos erros, o sistema busca e marca setores defeituosos para que os clientes não usem essas partes do disco.

- **Enable File And Folder Compression** Marcar esta caixa de seleção ativa a compactação de pastas no disco. Esta opção só está disponível para volumes formatados com o sistema de arquivos NTFS.

9. Clique em Next. A página Completing The New Simple Volume Wizard será aberta.

10. Examine as configurações para confirmar suas opções e clique em Finish. O assistente criará o volume de acordo com suas especificações.
11. Feche o console que contém o snap-in Disk Management.

Esse procedimento pode criar volumes em discos físicos ou virtuais. Você também pode criar volumes simples usando um assistente semelhante no Server Manager. Quando você iniciar o New Volume Wizard (Assistente de Novo Volume) no Server Manager, o que poderá ser configurado nesse assistente apresentará opções quase idênticas às do assistente que será iniciado ao escolher a opção para a criação de novos volumes simples no Disk Management.

A principal diferença é que, como todos os assistentes do Server Manager, o New Volume Wizard inclui uma página que permite que você selecione o servidor e o disco em que deseja criar o volume, como mostrado na Figura 1-37. Logo, você pode usar esse assistente para criar volumes em qualquer disco de qualquer um de seus servidores.

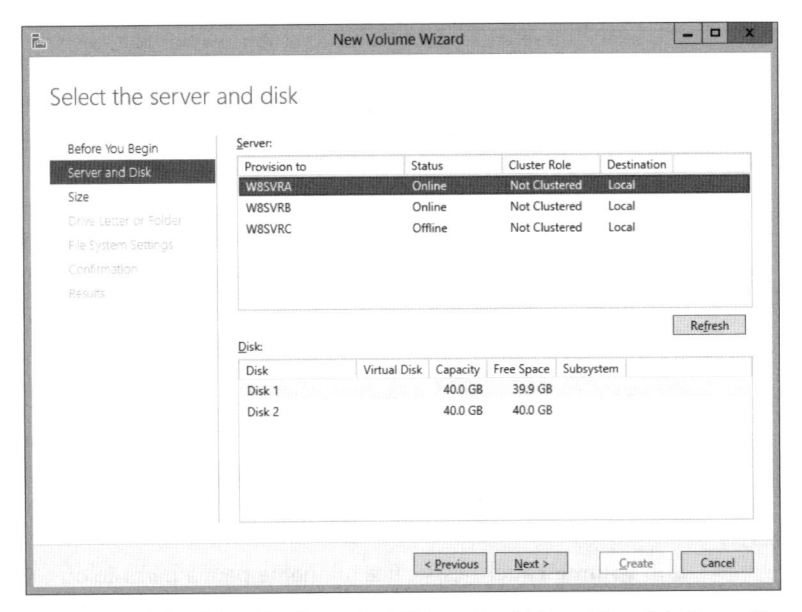

FIGURA 1-37 A página Select The Server And Disk no New Volume Wizard do Server Manager.

Crie um volume distribuído, expandido, espelhado ou RAID-5

O procedimento de criação de um volume distribuído, expandido, espelhado ou RAID-5 é quase igual ao de criação de um volume simples, exceto pelo fato de a página *Specify Volume Size* ser substituída pela página *Select Disks*.

Para criar um volume distribuído, expandidio, espelhado ou RAID-5, use o procedimento a seguir.

1. No Server Manager, clique em Tools e em Computer Management. O console Computer Management será aberto.

2. Clique em Disk Management para abrir o snap-in Disk Management.
3. Clique com o botão direito do mouse em uma área não alocada de um disco e, no menu de contexto, selecione o comando do tipo de volume que deseja criar. Um *New Volume Wizard* será iniciado, nomeado com o tipo de volume selecionado.
4. Clique em Next para saltar a página Welcome. A página Select Disks será aberta, como mostrado na Figura 1-38.

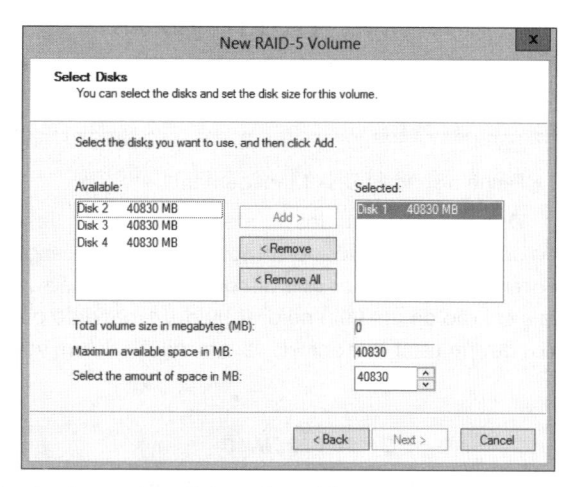

FIGURA 1-38 Configurando a página Select Disks.

5. Na página Select Disks, selecione os discos que deseja usar para o novo volume na caixa de listagem Available e clique em Add. Os discos selecionados serão movidos para a caixa de listagem Selected, unindo-se ao disco original que você selecionou ao iniciar o assistente. Para um volume distribuído, expandido ou espelhado, você deve ter pelo menos dois discos na lista Selected; para um volume RAID-5, deve ter pelo menos três.
6. Especifique o espaço que deseja usar em cada disco na caixa Select the Amount of Space in MB. Em seguida, clique em Next. A página Assign Drive Letter or Path será aberta.

   Se estiver criando um volume expandido, você deve clicar em cada disco da lista Selected e especificar a quantidade de espaço a ser usada nesse disco. O valor padrão para cada disco é o tamanho do espaço não alocado que ele contém.

   Se estiver criando um volume distribuído, espelhado ou RAID-5, especifique só um valor, porque esses volumes requerem a mesma quantidade de espaço em cada disco. O valor padrão é o tamanho do espaço não alocado no disco com o menor espaço livre.
7. Especifique se deseja atribuir uma letra ou um caminho de unidade e clique em Next. A página Format Partition será aberta.
8. Especifique se ou como deseja formatar o volume e clique em Next. A página Completing The New Simple Volume Wizard será aberta.

9. Examine as configurações para confirmar suas opções e clique em Finish. Se algum dos discos que você selecionou para criar o volume for um disco básico, uma caixa de mensagem do Disk Management será aberta, avisando que o processo de criação de volume converterá os discos básicos em discos dinâmicos.
10. Clique em Yes. O assistente criará o volume de acordo com suas especificações.

> **MAIS INFORMAÇÕES   OPÇÕES ADICIONAIS**
> Consulte a seção "Crie um volume simples" já vista neste capítulo para obter mais informações sobre as opções das páginas Assign Drive Letter or Path e Format Partitions.

11. Feche o snap-in Disk Management.

Os comandos exibidos no menu de contexto de um disco vão depender do número de discos instalados no computador e da presença de espaço não alocado neles. Por exemplo, pelo menos dois discos com espaço não alocado devem estar disponíveis para a criação de um volume distribuído, expandido ou espelhado, e pelo menos três discos devem estar disponíveis para a criação de um volume RAID-5.

> **Teste de raciocínio**
> **Use pools de armazenamento**
>
> Neste teste de raciocínio, você aplicará o que aprendeu sobre este objetivo. As respostas às perguntas podem ser encontradas na seção "Respostas" no fim do capítulo.
>
> Em um novo servidor executando o Windows Server 2012 R2, Morris criou um pool de armazenamento composto por duas unidades físicas contendo 1 TB cada. Em seguida, ele criou três discos virtuais simples a partir do espaço do pool de armazenamento. Usando o snap-in Disk Management, Morris criou, então, um volume RAID-5 a partir dos três discos virtuais.
>
> Com isso em mente, responda às perguntas a seguir.
>
> 1. Em qual aspecto o plano de armazenamento de Morris é ineficaz no que diz respeito à tolerância a falhas?
> 2. Por que adicionar um terceiro disco ao pool de armazenamento não melhora a tolerância a falhas do plano?
> 3. Como Morris pode modificar o plano de armazenamento para torná-lo tolerante a falhas?

Resumo do objetivo

- O Windows Server 2012 R2 dá suporte a dois estilos de partição de disco rígido: MBR e GPT; dois tipos de discos: básico e dinâmico; cinco tipos de volume: simples, distribuído, expandido, espelhado e RAID-5; e três sistemas de arquivos: ReFS, NTFS e FAT.

- O snap-in Disk Management pode inicializar, particionar e formatar discos na máquina local. O Server Manager pode executar quase as mesmas tarefas para servidores de toda a rede.
- O Windows Server 2012 R2 inclui uma nova tecnologia de virtualização de disco chamada *Storage Spaces* (Espaços de Armazenamento), que permite que um servidor junte o espaço de armazenamento de discos físicos individuais e aloque esse espaço para criar discos virtuais de qualquer tamanho suportado pelo hardware.
- Todas as instalações do Windows Server 2012 R2 incluem a função File And Storage Services (Serviços de Arquivo e Armazenamento), que faz o Server Manager exibir um menu quando clicamos no ícone equivalente no painel de navegação. Esse menu dá acesso a páginas que permitem que os administradores gerenciem volumes, discos, pools de armazenamento, compartilhamentos e dispositivos iSCSI.
- O snap-in Disk Management do Windows Server 2012 R2 permite a criação de arquivos VHD e sua montagem no computador.
- Quando você instalar seus discos físicos, poderá concatenar seu espaço em um pool de armazenamento, a partir do qual será possível criar discos virtuais de qualquer tamanho. Após criar um pool de armazenamento, você pode usar o espaço para criar quantos discos virtuais precisar.

Revisão do objetivo

Responda às perguntas a seguir para testar seu conhecimento sobre as informações deste objetivo. Você pode encontrar as respostas a estas perguntas e explicações de por que cada opção de resposta está certa ou errada na seção "Respostas" no fim do capítulo.

1. Quais das declarações a seguir são verdadeiras quanto aos volumes distribuídos? (Selecione todas que forem aplicáveis.)
    - **A.** Os volumes distribuídos fornecem melhor desempenho do que os volume simples.
    - **B.** Os volumes distribuídos fornecem maior tolerância a falhas do que os volumes simples.
    - **C.** Você pode estender volumes distribuídos após criá-los.
    - **D.** Se um único disco físico do volume distribuído falhar, todos os dados do volume serão perdidos.
2. Quais das declarações a seguir descrevem melhor os requisitos de extensão de um volume em um disco dinâmico? (Selecione todas que forem aplicáveis.)
    - **A.** Se você quiser estender um volume simples, só pode usar o espaço disponível no mesmo disco se o volume continuar sendo simples.
    - **B.** O volume deve ter um sistema de arquivos antes de você poder estender um volume simples ou expandido.
    - **C.** Você pode estender um volume simples ou expandido se o formatou usando o sistema de arquivos FAT ou FAT32.
    - **D.** Você pode estender um volume simples em discos adicionais se ele não for o volume do sistema ou o de inicialização.

3. Quais dos tipos de volumes a seguir com suporte no Windows Server 2012 R2 fornecem tolerância a falhas? (Selecione todos que forem aplicáveis.)

    A. Distribuído

    B. Expandido

    C. Espelhado

    D. RAID-5

4. Um conjunto de unidades JBOD é uma alternativa a qual das tecnologias de armazenamento a seguir?

    A. SAN

    B. SCSI

    C. RAID

    D. iSCSI

Respostas

Esta seção contém as soluções dos testes de raciocínio e as respostas às perguntas das revisões de objetivo deste capítulo.

Objetivo 1.1: Teste de raciocínio

```
Uninstall-WindowsFeature Server-Gui-Mgmt-Infra,Server-GUI-Shell -Restart
Uninstall-WindowsFeature Server-Gui-Mgmt-Infra,Server-Gui-Shell -Remove
```

Objetivo 1.1: Revisão

1. **Resposta correta:** B
   - **A. Incorreta:** O Windows Server 2012 R2 não pode ser executado em um processador de 32 bits.
   - **B. Correta:** O Windows Server 2012 R2 só pode ser executado em um processador de 64 bits.
   - **C. Incorreta:** O Windows Server 2012 R2 não pode ser executado em um processador de 32 bits.
   - **D. Incorreta:** O Windows Server 2012 R2 não pode ser executado em um processador Itanium.

2. **Resposta correta:** B
   - **A. Incorreta:** Você não pode fazer o upgrade de uma versão do Windows Server 2003 Standard para o Windows Server 2012 R2 Standard.
   - **B. Correta:** Você pode fazer o upgrade do Windows Server 2008 Standard para o Windows Server 2012 R2 Standard.
   - **C. Incorreta:** Você não pode fazer o upgrade do Windows Server 2008 R2 de 32 bits, ou de qualquer versão de 32 bits, para o Windows Server 2012 R2 de 64 bits.
   - **D. Incorreta:** Você não pode fazer o upgrade do Windows 7 Ultimate, ou de qualquer sistema operacional de estações de trabalho, para o Windows Server 2012 R2 Essentials.

3. **Resposta correta:** A
   - **A. Correta:** A instalação do módulo Graphical Management Tools and Infrastructure (Ferramentas de Gerenciamento Gráfico e Infraestrutura) – e só desse módulo – em uma instalação Server Core resulta na Minimal Server Interface.
   - **B. Incorreta:** A instalação do Server Graphical Shell com o Graphical Management Tools and Infrastructure converte uma instalação Server Core na com GUI completa.
   - **C. Incorreta:** O Windows PowerShell é uma interface de linha de comando que não tem efeito sobre a Minimal Server Interface.
   - **D. Incorreta:** O MMC é um dos aplicativos gráficos disponíveis na instalação do tipo Minimal Server Interface, mas não é instalado individualmente.

4. **Resposta correta:** D
    - **A. Incorreta:** A pasta Windows contém arquivos ativos do sistema operacional, e não arquivos de instalação.
    - **B. Incorreta:** A pasta System32 contém arquivos ativos do sistema operacional, e não arquivos de instalação.
    - **C. Incorreta:** Não há pasta bin associada ao sistema operacional Windows.
    - **D. Correta:** O Windows armazena todos os módulos de instalação do sistema operacional na pasta WinSxS.
5. **Respostas corretas:** A, C
    - **A. Correta:** É possível converter um computador executando o Windows Server 2012 R2 entre a interface Server Core e a de GUI completa quando necessário.
    - **B. Incorreta:** A inclusão de cmdlets adicionais no Windows PowerShell 3.0 não é um benefício exclusivo da instalação Server Core.
    - **C. Correta:** O Server Manager incorpora uma interface de seleção de servidor em muitos de seus assistentes.
    - **D. Incorreta:** Não há licenças diferentes para as versões Server Core e com GUI completa do Windows Server 2012 R2.

Objetivo 1.2: Teste de raciocínio

1. Install-WindowsFeature
2. Get-WindowsFeature
3. Install-WindowsFeature FS-FileServer
   Install-WindowsFeature FS-DFS-Namespace
   Install-WindowsFeature FS-DFS-Replication
   Install-WindowsFeature FS-NFS-Service
   Install-WindowsFeature Print-InternetServices –allsubfeatures
   Install-WindowsFeature Web-Server
   Install-WindowsFeature Web-Windows-Auth
   Install-WindowsFeature Web-Ftp-Service

   O comando Install-WindowsFeature FS-Fileserver não é necessário, já que ele é instalado como dependência do DFS. Os comandos Install-WindowsFeature Web-Server e Install-WindowsFeature Web-Windows-Auth não são necessários, já que são instalados como dependências de Print-Internet.

Objetivo 1.2: Revisão

1. **Respostas corretas:** B, D
   A. **Incorreta:** O Windows Management Instrumentation (WMI) é um conjunto de extensões de driver geralmente usado com o Windows PowerShell. Você não tem que removê-lo para fazer a conversão para uma instalação Server Core.
   B. **Correta:** A remoção do recurso Graphical Management Tools and Infrastructure é necessária na conversão para uma instalação Server Core.
   C. **Incorreta:** O Desktop Experience (Experiência Desktop) não é instalado por padrão em uma instalação com GUI completa ou Server Core.
   D. **Correta:** O Server Graphical Shell dá suporte à interface gráfica do Windows, inclusive à área de trabalho e ao File Explorer. Você deve removê-lo para fazer a conversão para uma instalação Server Core.
2. **Resposta correta:** B
   A. **Incorreta:** A migração dinâmica do Hyper-V não é um modo do NIC teaming.
   B. **Correta:** No Switch Independent Mode, as NICs do agrupamento são conectadas a diferentes switches, fornecendo caminhos alternativos na rede.
   C. **Incorreta:** No Switch Dependent Mode, as NICs do agrupamento são conectadas aos mesmos switches, fornecendo agregação de links, mas não tolerância a falhas.
   D. **Incorreta:** O Link Aggregation Control Protocol não é um modo do NIC teaming.
3. **Resposta correta:** C
   A. **Incorreta:** O net.exe é uma ferramenta de linha de comando do Windows que fornece muitas funções diferentes, mas não pode associar um computador a um domínio.
   B. **Incorreta:** O netsh.exe é um programa de shell de rede que você pode usar para configurar a interface de rede, mas ele não pode associar um computador a um domínio.
   C. **Correta:** O netdom.exe é o aplicativo de linha de comando que você pode usar para gerenciar domínios do Windows.
   D. **Incorreta:** O ipconfig.exe pode exibir definições de configuração de rede e redefinir configurações DHCP, mas não pode associar um computador a um domínio.
4. **Resposta correta:** A
   A. **Correta:** O Server Manager não pode implantar funções em vários servidores ao mesmo tempo.
   B. **Incorreta:** O Server Manager pode montar arquivos VHD offline e instalar funções e recursos neles.
   C. **Incorreta:** O Server Manager combina os processos de instalação de funções e recursos em um único assistente.
   D. **Incorreta:** O Server Manager pode instalar funções e recursos em qualquer servidor Windows Server 2012 R2 da rede.

5. **Respostas corretas:** C, D
   - **A. Incorreta:** Você pode interromper a execução de um serviço usando o Server Manager.
   - **B. Incorreta:** Você pode iniciar um serviço interrompido usando o Server Manager.
   - **C. Correta:** Você não pode desativar um serviço usando o Server Manager.
   - **D. Correta:** Você não pode configurar um serviço para iniciar quando o computador for inicializado usando o Server Manager.

Objetivo 1.3: Teste de raciocínio

1. Morris criou um volume RAID-5 a partir de discos virtuais gerados com base em um pool de armazenamento que só tem dois discos físicos. Um volume RAID-5 só pode fornecer tolerância a falhas armazenando dados em três discos físicos.
2. A inclusão de um terceiro disco não garantirá o fornecimento de tolerância a falhas, porque não há como garantir que os três discos virtuais existam em um disco individual separado.
3. Para tornar o plano tolerante a falhas, Morris deve excluir os três discos virtuais simples e criar um novo disco virtual usando a opção de leiaute com espelho ou paridade.

Objetivo 1.3: Revisão

1. **Respostas corretas:** A, D
   - **A. Correta:** A distribuição fornece melhor desempenho, porque cada unidade de disco do conjunto tem tempo para procurar o local de sua próxima faixa enquanto as outras unidades estão gravando.
   - **B. Incorreta:** Volumes distribuídos não contêm dados redundantes e, portanto, não fornecem tolerância a falhas.
   - **C. Incorreta:** Volumes distribuídos não podem ser estendidos após a criação sem, no processo, destruir os dados que já armazenam.
   - **D. Correta:** Se um único disco físico do volume distribuído falhar, todos os dados do volume serão perdidos.
2. **Respostas corretas:** A, D
   - **A. Correta:** Para estender um volume simples, você só pode usar o espaço disponível no mesmo disco. Se estender o volume para outro disco, ele não será mais simples.
   - **B. Incorreta:** Você pode estender um volume simples ou expandido, mesmo se ele não tiver um sistema de arquivos.

C. Incorreta: Você pode estender um volume se o formatou usando o sistema de arquivos NTFS, mas não pode estender volumes usando os sistemas de arquivos FAT ou FAT32.

D. Correta: Você pode estender um volume simples em discos adicionais se ele não for o volume do sistema ou de inicialização.

3. **Respostas corretas:** C, D

    A. Incorreta: Um volume distribuído espalha dados entre vários discos, mas grava os dados apenas uma vez. Logo, não fornece tolerância a falhas.

    B. Incorreta: Um volume expandido usa espaço em várias unidades, mas grava os dados apenas uma vez. Logo, não fornece tolerância a falhas.

    C. Correta: Um volume espelhado grava cópias de todos os dados em dois discos, fornecendo, assim, tolerância a falhas.

    D. Correta: Um volume RAID-5 grava dados e informações de paridade em vários discos, fornecendo, assim, tolerância a falhas.

4. **Resposta correta:** C.

    A. Incorreta: Uma SAN é uma rede separada dedicada a armazenamento, e um JBOD é um conjunto de unidades que pode ser instalado em uma SAN ou em uma rede padrão.

    B. Incorreta: SCSI é uma interface de disco, e não um tipo de conjunto de unidades.

    C. Correta: Um conjunto JBOD é uma alternativa a um conjunto RAID que trata cada disco como um volume independente.

    D. Incorreta: Um conjunto JBOD não é uma alternativa à iSCSI, que é um protocolo usado para comunicação com uma SAN.

CAPÍTULO 2

Configuração de funções e recursos do servidor

Este capítulo aborda alguns dos serviços básicos que a maioria dos servidores Windows executa. No mundo empresarial, o compartilhamento de arquivos e impressoras foi a razão para os computadores serem agrupados em rede, e, com o Windows Server 2012 R2, o gerenciamento remoto tornou-se um elemento crucial da administração de servidores.

Objetivos deste capítulo:
- Objetivo 2.1: Configurar o acesso a arquivos e compartilhamentos
- Objetivo 2.2: Configurar serviços de impressão e documentos
- Objetivo 2.3: Configurar servidores para gerenciamento remoto

Objetivo 2.1: Configurar o acesso a arquivos e compartilhamentos

Uma das funções diárias cruciais dos administradores de servidor é decidir onde os usuários devem armazenar seus arquivos e quem deve ter permissão para acessá-los.

> **Este objetivo aborda como:**
> - Criar e configurar compartilhamentos
> - Configurar permissões de compartilhamentos
> - Configurar arquivos offline
> - Configurar permissões NTFS
> - Configurar a enumeração baseada em acesso (ABE, access-based enumeration)
> - Configurar o Serviço de Cópia de Sombra de Volume (VSS, Volume Shadow Copy Service)
> - Configurar cotas do NTFS
> - Criar e configurar Work Folders (Pastas de trabalho)

Crie compartilhamentos de pastas

O compartilhamento de pastas as torna acessíveis para usuários da rede. Após configurar os discos em um servidor de arquivos, você deve criar compartilhamentos para permitir que usuários da rede os acessem. Como mencionado nas discussões sobre planejamento do Capítulo 1, "Instalação e configuração de servidores", você deve ter uma estratégia de compartilhamento definida quando estiver pronto para criar seus compartilhamentos. Essa estratégia deve ser pautada pelas informações a seguir:

- Quais pastas você compartilhará
- Quais nomes atribuirá aos compartilhamentos
- Quais permissões concederá aos usuários para que acessem os compartilhamentos
- Quais configurações de arquivos offline (Offline Files) usará para os compartilhamentos

Se você tiver as permissões necessárias para acessar uma pasta, poderá compartilhá-la em um computador com Windows Server 2012 R2 clicando com o botão direito do mouse em qualquer janela do File Explorer (Explorador de Arquivos), apontando para Share With (Compartilhar Com), selecionando Specific People (Pessoas Específicas) no menu de contexto e seguindo as instruções da caixa de diálogo File Sharing (Compartilhamento de Arquivos), como mostrado na Figura 2-1.

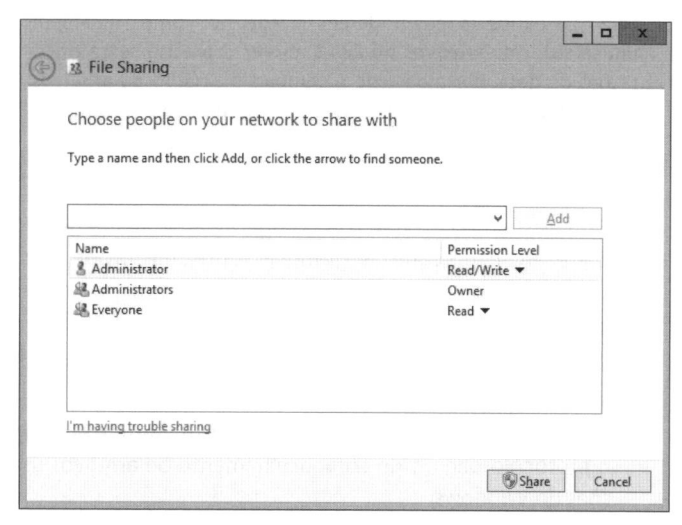

FIGURA 2-1 A caixa de diálogo File Sharing.

Esse método de criação de compartilhamentos fornece uma interface simplificada que dá controle mais limitado sobre elementos como as permissões de compartilhamento. Você pode especificar apenas que os usuários recebam permissões de leitura (Read) ou de leitura/gravação (Read/Write) no compartilhamento. Em vez disso, se não for o *proprietário criador* (Creator Owner) da pasta, você pode acessar a guia Sharing (Compartilhamento) da folha Properties (Propriedades da pasta). Clicar no botão Share (Compartilhar) inicia a caixa de diálogo File Sharing já vista. Clicar no botão Advanced Sharing (Compartilhamento Avançado) exibe a caixa de diálogo com o mesmo nome, mostrada na Figura 2-2, que fornece um controle maior sobre as permissões de compartilhamento.

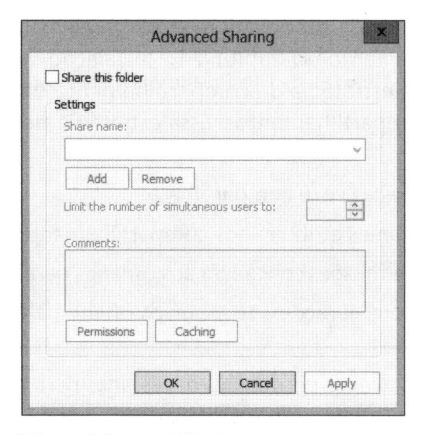

FIGURA 2-2 A caixa de diálogo Advanced Sharing.

> *NOTA* **DESCOBERTA DE REDE**
> Para os usuários da rede poderem navegar nos compartilhamentos que você criar em um servidor de arquivos no File Explorer, é preciso se certificar de que as configurações de descoberta de rede e compartilhamento de arquivos estejam ativadas no item Network and Sharing Center (Central de Redes e Compartilhamento) do Painel de Controle.

Para assumir o controle dos compartilhamentos de todos os seus discos e servidores e exercer um controle granular sobre suas propriedades, você pode usar a página File and Storage Services (Serviços de Arquivo e Armazenamento) no Server Manager (Gerenciador do Servidor).

O Windows Server 2012 R2 dá suporte a dois tipos de compartilhamentos de pastas:

- **Blocos de Mensagens de Servidor (SMB, Server Message Blocks)** O *SMB* é o protocolo padrão de compartilhamento de arquivos usado por todas as versões do Windows.
- **Sistema de Arquivos de Rede (NFS, Network File System)** O *NFS* é o protocolo padrão de compartilhamento de arquivos usado pela maioria das distribuições do Unix e do Linux.

Quando você instalar o Windows Server 2012 R2, o programa de instalação instalará o serviço Storage Services (Serviços de Armazenamento) na função File and Storage Services por padrão. No entanto, antes de poder criar e gerenciar compartilhamentos SMB usando o Server Manager, você deve instalar o serviço de função File Server (Servidor de Arquivos); para criar compartilhamentos NFS, é preciso instalar o serviço de função Server for NFS (Servidor para NFS).

CAPÍTULO 2 Configuração de funções e recursos do servidor **73**

Para criar um compartilhamento de pasta usando o Server Manager, siga o procedimento a seguir.

1. No Server Manager, clique no ícone File and Storage Services e, no submenu exibido, clique em Shares. A página Shares aparecerá.
2. No menu Tasks, selecione New Share. O New Share Wizard será iniciado, exibindo a página Select The Profile For This Share, como mostrado na Figura 2-3.

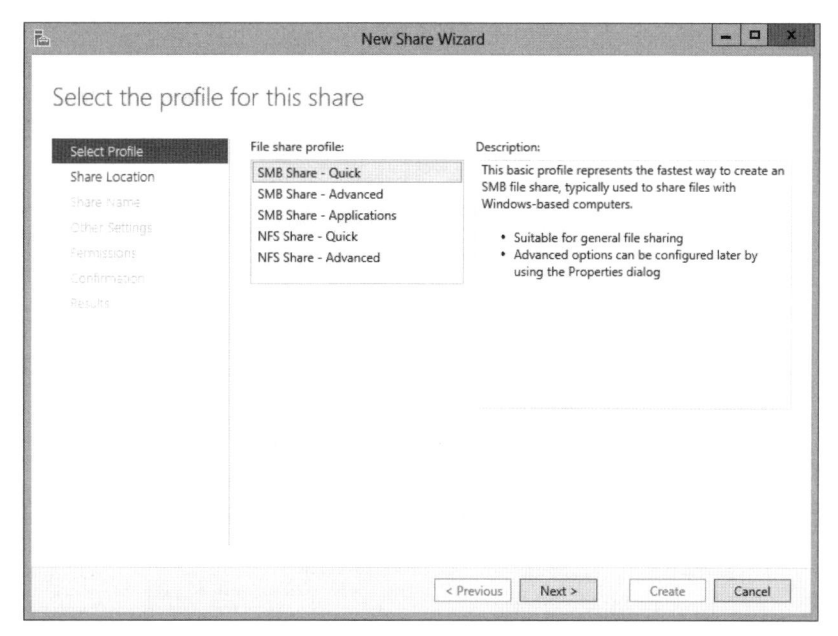

FIGURA 2-3 Configurando a página Select The Profile For This Share no New Share Wizard.

3. Na lista File Share Profile, selecione uma das opções a seguir:
   - **SMB Share-Quick** Fornece compartilhamento SMB básico com todas as permissões de compartilhamento e do NTFS
   - **SMB Share-Advanced** Fornece compartilhamento SMB com todas as permissões de compartilhamento e do NTFS e acesso a serviços fornecidos pelo File Server Resource Manager (Gerenciador de Recursos de Servidor de Arquivos)
   - **SMB Share-Applications** Fornece compartilhamento SMB com configurações adequadas ao Hyper-V e outros aplicativos
   - **NFS Share-Quick** Fornece compartilhamento NFS básico com autenticação e permissões
   - **NFS Share-Advanced** Fornece compartilhamento NFS com autenticação e permissões e acesso a serviços fornecidos pelo File Server Resource Manager
4. Clique em Next. A página Select The Server And Path For This Share aparecerá.
5. Selecione o servidor em que deseja criar o compartilhamento e escolha um volume no servidor ou especifique o caminho da pasta que deseja compartilhar. Clique em Next. A página Specify Share Name aparecerá.

> **MAIS INFORMAÇÕES** **COMPARTILHAMENTO NFS**
>
> A seleção de um dos perfis de compartilhamento NFS adiciona duas páginas ao assistente: Specify Authentication Methods e Specify The Share Permissions. Cada página dá acesso a funções implementadas por Server for NFS, como abordado no Objetivo 2.1, "Configurar serviços de arquivo avançados", do Exame 70-412, *Configuração de Serviços Avançados do Windows Server 2012 R2*.

6. Na caixa de texto Share Name, especifique o nome que deseja atribuir ao compartilhamento e clique em Next. A página Configure Share Settings aparecerá, como mostrado na Figura 2-4.

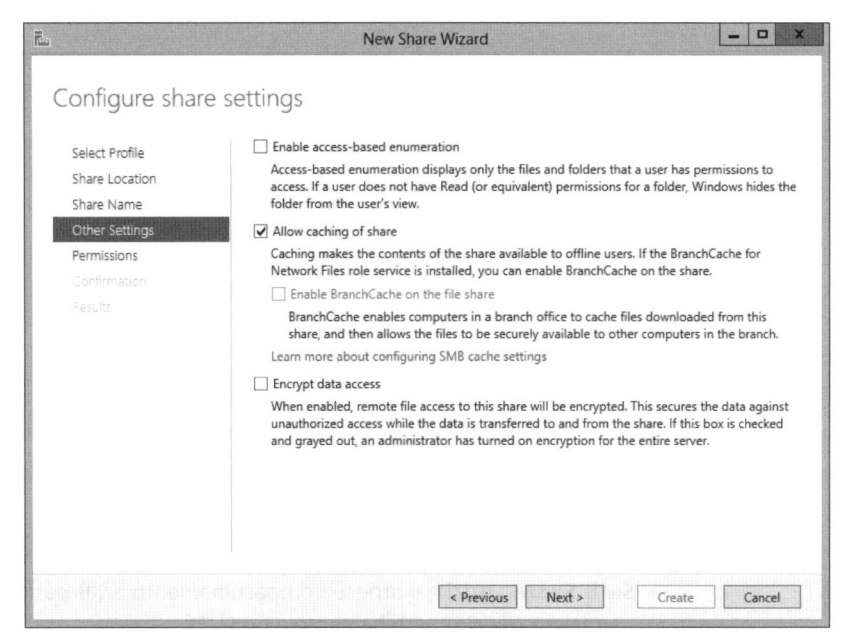

FIGURA 2-4 Definindo outras configurações na página Configure Share Settings do New Share Wizard.

7. Selecione algumas ou todas as opções a seguir:
    - **Enable Access-Based Enumeration** Impede que os usuários vejam arquivos e pastas que não tenham permissão para acessar.
    - **Allow Caching Of Share** Permite que usuários acessem o conteúdo desse compartilhamento de forma offline.
    - **Enable BranchCache On The File Share** Permite que servidores BranchCache armazenem em cache arquivos acessados nesse compartilhamento.
    - **Encrypt Data Access** Faz o servidor criptografar o acesso remoto a arquivos nesse compartilhamento.

> **NOTA** **ENUMERAÇÃO BASEADA EM ACESSO**
>
> A *enumeração baseada em acesso* (*ABE – Access Based Enumeration*), uma funcionalidade introduzida no Windows Server 2003 R2, aplica filtros a pastas compartilhadas com base nas permissões individuais do usuário para o acesso a arquivos e subpastas do compartilhamento. Resumindo, usuários que não podem acessar um recurso compartilhado específico não conseguem ver esse recurso na rede. Essa funcionalidade impede que os usuários vejam arquivos e pastas que não podem acessar. Você pode ativar ou desativar a ABE a qualquer momento abrindo a página Properties (Propriedades) do compartilhamento no console Sharing and Storage Management (Gerenciamento de Compartilhamento e Armazenamento) e clicando em Advanced (Avançado), o que exibirá a mesma caixa de diálogo Advanced exibida pelo Provision a Shared Folder Wizard (Assistente para Provisão de uma Pasta Compartilhada).

> **NOTA** **OFFLINE FILES**
>
> O recurso *Offline Files* (Arquivos Offline), também conhecido como *cache no lado do cliente*, é um recurso do Windows que permite que sistemas clientes mantenham cópias locais de arquivos que eles acessam em compartilhamentos do servidor. Quando um cliente seleciona a opção Always Available Offline (Sempre Disponível Offline) para um arquivo, uma pasta ou um compartilhamento baseado em servidor, seu sistema copia os dados selecionados na unidade local e os atualiza regularmente para que o usuário possa sempre acessá-los, mesmo se o servidor estiver offline. Para permitirmos que os clientes usem o recurso Offline Files, o compartilhamento deve estar configurado para permitir esse uso. O Windows Server 2012 R2 e o Windows 8.1 também têm um modo Always Offline (Sempre Offline) para o recurso Offline Files que faz os clientes sempre usarem a cópia em cache dos arquivos do servidor, fornecendo melhor desempenho. Para implementar esse modo, é preciso definir a configuração de Política de Grupo Configure slow-link mode (Configurar modo de vínculos lentos) no cliente com um valor de 1 milissegundo.

8. Clique em Next para passar para a página Specify Permissions To Control Access.
9. Modifique as permissões padrão do compartilhamento e do NTFS conforme necessário e clique em Next. A página Confirm Selections aparecerá.

> **NOTA** **PERFIS DE COMPARTILHAMENTO AVANÇADOS**
>
> A seleção de um dos perfis de compartilhamento avançados na página Select The Profile For This Share (Selecione o Perfil Para Este Compartilhamento) adiciona mais duas páginas ao assistente: a página Specify Folder Management Properties e a página Apply A Quota To A Folder Or Volume. Cada página dá acesso a funções do aplicativo File Server Resource Manager, como abordado no Objetivo 2.2, "Configurar o File Server Resource Manager (FSRM)", do Exame 70-411, *Administração do Windows Server 2012 R2*.

10. Clique em Create. A página View Results aparecerá enquanto o assistente cria o compartilhamento.
11. Feche o New Share Wizard.

Após você criar um compartilhamento usando o assistente, o novo compartilhamento aparecerá no painel Shares (Compartilhamentos) da página Shares do Server Manager. Agora você pode usar o painel para gerenciar um compartilhamento clicando nele com o botão direito do mouse e abrindo sua página Properties ou clicando em Stop Sharing (Interromper Compartilhamento).

Atribua permissões

Usando o Windows Server 2012 R2, você pode controlar o acesso a um servidor de arquivos para dar aos usuários da rede o acesso de que eles precisam, protegendo ao mesmo tempo outros arquivos contra possível intrusão e dano, deliberado ou não. Para implementar esse controle de acesso, o Windows Server 2012 R2 usa permissões.

Permissões são privilégios concedidos a entidades específicas do sistema, como usuários, grupos ou computadores, permitindo que eles executem uma tarefa ou acessem um recurso. Por exemplo, você pode conceder a um usuário específico permissão para ler um arquivo ao mesmo tempo que nega a esse mesmo usuário as permissões necessárias para a modificação ou a exclusão do arquivo.

O Windows Server 2012 R2 tem vários conjuntos de permissões, que operam independentemente uns dos outros. Para fins de compartilhamento de arquivos, você precisa conhecer a operação dos seguintes conjuntos de permissões:

- **Permissões de compartilhamento** Controlam o acesso a pastas em uma rede. Para acessar um arquivo em uma rede, o usuário deve ter permissões de compartilhamento apropriadas (e permissões NTFS apropriadas se a pasta compartilhada estiver em um volume NTFS).

- **Permissões NTFS** Controlam o acesso aos arquivos e às pastas armazenados em volumes de disco formatados com o sistema de arquivos NTFS. Para acessar um arquivo, no computador local ou por meio da rede, o usuário deve ter permissões NTFS apropriadas.

Esses conjuntos de permissão operam independentemente um do outro, mas são combinados quando necessário para fornecer maior proteção a um recurso específico. Para os usuários da rede poderem acessar uma pasta compartilhada em uma unidade NTFS, você deve conceder a eles tanto permissões de compartilhamento quanto permissões NTFS. Como já vimos, você pode conceder essas permissões como parte do processo de criação de compartilhamentos, mas também pode modificar as permissões a qualquer momento posteriormente.

Arquitetura de permissões do Windows

Para armazenar permissões, os objetos do Windows possuem uma *lista de controle de acesso* (*ACL, access control list*). Uma ACL é um conjunto de permissões individuais na forma de *entradas de controle de acesso* (*ACEs, access control entries*). Cada ACE é composta por uma entidade de segurança (*security principals*, isto é, o usuário, grupo ou computador que recebeu as permissões) e as permissões específicas atribuídas a essa entidade. Quando você gerenciar permissões usando qualquer um dos tipos de permissões do Windows Server 2012 R2, estará, na verdade, criando e modificando as ACEs de uma ACL.

Para gerenciar permissões no Windows Server 2012 R2, você pode usar uma guia da página Properties do item a ser protegido, como a mostrada na Figura 2-5, com as entidades de segurança listadas no topo e as permissões associadas a elas na parte inferior. Normalmente, as permissões de compartilhamento podem ser encontradas na guia Share Permissions (Permissões de Compartilhamento), e as permissões NTFS ficam localizadas na guia Security (Segurança). Todos os conjuntos de permissões do Windows usam a mesma interface básica, embora as permissões sejam diferentes. O Server Manager também dá acesso a permissões NTFS e de compartilhamento usando uma interface um pouco diferente.

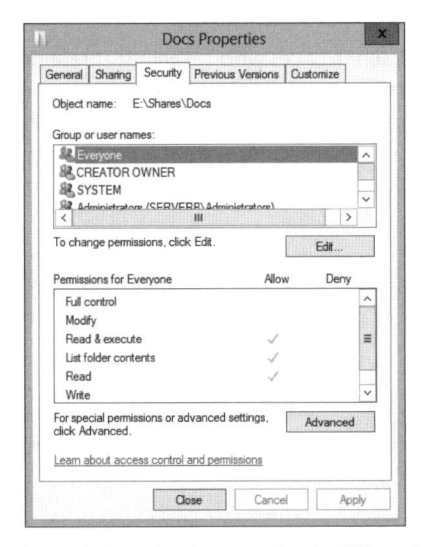

FIGURA 2-5 Configurando a guia Security de uma caixa de diálogo Properties.

Permissões básicas e avançadas

As permissões que protegem um objeto específico do sistema não são como chaves em relação a fechaduras, que fornecem acesso total ou nenhum acesso. Elas foram projetadas para ser granulares, permitindo que você conceda níveis específicos de acesso às entidades de segurança.

Para fornecer essa granularidade, cada conjunto de permissões do Windows possui seu próprio conjunto de permissões que podem ser atribuídas a uma entidade de segurança segundo qualquer combinação. Dependendo do conjunto de permissões com o qual você estiver trabalhando, podem existir várias permissões diferentes disponíveis para um único objeto do sistema.

O Windows fornece combinações de permissões pré-configuradas adequadas para tarefas mais comuns de controle de acesso. Quando abrimos a página Propriedades de um objeto do sistema e examinamos sua guia Segurança, as permissões NTFS que vemos são as chamadas *permissões básicas*. As permissões básicas são, na verdade, combinações de permissões avançadas, as quais fornecem um controle mais granular sobre o objeto.

> **DICA DE EXAME**
> Antes do Windows Server 2012, as permissões básicas eram conhecidas como permissões padrão, e as permissões avançadas, como permissões especiais. Os prestadores dos exames de certificação devem ficar atentos a esses termos alternativos.

Por exemplo, o conjunto de permissões NTFS tem 14 permissões avançadas que você pode atribuir a uma pasta ou um arquivo. No entanto, também há seis permissões básicas, que são várias combinações das 14 permissões avançadas. Você também pode atribuir os dois tipos de permissões na mesma ACE, combinando uma permissão básica com uma ou mais permissões avançadas, para criar uma combinação personalizada. Na maioria dos casos, contudo, os administradores trabalham com permissões básicas. Mais raramente, os administradores podem ter razões para trabalhar diretamente com permissões avançadas.

Se você achar necessário trabalhar diretamente com permissões avançadas, o Windows permite isso. Quando clicar no botão Advanced (Avançadas) da guia Security (Segurança) de qualquer página Properties (Propriedades), uma caixa de diálogo Advanced Security Settings (Configurações de Segurança Avançadas) aparecerá, como mostrado na Figura 2-6, permitindo o acesso direto a ACEs do objeto selecionado do sistema.

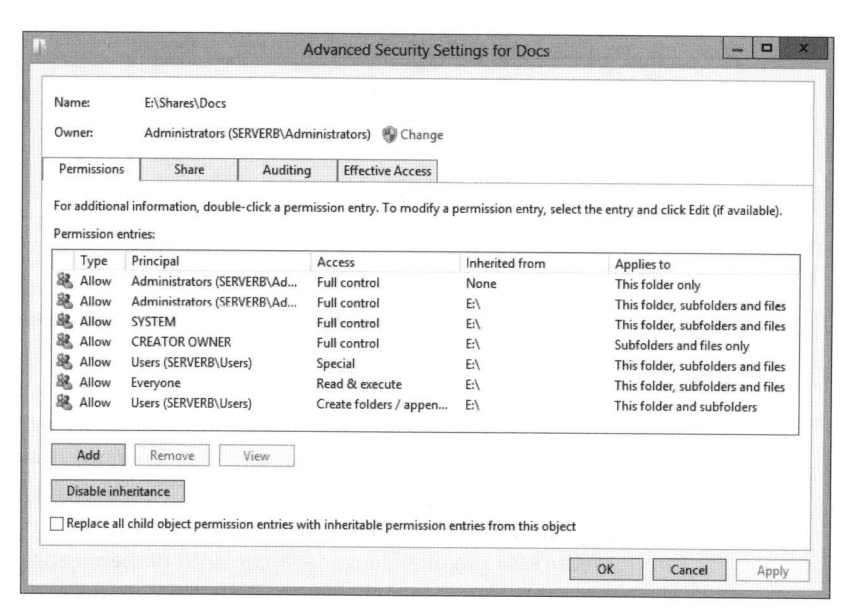

FIGURA 2-6 As configurações padrão da caixa de diálogo Advanced Security Settings.

Conceda e negue permissões

Quando você atribuir permissões a um objeto do sistema, estará, na verdade, criando uma nova ACE na ACL do objeto. Há dois tipos básicos de ACE: Allow (Permitir) e Deny (Negar). Isso permite abordar tarefas de gerenciamento de permissões seguindo duas direções:

- **Aditiva**   Comece sem permissões e, então, conceda permissões *Allow* a entidades de segurança individuais para lhes dar o acesso de que precisam.
- **Subtrativa**   Comece concedendo todas as permissões *Allow* possíveis a entidades de segurança individuais, dando-lhes controle total sobre o objeto do sistema, e, então, atribua permissões *Deny* para o acesso que não deseja que elas tenham.

A maioria dos administradores prefere a abordagem aditiva, porque, por padrão, o Windows tenta limitar o acesso a objetos do sistema. Em uma hierarquia de permissões projetada apropriadamente, na maioria das vezes, o uso de permissões *Deny* é desnecessário. Muitos administradores reprovam seu uso, porque combinar permissões *Allow* e *Deny* em uma hierarquia pode dificultar a determinação das permissões efetivas de um objeto específico do sistema.

Herança de permissões

O princípio mais importante do gerenciamento de permissões é o de que as permissões tendem a se propagar para baixo em uma hierarquia. Isso se chama *herança de permissões*. Na herança de permissões, os objetos pai passam suas permissões para baixo para os objetos que são seus subordinados (objetos filho). Por exemplo, se concedermos a Alice permissões Allow para o aceso à raiz da unidade D, todas as pastas e subpastas da unidade D herdarão essas permissões, ou seja, Alice também poderá acessá-las.

O princípio da herança simplifica muito o processo de atribuição de permissões. Sem ele, você teria que conceder às entidades de segurança permissões Allow individuais para o acesso a cada arquivo, pasta, compartilhamento, objeto e chave que elas precisassem acessar. Com a herança, é possível conceder acesso a um sistema de arquivos inteiro criando um conjunto de permissões Allow.

Na maioria dos casos, conscientemente ou não, os administradores de sistemas levam a herança em consideração quando projetam seus sistemas de arquivos e a estrutura de OUs do Active Directory Domain Services (Serviços de Domínio Active Directory). Geralmente, a localização de um objeto do sistema em uma hierarquia é baseada em como os administradores planejam atribuir e delegar permissões.

Em algumas situações, o administrador pode querer impedir que objetos subordinados herdem permissões de seus pais. Há duas maneiras de fazê-lo:

- **Desabilitar herança** Ao atribuir permissões avançadas, você pode configurar para que uma ACE não passe suas permissões para baixo, para os objetos filho. Isso desativa o processo de herança.
- **Negar permissões** Se você atribuir uma permissão Deny a um objeto do sistema, ela sobreporá qualquer permissão Allow que o objeto possa ter herdado dos objetos pais.

Acesso efetivo

Uma entidade de segurança pode receber permissões de muitas maneiras, e é importante que o administrador entenda como as permissões são combinadas. A combinação de permissões Allow e permissões Deny que uma entidade de segurança recebe para um determinado objeto do sistema – explicitamente atribuídas, herdadas ou recebidas pela associação a um grupo – chama-se *acesso efetivo* a esse objeto. Já que uma entidade de segurança pode receber permissões de várias fontes, é comum que elas se sobreponham. As regras a seguir definem como as permissões são combinadas para formar o acesso efetivo.

- **As permissões Allow são cumulativas.** Quando uma entidade de segurança recebe permissões Allow de mais de uma fonte, elas são combinadas para formar as permissões de acesso efetivo.

- **As permissões Deny sobrepõem-se às permissões Allow.** Quando uma entidade de segurança recebe permissões Allow – explicitamente, por herança ou a partir de um grupo –, podemos sobrepô-las atribuindo permissões Deny do mesmo tipo.
- **Permissões explícitas têm precedência sobre permissões herdadas.** Quando uma entidade de segurança recebe permissões herdando-as de um pai ou por associações a grupos, podemos sobrepô-las atribuindo explicitamente à própria entidade permissões opostas.

É claro que, em vez de examinar e avaliar todas as fontes de permissões possíveis, você pode simplesmente abrir a caixa de diálogo Advanced Security Settings e clicar na guia Effective Access (Acesso Efetivo). Nessa guia, é possível selecionar um usuário, grupo ou dispositivo e visualizar seu acesso efetivo, considerando ou não a associação a um grupo.

Defina permissões de compartilhamento

No Windows Server 2012 R2, pastas compartilhadas têm seu próprio conjunto de permissões, que é independente dos outros conjuntos de permissões do Windows. Para que os usuários da rede acessem compartilhamentos em um servidor de arquivos, você deve conceder a eles as permissões de compartilhamento apropriadas. Por padrão, a identidade especial Everyone (Todos) recebe a permissão de compartilhamento Allow Read Full Control (Permitir Controle de Leitura Total) em qualquer novo compartilhamento criado com o uso do File Explorer. Em compartilhamentos criados com o uso do Server Manager, a identidade especial Everyone (Todos) recebe a permissão de compartilhamento Allow Full Control (Permitir Controle Total).

Para modificar as permissões de um compartilhamento existente usando o File Explorer, abra a página Properties da pasta compartilhada, selecione a guia Sharing, clique em Advanced Sharing e depois clique em Permissions para abrir a guia Share Permissions, como mostrado na Figura 2-7.

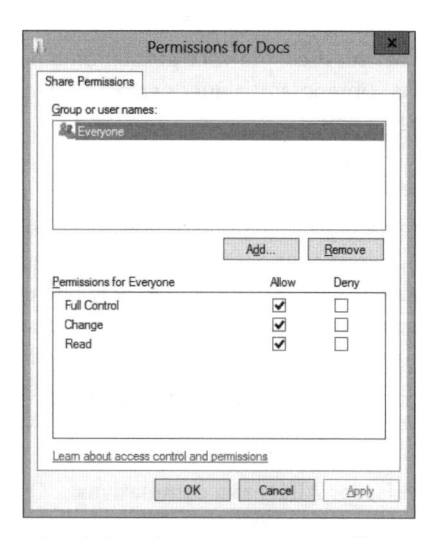

FIGURA 2-7 A guia Share Permissions de uma pasta compartilhada.

CAPÍTULO 2 Configuração de funções e recursos do servidor **81**

Usando essa interface, você pode adicionar entidades de segurança e conceder ou negar a elas as três permissões de compartilhamento. Para definir permissões de compartilhamento usando o Server Manager, no momento da criação de um compartilhamento ou no de modificação de um existente, use o procedimento a seguir.

1. No Server Manager, clique no ícone File and Storage Services e, no submenu exibido, clique em Shares para abrir a página Shares.
2. No painel Shares, clique com o botão direito do mouse em um compartilhamento e, no menu de contexto, selecione Properties. A página Properties do compartilhamento é aberta.
3. Clique em Permissions. A página Permissions será aberta.
4. Clique em Customize Permissions. A caixa de diálogo Advanced Security Settings do compartilhamento é aberta.
5. Clique na guia Share para exibir a interface mostrada na Figura 2-8.

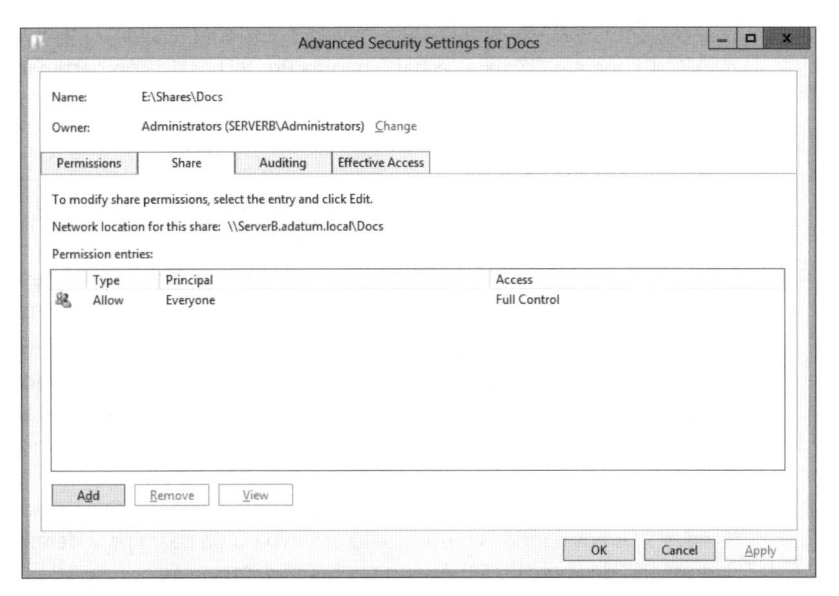

FIGURA 2-8 A guia Share da caixa de diálogo Advanced Security Settings de um compartilhamento no Server Manager.

6. Clique em Add para abrir a caixa de diálogo Permission Entry do compartilhamento.
7. Clique no link Select A Principal para exibir a caixa de diálogo Select User, Computer, Service Account, Or Group.
8. Nomeie ou procure a entidade de segurança para a qual deseja atribuir permissões de compartilhamento e clique em OK. A entidade especificada aparecerá na caixa de diálogo Permission Entry.

9. Selecione o tipo de permissões que deseja atribuir (Allow ou Deny).
10. Marque as caixas de seleção das permissões que deseja atribuir e clique em OK.
11. A nova ACE que você acabou de criar aparecerá na caixa de diálogo Advanced Security Settings.

> *NOTA* **IGNORANDO AS PERMISSÕES DE COMPARTILHAMENTO**
>
> Muitos administradores de servidor de arquivos simplesmente deixam a permissão de compartilhamento Allow Full Control da identidade especial Everyone ativada, ignorando o conjunto de permissões de compartilhamento, e usam apenas permissões NTFS na proteção granular do sistema de arquivos. As permissões NTFS controlam o acesso de usuários tanto local quanto remoto, tornando as permissões de compartilhamento desnecessárias.

12. Clique em OK para fechar a caixa de diálogo Advanced Security Settings.
13. Clique em OK para fechar a página Properties do compartilhamento.
14. Feche a janela do Server Manager.

Autorização NTFS

Atualmente, a maioria das instalação do Windows utiliza sistema de arquivos NTFS em vez de FAT32. Uma das principais vantagens do NTFS é que ele dá suporte a permissões, o que não ocorre em FAT32. Como descrito anteriormente neste capítulo, todos os arquivos e as pastas de uma unidade NTFS têm uma ACL composta por ACEs, e cada ACE contém uma entidade de segurança e as permissões atribuídas a ela.

No conjunto de permissões do NTFS, as entidades de segurança envolvidas são usuários e grupos que o Windows referencia usando identificadores de segurança (SIDs, security identifiers). Quando um usuário tenta acessar um arquivo ou uma pasta do NTFS, o sistema lê seu token de acesso de segurança, que contém os SIDs da conta do usuário e de todos os grupos aos quais ele pertence. O sistema, então, compara esses SIDs aos contidos nas ACEs do arquivo ou da pasta para determinar qual acesso o usuário deve ter. Esse processo se chama *autorização*.

Atribua permissões NTFS básicas

A maioria dos administradores de servidor trabalha quase exclusivamente com permissões NTFS básicas, porque não vê necessidade de trabalhar diretamente com permissões avançadas nas tarefas de controle de acesso mais comuns.

Na atribuição de permissões NTFS básicas a uma pasta compartilhada, as opções são, basicamente, as mesmas das permissões de compartilhamento. Você pode abrir a página Properties da pasta no File Explorer e selecionar a guia Security ou pode abrir a página Properties de um compartilhamento no Server Manager, como descrito no procedimento a seguir.

1. No Server Manager, abra a página Shares.

CAPÍTULO 2 Configuração de funções e recursos do servidor **83**

> *NOTA* **PERMISSÕES NTFS**
>
> As permissões NTFS não estão restritas a pastas compartilhadas. Todos os arquivos e as pastas de um volume NTFS têm permissões. Embora esse procedimento descreva o processo de atribuir permissões a uma pasta compartilhada, você pode abrir a página Properties de qualquer pasta em uma janela do File Explorer, clicar na guia Security e trabalhar com suas permissões NTFS da mesma forma.

2. Abra a página Properties de um compartilhamento e clique em Permissions para abrir a página Permissions.

> *NOTA* **NEW SHARE WIZARD**
>
> O New Share Wizard (Assistente de Novo Compartilhamento) exibe essa mesma interface Permissions em sua página Specify Permissions to Control Access (Especificar Permissões para Controlar o Acesso). O resto desse procedimento se aplica igualmente bem a essa página e a suas caixas de diálogo subsequentes.

3. Clique em Customize Permissions para abrir a caixa de diálogo Advanced Security Settings do compartilhamento, exibindo a guia Permissions, como mostrado na Figura 2-9. Essa caixa de diálogo é o mais próximo que a interface gráfica do Windows pode chegar da exibição do conteúdo de uma ACL.

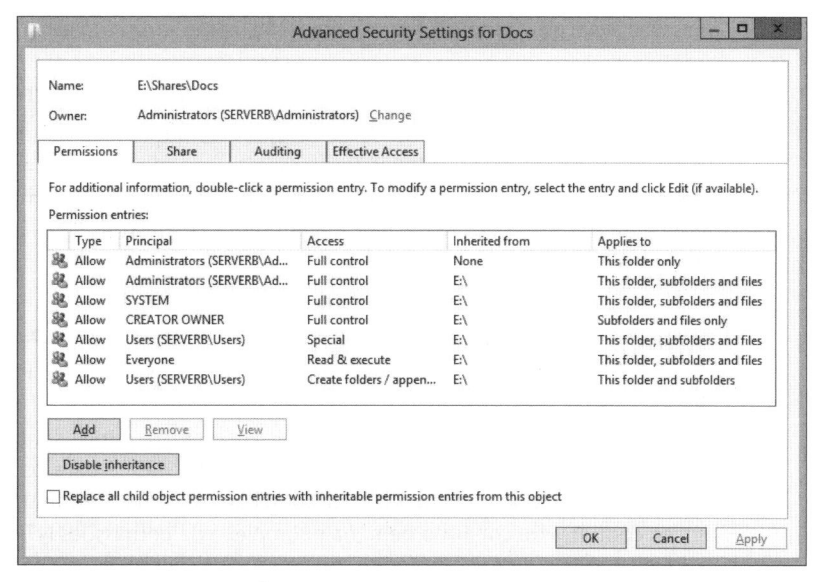

FIGURA 2-9 A caixa de diálogo Advanced Security Settings de um compartilhamento no Server Manager.

4. Clique em Add. Isso abrirá a caixa de diálogo Permission Entry do compartilhamento.

5. Clique no link Select A Principal para exibir a caixa de diálogo Select User, Computer, Service Account, or Group.
6. Nomeie ou procure a entidade de segurança para a qual deseja atribuir permissões NTFS e clique em OK. A entidade especificada aparecerá na caixa de diálogo Permission Entry.
7. Na lista suspensa Type, selecione o tipo de permissões que deseja atribuir (Allow ou Deny).
8. Na lista suspensa Applies To, especifique quais subpastas e arquivos devem herdar as permissões que você está atribuindo.
9. Marque as caixas de seleção das permissões básicas que deseja atribuir e clique em OK. A nova ACE que você acabou de criar aparecerá na caixa de diálogo Advanced Security Settings.
10. Clique em OK duas vezes para fechar a caixa de diálogo Advanced Security Settings e a página Properties.
11. Feche a janela do Server Manager.

Atribua permissões NTFS avançadas

No Windows Server 2012 R2, o recurso de gerenciamento de permissões avançadas foi integrado à interface de gerenciamento de permissões básicas.

Na caixa de diálogo Permission Entry (Entrada de Permissão), clicar no link Show Advanced Permissions (Mostrar Permissões Avançadas) altera a lista de permissões básicas para uma lista com as permissões avançadas. Você pode, então, atribuir permissões avançadas em qualquer combinação, como faria com as permissões básicas.

Combine permissões de compartilhamento com permissões NTFS

É importante os administradores de servidor de arquivos entenderem que o conjunto de permissões do NTFS é totalmente separado do conjunto de permissões de compartilhamento e que, para os usuários da rede acessarem arquivos em uma unidade NTFS compartilhada, eles devem ter as permissões NTFS e de compartilhamento corretas.

As permissões de compartilhamento e NTFS atribuídas a um arquivo ou a uma pasta podem ser conflitantes. Por exemplo, se um usuário tiver as permissões NTFS Write (Gravar) e Modify (Modificar) em uma pasta, mas não tiver a permissão de compartilhamento Change (Alterar), ele não poderá modificar um arquivo dessa pasta.

O conjunto de permissões de compartilhamento é o mais simples dos conjuntos de permissões do Windows e só fornece proteção básica para os recursos de rede compartilhados. As permissões de compartilhamento só fornecem três níveis de acesso, ao contrário do conjunto bem mais complexo de permissões NTFS. Geralmente, os administradores de rede preferem usar ou permissões NTFS, ou permissões de compartilhamento, não as duas juntas.

As permissões de compartilhamento fornecem proteção limitada, mas isso pode ser suficiente em algumas redes pequenas. Elas também podem ser a única opção em um computador com unidades FAT32, porque o sistema de arquivos FAT não tem seu próprio conjunto de permissões.

Em redes que já possuem um conjunto de permissões NTFS bem planejado, as permissões de compartilhamento não são necessárias. Nesse caso, você pode conceder de forma segura a permissão de compartilhamento Full Control (Controle Total) à identidade Everyone e deixar que as permissões NTFS forneçam segurança. A inclusão de permissões de compartilhamento complicaria o processo de administração sem fornecer proteção adicional.

Configure cópias de sombra de volume

O recurso Volume Shadow Copies (Cópias de Sombra de Volume) do Windows Server 2012 R2 permite que você mantenha versões anteriores de arquivos em um servidor, para que, no caso de seus usuários excluírem ou sobrescreverem acidentalmente os arquivos, possam acessar uma cópia anterior deles. Você só pode implementar o Volume Shadow Copies para um volume inteiro; não é possível selecionar compartilhamentos, pastas ou arquivos específicos.

Para fazer um volume Windows Server 2012 R2 criar Shadow Copies (cópias de sombra), use o procedimento a seguir.

1. Abra o File Explorer. Sua janela será aberta.
2. Na lista Folders, expanda o contêiner Computer, clique com o botão direito do mouse em um volume e, no menu de contexto, selecione Configure Shadow Copies. A caixa de diálogo Shadow Copies aparecerá, como mostrado na Figura 2-10.

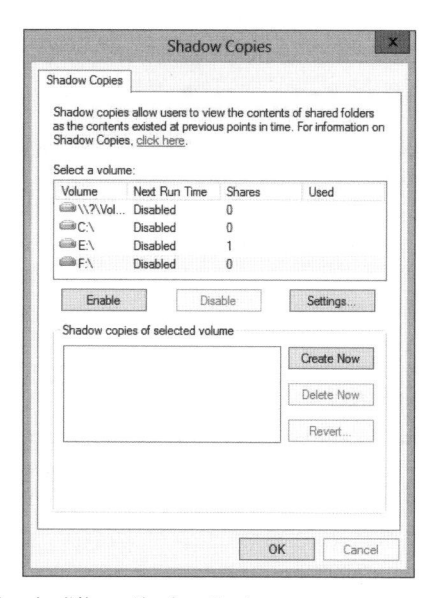

FIGURA 2-10 A caixa de diálogo Shadow Copies.

3. Na caixa Select A Volume, selecione o volume para o qual deseja ativar o Shadow Copies. Por padrão, quando você ativar o Shadow Copies para um volume, o sistema usará as configurações a seguir:
   - Armazenará as cópias de sombra no volume selecionado.

- Reservará um mínimo de 300 MB de espaço em disco para as cópias de sombra.
- Criará cópias de sombra às 7h da manhã e ao meio-dia de todos os dias úteis.

4. Para modificar os parâmetros padrão, clique em Settings para abrir a caixa de diálogo Settings.
5. Na caixa Storage Area, especifique o volume em que deseja armazenar as cópias de sombra.
6. Especifique o tamanho máximo da área de armazenamento ou selecione a opção No Limit. Se a área de armazenamento ficar cheia, o sistema começará a excluir as cópias de sombra mais antigas. No entanto, independentemente do espaço que você alocar para a área de armazenamento, o Windows Server 2012 R2 dá suporte a um máximo de 64 cópias de sombra para cada volume.
7. Clique em Schedule para abrir a caixa de diálogo Schedule. Usando os controles fornecidos, você pode modificar as tarefas de cópia de sombra existentes, pode excluí-las ou pode criar novas, conforme as necessidades de seus usuários.
8. Clique em OK duas vezes para fechar as caixas de diálogo Schedule e Settings.
9. Clique em Enable. O sistema ativará o recurso Shadow Copies para o volume selecionado e criará a primeira cópia na área de armazenamento designada.
10. Feche o File Explorer.

Concluído esse procedimento, os usuários poderão restaurar versões anteriores de arquivos dos volumes selecionados na guia Previous Versions (Versões Anteriores) da página Properties de qualquer arquivo ou pasta.

Configure cotas do NTFS

O gerenciamento do espaço em disco é uma preocupação constante dos administradores de servidor, e uma maneira de impedir que os usuários monopolizem o armazenamento é implementar cotas. O Windows Server 2012 R2 dá suporte a dois tipos de cotas de armazenamento. O mais elaborado entre os dois é implementado como parte do File Server Resource Manager. A segunda opção, que é a mais simples, são as *cotas NTFS*.

DICA DE EXAME

Os objetivos do exame 70-410 mencionam especificamente as cotas NTFS, enquanto as cotas do File Server Resource Manager são abordadas nos objetivos do exame 70-411. Os candidatos devem ter cuidado e saber diferenciar os dois tipos de cotas.

As cotas NTFS permitem que os administradores definam um limite de armazenamento para usuários de um volume específico. Dependendo de como você configurar a cota, usuários que excederem o limite podem ter espaço negado em disco ou apenas receber um aviso. O espaço consumido por usuários individuais é medido pelo tamanho dos arquivos que eles têm ou criam.

CAPÍTULO 2 Configuração de funções e recursos do servidor **87**

As cotas NTFS são relativamente limitadas, já que só podemos definir limites em relação ao volume. O recurso também é limitado nas ações que pode executar em resposta a um usuário que excede o limite. As cotas do File Server Resource Manager, por outro lado, são muito mais flexíveis nos limites que podemos definir e nas respostas do programa (que pode enviar notificações via email, executar comandos, gerar relatórios ou criar entradas no log de eventos).

Para configurar cotas NTFS para um volume, use o procedimento a seguir.

1. Abra o File Explorer. Sua janela aparecerá.
2. Na lista Folders, expanda o contêiner Computer, clique com o botão direito do mouse em um volume e, no menu de contexto, selecione Properties. A página Properties do volume aparecerá.
3. Clique na guia Quota para exibir a interface mostrada na Figura 2-11.

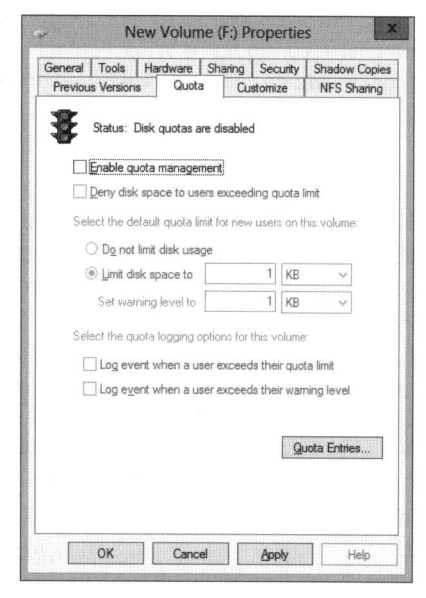

FIGURA 2-11 A guia Quota da página Properties de um volume.

4. Marque a caixa de seleção Enable Quota Management para ativar o resto dos controles.
5. Se quiser impedir que os usuários consumam mais do que sua cota de espaço em disco, marque a caixa de seleção Deny Disk Space To Users Exceeding Quota Limit.
6. Selecione a opção Limit Disk Space To e especifique quantidades para o limite de cota e o nível de aviso.
7. Marque as caixas de seleção Log Event para controlar se, quando os usuários excederem os limites especificados, isso deve acionar o registro de entradas de log.
8. Clique em OK para criar a cota e fechar a página Properties.
9. Feche o File Explorer.

Configure o Work Folders

O recurso *Work Folders* (Pastas de trabalho) do Windows Server 2012 R2 permite que os administradores forneçam aos usuários acesso sincronizado a seus arquivos em várias estações de trabalho e dispositivos enquanto os armazenam em um servidor de arquivos da rede. O princípio é quase o mesmo do serviço OneDrive da Microsoft, exceto pelo fato de os arquivos serem armazenados em um servidor Windows privado em vez de em um servidor na nuvem via Internet. Isso permite que os administradores mantenham controle sobre os arquivos, fazendo backup, classificando-os e/ou criptografando-os quando necessário.

> **DICA DE EXAME**
> O recurso Work Folders é um recurso novo do Windows Server 2012 R2 que foi adicionado aos objetivos do exame 70-410. Os prestadores do exame devem conhecer o processo de criar e configurar o Work Folders em um servidor, mas não precisam se preocupar com o lado do cliente do aplicativo no Windows 8.1.

Para configurar o ambiente do recurso Work Folders, instale o serviço Work Folders da função File and Storage Services em um servidor executando o Windows Server 2012 R2. Isso instalará o recurso IIS Hostable Web Core (Núcleo da Web Hospedável do IIS), o que torna possível o servidor responder a solicitações HTTP recebidas de clientes Work Folders da rede e criar um novo tipo de compartilhamento chamado Compartilhamento de Sincronização (*sync share*).

No lado do cliente, configure o recurso Work Folders no Control Panel (Painel de Controle) do Windows 8.1, especificando o email do usuário e a localização do "Work Folders" no disco local. O sistema também cria uma pasta chamada Work Folders, que aparece no File Explorer e nas caixas de diálogo de gerenciamento de arquivos. Quando o usuário salvar arquivos em "Work Folders" no sistema cliente, eles serão sincronizados automaticamente com a pasta do usuário no servidor das Work Folders.

Os usuários podem criar quantos clientes de Work Folders precisarem em diferentes computadores ou outros dispositivos. Após salvar arquivos em suas Work Folders nas estações de trabalho do escritório, por exemplo, eles podem ir para casa e encontrarão os arquivos já sincronizados com seus computadores pessoais. Da mesma forma, o recurso Work Folders pode sincronizar os arquivos em um dispositivo portátil no escritório, e o usuário continuaria trabalhando neles enquanto estivesse offline a caminho de sua casa. Quando ele chegar em casa e se conectar com a Internet, o dispositivo sincronizará os arquivos novamente no servidor, para que o usuário encontre as últimas versões no computador do escritório no dia seguinte.

O recurso Work Folders não foi projetado para ser uma ferramenta colaborativa; ele é apenas um meio de sincronizar pastas entre vários dispositivos, permitindo ao mesmo tempo que os administradores mantenham o controle sobre elas. É possível especificar quais arquivos do Work Folders permanecerão criptografados durante a sincronização, e os administradores podem impor políticas de segurança que forcem o uso de telas de bloqueio e *data wipes* (limpeza de dados) obrigatórias para máquinas perdidas.

> ### Teste de raciocínio
> **Crie permissões**
>
> No teste de raciocínio a seguir, aplique o que aprendeu sobre o objetivo para prever quais etapas terá que executar. As respostas às perguntas podem ser encontradas na seção "Respostas" no fim do capítulo.
>
> Você está trabalhando como administrador do help desk de uma rede corporativa e recebe uma ligação de um usuário chamado Leo que está solicitando acesso aos arquivos de um novo projeto sigiloso chamado Contoso. Os arquivos do projeto Contoso estão armazenados na pasta compartilhada de um servidor de arquivos, que está trancado em uma instalação de armazenamento de dados protegida no subsolo. Após verificar se o usuário tem a credencial de segurança apropriada para acessar o projeto, você cria no servidor de arquivos um novo grupo chamado CONTOSO_USERS e adiciona a conta do usuário Leo a esse grupo. Em seguida, adiciona o grupo CONTOSO_USERS à lista de controle de acesso da pasta Contoso no servidor de arquivos e atribui ao grupo as seguintes permissões NTFS:
>
> - Allow Modify (Permitir Modificar)
> - Allow Read & Execute (Permitir Ler & Executar)
> - Allow List Folder Contents (Permitir Listar Conteúdo da Pasta)
> - Allow Read (Permitir Leitura)
> - Allow Write (Permitir Gravar)
>
> Posteriormente, Leo liga para dizer que, embora consiga acessar a pasta Contoso e ler os arquivos armazenados nela, não consegue salvar as alterações no servidor.
>
> Qual é a causa mais provável do problema?

Resumo do objetivo

- A criação de compartilhamentos de pastas torna os dados armazenados nos discos de um servidor de arquivos acessíveis para usuários através da rede.
- As permissões NTFS permitem que você controle o acesso a arquivos e pastas especificando as tarefas que usuários individuais podem executar neles. As permissões de compartilhamento fornecem controle de acesso simplificado para todos os arquivos de um compartilhamento de rede. Os usuários da rede devem ter as permissões de compartilhamento e NTFS apropriadas para acessar compartilhamentos no servidor de arquivos.
- A ABE aplica filtros a pastas compartilhadas de acordo com as permissões de um usuário individual para acessar os arquivos e as subpastas do compartilhamento. Resumindo, usuários que não podem acessar um recurso compartilhado específico não conseguem ver esse recurso na rede.

- O recurso Offline Files é um recurso do Windows que permite que sistemas clientes mantenham cópias locais de arquivos acessados em compartilhamentos de servidor.
- O recurso Volume Shadow Copies do Windows Server 2012 R2 permite que você mantenha versões anteriores de arquivos de um servidor, para que, caso seus usuários excluam ou sobrescrevam acidentalmente um arquivo, possam acessar uma cópia.
- As cotas NTFS permitem que os administradores definam um limite de armazenamento para usuários de um volume específico.
- O recurso Work Folders do Windows Server 2012 R2 possibilita sincronizar arquivos entre vários dispositivos clientes e um servidor de arquivos localizado em uma rede privada.

Revisão do objetivo

Responda às perguntas a seguir para testar seu conhecimento sobre as informações deste objetivo. Você pode encontrar as respostas a estas perguntas e explicações de por que cada opção de resposta está certa ou errada na seção "Respostas" no fim do capítulo.

1. Qual é o número máximo de cópias de sombra que um sistema Windows Server 2012 R2 pode manter para cada volume?
   A. 8
   B. 16
   C. 64
   D. 128

2. Qual dos termos a seguir descreve o processo de permitir que os usuários acessem compartilhamentos do servidor de arquivos lendo suas permissões?
   A. Autenticação
   B. Autorização
   C. Enumeração
   D. Atribuição

3. Quais dos itens a seguir são tarefas que você pode executar usando cotas do File Server Resource Manager, mas não pode executar usando cotas NTFS? (Selecione todos que forem aplicáveis.)
   A. Enviar um email para o administrador quando os usuários excederem seus limites.
   B. Especificar diferentes limites de armazenamento para cada usuário.
   C. Impedir que os usuários consumam espaço de armazenamento em um volume além do limite determinado.
   D. Gerar avisos para os usuários quando eles se aproximarem do limite de armazenamento determinado.

4. No conjunto de permissões NTFS do Windows Server 2012 R2, combinações de permissões avançadas também são conhecidas como permissões _____. (Selecione todas que forem aplicáveis.)

   A. Especiais
   B. Básicas
   C. De compartilhamento
   D. Padrão

5. Qual das declarações a seguir descreve melhor a função da entidade de segurança nas atribuições de permissões do sistema de arquivos?

   A. Nas atribuições de permissões do sistema de arquivos, a entidade de segurança é a única pessoa que pode acessar um arquivo que não tenha permissões atribuídas a ele.
   B. Nas atribuições de permissões do sistema de arquivos, a entidade de segurança é a pessoa responsável por criar políticas de permissões.
   C. Nas atribuições de permissões do sistema de arquivos, a entidade de segurança é a pessoa que atribui as permissões.
   D. Nas atribuições de permissões do sistema de arquivos, a entidade de segurança é a pessoa a quem as permissões são atribuídas.

Objetivo 2.2: Configurar serviços de impressão e documentos

Como as funções de compartilhamento de arquivos discutidas na seção anterior, o compartilhamento de dispositivos de impressão é uma das aplicações mais básicas para as quais as redes locais foram projetadas.

> **Este objetivo aborda como:**
> - Configurar o driver de impressão Easy Print
> - Configurar o gerenciamento corporativo de impressoras
> - Configurar drivers
> - Configurar o pool de impressão
> - Configurar prioridade de impressão
> - Configurar permissões de impressoras

Implante um servidor de impressão

É relativamente simples instalar, compartilhar, monitorar e gerenciar um único dispositivo de impressão da rede, mas, quando você for responsável por dezenas ou até mesmo centenas de dispositivos de impressão em uma grande rede corporativa, essas tarefas podem ser complicadas.

Arquitetura de impressão do Windows

É importante entender os termos que a Microsoft usa quando se refere aos componentes da arquitetura de impressão da rede. Normalmente, a impressão no Microsoft Windows envolve os quatro componentes a seguir:

- **Dispositivo de impressão** Um *dispositivo de impressão* é o hardware que produz documentos impressos em papel ou outra mídia de impressão. O Windows Server 2012 R2 dá suporte tanto a dispositivos de impressão local, que são conectados diretamente a portas do computador, quanto a dispositivos de impressão com interface de rede, que são conectados à rede diretamente ou via outro computador.

- **Impressora** No Windows, uma *impressora* é a interface de software pela qual um computador se comunica com um dispositivo de impressão. O Windows Server 2012 R2 dá suporte a várias interfaces físicas, inclusive a portas *Universal Serial Bus* (USB), IEEE 1394 (FireWire), paralelas (LPT), seriais (COM), *Infrared Data Access* (irDA) e *Bluetooth*, e serviços de impressão de rede, como os das portas LPR, *Internet Priting Protocol* (IPP) e TCP/IP padrão.

- **Servidor de impressão** Um *servidor de impressão* é um computador (ou dispositivo autônomo) que recebe jobs (trabalhos) de impressão de clientes e os envia para dispositivos de impressão conectados localmente ou à rede.

- **Driver de impressora** Um *driver de impressora* é um driver de dispositivo que converte os jobs de impressão gerados pelos aplicativos em um *string* de comandos apropriado para um dispositivo de impressão específico. Os drivers de impressora são projetados para um dispositivo de impressão específico e fornecem aos aplicativos acesso a todos os recursos do dispositivo de impressão.

> *NOTA* **NOMENCLATURA DE IMPRESSÃO**
>
> "Impressora" e "dispositivo de impressão" são os termos mais mal-empregados do vocabulário de impressão do Windows. É claro que muitas fontes usam "impressora" para se referir ao hardware de impressão. No entanto, no Windows, impressora e dispositivo de impressão não são equivalentes. Por exemplo, você pode adicionar uma impressora a um computador com Windows Server 2012 R2 sem um dispositivo de impressão físico estar presente. O computador pode, então, hospedar a impressora, o servidor de impressão e o driver de impressora. Esses três componentes permitem que o computador processe os jobs de impressão e os armazene em uma fila até que o dispositivo de impressão esteja disponível.

Impressão no Windows

Esses quatro componentes operam em conjunto para processar os jobs de impressão produzidos pelos aplicativos no Windows e os convertem em documentos impressos, como mostrado na Figura 2-12.

FIGURA 2-12   A arquitetura de impressão do Windows.

Antes de você poder imprimir documentos no Windows, deve instalar pelo menos uma impressora. Para instalar uma impressora no Windows, faça o seguinte:

- Selecione o fabricante e o modelo do dispositivo de impressão.
- Especifique a porta (ou outra interface) que o computador usará para acessar o dispositivo de impressão.
- Forneça um driver de impressora criado especificamente para esse dispositivo de impressão.

Ao imprimir um documento em um aplicativo, você deve selecionar a impressora que será o destino do job de impressão.

A impressora é associada a um driver que pega os comandos gerados pelo aplicativo e os converte em *linguagem de controle de impressora* (PCL, printer control language), uma linguagem entendida pela impressora. A PCL pode ser padrão, como a linguagem PostScript, ou pode ser uma linguagem proprietária desenvolvida pelo fabricante do dispositivo de impressão.

O driver de impressora permite que o job seja configurado para usar os diversos recursos do dispositivo de impressão. Normalmente, esses recursos são incorporados à página Properties da impressora. Por exemplo, seu aplicativo de edição de texto não sabe se o dispositivo de impressão é colorido ou monocromático ou se dá suporte à impressão duplex. O driver de impressora disponibiliza o uso de recursos como esses dos dispositivos de impressão.

Após a impressora processar um job de impressão, ela o armazena em uma fila, conhecida como *spooler*. Dependendo do arranjo dos componentes de impressão, os jobs do spooler podem estar em formato PCL, prontos para ir para o dispositivo de impressão, ou em um formato intermediário, caso em que o driver de impressora deve converter os jobs do spooler para o formato PCL antes de enviá-los para o dispositivo. Se outros jobs estiverem esperando para ser impressos, um novo job pode ter que esperar no spooler por algum tempo. Quando finalmente o servidor enviar o job para o dispositivo de impressão, este lerá os comandos PCL e produzirá o documento impresso.

Flexibildade de impressão do Windows

A flexibilidade da arquitetura de impressão do Windows é manifestada nas diferentes maneiras pelas quais você pode implantar os quatro componentes de impressão. Um único computador pode executar todas as funções (é claro que exceto a do dispositivo de impressão), ou você pode distribuir essas funções pela rede. As seções a seguir descrevem quatro configurações essenciais que formam a base da maioria das implantações de impressoras no Windows:

- Impressão direta
- Compartilhamento de impressora conectada localmente
- Impressão conectada à rede
- Compartilhamento de impressora conectada à rede

Você pode escalonar essas configurações para acomodar redes de praticamente qualquer tamanho.

IMPRESSÃO DIRETA

A arquitetura de impressão mais simples é composta por um único dispositivo de impressão conectado a um computador, também conhecido como dispositivo de impressão conectado localmente, como mostrado na Figura 2-13. Quando conectamos um dispositivo de impressão diretamente a um computador com Windows Server 2012 R2 e imprimimos a partir de um aplicativo sendo executado nesse sistema, o computador fornece as funções de impressora, driver e servidor de impressão.

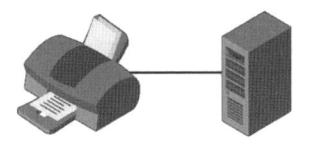

FIGURA 2-13 Um dispositivo de impressão conectado localmente.

COMPARTILHAMENTO DE IMPRESSORA CONECTADA LOCALMENTE

Além da impressão a partir de um aplicativo sendo executado no computador local, você também pode compartilhar a impressora (e o dispositivo de impressão) com outros usuários da mesma rede. Nesse esquema, o computador com o dispositivo de impressão conectado localmente funciona como servidor de impressão. A Figura 2-14 mostra os outros computadores da rede, que são conhecidos como clientes de impressão.

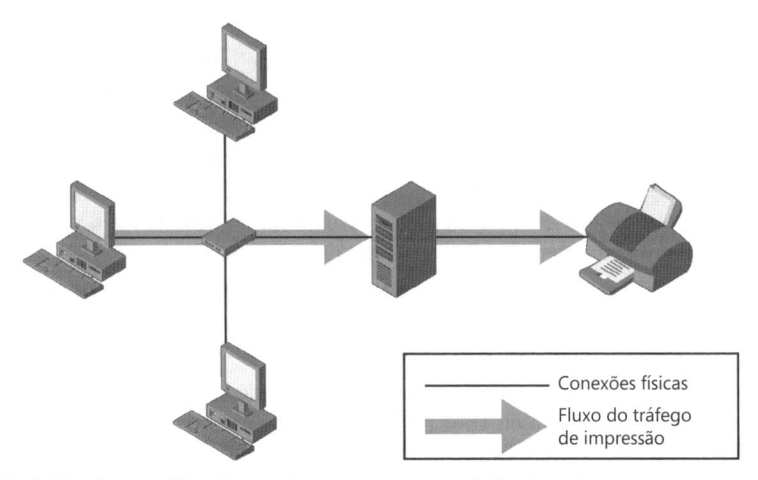

FIGURA 2-14 Compartilhando uma impressora conectada localmente.

Na configuração padrão de compartilhamento de impressoras do Windows Server 2012 R2, cada cliente usa sua própria impressora e seu próprio driver. Como antes, o aplicativo em execução no computador cliente envia o job para a impressora e o driver o gera, de acordo com os recursos do dispositivo de impressão.

A principal vantagem desse esquema de impressão é que vários usuários, situados em qualquer local da rede, podem enviar jobs para um único dispositivo de impressão conectado a um computador funcionando como servidor de impressão. A desvantagem é que o processamento dos jobs de impressão para muitos usuários pode impor uma carga significativa ao servidor de impressão. Embora qualquer computador com Windows possa funcionar como servidor de impressão, você só deve usar uma estação de trabalho para esse fim quando não tiver muitos clientes de impressão para suportar ou tiver um volume de impressão muito pequeno.

IMPRESSÃO CONECTADA À REDE

As soluções de impressão discutidas até agora envolveram dispositivos de impressão conectados diretamente a um computador com o uso de uma porta USB ou outro tipo de porta. Os dispositivos de impressão não têm necessariamente que estar conectados a computadores, no entanto. Em vez disso, você pode conectá-los à rede. Muitos modelos de dispositivo de impressão são equipados com adaptadores de rede, permitindo a conexão de um cabo de rede padrão. Alguns dispositivos têm slots de expansão nos quais é possível instalar um adaptador de impressão de rede comprado separadamente. Para concluir, para dispositivos de impressão sem recursos de rede, há disponíveis servidores de impressão de rede autônomos, que são conectados à rede e permitem a conexão de um ou mais dispositivos de impressão. Dispositivos de impressão assim equipados têm seus próprios endereços IP e normalmente têm embutida uma interface de configuração baseada na Web.

No caso dos dispositivos de impressão conectados à rede, a principal decisão de implantação que o administrador deve tomar é definir qual computador funcionará como servidor de impressão. Uma opção simples (mas, com frequência, inviável) é permitir que cada cliente de impressão funcione como seu próprio servidor de impressão, como mostrado na Figura 2-15. Cada cliente processa e enfileira seus próprios jobs de impressão, conecta-se com o dispositivo de impressão usando uma porta TCP (Transmission Control Protocol) e envia os jobs diretamente para o dispositivo para impressão.

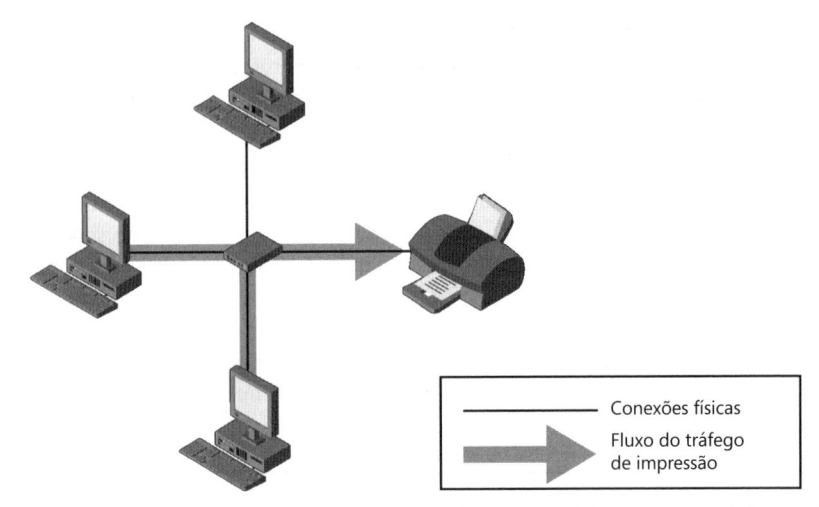

FIGURA 2-15 Dispositivo de impressão conectado à rede com vários servidores de impressão.

Até mesmo usuários finais individuais sem assistência administrativa acharão esse esquema fácil de configurar. No entanto, as desvantagens são muitas, entre elas:

- Os usuários que analisam a fila de impressão só veem seus próprios jobs.
- Os usuários não têm conhecimento dos outros usuários que estão acessando o dispositivo de impressão. Eles não têm como saber quais outros jobs foram enviados para o dispositivo de impressão ou quanto tempo levará até que o dispositivo conclua seus jobs.
- Os administradores não têm como gerenciar centralizadamente a fila de impressão, porque cada cliente tem sua própria fila.
- Os administradores não podem implementar recursos avançados de impressão, como os pools de impressão (abordados posteriormente nesta seção) ou a administração remota.
- Mensagens de erro só aparecem no computador que originou o job que o dispositivo de impressão está processando atualmente.
- Todo o processamento dos jobs de impressão é executado pelo computador cliente em vez de ser parcialmente descarregado em um servidor de impressão externo.

É por essas razões que esse esquema só é adequado para redes de grupos de trabalho pequenos que não tenham administradores exclusivos dando suporte.

COMPARTILHAMENTO DE IMPRESSORA CONECTADA À REDE

A outra opção bem mais popular para a impressão conectada à rede é designar um computador como servidor de impressão e usá-lo para atender todos os clientes de impressão da rede. Para usar esse esquema, instale uma impressora em um computador (que será o servidor de impressão) e configure-o para acessar o dispositivo de impressão diretamente por uma porta TCP. Em seguida, compartilhe a impressora, como faria com um dispositivo de impressão conectado localmente, e configure os clientes para acessarem o compartilhamento de impressão.

CAPÍTULO 2 Configuração de funções e recursos do servidor

Como você pode ver na Figura 2-16, a configuração física é a mesma do esquema anterior, mas o caminho lógico que os jobs de impressão seguem para chegar ao dispositivo de impressão é diferente. Em vez de ir direto para o dispositivo de impressão, os jobs vão para o servidor de impressão, que os enfileira e envia em ordem para o dispositivo de impressão.

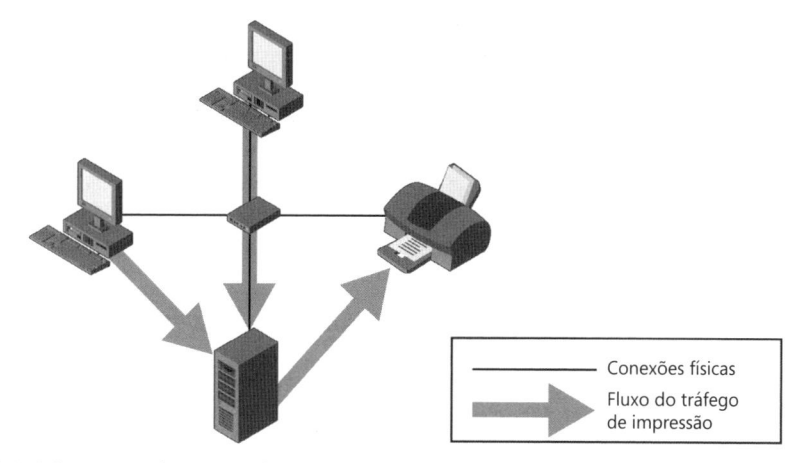

FIGURA 2-16 Um dispositivo de impressão conectado à rede com um único servidor de impressão compartilhado.

Nesse esquema, praticamente todas as desvantagens do esquema de vários servidores de impressão se tornam vantagens:

- Todos os jobs dos clientes são armazenados em uma única fila de impressão, para que os usuários e administradores possam ver uma lista completa dos jobs que estão esperando para serem impressos.
- Parte da carga de geração dos jobs é passada para o servidor de impressão, o que retorna o controle do computador cliente para o usuário mais rapidamente.
- Os administradores podem gerenciar todos os jobs na fila de impressão a partir de um local remoto.
- Mensagens de erro de impressão aparecem em todos os computadores clientes.
- Os administradores podem implementar pools de impressão e outros recursos de impressão avançados.
- Os administradores podem gerenciar funções de segurança, auditoria, monitoramento e registro a partir de um local central.

CONFIGURAÇÕES DE IMPRESSÃO AVANÇADAS

Os administradores podem usar as quatro configurações descritas nas seções anteriores como blocos de construção para criar soluções de impressão para suas redes. Muitas variações possíveis podem ser usadas na criação de uma arquitetura de impressão de rede que dê suporte às necessidades de sua empresa. Algumas das mais avançadas são as seguintes:

- Você pode conectar uma única impressora a vários dispositivos de impressão, criando o que é chamado de *pool de impressão*. Em uma rede com muitos clientes de impressão, o servidor de impressão pode distribuir grandes quantidades de jobs entre vários dispositivos de impressão idênticos para fornecer um serviço mais imediato e melhor tolerância a falhas.

- Você pode conectar vários dispositivos de impressão com suporte a diferentes formulários e tamanhos de papel na mesma impressora, que distribuirá jobs com requisitos distintos para os dispositivos de impressão apropriados.
- Você pode conectar várias impressoras no mesmo dispositivo de impressão. Criando várias impressoras, é possível definir prioridades, configurações de segurança e parâmetros de auditoria e monitoramento diferentes para usuários distintos. Por exemplo, você poderia criar uma impressora de alta prioridade para executivos da empresa e uma impressora de baixa prioridade para usuários juniores. Isso asseguraria que os jobs dos executivos fossem impressos antes, mesmo se as impressoras estivessem conectadas ao mesmo dispositivo de impressão.

Compartilhe uma impressora

Usar o Windows Server 2012 R2 como servidor de impressão pode ser simples ou complexo, dependendo de quantos clientes o servidor tiver que suportar e do volume de impressão que eles demandarem. Para uma rede caseira ou uma rede corporativa pequena, em que alguns usuários precisem de acesso esporádico à impressora, nenhuma preparação especial é necessária. No entanto, se o computador tiver que dar suporte a um uso pesado da impressora, upgrades de hardware (como espaço em disco ou memória adicional) podem ser necessários.

Você também pode considerar tornar o computador um servidor de impressão exclusivo. Além de memória e espaço em disco, usar o Windows Server 2012 R2 como servidor de impressão requer ciclos do processador, como qualquer outro aplicativo. Em um servidor lidando com tráfego de impressão pesado, outras funções e aplicativos podem apresentar uma degradação significativa no desempenho. Se for necessário um servidor de impressão para lidar com tráfego pesado, considere dedicar o computador somente a tarefas do servidor de impressão e implantar as demais funções e aplicativos em outro local.

Em um computador com Windows Server 2012 R2, você pode compartilhar uma impressora no momento da instalação ou posteriormente. Para impressoras mais antigas, você começaria o processo de instalação iniciando o Add Printer Wizard (Assistente para Adicionar Impressora) a partir do item Devices and Printers (Dispositivos e Impressoras) do Painel de Controle. No entanto, a maioria dos dispositivos de impressão no mercado atualmente usa uma conexão USB com um computador ou uma conexão Ethernet ou wireless com uma rede.

No caso de uma impressora com conexão USB, conectamos o dispositivo de impressão em uma porta USB no computador e o ligamos para iniciar o processo de instalação. A intervenção manual só é necessária quando o Windows Server 2012 R2 não tem um driver para o dispositivo de impressão.

Para dispositivos de impressão conectados à rede, um programa de instalação fornecido com o produto localiza o dispositivo na rede, instala os drivers corretos, cria uma impressora no computador, configura-a com o endereço IP apropriado e define outras configurações.

CAPÍTULO 2   Configuração de funções e recursos do servidor   **99**

Após a impressora ser instalada no computador com Windows Server 2012 R2 que funcionará como seu servidor de impressão, você poderá compartilhá-la com os clientes de sua rede usando o procedimento a seguir.

1. Abra o item Devices and Printers do Painel de Controle. A janela Devices and Printers aparecerá.
2. Clique com o botão direito do mouse no ícone da impressora que deseja compartilhar e, no menu de contexto, selecione Printer Properties. A página Properties da impressora aparecerá.

> **NOTA   PROPRIEDADES**
> O menu de contexto de todas as impressoras dá acesso a duas páginas Properties. O item de menu Printer Properties (Propriedades da Impressora) abre a página Properties da impressora, e o item de menu Properties abre a página Properties do dispositivo de impressão.

3. Clique na guia Sharing.
4. Marque a caixa de seleção Share This Printer. O nome da impressora aparecerá na caixa de texto Share Name. Você pode aceitar o nome padrão ou fornecer outro.
5. Marque uma ou as duas caixas de seleção opcionais a seguir:
   - **Render Print Jobs On Client Computers (Processar trabalhos de impressão em computadores cliente)**   Reduz a utilização de recursos no servidor de impressão, forçando os clientes a executarem grande parte do processamento de impressão.
   - **List In The Directory (Listar no diretório)**   Cria um novo objeto de impressora no banco de dados do Active Directory Domain Services (AD DS, Serviços de Domínio Active Directory), permitindo que usuários do domínio localizem a impressora pesquisando o diretório. Esta opção só aparece quando o computador é membro de um domínio do AD DS.
6. Opcionalmente, clique em Additional Drivers para abrir a caixa de diálogo Additional Drivers. Essa caixa de diálogo permite o carregamento de drivers de impressora de outras plataformas Windows, como a x86. Quando você instalar os drivers alternativos, o servidor de impressão os fornecerá automaticamente para clientes que estiverem executando essas versões do sistema operacional.
7. Marque as caixas de seleção disponíveis que quiser e clique em OK. Para cada caixa de seleção marcada, o Windows Server 2012 R2 exibe uma caixa de diálogo Printer Drivers.
8. Em cada caixa de diálogo Printer Drivers, nomeie ou procure o local dos drivers de impressora do sistema operacional selecionado e clique em OK.
9. Clique em OK para fechar a caixa de diálogo Additional Drivers.
10. Clique em OK para fechar a página Properties da impressora. Agora o ícone da impressora no painel de controle de impressoras incluirá um símbolo indicando que ela foi compartilhada.
11. Feche o Painel de Controle.

    A impressora já estará disponível para clientes da rede.

Gerencie drivers de impressora

Os drivers de impressora são os componentes que permitem que os computadores gerenciem os recursos de seus dispositivos de impressão. Quando você instala uma impressora em um servidor executando o Windows Server 2012 R2, também instala um driver que computadores com Windows podem usar.

Os drivers instalados no Windows Server 2012 R2 são os mesmos que estações de trabalho com Windows e outras versões de servidor usam, com uma ressalva. Como plataforma de 64 bits, o Windows Server 2012 R2 usa drivers de dispositivo de 64 bits, que são adequados para outros computadores que estejam executando versões de 64 bits do Windows. No entanto, se você tem sistemas com Windows de 32 bits em sua rede, deve instalar um driver de 32 bits no servidor para esses sistemas usarem.

A caixa de diálogo Additional Drivers (Drivers Adicionais), que pode ser acessada na guia Sharing da página Properties de uma impressora, permite a instalação de drivers para outras plataformas de processamento. Porém, você deve instalar esses drivers a partir de um computador sendo executado na plataforma alternativa. Em outras palavras, para instalar um driver de 32 bits para uma impressora em um servidor executando o Windows Server 2012 R2, é preciso acessar a página Properties da impressora a partir de um computador executando uma versão do Windows de 32 bits. Você pode fazer isso acessando a impressora diretamente na rede usando o File Explorer ou executando o snap-in Print Management (Gerenciamento de Impressão) no sistema de 32 bits e usando-o para gerenciar seu servidor de impressão com Windows Server 2012 R2.

> **NOTA INSTALANDO DRIVERS**
>
> Para o servidor fornecer drivers que suportem diferentes plataformas para computadores clientes, ao instalar os drivers para o mesmo dispositivo de impressão, você deve verificar se eles têm nomes idênticos. Por exemplo, o Windows Server 2012 R2 tratará "HP Laserjet 5200 PCL6" e "HP Laserjet 5200 PCL 6" como dois drivers diferentes. Os nomes devem ser idênticos para o servidor aplicar os drivers apropriadamente.

Use o Easy Print no acesso remoto

Quando um cliente da função Remote Desktop Services (Serviços de Área de Trabalho Remota) se conecta com um servidor, ele executa aplicativos usando o(s) processador(es) e a memória do servidor. Contudo, se esse cliente quiser imprimir um documento a partir dos aplicativos, ele vai querer que o job de impressão vá para o dispositivo conectado no computador cliente.

O componente que permite que clientes do Remote Desktop Services imprimam em seus dispositivos de impressão locais se chama *Easy Print*. O Easy Print assume a forma de um driver de impressora que é instalado no servidor junto com o serviço de função Remote Desktop Services Session Host (Host de Sessão dos Serviços da Área de Trabalho Remota).

O driver Easy Print da área de trabalho remota aparece automaticamente no snap-in Print Management (Gerenciamento de Impressão), mas não é associado a um dispositivo de impressão específico. Em vez disso, funciona como um redirecionador, permitindo que o servidor acesse as impressoras conectadas nos cliente.

No Windows Server 2012 R2, o Easy Print não requer configuração a não ser a permissão de conexões de área de trabalho remota ou a instalação da função Remote Desktop Services (Serviços de Área de Trabalho Remota). No entanto, uma vez que está operando, ele dá ao administrador do servidor acesso adicional às impressoras dos clientes da área de trabalho remota.

Quando um cliente da área de trabalho remota se conecta com um servidor usando o programa Remote Desktop Connection (Conexão de Área de Trabalho Remota) ou o site de Acesso via Web RD, as impressoras instaladas no sistema cliente são redirecionadas para o servidor e aparecem no snap-in Print Management como impressoras redirecionadas, como mostrado na Figura 2-17.

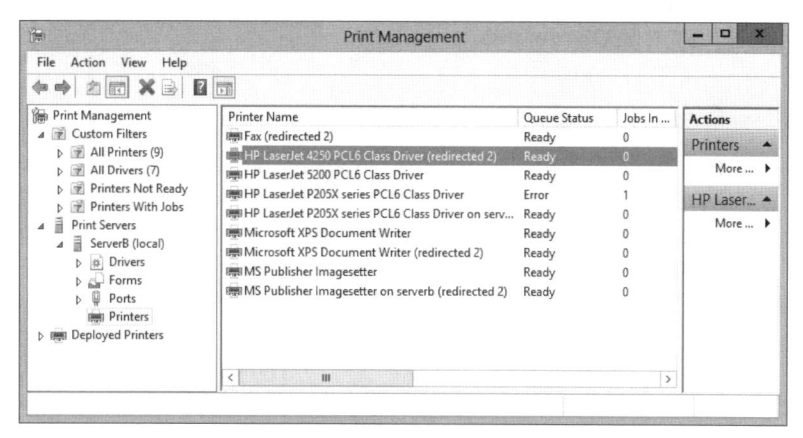

FIGURA 2-17 Impressoras redirecionadas pelo Easy Print em um servidor de área de trabalho remota.

Um cliente executando um aplicativo no servidor poderá, então, imprimir em um dispositivo de impressão local usando a impressora redirecionada. Os administradores também podem abrir a página Properties da impressora redirecionada como de praxe e manipular suas configurações.

Configure a segurança da impressora

Como nas pastas compartilhadas, os clientes devem ter as permissões apropriadas para acessar uma impressora compartilhada. As permissões de impressoras são muito mais simples do que as permissões NTFS; elas definem se os usuários podem usar a impressora, gerenciar documentos enviados para ela ou gerenciar as propriedades da própria impressora. Para atribuir permissões a uma impressora, use o procedimento a seguir.

1. Abra o Control Panel e selecione Hardware, Devices and Printers. A janela Devices and Printers aparecerá.
2. Clique com o botão direito do mouse em um dos ícones de impressora da janela e, no menu de contexto, selecione Printer Properties. A página Properties da impressora aparecerá.
3. Clique na guia Security. A metade superior da tela listará todas as entidades de segurança atualmente com permissões para acessar a impressora selecionada. A metade inferior listará as permissões da entidade de segurança selecionada.

4. Clique em Add. A caixa de diálogo Select Users, Computers, Or Groups é aberta.
5. Na caixa de texto Enter The Object Names To Select, digite um nome de usuário ou grupo e clique em OK. O usuário ou grupo aparecerá na lista Group Or User Names.
6. Selecione a entidade de segurança que adicionou e marque ou desmarque as caixas de seleção da metade inferior da tela para conceder ou negar ao usuário as permissões básicas.
7. Clique em OK para fechar a página Properties.
8. Feche o Control Panel.

Como nas permissões NTFS, há dois tipos de permissões de impressora: básicas e avançadas. Cada uma das três permissões básicas é composta por uma combinação de permissões avançadas.

Gerencie documentos

Por padrão, todas as impressoras atribuem a permissão Allow Print (Permitir Imprimir) à identidade especial Everyone, que permite que todos os usuários acessem a impressora e gerenciem seus próprios documentos. Usuários que possuem a permissão Permitir Gerenciar Documentos (Allow Manage Documents) podem gerenciar os documentos de qualquer usuário.

O gerenciamento de documentos consiste em pausar, retomar, reiniciar e cancelar documentos que estejam esperando atualmente na fila de impressão. O Windows Server 2012 R2 fornece uma fila de impressão para cada impressora, o que permite que os usuários visualizem os jobs que estão esperando para ser impressos. Para gerenciar documentos, use o procedimento a seguir.

1. Abra o Control Panel e selecione Hardware, Devices and Printers. A janela Devices and Printers aparecerá.
2. Clique com o botão direito do mouse em um dos ícones de impressora e, no menu de contexto, selecione See What's Printing. Uma janela da fila de impressão com o nome da impressora aparecerá, como mostrado na Figura 2-18.

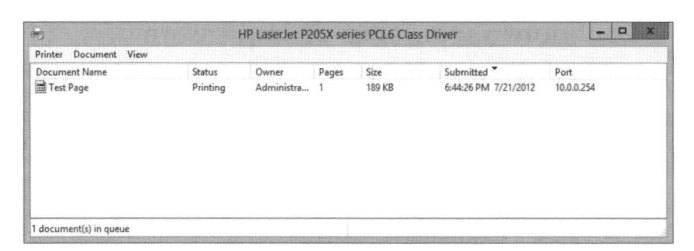

FIGURA 2-18 Uma janela da fila de impressão do Windows Server 2012 R2.

3. Selecione um dos itens de menu para executar a função associada.
4. Feche a janela da fila de impressão.
5. Feche o Control Panel.

Gerencie impressoras

Usuários com a permissão Allow Manage This Printer (Permitir Gerenciar Esta Impressora) podem ir além do controle de documentos na fila; eles podem reconfigurar a impressora. Gerenciar uma impressora é alterar os parâmetros operacionais que afetam todos os usuários e controlar o acesso à impressora.

Geralmente, a maioria das tarefas baseadas em software que se enquadra na categoria de gerenciamento de impressora são as que executamos quando instalamos a impressora. O gerenciamento diário da impressora costuma envolver manutenção física, como a eliminação de congestionamentos na impressão, a recarga de papel e a troca de cartuchos de tinta ou toner. No entanto, as próximas seções examinarão algumas das tarefas de configuração típicas do gerenciador de impressoras.

Defina prioridades da impressora

Em alguns casos, administradores com a permissão Manage This Printer (Gerenciar Esta Impressora) dão a certos usuários de sua empresa acesso prioritário a um dispositivo de impressão para que, quando o tráfego de impressão estiver pesado, seus jobs sejam processados antes dos de outros usuários. Para fazê-lo, você deve criar várias impressoras, associá-las ao mesmo dispositivo de impressão e, então, modificar suas prioridades, como descrito no procedimento a seguir.

1. Abra o Control Panel e selecione Hardware, Devices and Printers. A janela Devices and Printers será aberta.
2. Clique com o botão direito do mouse em um dos ícones de impressora e, no menu de contexto, selecione Printer Properties. A página Properties da impressora aparecerá.
3. Clique na guia Advanced, como mostrado na Figura 2-19.

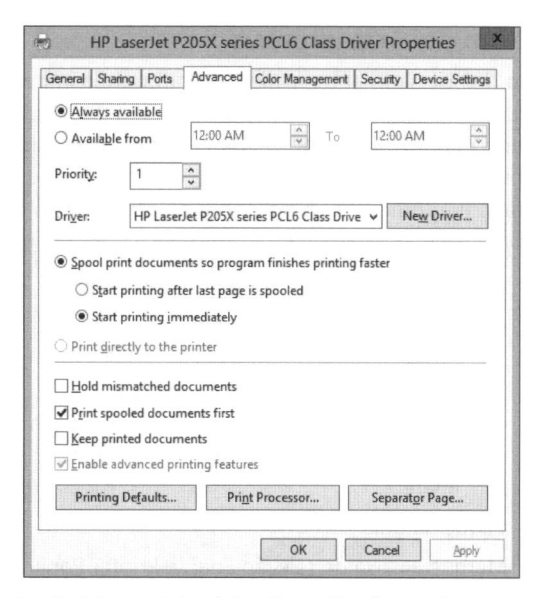

FIGURA 2-19 A guia Advanced da página Properties de uma impressora.

4. Configure a caixa Priority com um valor que represente a prioridade mais alta que deseja definir para a impressora. Números mais altos representam prioridades mais altas. A prioridade mais alta possível é 99.

> **NOTA PRIORIDADE DAS IMPRESSORAS**
> Os valores da caixa Priority (Prioridade) não têm um significado absoluto; eles só interferem em relação uns aos outros. Se uma impressora tiver um valor de prioridade mais alto do que a outra, o servidor processará seus trabalhos de impressão primeiro. Em outras palavras, não importa se o valor de prioridade mais alto é 9 ou 99, contanto que o valor de prioridade mais baixo seja menor.

5. Clique na guia Security.
6. Adicione os usuários ou grupos para os quais deseja fornecer acesso de alta prioridade na impressão e atribua a eles a permissão Allow Print.
7. Revogue a permissão Allow Print da identidade especial Everyone.
8. Clique em OK para fechar a página Properties.
9. Crie uma impressora idêntica usando o mesmo driver e apontando para o mesmo dispositivo de impressão. Deixe a configuração de prioridade com seu valor padrão, que é 1, e use as permissões padrão.
10. Renomeie as impressoras, especificando a prioridade atribuída a cada uma.
11. Feche o Control Panel.

Informe aos usuários privilegiados que eles devem enviar seus jobs para a impressora de alta prioridade. Todos os jobs enviados para essa impressora serão processados antes dos enviados para a impressora de prioridade mais baixa.

Crie um pool de impressão

Como mencionado anteriormente, um pool de impressão aumenta a capacidade de produção de uma única impressora conectando-a a vários dispositivos de impressão. Quando criamos um pool de impressoras, o servidor de impressão envia cada job recebido para o primeiro dispositivo de impressão que ele encontrar que não esteja ocupado (imprimindo). Isso distribui os jobs entre os dispositivos de impressão disponíveis, fornecendo aos usuários um serviço mais rápido.

Na configuração de um pool de impressão, o seguinte procedimento deve ser usado:

1. Abra o Control Panel e selecione Hardware, Devices and Printers. A janela Devices and Printers será aberta.
2. Clique com o botão direito do mouse em um dos ícones de impressora e, no menu de contexto, selecione Printer Properties. A página Properties da impressora aparecerá.
3. Clique na guia Ports.
4. Marque a caixa de seleção Enable Printer Pooling e clique em OK.
5. Selecione todas as portas às quais os dispositivos de impressão estão conectados.

6. Feche o Control Panel.

Para criar um pool de impressão, você deve ter pelo menos dois dispositivos de impressão idênticos ou pelo menos dois dispositivos de impressão que usem o mesmo driver de impressora. Os dispositivos de impressão devem estar no mesmo local, porque não há como saber qual dispositivo processará um documento específico. Você também deve conectar todos os dispositivos de impressão do pool ao mesmo servidor de impressão. Se o servidor de impressão for um computador com Windows Server 2012 R2, os dispositivos podem ser conectados a qualquer porta disponível.

Use a função Print and Document Services

Todos os recursos de compartilhamento e gerenciamento de impressoras discutidos nas seções anteriores estão disponíveis em qualquer computador com Windows Server 2012 R2 em sua configuração de instalação padrão. No entanto, a instalação da função Print And Document Services (Serviços de Impressão e Documentos) no computador fornece ferramentas adicionais que são particularmente úteis para administradores envolvidos com impressão de rede em escala corporativa.

Quando você instalar a função Print And Document Services usando o Add Roles And Features Wizard (Assistente de Adição de Funções e Recursos) do Server Manager, aparecerá a página Select Role Services (Selecionar Serviços de Função), permitindo a seleção das opções a seguir:

- **Print Server (Servidor de Impressão)** Instala o console Print Management do Microsoft Management Console (MMC), que permite que os administradores implantem, monitorem e gerenciem impressoras de toda a empresa.
- **Distributed Scan Server (Servidor de Digitalização Distribuída)** Permite que o computador receba documentos de digitalizadores (scanners) conectados na rede e os encaminhe para os usuários apropriados.
- **Internet Printing (Impressão via Internet)** Cria um site que permite que os usuários da Internet enviem jobs de impressão para impressoras compartilhadas do Windows.
- **LPD Service (Serviço LPD)** Permite que clientes UNIX executando o programa de acesso remoto a impressora de linha (LPR, line printer remote) enviem seus jobs de impressão para impressoras do Windows.

Como sempre, o Windows Server 2012 R2 adiciona um novo ícone ao painel de navegação do Server Manager quando instalamos uma função. A página Print Services (Serviços de Impressão) contém um modo de exibição filtrado das entradas do log de eventos relacionadas à impressão, a visualização do status de serviços do sistema relacionados à função e a serviços da função, e contadores de desempenho.

O console Print Management, uma ferramenta administrativa, consolida os controles dos componentes de impressão de toda a empresa em um único console. Usando essa ferramenta, você pode acessar as filas de impressão e páginas Properties de todas as impressoras da rede da empresa, implantar impressoras para computadores clientes usando a Política de Grupo e criar modos de exibição personalizados que simplifiquem o processo de detectar dispositivos de impressão que precisem de atenção devido a erros ou falta de material.

O Windows Server 2012 R2 instala o console Print Management quando adicionamos a função Print And Document Services ao computador. Também podemos instalar o console sem a função adicionando o recurso Print And Document Services Tool (Ferramentas de Serviços de Impressão e Documentos), encontrado sob Remote Server Administration Tools (Ferramentas de Administração de Servidor Remoto), Role Administration Tools (Ferramentas de Administração de Funções) no Add Roles And Features Wizard.

As próximas seções demonstrarão algumas das tarefas de administração que você pode executar usando o console Print Management.

Adicione servidores de impressão

Por padrão, o console Print Management só exibe a máquina local em sua lista de servidores de impressão. Cada servidor de impressão tem abaixo dele quatro nós, como mostrado na Figura 2-20, listando drivers, formulários, portas e impressoras associados a esse servidor.

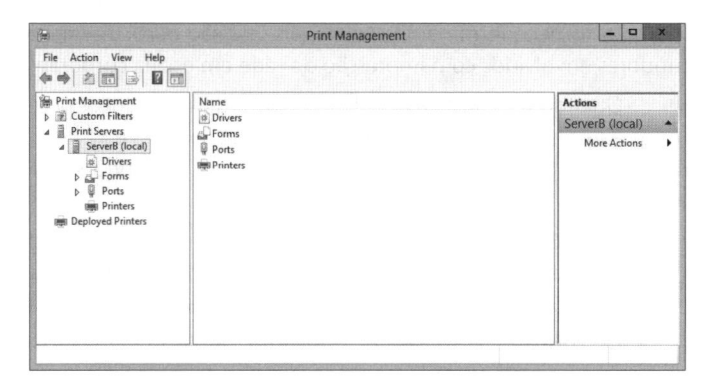

FIGURA 2-20 Um servidor de impressão exibido no console Print Management.

Para gerenciar outros servidores de impressão e suas impressoras, você deve adicioná-los ao console usando este procedimento:

1. No Server Manager, clique em Tools e, em seguida, clique em Print Management para abrir o console Print Management.
2. Clique com o botão direito do mouse no nó Print Server e, no menu de contexto, clique em Add/Remove Servers para abrir a caixa de diálogo Add/Remove Servers.
3. Na caixa Specify Print Server, clique em Browse. A caixa de diálogo Select Print Server será aberta.
4. Selecione o servidor de impressão que deseja adicionar ao console e clique em Select Server. O servidor selecionado aparecerá na caixa de texto Add Server da caixa de diálogo Add/Remove Servers.
5. Clique em Add To List. O servidor selecionado aparecerá na lista Print Servers.
6. Clique em OK. O servidor aparecerá sob o nó Print Servers.
7. Feche o console Print Management.

Agora você pode gerenciar as impressoras associadas ao servidor que adicionou ao console.

Visualize impressoras

Uma das maiores dificuldades dos administradores de impressão em grandes redes empresariais é controlar dezenas ou centenas de dispositivos de impressão, todos em uso frequente e precisando de atenção regularmente. Seja o motivo da manutenção um reparo maior, o reabastecimento de tinta ou toner ou a realimentação da bandeja de papel, os dispositivos de impressão não receberão a atenção necessária até um administrador ter consciência do problema.

O console Print Management fornece várias maneiras de visualizarmos os componentes de impressão associados aos servidores de impressão da rede. Para criar modos de exibição, o console pega a lista completa de impressoras e aplica vários filtros a ela, selecionando as impressoras que deve exibir. Sob o nó Custom Filters (Filtros Personalizados), há quatro filtros padrão, descritos a seguir:

- **All Printers (Todas as Impressoras)**   Contém uma lista de todas as impressoras hospedadas por todos os servidores de impressão que foram adicionados ao console.
- **All Drivers (Todos os Drivers)**   Contém uma lista de todos os drivers de impressora instalados em todos os servidores de impressão que foram adicionados ao console.
- **Printers Not Ready (As Impressoras Não Estão Prontas)**   Contém uma lista de todas as impressoras que não estão relatando o status Pronta (Ready)
- **Printers With Jobs (Impressoras com Trabalhos)**   Contém uma lista de todas as impressoras que atualmente têm trabalhos esperando na fila de impressão.

Modos de exibição como Printers Not Ready (As Impressoras Não Estão Prontas) são uma maneira útil de os administradores identificarem impressoras que precisam de atenção sem ter que pesquisar servidores de impressão individuais ou procurar em uma longa lista de todas as impressoras da rede. Além desses padrões, você pode criar seus próprios filtros personalizados.

Gerencie impressoras e servidores de impressão

Após você ter usado modos de exibição filtrados para isolar as impressoras que deseja examinar, a seleção de uma impressora exibe seu status, o número de jobs atualmente em sua fila de impressão e o nome do servidor de impressão que a está hospedando. Se você clicar com o botão direito do mouse no filtro do painel esquerdo e selecionar Extended View (Mostrar Modo de Exibição Estendido) no menu de contexto, um painel adicional aparecerá com o conteúdo da fila da impressora selecionada. Você pode manipular os jobs na fila como faria na janela Print Queue (Fila de Impressora) do console do servidor de impressão.

O console Print Management também permite que os administradores acessem a interface de configuração de qualquer impressora ou servidor de impressão que apareça em um de seus modos de exibição. Clicar com o botão direito do mouse em uma impressora ou em um servidor de impressão em qualquer local da interface do console e selecionar Properties no menu de contexto exibe a mesma página Properties que você veria no computador do servidor de impressão. Os administradores podem, então, configurar impressoras e servidores de impressão sem ter que acessar o site do servidor de impressão ou estabelecer uma conexão de área de trabalho remota com o servidor.

Implante impressoras com a Política de Grupo

Configurar um cliente de impressão para acessar uma impressora compartilhada é uma simples questão de navegar na rede ou na árvore do AD DS e selecionar a impressora. No entanto, quando temos que configurar centenas ou milhares de clientes de impressão, a tarefa fica mais complicada. O AD DS ajuda a simplificar o processo de implantar impressoras para grandes números de clientes.

A publicação de impressoras no banco de dados do AD DS permite que os usuários e administradores procurem impressoras por nome, local ou modelo (se você preencher os campos Local, ou *Location*, e Modelo, ou *Model*, do objeto de impressora). Para criar um objeto de impressora no banco de dados do AD DS, você pode marcar a caixa de seleção List In The Directory (Listar no Diretório) ao compartilhar a impressora ou clicar com o botão direito do mouse no console Print Management e, no menu de contexto, selecionar List In Directory.

Para usar o AD DS para implantar impressoras em clientes, você deve configurar as políticas apropriadas em um Objeto de Política de Grupo (GPO, Group Policy Object). É possível vincular uma GPO a qualquer domínio, site ou unidade organizacional (OU, organizational unit) da árvore do AD DS. Quando você configurar uma GPO para implantar uma impressora, todos os usuários ou computadores desse domínio, site ou OU receberão a configuração da impressora por padrão quando fizerem login.

Para implantar impressoras com a Política de Grupo, use o procedimento a seguir.

1. No Print Management, clique com o botão direito do mouse no painel de escopo do console e, no menu de contexto, selecione Deploy With Group Policy. A caixa de diálogo Deploy With Group Policy aparecerá, como mostrado na Figura 2-21.

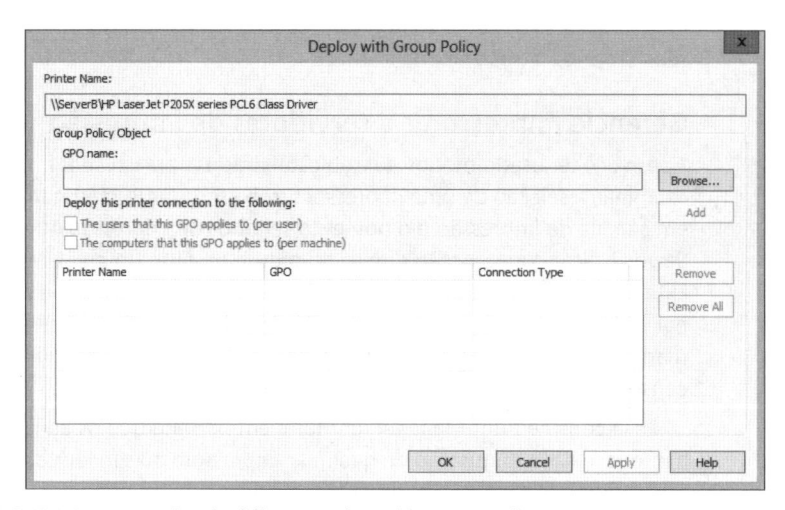

FIGURA 2-21 A caixa de diálogo Deploy With Group Policy.

2. Clique em Browse para abrir a caixa de diálogo Browse For A Group Policy Object.

3. Selecione a GPO que deseja usar para distribuir a impressora e clique em OK. A GPO selecionada aparecerá no campo GPO Name.
4. Marque a caixa de seleção apropriada para definir se deseja implantar a impressora para os usuários ou para os computadores (ou para ambos) aos quais a GPO se aplica e clique em Add. As novas associações à GPO da impressora aparecerão na tabela.

Implantar a impressora para os usuários significa que todos os usuários associados à GPO receberão a configuração da impressora. Implantar a impressora para os computadores significa que todos os computadores associados à GPO receberão a configuração da impressora, não importando quem fez login.

5. Clique em OK. Aparecerá uma caixa de mensagem do Print Management, informando que a operação foi bem-sucedida.
6. Clique em OK e, em seguida, clique em OK novamente para fechar a caixa de diálogo Deploy With Group Policy.
7. Feche o console Print Management.

Na próxima vez que usuários executando o Windows Server 2008 ou posterior e o Windows Vista ou posterior que estiverem associados à GPO atualizarem suas políticas ou reiniciarem, eles receberão as novas configurações, e a impressora aparecerá no item Dispositivos e Impressoras (Devices and Printers) do Painel de Controle.

> ### *Teste de raciocínio*
> **Impressão corporativa**
>
> No teste de raciocínio a seguir, aplique o que aprendeu sobre o objetivo para prever quais etapas terá que executar. As respostas às perguntas podem ser encontradas na seção "Respostas" no fim do capítulo.
>
> Você é o técnico de suporte para desktop de uma firma de advocacia com um grupo de 10 secretários que dão apoio administrativo aos advogados. Todos os secretários usam uma única impressora a laser de alta velocidade e compartilhada que está conectada a um servidor de impressão do Windows, exclusivo. Os secretários imprimem várias cópias de documentos grandes regularmente, e, embora a impressora a laser seja rápida, ela é usada de maneira quase constante. Às vezes, os secretários têm que esperar 20 minutos ou mais após enviar um job de impressão para seus documentos alcançarem o início da fila. O gerente do escritório se ofereceu para comprar impressoras adicionais para o departamento. No entanto, os secretários estão acostumados a apenas clicar em Print (Imprimir) e não gostam da ideia de ter que examinar várias filas de impressão para determinar qual tem menos jobs antes de enviar um documento.
>
> Com isso em mente, responda à seguinte pergunta:
>
> O que você pode fazer para fornecer ao escritório uma solução de impressão que permitirá que os secretários utilizem impressoras adicionais com mais eficiência?

Resumo do objetivo

- Normalmente, a impressão no Windows envolve os quatro componentes a seguir: dispositivo de impressão, impressora, servidor de impressão e driver de impressora.

- A forma mais simples de arquitetura de impressão é composta por um dispositivo de impressão conectado a um computador, o que é conhecido como dispositivo de impressão conectado localmente. Você pode compartilhar essa impressora (e o dispositivo de impressão) com outros usuários da mesma rede.

- No caso dos dispositivos de impressão conectados à rede, a principal decisão de implantação que o administrador deve tomar é qual computador funcionará como servidor de impressão.

- O driver Easy Print de área de trabalho remota permite que clientes do serviço Remote Desktop (Área de Trabalho Remota) executando aplicativos em um servidor redirecionem seus jobs para dispositivos de impressão locais.

- As permissões de impressoras são muito mais simples do que as permissões NTFS; elas definem se os usuários podem usar a impressora, gerenciar documentos enviados para ela ou gerenciar as propriedades da própria impressora.

- O console Print Management é uma ferramenta administrativa que consolida os controles dos componentes de impressão de toda a empresa em um único console.

Revisão do objetivo

Responda às perguntas a seguir para testar seu conhecimento sobre as informações deste objetivo. Você pode encontrar as respostas a estas perguntas e explicações de por que cada opção de resposta está certa ou errada na seção "Respostas" no fim do capítulo.

1. Qual dos termos a seguir descreve melhor a interface de software pela qual um computador se comunica com um dispositivo de impressão?

    A. Impressora

    B. Servidor de impressão

    C. Driver de impressora

    D. Console Print Management

2. Você está configurando um pool de impressão em um computador executando o Windows Server 2012 R2. O pool contém três dispositivos de impressão idênticos. Você abre a caixa de diálogo Properties da impressora e seleciona a opção Enable Printer Pooling (Ativar Pool de Impressão) na guia Portas. Qual das etapas a seguir deve executar em seguida?

    A. Configurar a porta LPT1 para dar suporte a três impressoras.

    B. Selecionar ou criar as portas mapeadas para as três impressoras.

    C. Na guia Device Settings (Configurações do Dispositivo), configurar as opções para dar suporte a dois dispositivos de impressão adicionais.

    D. Na guia Advanced, configurar a prioridade de cada dispositivo para que a impressão seja distribuída entre os três.

3. Um de seus dispositivos de impressão não está funcionando apropriadamente, logo, durante algum tempo, você quer impedir que os usuários enviem jobs para a impressora que está atendendo esse dispositivo. Qual destas medidas você deve tomar?

   A. Parar de compartilhar a impressora.

   B. Remover a impressora do Active Directory.

   C. Alterar a porta da impressora.

   D. Renomear o compartilhamento.

4. Você está administrando um computador executando o Windows Server 2012 R2 configurado como servidor de impressão. Os usuários do grupo Marketing relataram que não conseguem imprimir documentos usando uma impressora do servidor. Você visualiza as permissões nas propriedades da impressora. O grupo Marketing tem a permissão Manage Documents (Gerenciar Documentos). Qual das afirmações a seguir explica melhor por que os usuários não conseguem imprimir na impressora?

   A. O grupo Everyone deve receber a permissão Manage Documents.

   B. O grupo Administrators (Administradores) deve receber a permissão Manage This Printer (Gerenciar esta Impressora).

   C. O grupo Marketing deve receber a permissão Print (Imprimir).

   D. O grupo Marketing deve receber a permissão Manage This Printer.

5. Você está administrando um servidor de impressão executando o Windows Server 2012 R2 e deseja fazer a manutenção de um dispositivo de impressão conectado fisicamente ao servidor de impressão. Há vários documentos na fila de impressão. Você quer impedir que os documentos sejam impressos, mas não quer que os usuários tenham que reenviá-los para a impressora. Qual destas frases descreve a melhor maneira de fazê-lo?

   A. Abra a caixa de diálogo Properties da impressora, selecione a guia Sharing e desmarque a opção Share This Printer (Compartilhar Esta Impressora).

   B. Abra a caixa de diálogo Properties da impressora e selecione uma porta que não esteja associada a um dispositivo de impressão.

   C. Abra a janela de fila da impressora, selecione o primeiro documento e, no menu Document (Documento), selecione Pause (Pausar).

   D. Abra a janela de fila da impressora e selecione a opção Pause Printing (Pausar Impressão) no menu Printer (Impressora).

Objetivo 2.3: Configurar servidores para gerenciamento remoto

O Windows Server 2012 R2 foi projetado para facilitar o gerenciamento remoto de servidores para que os administradores raramente, ou nunca, tenham que trabalhar de forma direta com o console do servidor. Isso conserva os recursos do servidor que podem ser adequadamente direcionados para os aplicativos e economiza tempo do administrador.

> **Este objetivo aborda como:**
> - Configurar o WinRM
> - Configurar o gerenciamento de servidores de baixo nível
> - Configurar servidores para tarefas diárias de gerenciamento
> - Configurar o gerenciamento de vários servidores
> - Configurar a instalação Server Core
> - Configurar o Firewall do Windows
> - Gerenciar servidores não associados a domínios

Use o Server Manager no gerenciamento remoto

Desde o Windows Server 2003, o Server Manager é a principal ferramenta de administração de servidores do Windows Server. A melhoria mais óbvia realizada na ferramenta Server Manager do Windows Server 2012 R2 é a possibilidade de execução de tarefas administrativas em servidores remotos e no servidor local.

Quando fazemos login em uma instalação com GUI do Windows Server 2012 R2 com uma conta administrativa, o Server Manager é carregado automaticamente, exibindo o painel Welcome (Bem-Vindo). A interface do Server Manager é composta por um painel de navegação à esquerda contendo ícones que representam vários modos de exibição de recursos do servidor. A seleção de um ícone exibe uma página no painel direito, que é composto por vários painéis contendo informações sobre o recurso. A página Dashboard (Painel), que aparece por padrão, contém, além do painel Welcome, miniaturas que resumem os outros modos de exibição disponíveis no Server Manager. Esses outros modos de exibição são uma página para o Local Server (Servidor Local), uma página para All Servers (Todos os Servidores), contendo qualquer servidor extra que você tiver adicionado ao gerenciador, e páginas para grupos de servidores e grupos de funções.

> ***NOTA*** **ADICIONANDO SERVIDORES**
> Para obter informações sobre a inclusão de servidores na interface do Server Manager, consulte "Adicione servidores" no Objetivo 1.2, "Configurar servidores".

Adicione servidores

A principal diferença entre o Server Manager do Windows Server 2012 R2 (e Windows Server 2012) e versões anteriores é a possibilidade de adicionar e gerenciar vários servidores ao mesmo tempo. Embora só o servidor local apareça no Server Manager quando ele é executado pela primeira vez, podemos adicionar outros servidores, o que permite gerenciá-los em conjunto. Os servidores adicionados podem ser físicos ou virtuais e podem estar executando qualquer versão do Windows Server a partir do Windows Server 2003. Após adicionarmos servidores à interface, podemos criar gru-

CAPÍTULO 2 Configuração de funções e recursos do servidor **113**

pos contendo conjuntos de servidores, como os servidores de um local específico ou os que desempenhem uma determinada função. Esses grupos aparecerão no painel de navegação, permitindo que os administremos como uma única entidade.

Para adicionar servidores no Server Manager, use o procedimento a seguir.

1. No painel de navegação, clique no ícone All Servers para abrir a página All Servers.
2. No menu Manage, selecione Add Servers para abrir a caixa de diálogo Add Servers.
3. Selecione uma das guias a seguir para especificar como deseja localizar os servidores a serem adicionados:
   - **Active Directory** Permite procurar computadores que estejam executando sistemas operacionais específicos em localizações determinadas do domínio do AD DS
   - **DNS** Permite procurar servidores no servidor do Sistema de Nomes de Domínio (DNS) configurado atualmente
   - **Import (Importar)** Permite fornecer um arquivo de texto contendo os nomes ou endereços IP dos servidores que você deseja adicionar
4. Inicie uma busca ou faça o upload de um arquivo de texto para exibir uma lista de servidores disponíveis.
5. Selecione os servidores que deseja adicionar e clique no botão com a seta para a direita para adicioná-los à lista Selected, como mostrado na Figura 2-22.

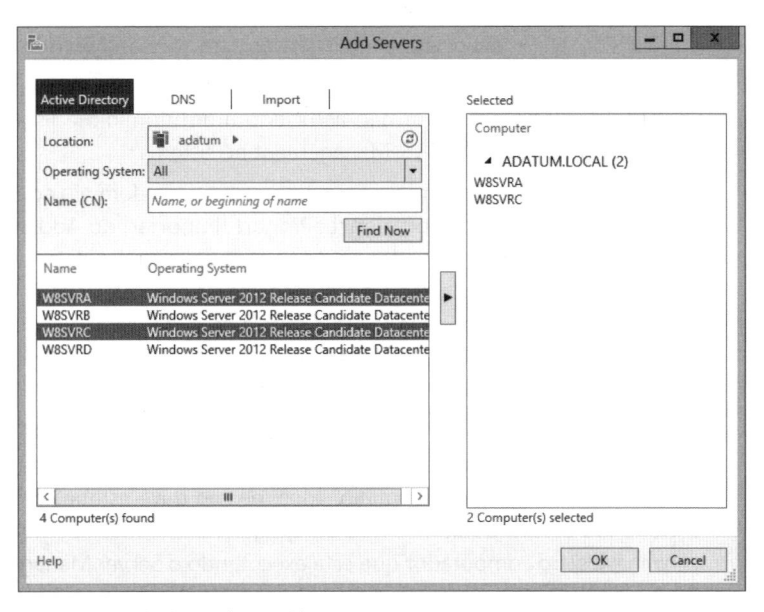

FIGURA 2-22 Selecionando servidores no Server Manager.

6. Clique em OK. Os servidores que você selecionou serão adicionados à página All Servers.
7. Feche o console Server Manager.

Uma vez que você adicionar servidores remotos à interface do Server Manager, eles aparecerão na página All Servers. Você poderá, então, acessá-los de várias maneiras, dependendo da versão do Windows que o servidor remoto estiver executando.

Gerencie servidores não associados a domínios

Quando você adicionar à interface do Server Manager servidores que sejam membros de um domínio do Active Directory Domain Services (AD DS), o Windows Server 2012 R2 usará o protocolo padrão de autenticação Kerberos e suas credenciais no domínio atual para se conectar com os sistemas remotos. Você também pode adicionar servidores que não sejam associados a um domínio do AD DS, mas, é claro, o sistema não poderá autenticar usando uma conta do AD DS.

DICA DE EXAME

Prestadores do exame 70-410 devem conhecer técnicas de gerenciamento remoto tanto para servidores não associados a domínios quanto para servidores pertencentes a domínios. Isso significa usar comunicação de rede e métodos de autenticação alternativos que não dependam do AD DS para a descoberta de servidores.

Para gerenciar um servidor não associado a um domínio usando o Server Manager, primeiro você deve executar as seguintes tarefas:

- Fornecer credenciais administrativas para acessar o servidor não associado a um domínio
- Adicionar o servidor não associado a um domínio à lista de hosts confiáveis (TrustedHosts) do WS-Management no sistema

Para adicionar servidores não associados a um domínio ao Server Manager, você deve usar a opção DNS ou a opção Import (Importar) do Add Servers Wizard (Assistente para Adicionar Servidores). Após criar as entradas de servidor, é preciso clicar com o botão direito do mouse em cada um deles e selecionar Manage As (Gerenciar Como) no menu de contexto. Isso exibirá a caixa de diálogo Windows Security (Segurança do Windows), na qual você pode fornecer credenciais de uma conta com privilégios administrativos no servidor remoto.

A associação a um domínio estabelece automaticamente um relacionamento de confiança entre os computadores do domínio. Para gerenciar computadores que não estejam no mesmo domínio, você mesmo deve estabelecer essa confiança adicionando os computadores que deseja gerenciar à lista de TrustedHosts (servidores confiáveis) do computador que está executando o Server Manager.

A lista TrustedHosts fica em uma unidade lógica chamada WSMan:; o caminho é WSMan:\localhost\Clients\TrustedHosts. Para adicionar um computador à lista, é só usar o cmdlet Set-Item no Windows PowerShell. Após abrir uma sessão do Windows PowerShell com privilégios administrativos no computador que está executando o Server Manager, use o comando a seguir para adicionar à lista os servidores que deseja gerenciar:

```
Set-Item WSMan:\localhost\Client\TrustedHosts -value <nomeservidor> -force
```

Gerencie servidores Windows Server 2012 R2

Quando você adicionar ao Server Manager servidores executando o Windows Server 2012 R2, poderá começar imediatamente a usar o Add Roles And Features Wizard para instalar funções e recursos em qualquer um dos servidores que adicionou.

Você também pode executar outras tarefas administrativas, como configurar o (NIC) teaming (agrupamento NIC) de placas de interface de rede e reiniciar o servidor, porque o Windows Remote Management (WinRM, Gerenciamento Remoto do Windows) fica ativado por padrão no Windows Server 2012 R2.

CONFIGURE O WINRM

O WinRM permite que os administradores gerenciem um computador a partir de um local remoto usando ferramentas baseadas no *Windows Management Instrumentation* (WMI) e no Windows PowerShell. Se a configuração padrão do WinRM tiver sido modificada, ou se você quiser alterá-la manualmente, isso pode ser feito na interface do Server Manager.

Na página Local Server, o painel Properties contém o indicador Remote Management (Gerenciamento Remoto), que especifica o status atual do WinRM no servidor. Para alterar o estado do WinRM, clique no hiperlink à direita de Remote Management para abrir a caixa de diálogo Configure Remote Management (Configurar Gerenciamento Remoto). Desmarcar a caixa de seleção Enable Remote Management Of This Server From Other Computers (Habilitar Gerenciamento Remoto Deste Servidor por Outros Computadores) desativa o WinRM; marcar a caixa de seleção o ativa.

> **NOTA USANDO O WINDOWS POWERSHELL**
> Para gerenciar o WinRM a partir de uma sessão do Windows PowerShell, como no caso de um computador com uma instalação Server Core, use o comando a seguir:
>
> ```
> Configure-SMRemoting.exe -Get | -Enable | -Disable
> ```
>
> - **-Get** Exibe o status atual do WinRM
> - **-Enable** Ativa o WinRM
> - **-Disable** Desativa o WinRM

CONFIGURE O FIREWALL DO WINDOWS

Se você tentar iniciar snap-ins do MMC, como o console Computer Management (Gerenciador do Computador), para usar em um servidor remoto, verá uma mensagem de erro devido às configurações padrão do Firewalll do Windows no Windows Server 2012 R2. O MMC usa o *Distributed Component Object Model* (DCOM, Modelo de Objeto de Componente Distribuído) para o gerenciamento remoto em vez do WinRM, e essas configurações não são ativadas por padrão.

Para resolver esse problema, você deve ativar as seguintes regras de entrada do Firewall do Windows no servidor remoto que deseja gerenciar:

- COM+ Network Access (DCOM-In)
- Remote Event Log Management (NP–In)

- Remote Event Log Management (RPC)
- Remote Event Log Management (RPC-EPMAP)

Para modificar as regras do firewall no sistema remoto, você pode usar qualquer um dos métodos a seguir:

- Abrir o console Firewall do Windows com o snap-in Advanced Security do MMC (na lista de Ferramentas Administrativas) no servidor remoto (no caso de uma instalação com GUI completa).
- Usar o módulo NetSecurity no Windows PowerShell.
- Criar uma GPO contendo as configurações apropriadas e aplicá-la ao servidor remoto.
- Executar o comando Netsh AdvFirewall a partir de um prompt de comando administrativo.

> *NOTA* **USANDO O WINDOWS POWERSHELL**
>
> Para configurar as regras do Firewall do Windows requeridas para o gerenciamento remoto de servidores usando o DCOM em uma instalação Server Core, você pode empregar a seguinte sintaxe do Windows PowerShell:
>
> ```
> Set-NetFirewallRule -name <nome regra> -enabled True
> ```
>
> Para obter os nomes usados no Windows PowerShell para as regras pré-configuradas no Firewall do Windows, use o comando Get-NetFirewallRule. Os comandos a serem usados para a ativação das quatro regras listadas anteriormente são:
>
> ```
> Set-NetFirewallRule -name
>     ComPlusNetworkAccess-DCOM-In -enabled True
> Set-NetFirewallRule -name
>     RemoteEventLogSvc-In-TCP -enabled True
> Set-NetFirewallRule -name RemoteEventLogSvc-NP-In-TCP
>     -enabled True
> Set-NetFirewallRule -name
>     RemoteEventLogSvc-RPCSS-In-TCP -enabled True
> ```

Para o administrador interessado em soluções de gerenciamento remoto, o método de Política de Grupo fornece vantagens diferenciadas. Além de permitir que você configure o firewall no computador remoto sem acessar o console do servidor diretamente, ele também permite que você configure o firewall em instalações Server Core sem ter que trabalhar na linha de comando. Por fim – e possivelmente o mais importante para redes grandes –, você pode usar a Política de Grupo para configurar o firewall em todos os servidores que quiser gerenciar ao mesmo tempo.

Para definir configurações do Firewall do Windows usando a Política de Grupo, empregue o procedimento abaixo. Este procedimento assume que o servidor seja membro de um domínio do AD DS e esteja com o recurso Group Policy Management (Gerenciamento de Política de Grupo) instalado:

1. No Server Manager, abra o console Group Policy Management e crie uma nova GPO, dando um nome como *Server Firewall Configuration*.
2. Abra a GPO que criou usando o editor do Group Policy Management.

> **MAIS INFORMAÇÕES   GPOS**
>
> Para obter informações mais detalhadas sobre a criação de GPOs e seus vínculos com outros objetos, consulte o Objetivo 6.1, "Criar objetos de política de grupo (GPOs)".

3. Acesse o nó Computer Configuration\Policies\Windows Settings\Security Settings\Windows Firewall with Advanced Security\Inbound Rules.

4. Clique com o botão direito do mouse em Inbound Rules e, no menu de contexto, selecione New Rule. O New Inbound Rule Wizard aparecerá, exibindo a página Rule Type.

5. Selecione a opção Predefined e, na lista suspensa, selecione COM+ Network Access (Acesso à Rede COM+). Clique em Next. A página Predefined Rules é aberta.

6. Clique em Next para abrir a página Action.

7. Deixe a opção Allow The Connection selecionada e clique em Finish. A regra aparecerá no console do editor do Group Policy Management.

8. Abra o New Inbound Rule Wizard novamente.

9. Selecione a opção Predefined e, na lista suspensa, selecione Remote Event Log Management. Clique em Next. A página Predefined Rules será aberta, exibindo as três regras do grupo Remote Event Log Management.

10. Deixe as três regras selecionadas e clique em Next para abrir a página Action.

11. Deixe a opção Allow The Connection selecionada e clique em Finish. As três regras aparecerão no console do editor do Group Policy Management.

12. Feche o console do editor do Group Policy Management.

13. No console Group Policy Management, associe a GPO de configuração de firewall que acabou de criar ao seu domínio ou a uma OU.

14. Feche o console Group Policy Management.

As configurações da GPO criada serão configuradas em seus servidores remotos no próximo ciclo de aplicação de políticas ou quando forem reiniciados, e você poderá usar snap-ins do MMC, como Computer Management e Disk Management (Gerenciamento de Disco), para se conectar com eles remotamente.

Gerencie servidores de baixo nível

As regras do Firewall do Windows que precisam ser ativadas para servidores remotos executando o Windows Server 2012 R2 também vêm desativadas por padrão em computadores executando versões anteriores do Windows Server, logo você também tem que ativá-las nesses locais.

No entanto, diferentemente do Windows Server 2012 R2 e Windows Server 2012, versões anteriores do sistema operacional não têm o suporte ao WinRM necessário para que sejam gerenciadas com o uso do novo Server Manager.

Por padrão, quando adicionamos servidores executando o Windows Server 2008 ou Windows Server 2008 R2 ao Server Manager do Windows Server 2012 R2, eles aparecem com um status de gerenciamento que informa "Online – Verify WinRM 3.0 service is installed, running, and require firewall ports are open (Online – Verifique se o serviço do WinRM 3.0 está instalado, sendo executado e se as portas de firewall necessárias estão abertas)".

Para adicionar o suporte ao WinRM a servidores executando o Windows Server 2008 ou Windows Server 2008 R2, você deve baixar e instalar as atualizações a seguir:

- .NET Framework 4.0
- Windows Management Framework 3.0

Essas atualizações estão disponíveis no Centro de Download da Microsoft (Microsoft Download Center) nas seguintes URLs:

- http://www.microsoft.com/en-us/download/details.aspx?id=17718
- http://www.microsoft.com/en-us/download/details.aspx?id=34595

Após instaladas as atualizações, o sistema iniciará automaticamente o serviço Windows Remote Management, mas você ainda deve executar as tarefas a seguir no servidor remoto:

- Ativar as regras *Windows Remote Management* (*HTTP-In,* Gerenciamento Remoto do Windows) no Firewall do Windows, como mostrado na Figura 2-23.

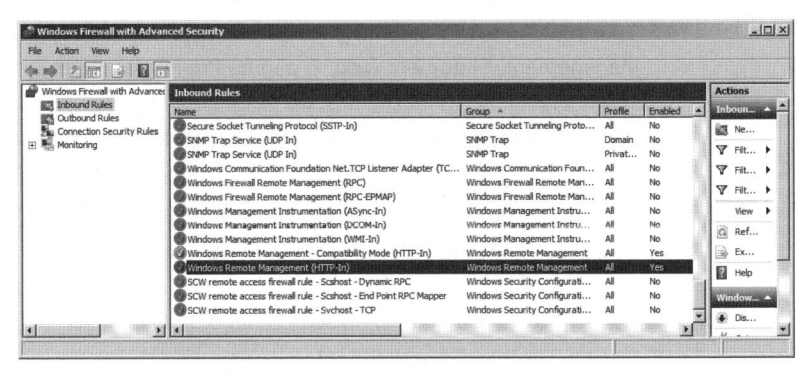

FIGURA 2-23 As regras do Windows Remote Management no console Windows Firewall with Advanced Security.

- Criar um *listener WinRM* executando o comando winrm quickconfig em um prompt de comando com privilégios administrativos.
- Ativar as regras COM+ Network Access e Remote Event Log Management (Gerenciamento Remoto do Log de Eventos) no Firewall do Windows, como descrito na seção anterior.

Após a instalação das atualizações listadas aqui, ainda haverá limitações nas tarefas de gerenciamento que você pode executar em versões anteriores do Windows Server remotamente. Por exemplo, você não pode usar o Add Roles And Features Wizard do Server Manager para instalar funções e recursos em versões anteriores do Windows Server. Esses servidores não aparecem na lista de servidores da página Select Destination Server (Selecionar Servidor de Destino).

Contudo, você pode usar o Windows PowerShell para instalar funções e recursos em servidores executando o Windows Server 2008 e Windows Server 2008 R2 remotamente, como no procedimento a seguir:

1. Abra uma sessão do Windows PowerShell com privilégios administrativos.
2. Estabeleça uma sessão do Windows PowerShell com o computador remoto usando o comando a seguir:

   Enter-PSSession <nome servidor remoto> -credential <nome usuário>

3. Digite a senha associada ao nome de usuário que especificou e pressione Enter.
4. Exiba uma lista das funções e recursos no servidor remoto usando este comando:

   Get-WindowsFeature

5. Usando a abreviação da função ou serviço como aparece na exibição resultante do comando Get-WindowsFeature, instale o componente com o comando a seguir:

   Add-WindowsFeature <nome recurso>

6. Feche a sessão com o servidor remoto usando o comando a seguir:

   Exit-PSSession

7. Feche a janela do Windows PowerShell.

> **NOTA WINDOWS POWERSHELL**
> Quando instalamos uma função ou um recurso em um servidor remoto usando o Windows PowerShell, a instalação não inclui as ferramentas de gerenciamento de função como faz uma instalação baseada em assistente. No entanto, podemos instalar as ferramentas junto com a função ou o recurso se adicionarmos o parâmetro -IncludeManagementTools ao comando Install-WindowsFeature. Contudo, lembre-se de que, no caso de uma instalação Server Core, a inclusão do parâmetro –IncludeManagementTools não instalará snap-ins do MMC ou outras ferramentas gráficas.

Crie grupos de servidores

Para administradores de redes empresariais, pode ser necessário adicionar um grande número de servidores ao Server Manager. Para evitar ter que trabalhar com uma longa lista de rolagem de servidores, você pode criar grupos baseados na localização dos servidores, em sua função ou em qualquer outro paradigma organizacional.

Quando um grupo de servidores é criado, ele aparece como um ícone no painel de navegação, e os servidores podem ser gerenciados como gerenciaríamos os servidores do grupo All Servers.

Para criar um grupo de servidores, use o procedimento a seguir:

1. No Server Manager, no painel de navegação, clique no ícone All Servers. A página All Servers aparecerá.
2. No menu Manage, selecione Create Server Group para abrir a caixa de diálogo Create Server Group, como mostrado na Figura 2-24.

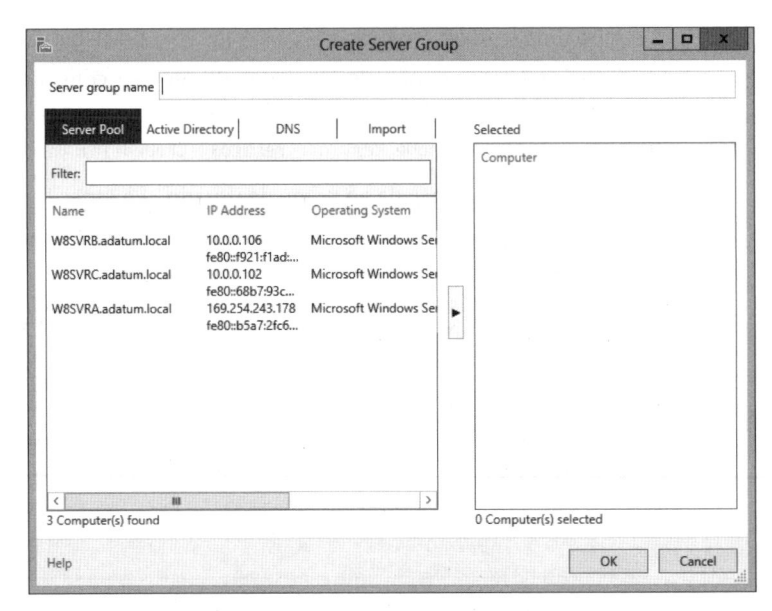

FIGURA 2-24 A caixa de diálogo Create Server Group do Server Manager.

3. Na caixa de texto Server Group Name, digite o nome que deseja atribuir ao grupo de servidores.
4. Selecione uma das quatro guias para escolher um método de seleção de servidores.
5. Selecione os servidores que deseja adicionar ao grupo e clique no botão de seta para a direita para adicioná-los à caixa Selected.
6. Clique em OK. Um novo ícone de grupo de servidores com o nome que você especificou aparecerá no painel de navegação.
7. Feche o console Server Manager.

A criação de grupos de servidores não afeta as funções que podem ser executadas neles. Você não pode, por exemplo, executar ações em grupos inteiros de servidores. Os agrupamentos são apenas um meio de manter um grande número de servidores organizados e fáceis de localizar.

Use ferramentas de administração de servidor remoto

Você pode gerenciar servidores remotos a partir de qualquer computador que estiver executando o Windows Server 2012 R2; todas as ferramentas necessárias são instaladas por padrão. No entanto, os administradores acham mais eficiente usar computadores clientes para gerenciar servidores de maneira remota (principalmente com a introdução dos serviços baseados na nuvem).

Para gerenciar servidores Windows em uma estação de trabalho, você deve baixar e instalar o pacote Remote Server Administration Tools da versão do sistema que estiver sendo executada na estação de trabalho a partir do Centro de Download da Microsoft, que fica em *http://www.microsoft.com/download*.

O Remote Server Administration Tools vem como um arquivo de atualização da Microsoft com extensão .msu, o que nos permite implantá-lo facilmente a partir do File Explorer, do prompt de comando ou usando a distribuição de software em uma GPO. Quando instalamos o Remote Server Administration Tools em uma estação de trabalho executando o Windows 8 ou o Windows 8.1, todas as ferramentas são ativadas por padrão, diferentemente de versões anteriores, que requeriam que elas fossem ativadas com o uso dos Windows Feature (Recursos do Windows) do Painel de Controle. Também podemos usar o Painel de Controle para desativar os recursos selecionados.

Quando iniciamos o Server Manager em uma estação de trabalho do Windows, não há um servidor local e não há servidores remotos para gerenciar até adicionarmos algum. Podemos adicionar servidores usando o mesmo processo descrito no Objetivo 1.2.

O acesso aos servidores adicionados vai depender da conta usada para fazer logon na estação de trabalho. Se uma mensagem "Access Denied" (Acesso Negado) aparecer, você pode se conectar com o servidor usando outra conta clicando com o botão direito do mouse nele e, no menu de contexto, selecionando Manage As para exibir a caixa de diálogo do Windows Security, em que poderá fornecer credenciais alternativas.

Como usar servidores remotos

Uma vez que você adicionar servidores remotos ao Server Manager, poderá acessá-los usando várias ferramentas de administração remota.

O Server Manager fornece três métodos básicos de acesso a servidores remotos, como descrito a seguir:

- **Tarefas contextuais** Quando você clicar com o botão direito do mouse em um servidor no painel Servers (Servidores) em qualquer local do Server Manager, verá um menu de contexto dando acesso às ferramentas e aos comandos disponíveis para o servidor selecionado. Alguns deles são comandos que o Server Manager executa no servidor remoto, como Restart Server (Reiniciar Servidor) e Windows PowerShell. Outros iniciam ferramentas no sistema local e as direcionam para o servidor remoto, como snap-ins do MMC. Também há aqueles que modificam o próprio Server Manager, removendo servidores da interface. Às vezes, aparecem outras tarefas contextuais nos menus Tarefas de painéis específicos.

- **Tarefas não contextuais** A barra de menus no topo do console Server Manager dá acesso a ferramentas internas, como as que iniciam o Add Server Wizard (Adicionar Servidores) e o Install Roles And Features Wizard (Assistente de Adição de Funções e Recursos), e à caixa de diálogo Properties do Server Manager, em que você pode especificar o intervalo de atualização do console.

- **Ferramentas não contextuais** O menu Tools do console dá acesso a programas externos, como snap-ins do MMC e a interface do Windows PowerShell, que são direcionados para o sistema local.

> **Teste de raciocínio**
>
> **Implante regras do Firewall do Windows**
>
> No teste de raciocínio a seguir, aplique o que aprendeu sobre o objetivo para prever quais etapas terá que executar. As respostas às perguntas podem ser encontradas na seção "Respostas" no fim do capítulo.
>
> Ralph é responsável por 24 servidores que estão executando um aplicativo específico e estão espalhados pela rede de sua empresa. Ele quer usar o Server Manager em sua estação de trabalho Windows 8 para gerenciar os servidores e monitorar os eventos que ocorrem neles. Para fazê-lo, ele deve ativar as regras de entrada COM+ Network Access e Remote Event Log Management do Firewall do Windows nos servidores.
>
> Já que ele não pode viajar para as regiões dos servidores e muitos dos locais não têm pessoal de TI confiável, Ralph decidiu usar a Política de Grupo para configurar o Firewall do Windows em todos os servidores. A árvore da empresa no Serviços de Domínio Active Directory foi organizada geograficamente, ou seja, os servidores de Ralph estão localizados em muitas OUs diferentes em um único domínio.
>
> Com isso em mente, responda à seguinte pergunta:
>
> Como Ralph pode usar a Política de Grupo para implantar as configurações de regras necessárias do Firewall do Windows em seus 24 servidores e só nesses servidores?

Resumo do objetivo

- O Windows Server 2012 R2 foi projetado para facilitar o gerenciamento remoto de servidores para que os administradores raramente, ou nunca, tenham que trabalhar de forma direta com o console do servidor. Isso conserva os recursos do servidor que podem ser mais apropriadamente direcionados aos aplicativos.
- Quando você adicionar ao Server Manager servidores executando o Windows Server 2012 R2, poderá começar imediatamente a usar o Add Roles and Features Wizard para instalar funções e recursos em qualquer um dos servidores que adicionou.
- As regras do Firewall do Windows que têm que ser ativadas para administrar remotamente os servidores executando o Windows Server 2012 R2 são desativadas por padrão em computadores executando versões anteriores ao Windows Server 2012, logo você também tem que ativá-las nesses locais.
- Para administradores de redes corporativas, pode ser necessário adicionar um grande número de servidores ao Server Manager. Para evitar ter que trabalhar com uma longa lista de rolagem de servidores, você pode criar grupos baseados na localização do servidor, em sua função ou em qualquer outro parâmetro organizacional.

- Você pode gerenciar servidores remotos a partir de qualquer computador que estiver executando o Windows Server 2012 R2; todas as ferramentas necessárias são instaladas por padrão. No entanto, o novo método administrativo que a Microsoft está promovendo exige que os administradores mantenham os servidores bloqueados e usem uma estação de trabalho para gerenciar servidores a partir de um local remoto.

Revisão do objetivo

Responda às perguntas a seguir para testar seu conhecimento sobre as informações deste objetivo. Você pode encontrar as respostas a estas perguntas e explicações de por que cada opção de resposta está certa ou errada na seção "Respostas" no fim do capítulo.

1. Qual das tarefas a seguir você deve executar antes de poder gerenciar um servidor remoto com Windows Server 2012 R2 usando o snap-in Computer Management?
    A. Ativar o WinRM no servidor remoto.
    B. Ativar a regra COM+ Network Access no servidor remoto.
    C. Ativar as regras Remote Event Log Management no servidor remoto.
    D. Instalar as Remote Server Administration Tools no servidor remoto.

2. Quais destes cmdlets do Windows PowerShell você pode usar para listar as regras existentes do Firewall do Windows em um computador executando o Windows Server 2012 R2? (Selecione todos que forem aplicáveis.)
    A. Get-NetFirewallRule
    B. Set-NetFirewallRule
    C. Show-NetFirewallRule
    D. New-NetFirewallRule

3. Qual das tarefas a seguir você *não* pode executar remotamente em um servidor Windows Server 2008?
    A. Instalar funções usando o Server Manager.
    B. Instalar funções usando o Windows PowerShell.
    C. Conectar-se com o servidor remoto usando o snap-in Computer Management.
    D. Monitorar entradas no log de eventos.

4. Quais das seguintes atualizações você deve instalar em um servidor executando o Windows Server 2008 antes de poder conectar-se com ele usando o Server Manager do Windows Server 2012 R2? (Selecione todas que forem aplicáveis.)
    A. .Net Framework 3.5
    B. .Net Framework 4.0
    C. Windows Management Framework 3.0
    D. Windows Server 2008 R2

5. Quando executamos o Server Manager a partir de uma estação de trabalho Windows 8 usando as Remote Server Administration Tools, qual destes objetos *não* aparece na exibição padrão?
   A. O Dashboard
   B. A página Local Server
   C. A página All Servers
   D. O painel Welcome

Respostas

Esta seção contém as soluções dos testes de raciocínio e as respostas às perguntas das revisões de objetivo deste capítulo.

Objetivo 2.1: Teste de raciocínio

A causa mais provável do problema seria Leo não ter permissões de compartilhamento suficientes para o acesso de leitura/gravação nos arquivos do projeto Contoso. Conceder ao grupo CONTOSO_USERS a permissão de compartilhamento Allow Full Control deve permitir que Leo salve as alterações que fez nos arquivos Contoso.

Objetivo 2.1: Revisão

1. **Resposta correta:** C
   A. **Incorreta:** O Windows Server 2012 R2 pode manter mais de 8 cópias de sombra de volume.
   B. **Incorreta:** O Windows Server 2012 R2 pode manter mais de 16 cópias de sombra de volume.
   C. **Correta:** O Windows Server 2012 R2 pode manter até 64 cópias de sombra de volume antes de começar a excluir os dados mais antigos.
   D. **Incorreta:** O Windows Server 2012 R2 não pode manter 128 cópias de sombra de volume.
2. **Resposta correta:** B
   A. **Incorreta:** Autenticação é o processo de verificar a identidade do usuário.
   B. **Correta:** Autorização é o processo pelo qual um usuário recebe acesso a recursos específicos de acordo com as permissões que possui.
   C. **Incorreta:** A enumeração baseada em acesso é uma funcionalidade do Windows que impede que os usuários vejam recursos para os quais eles não têm permissões de acesso.
   D. **Incorreta:** A atribuição descreve o processo de conceder permissões, e não de lê-las.

3. **Resposta correta:** A
    A. **Correta:** Usando o File Server Resource Manager, você pode notificar os administradores com emails quando os usuários excederem o espaço de armazenamento alocado para eles.
    B. **Incorreta:** Usando cotas NTFS, você pode criar cotas para usuários individuais que especifiquem diferentes limites de armazenamento.
    C. **Incorreta:** Você pode usar cotas NTFS para impedir que os usuários consumam espaço de armazenamento em um volume além do limite alocado.
    D. **Incorreta:** Você pode usar cotas NTFS para gerar avisos para os usuários quando eles se aproximarem do limite de armazenamento alocado.
4. **Respostas corretas:** B, D
    A. **Incorreta:** Em versões do Windows Server anteriores ao Windows Server 2012 R2, permissões especiais são combinadas para formar permissões padrão.
    B. **Correta:** Permissões básicas são formadas com a criação de várias combinações de permissões avançadas.
    C. **Incorreta:** As permissões de compartilhamento são um tipo de permissão separado do conjunto de permissões NTFS.
    D. **Correta:** Em versões do Windows Server anteriores ao Windows Server 2012 R2, permissões padrão são formadas com a criação de várias combinações de permissões especiais.
5. **Resposta correta:** D
    A. **Incorreta:** O proprietário é a única pessoa que pode acessar um arquivo que não tenha permissões atribuídas a ele.
    B. **Incorreta:** A entidade de segurança não é a pessoa responsável por criar as políticas de permissões de uma empresa.
    C. **Incorreta:** A entidade de segurança recebe permissões; ela não as cria.
    D. **Correta:** A entidade de segurança é o usuário ou o computador ao qual permissões são atribuídas.

Objetivo 2.2: Teste de raciocínio

Instale impressoras adicionais idênticas, conectando-as ao mesmo servidor de impressão Windows Server 2012 R2, e crie um pool de impressão marcando a caixa de seleção apropriada na guia Portas da página Properties da impressora.

Objetivo 2.2: Revisão

1. **Resposta correta:** A
    A. **Correta:** No Windows, uma impressora é a interface de software pela qual um computador se comunica com um dispositivo de impressão.
    B. **Incorreta:** Um servidor de impressão é um dispositivo que recebe jobs de impressão de clientes e os envia para dispositivos de impressão conectados localmente ou à rede.

C. **Incorreta:** Um driver de impressora é um driver de dispositivo que converte os jobs de impressão gerados pelos aplicativos em um string de comandos apropriado para um dispositivo de impressão específico.

D. **Incorreta:** O console Print Management é uma ferramenta que os administradores usam para gerenciar impressoras de toda a rede.

2. **Resposta correta:** B

    A. **Incorreta:** Estando as impressoras em um pool ou não, cada uma deve ser conectada a uma porta separada.

    B. **Correta:** Para definir um pool de impressão, marque a caixa de seleção Enable Printer Pooling e selecione ou crie as portas correspondentes às impressoras que farão parte do pool.

    C. **Incorreta:** Não usamos opções de configuração para criar um pool de impressão.

    D. **Incorreta:** Prioridades não têm nada a ver com o pool de impressão.

3. **Resposta correta:** A

    A. **Correta:** Se você parar de compartilhar a impressora, os usuários não poderão mais usar o dispositivo de imprssão.

    B. **Incorreta:** Remover a impressora do Active Directory impedirá que os usuários a encontrem usando uma busca, mas eles ainda poderão acessá-la.

    C. **Incorreta:** Mudar a porta impedirá que a impressora envie jobs para o dispositivo de impressão, mas não impedirá que os usuários enviem jobs para a impressora.

    D. **Incorreta:** Renomear o compartilhamento pode tornar difícil para os usuários encontrar a impressora, mas eles ainda poderão usá-la quando a encontrarem.

4. **Resposta correta:** C

    A. **Incorreta:** A permissão Manage Documents não deixa que os usuários enviem jobs para a impressora.

    B. **Incorreta:** A permissão Manage This Printer não deixa que os usuários enviem jobs para a impressora.

    C. **Correta:** A permissão Print deixa que os usuários enviem documentos para a impressora.

    D. **Incorreta:** A permissão Manage Documents não deixa que os usuários enviem jobs para a impressora.

5. **Resposta correta:** D

    A. **Incorreta:** Uma impressora que não for compartilhada continuará a processar jobs que já estiverem na fila.

    B. **Incorreta:** Mudar a porta requererá que os usuários reenviem os jobs que estavam na fila.

    C. **Incorreta:** Pausar o primeiro documento da fila não impedirá que os outros jobs que estão na fila sejam impressos.

D. Correta: Quando selecionamos a opção Pause Printing, os documentos permanecem na fila até a impressão ser retomada. Essa opção é aplicável a todos os documentos da fila.

Objetivo 2.3: Teste de raciocínio

Após criar uma GPO contendo as configurações necessárias do Firewall do Windows, Ralph deve criar um grupo de segurança contendo todos os 24 objetos de computador que representam seus servidores. Em seguida, ele deve associar a GPO ao domínio da empresa e usar a filtragem de segurança para limitar o escopo da GPO ao grupo que criou.

Objetivo 2.3: Revisão

1. **Resposta correta:** B
    - **A. Incorreta:** O winRM é ativado por padrão no Windows Server 2012 R2.
    - **B. Correta:** A regra COM+ Network Access deve ser ativada no servidor remoto para permitir a conexão de snap-ins do MMC.
    - **C. Incorreta:** As regras Remote Event Log Management não são necessárias na conexão a um servidor remoto para o uso de um snap-in do MMC.
    - **D. Incorreta:** O servidor remoto não precisa estar executando o Remote Server Administration Tools.
2. **Respostas corretas:** A, C
    - **A. Correta:** O cmdlet Get-NetFirewallRule exibe uma lista de todas as regras de um sistema executando o Firewall do Windows.
    - **B. Incorreta:** O cmdlet Set-NetFireWallRule é para o gerenciamento de regras específicas, e não para listá-las.
    - **C. Correta:** O cmdlet Show-NetFirewallRule exibe uma lista de todas as regras de um sistema executando o Firewall do Windows.
    - **D. Incorreta:** O cmdlet New-NetFireWallRule é para a criação de regras, e não para listá-las.
3. **Resposta correta:** A
    - **A. Correta:** Você não pode instalar funções em um servidor remoto executando o Windows Server 2008 usando o Server Manager.
    - **B. Incorreta:** Você pode instalar funções em um servidor remoto executando o Windows Server 2008 usando o Windows PowerShell.
    - **C. Incorreta:** Você pode se conectar a um servidor remoto executando o Windows Server 2008 pelo console Computer Management se ativar a regra COM+ Network Access.
    - **D. Incorreta:** Você pode monitorar entradas de log de eventos em um servidor remoto executando o Windows Server 2008 se ativar as regras Remote Event Log Management.

4. **Respostas corretas:** B, C
    A. **Incorreta:** O .NET Framework 3.5 não é necessário para o Server Manager se conectar com o Windows Server 2008.
    B. **Correta:** O .NET Framework 4.0 é necessário para o Server Manager se conectar com o Windows Server 2008.
    C. **Correta:** O Windows Management Framework 3.0 é necessário para o Server Manager se conectar com o Windows Server 2008.
    D. **Incorreta:** Não é necessário fazer o upgrade para o Windows Server 2008 R2 para o Server Manager se conectar com o Windows Server 2008.
5. **Resposta correta:** B
    A. **Incorreta:** O Dashboard aparece na exibição padrão do Server Manager.
    B. **Correta:** A página Local Server não aparece, porque o sistema local é uma estação de trabalho, e não um servidor.
    C. **Incorreta:** A página All Servers aparece na exibição padrão do Server Manager.
    D. **Incorreta:** O painel Welcome aparece na exibição padrão do Server Manager.

CAPÍTULO 3

Configuração do Hyper-V

Nos últimos anos, o conceito de virtualização de servidores evoluiu de uma experiência nova para uma ferramenta de laboratório e teste conveniente, culminando em uma estratégia legítima de implantação de servidores de produção. O Windows Server 2012 R2 inclui a função Hyper-V, que permite que os administradores criem máquinas virtuais (VMs, virtual machines), cada uma executada em seu próprio ambiente isolado. As VMs são unidades autônomas que os administradores podem mover facilmente de um computador físico para outro, simplificando muito o processo de implantação de aplicativos e serviços de rede.

Este capítulo abordará algumas das tarefas básicas que os administradores executam para criar e implantar servidores e VMs de Hyper-V.

Objetivos deste capítulo:
- Objetivo 3.1: Criar e definir configurações de máquina virtual
- Objetivo 3.2: Criar e configurar o armazenamento da máquina virtual
- Objetivo 3.3: Criar e configurar redes virtuais

Objetivo 3.1: Criar e definir configurações de máquina virtual

A virtualização de servidores do Windows Server 2012 R2 é baseada em um módulo chamado *hipervisor*. Às vezes chamado de *monitor de máquina virtual* (*VMM, virtual machine monitor*), o hipervisor é responsável por abstrair o hardware físico do computador e criar vários ambientes de hardware virtualizados, chamados VMs. Cada VM tem sua própria configuração de hardware (virtual) e pode executar uma cópia separada de um sistema operacional (OS, operating system). Logo, com hardware físico suficiente e o licenciamento correto, um único computador executando o Windows Server 2012 R2 com a função Hyper-V instalada pode dar suporte a várias VMs, que os administradores podem gerenciar com se fossem computadores autônomos.

> **NOTA   REMOTEFX**
>
> O RemoteFX permite que computadores remotos conectem VMs do Hyper-V convidadas, que promovem uma melhoria da experiência de área de trabalho, incluindo virtualização de adaptadores gráficos, redirecionamento de USB e codificação e decodificação inteligentes. Não espere muitas perguntas sobre o RemoteFX no exame.

> **Este objetivo aborda como:**
> - Configurar memória dinâmica
> - Configurar uma paginação inteligente
> - Configurar a avaliação do uso de recursos
> - Configurar os serviços de integração para convidados
> - Criar e configurar VMs Geração 1 e Geração 2
> - Configurar e usar o modo de sessão avançado

Arquiteturas de virtualização

Os produtos de virtualização podem usar várias arquiteturas diferentes para compartilhar os recursos de hardware de um computador entre as VMs. O tipo mais antigo de produtos de virtualização, que inclui o Microsoft Windows Virtual PC e o Microsoft Virtual Server, requer um OS padrão instalado em um computador. Ele passa a ser o OS "hospedeiro". Em seguida, instalamos o produto de virtualização, que adiciona o componente hipervisor. Basicamente, o hipervisor é executado em paralelo com o OS hospedeiro, como mostrado na Figura 3-1, e permite a criação de quantas VMs o hardware do computador suportar.

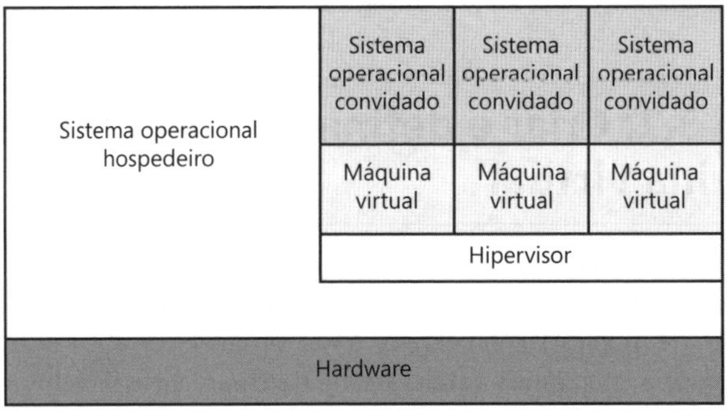

Sistema operacional hospedeiro	Sistema operacional convidado	Sistema operacional convidado	Sistema operacional convidado
	Máquina virtual	Máquina virtual	Máquina virtual
	Hipervisor		
Hardware			

FIGURA 3-1 Um VMM híbrido compartilhando acesso ao hardware com um sistema operacional hospedeiro.

Esse esquema, em que o hipervisor é executado sobre um OS hospedeiro, é chamado de *virtualização Tipo II* (*Type II*). Usando o hipervisor Tipo II, criamos um ambiente de hardware virtual para cada VM. Podemos especificar a quantidade de memória que deve ser alocada para cada VM, criar unidades de disco virtuais usando espaço das unidades físicas do computador e dar acesso a dispositivos periféricos. Em seguida, instalamos um OS "convidado" em cada VM, como se estivéssemos implantando um novo computador. O OS hospedeiro compartilha, então, acesso ao processador do computador com o hipervisor, cada um consumindo os ciclos de clock (relógio) necessários e passando o controle do processador de volta para o outro.

A virtualização Tipo II pode fornecer um desempenho de VM adequado, principalmente em ambientes de sala de aula e laboratório, mas não fornece desempenho equivalente a computadores físicos separados. Logo, geralmente não é recomendada para servidores de tráfego pesado em ambientes de produção.

O recurso de virtualização embutido no Windows Server 2012 R2, chamado Hyper-V, usa um tipo de arquitetura diferente. O Hyper-V usa a virtualização *Tipo I* (*Type I*), em que o hipervisor é uma camada de abstração que interage diretamente com o hardware físico do computador – isto é, sem intervenção de um OS hospedeiro. O termo *hipervisor* foi cunhado para representar o nível que vai além do representado pelo termo *supervisor* em relação à responsabilidade pela alocação de ciclos de clock do processador de um computador.

O hipervisor cria ambientes individuais chamados *partições*, cada um com seu próprio OS instalado e acessando o hardware do computador via hipervisor. Diferentemente do que ocorre na virtualização Tipo II, nenhum OS hospedeiro compartilha o tempo do processador com o hipervisor. Em vez disso, o hipervisor designa a primeira partição que ele cria como a partição pai (parent partition) e todas as partições subsequentes como partições filho (child partition), como mostrado na Figura 3-2.

Partição pai	Partição filho	Partição filho	Partição filho
Hipervisor			
Hardware			

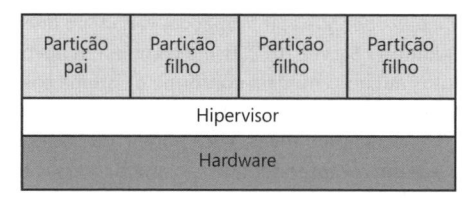

FIGURA 3-2 Um VMM Tipo I, com o hipervisor sendo executado diretamente no hardware.

A partição pai acessa o hardware do sistema pelo hipervisor, assim como o fazem as partições filho. A única diferença é que o pai executa a pilha de virtualização, que cria e gerencia as partições filho. A partição pai ainda é responsável pelos subsistemas que afetam diretamente o desempenho do hardware físico do computador, como o Plug and Play, o gerenciamento de energia e o tratamento de erros. Esses subsistemas também são executados nos OSs das partições filho, mas só se destinam ao hardware virtual, enquanto a partição pai, ou raiz, trata o hardware real.

> **NOTA HYPER-V**
>
> Pode não parecer que a função Hyper-V do Windows Server 2012 R2 forneça virtualização Tipo I, porque ela requer que o OS Windows Server esteja instalado e sendo executado. No entanto, na verdade, a inclusão da função Hyper-V converte a instância instalada do Windows Server 2012 R2 na partição pai e faz o sistema carregar o hipervisor antes do OS.

Implementações do Hyper-V

O Windows Server 2012 R2 só inclui a função Hyper-V nas edições Standard e Datacenter. A função Hyper-V é necessária para o OS funcionar como partição pai de um computador, permitindo que ele hospede outras VMs. Não é necessário um software especial para o OS funcionar como um OS convidado em uma VM. Logo, embora o

Windows Server 2012 R2 Essentials não inclua a função Hyper-V, ele pode funcionar como um OS convidado. Outros OSs convidados suportados pelo Hyper-V são os OSs Windows atuais de estação de trabalho e muitos outros produtos de servidor e estação de trabalho que não são da Microsoft.

Licenciamento do Hyper-V

A principal diferença entre as edições Standard e Datacenter do Windows Server 2012 R2 é o número de VMs que elas suportam. Quando instalamos uma instância do Windows Server 2012 R2 em uma VM, precisamos de uma licença para fazê-lo, como quando a instalamos em uma máquina física. Comprar a edição Datacenter nos permite licenciar um número ilimitado de VMs executando o Windows Server 2012 R2 na mesma máquina física. A edição Standard só permite licenciar duas instâncias virtuais do Windows Server 2012 R2.

> **IMPORTANTE** **NOTA DE AUXÍLIO AO LEITOR**
>
> Você pode perceber que as informações variam no que diz respeito aos requisitos mínimos do Windows Server 2012. Isso é comum em novos sistemas operacionais, porque os requisitos mínimos mudam conforme o sistema passa da versão beta para o estágio de candidato a lançamento e, então, para a versão RTM final. Os requisitos descritos na Tabela 1-1 não são definitivos. Você pode conseguir que o Windows Server 2012 seja instalado em um computador que não atenda a essas especificações, mas a experiência ficará longe do ideal.

Limitações de hardware do Hyper-V

A versão do Hyper-V do Windows Server 2012 R2 contém grandes melhorias na escalabilidade do sistema em relação às versões anteriores. Um sistema host Hyper-V do Windows Server 2012 R2 pode ter até 320 processadores lógicos, suportando até 2.048 CPUs virtuais e 4 terabytes de memória física.

Um servidor pode hospedar até 1.024 VMs ativas, e uma única VM pode ter até 64 CPUs virtuais e 1 TB de memória.

O Hyper-V também dá suporte a clusters com até 64 nós e 8.000 VMs.

> **NOTA** **WINDOWS POWERSHELL**
>
> Outra grande melhoria nas versões do Hyper-V no Windows Server 2012 e no Windows Server 2012 R2 é a inclusão de um módulo para o Windows PowerShell, que tem novos cmdlets exclusivos para a criação e o gerenciamento do serviço Hyper-V e de suas VMs.

Hyper-V Server

Além da implementação do Hyper-V no Windows Server 2012 R2, a Microsoft fornece um produto Hyper-V Server exclusivo, que é um subconjunto do Windows Server 2012 R2. O Hyper-V Server 2012 R2 inclui a função Hyper-V, que ele instala por padrão durante a instalação do OS. Com exceção de alguns recursos limitados do File and Storage Services e Remote Desktop, o OS não inclui outras funções, como mostrado na Figura 3-3.

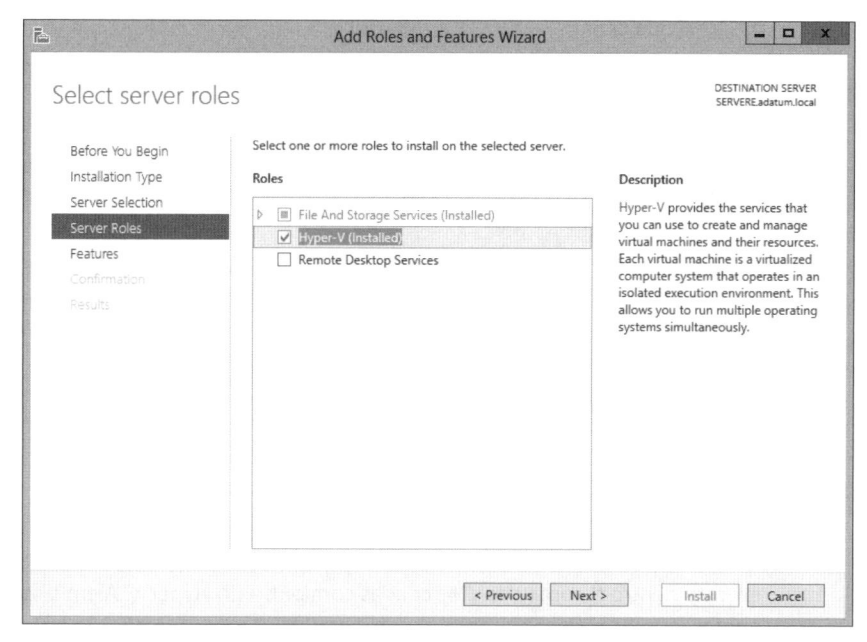

FIGURA 3-3 Funções disponíveis no Hyper-V Server.

O Hyper-V Server também fica restrito à interface Server Core, mas, como ocorre com todas as instalações Server Core, ele inclui o SCONFIG, uma interface de configuração simples baseada em script, como mostrado na Figura 3-4. Você pode gerenciar o Hyper-V Server remotamente usando o Server Manager e o Hyper-V Manager, como faria com qualquer outra instalação Server Core.

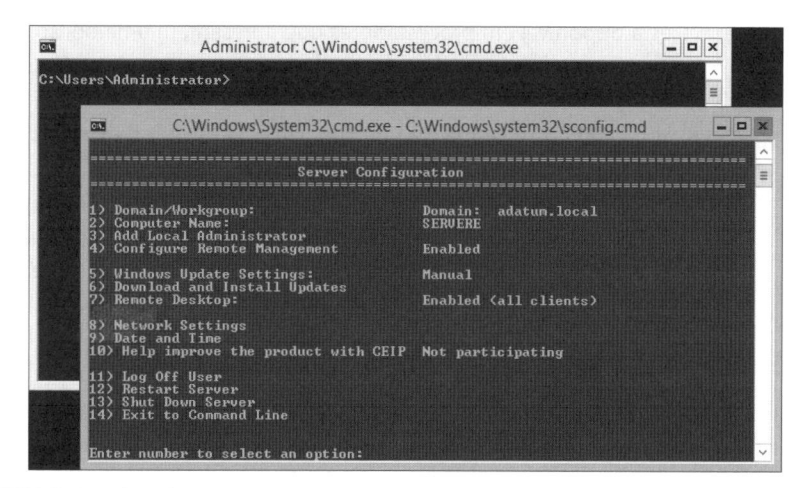

FIGURA 3-4 A interface Server Core no Hyper-V Server.

Ao contrário do Windows Server 2012 R2, o Hyper-V Server é um produto gratuito, disponível para download no site da Microsoft. No entanto, ele não inclui licenças para instâncias virtuais. Você terá que obter e licenciar todos os OSs que instalar nas VMs que criar.

Instale o Hyper-V

Uma vez que você tiver o hardware apropriado, poderá adicionar a função Hyper-V ao Windows Server 2012 R2 usando o Server Manager, como faria com qualquer outra função.

A inclusão da função Hyper-V instala o software do hipervisor e, no caso de uma instalação de GUI completa, também instala as ferramentas de gerenciamento. A principal ferramenta para a criação e o gerenciamento de VMs e seus componentes no servidor Hyper-V é o console Hyper-V Manager (Gerenciador do Hyper-V). O Hyper-V Manager fornece aos administradores uma lista de todas as VMs do host local e permite que eles configurem tanto os ambientes dos servidores quanto os das VMs individuais. Também há um conjunto de cmdlets do Hyper-V para o Windows PowerShell que nos permitem ter controle total sobre as VMs usando essa interface.

A Microsoft não recomenda a instalação de outras funções com o Hyper-V. É melhor implementar qualquer outra função que você precise que o computador físico execute dentro de uma das VMs criadas com o uso do Hyper-V. Além disso, você pode querer instalar o Hyper-V em um computador usando a opção de instalação Server Core. Isso reduzirá a sobrecarga (overhead) imposta à partição. Como ocorre com outras funções, instalar o Hyper-V usando a opção Server Core excluirá as ferramentas gráficas de gerenciamento, que devem ser instaladas separadamente como um recurso em outro computador.

Antes de poder instalar a função Hyper-V em um servidor executando o Windows Server 2012 R2, você deve ter o hardware apropriado:

- Um processador de 64 bits que inclua virtualização assistida por hardware. Ela está disponível em processadores que apresentem uma opção de virtualização, como a Intel Virtualization Technology (Intel VT) ou a tecnologia AMD Virtualization (AMD-V).
- Uma BIOS do sistema que dê suporte a hardware de virtualização, em que o recurso de virtualização tenha sido ativado.
- Prevenção de Execução de Dados (DEP, Data Execution Prevention) imposta por hardware, que a Intel descreve como eXecute Disable (XD) e a AMD como No eXecute (NX). Esta é uma tecnologia usada em CPUs para segregar áreas de memória. Especificamente, você deve ativar o bit XD (bit execute disable) da Intel ou o bit NX (bit no execute) da AMD.

Para instalar a função Hyper-V, use o procedimento a seguir.

1. No menu Manage do Server Manager, selecione Add Roles And Features. O Add Roles And Features Wizard é iniciado, exibindo a página Before You Begin.

CAPÍTULO 3 Configuração do Hyper-V **135**

2. Clique em Next para abrir a página Select Installation Type.
3. Deixe a opção Role-Based Or Feature-Based Installation selecionada e clique em Next. A página Select Destination Server é aberta.
4. Selecione o servidor em que deseja instalar o Hyper-V e clique em Next. A página Select Server Roles é aberta.
5. Selecione a função Hyper-V. A caixa de diálogo Add Features That Are Required For Hyper-V aparecerá.
6. Clique em Add Features para aceitar as dependências e, em seguida, clique em Next para abrir a página Select Features.
7. Clique em Next para abrir a página Hyper-V.
8. Clique em Next. A página Create Virtual Switches será aberta, como mostrado na Figura 3-5.

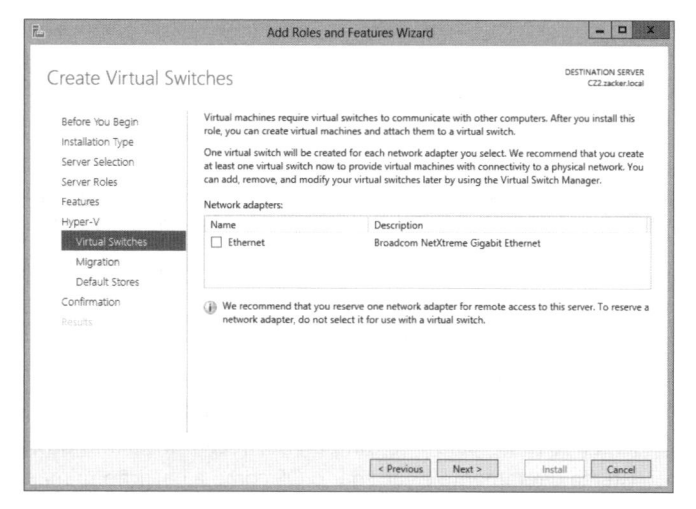

FIGURA 3-5 A página Create Virtual Switches do Add Roles and Features Wizard.

9. Marque a caixa de seleção do adaptador de rede apropriada e clique em Next. A página Virtual Machine Migration será aberta, como mostrado na Figura 3-6.

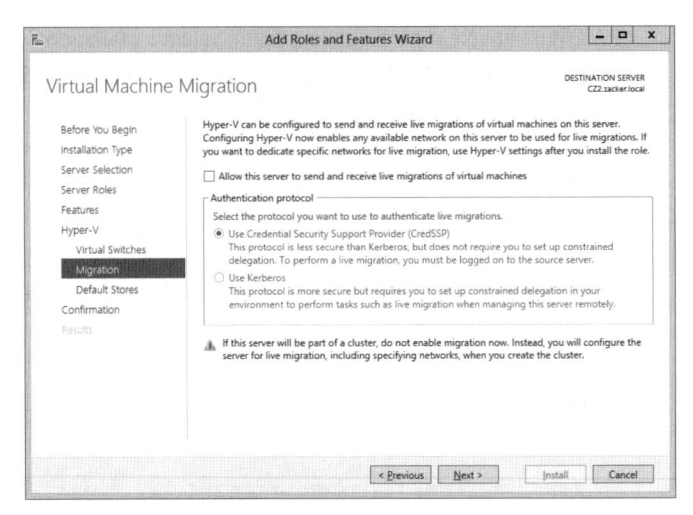

FIGURA 3-6 A página Virtual Machine Migration do Add Roles and Features Wizard.

10. Clique em Next para abrir a página Default Stores.
11. Se quiser, especifique alternativas para o local padrão de armazenamento para disco rígido virtual (VHD) e para os arquivos de configuração da VM e clique em Next. A página Confirm Installation Selection é aberta.
12. Clique em Install para passar para a página Installation Progress enquanto o assistente instala a função.
13. Clique em Close para fechar o assistente.
14. Reinicie o servidor.

A instalação da função modifica o procedimento de inicialização do Windows Server 2012 R2 para que o hipervisor recém-instalado possa acessar o hardware do sistema diretamente e carregar o OS como a partição primária em cima dele.

> *NOTA* **USANDO O WINDOWS POWERSHELL**
>
> Você também pode instalar a função Hyper-V usando o cmdlet Install-WindowsFeature, com a seguinte sintaxe:
>
> ```
> Install-WindowsFeature -Name Hyper-V
> -ComputerName <nome> -IncludeManagementTools -Restart
> ```

Use o Hyper-V Manager

Uma vez que você instalar a função Hyper-V e reiniciar o computador, poderá começar a criar VMs e implantar OSs nelas usando o console Hyper-V Manager, que pode ser acessado no menu Tools (Ferramentas) do Server Manager.

CAPÍTULO 3 Configuração do Hyper-V **137**

Como na maioria das ferramentas de gerenciamento do Windows Server 2012 R2, inclusive o próprio Server Manager, você pode usar o console Hyper-V Manager para criar e gerenciar VMs de vários servidores, permitindo que os administradores tenham controle total sobre seus servidores a partir de um local central.

Para executar o Hyper-V Manager em um servidor que não tenha a função Hyper-V, você deve instalar o recurso Hyper-V Management Tools (Ferramentas de Gerenciamento do Hyper-V). Essas ferramentas também podem ser encontradas no recurso Remote Server Administration Tools (Ferramentas de Administração de Servidor Remoto).

Quando você instalar e iniciar o console Hyper-V Manager, poderá adicionar servidores à tela clicando com o botão direito do mouse no nó Hyper-V Manager no painel esquerdo e selecionando Connect To Server (Conectar ao Servidor) no menu de atalho. Aparecerá a caixa de diálogo Select Computer (Selecionar Computador), em que é possível digitar ou procurar o nome de um servidor Hyper-V.

O console Hyper-V Manager lista todas as VMs do servidor selecionado, como mostrado na Figura 3-7, junto com informações de status sobre cada uma delas.

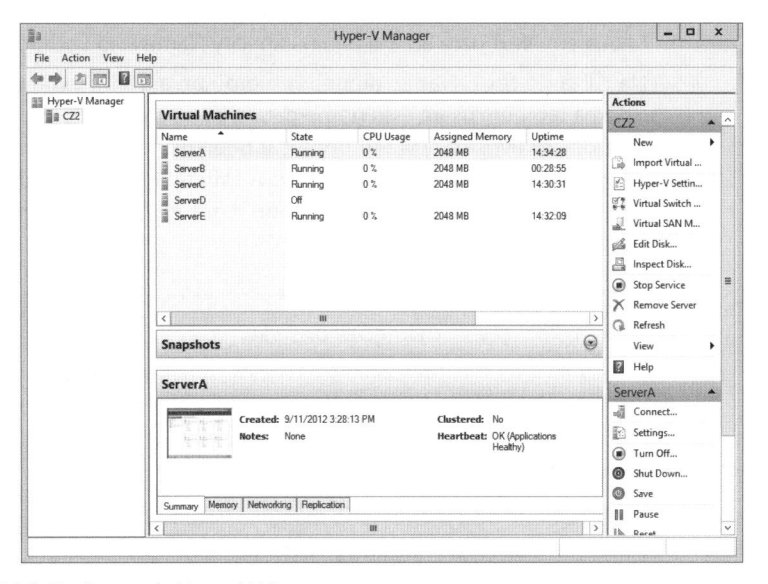

FIGURA 3-7 O console Hyper-V Manager.

Crie uma máquina virtual

Após instalar o Hyper-V e configurá-lo usando o Hyper-V Manager, você estará pronto para criar VMs e instalar um OS em cada uma. Usando o Hyper-V Manager, você pode criar novas VMs e definir os recursos de hardware que o sistema deve alocar para elas. Nas configurações de uma VM específica, dependendo do hardware físico disponível no computador e das limitações do OS convidado, os administradores podem especificar o número de processadores e a quantidade de memória alocados para uma VM, instalar adaptadores de rede virtuais e criar discos virtuais usando várias tecnologias, inclusive redes de área de armazenamento (SANs).

Por padrão, o Hyper-V armazena os arquivos que compõem as VMs nas pastas especificadas na página Default Stores durante a instalação da função. Cada VM usa os seguintes arquivos:

- Um arquivo de configuração de máquina virtual no formato XML e com a extensão .xml contendo as informações de configuração da VM, inclusive todas as suas definições.
- Um ou mais arquivos VHD (.vhd ou .vhdx) para armazenar o OS convidado, aplicativos e dados da VM.

Além disso, uma VM pode usar um arquivo de estado salvo (.vsv) se a máquina tiver sido colocada em um estado salvo.

Para criar uma nova VM, use o procedimento a seguir.

1. No Server Manager, no menu Tools, selecione Hyper-V Manager para abrir o console Hyper-V Manager.
2. No painel esquerdo, selecione um servidor Hyper-V.
3. No menu Actions, selecione New, Virtual Machine. O New Virtual Machine Wizard é iniciado, exibindo a página Before You Begin.
4. Clique em Next para abrir a página Specify Name And Location.
5. Na caixa de texto Name, digite um nome para a VM, lembrando-se de que o sistema também usará esse nome para criar os arquivos e as pastas da VM. Para criar os arquivos da VM em um local diferente do padrão, marque a caixa de seleção Store The Virtual Machine In A Different Location e digite um caminho alternativo na caixa de texto Location. Em seguida, clique em Next. A página Specify Generation aparecerá.

> *MAIS INFORMAÇÕES* **GERAÇÕES DAS VMs**
>
> Para obter mais informações sobre a diferença entre máquinas virtuais da Geração 1 (Generation 1) e máquinas virtuais da Geração 2 (Generation 2), consulte "Crie VMs Geração 1 e Geração 2" mais à frente neste capítulo.

6. Especifique se deseja criar uma máquina virtual Generation 1 ou Generation 2 e clique em Next. A página Assign Memory é aberta.

> *MAIS INFORMAÇÕES* **MEMÓRIA**
>
> Para obter mais informações sobre como o Hyper-V usa memória, consulte "Aloque memória" mais à frente neste capítulo.

7. Na caixa de texto Startup Memory, digite a quantidade de memória que deseja que a VM use e clique em Next. A página Configure Networking será aberta, como mostrado na Figura 3-8.

CAPÍTULO 3 Configuração do Hyper-V **139**

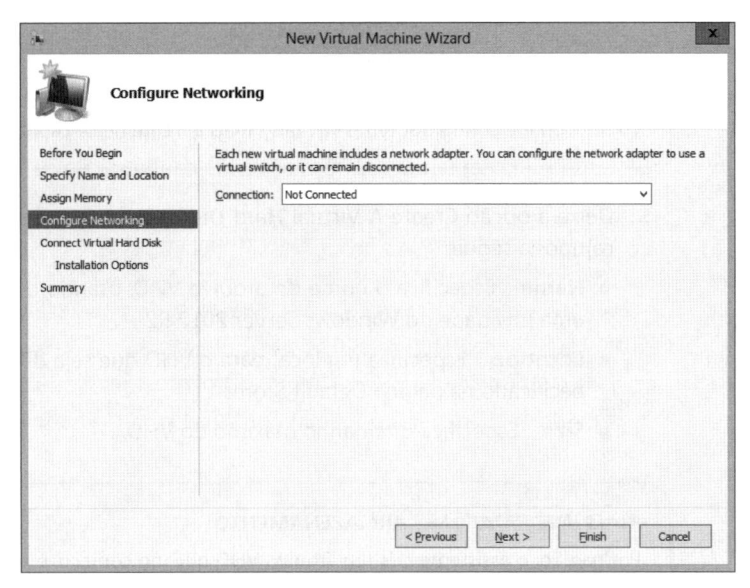

FIGURA 3-8 A página Configure Networking do New Virtual Machine Wizard.

8. Na lista suspensa Connection, selecione um switch virtual e clique em Next. A página Connect Virtual Hard Disk será aberta, como mostrado na Figura 3-9.

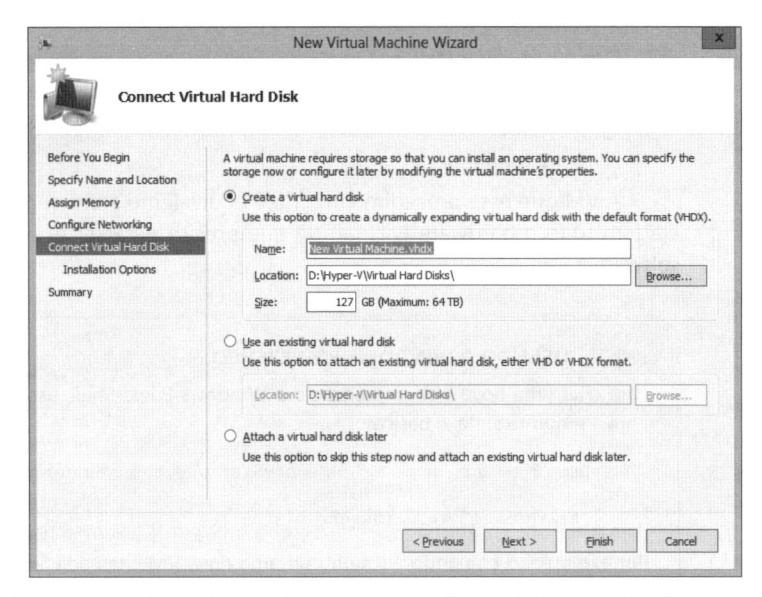

FIGURA 3-9 A página Connect Virtual Hard Disk do New Virtual Machine Wizard.

> **MAIS INFORMAÇÕES** **REDES**
>
> Para obter mais informações sobre switches virtuais e VMs em rede, consulte o Objetivo 3.3, "Criar e configurar redes virtuais", mais à frente neste capítulo.

9. Deixe a opção Create A Virtual Hard Disk selecionada e digite valores para os campos a seguir:
   - **Name** Especifica o nome do arquivo VHD, usando o formato .vhdx, que é uma novidade do Windows Server 2012 R2
   - **Location** Especifica um local para o VHD que seja diferente do padrão especificado na página Default Stores
   - **Size** Especifica o tamanho máximo do VHD.

> **MAIS INFORMAÇÕES** **ARMAZENAMENTO**
>
> Por padrão, o assistente cria um arquivo VHD que, no começo, é pequeno, mas se expande dinamicamente até o tamanho especificado. Para obter mais informações sobre o armazenamento do Hyper-V, consulte o Objetivo 3.2, "Criar e configurar o armazenamento da máquina virtual", mais à frente neste capítulo.

10. Clique em Next. A página Installation Options é aberta.
11. Deixe a opção Install An Operating System Later selecionada e clique em Next. A página Completing The New Virtual Machine Wizard será aberta.
12. Clique em Finish. O assistente cria a nova VM e a adiciona à lista de VMs do Hyper-V Manager.

A VM que esse procedimento cria é equivalente a um computador bare-metal. Ela tem todo o hardware (virtual) de que precisa para ser executada, mas não tem software.

> **NOTA** **USANDO O WINDOWS POWERSHELL**
>
> Para criar uma nova VM empregando o Windows PowerShell, use o cmdlet New-VM com a seguinte sintaxe básica:
>
> ```
> New-VM -Name "nome VM" -MemoryStartupBytes <memória>
>
>     -NewVHDSizeBytes <tamanho disco>
> ```
>
> Por exemplo, o comando a seguir cria uma nova VM chamada ServerA com 1 GB de memória e uma nova unidade VHD de 60 GB:
>
> ```
> New-VM -Name "ServerA" -MemoryStartupBytes 1GB
>
>     -NewVHDSizeBytes 60GB
> ```
>
> É claro que há muitos outros parâmetros para o cmdlet New-VM, que você pode explorar usando o cmdlet Get-Help.

Cada VM de um servidor Hyper-V é composta por um conjunto de configurações que especifica os recursos de hardware da máquina e as opções que controlam esses recursos. Você pode gerenciar e modificar essas configurações usando a página Settings (Configurações) de uma VM específica.

A seleção de uma VM na lista do Hyper-V Manager exibe uma série de ícones no painel Actions. Clicar no ícone Settings abre a caixa de diálogo Settings, mostrada na Figura 3-10, que é a principal interface de configuração da VM. Aqui, você pode modificar qualquer configuração que o New Virtual Machine Wizard tiver definido.

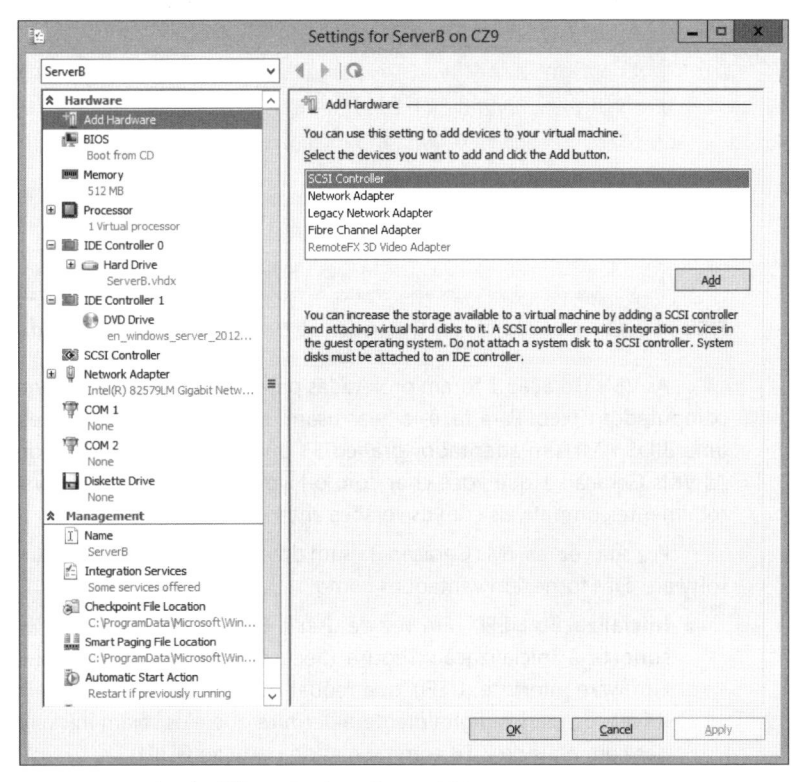

FIGURA 3-10 A caixa de diálogo Settings de uma VM.

Crie VMs Geração 1 e Geração 2

No Windows Server 2012 R2, o Hyper-V incluiu um novo tipo de máquina virtual, chamada de Geração 2 (Generation 2). O tipo de VM criado por todas as versões anteriores chama-se Geração 1 (Generation 1). Quando criamos uma nova máquina virtual no Hyper-V Manager, o New Virtual Machine Wizard inclui uma nova página (mostrada na Figura 3-11) em que é possível especificar se queremos criar uma VM Geração 1 ou Geração 2. O cmdlet New-VM do Windows PowerShell também inclui um novo parâmetro: –Generation.

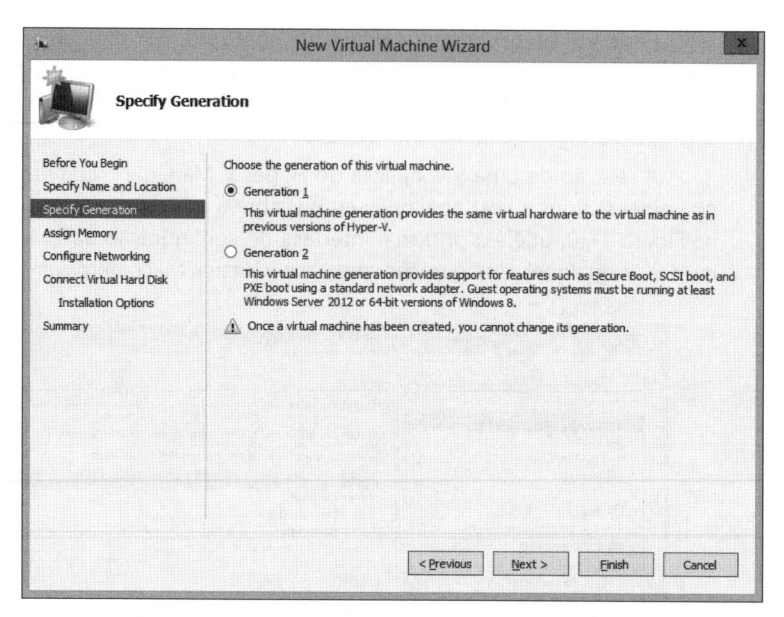

FIGURA 3-11 A página Specify Generation do New Virtual Machine Wizard.

As VMs Geração 1 foram projetadas para emular o hardware encontrado em um computador típico. Para fazê-lo, elas usam drivers de dispositivos específicos, como uma BIOS AMI, um adaptador gráfico S3 ou um chipset e adaptador de rede Intel. As VMs Geração 1 que você criar com o Hyper-V do Windows Server 2012 R2 serão totalmente compatíveis com as versões anteriores do Hyper-V.

Por sua vez, as VMs Geração 2 usam drivers sintéticos e dispositivos baseados em software. Elas fornecem vantagens como:

- **Inicialização UEFI** Em vez de usar a BIOS tradicional, as VMs Geração 2 dão suporte à Inicialização Segura (Secure Boot) usando a Universal Extensible Firmware Interface (UEFI), que requer que o sistema seja inicializado a partir de drivers assinados digitalmente e permite que eles sejam inicializados em unidades com mais de 2 TB com tabelas de partição GUID.
- **Discos SCSI** As VMs Geração 2 não usam mais o controlador de disco IDE, que era usado pelas VMs Geração 1 para inicializar o sistema; agora, elas utilizam um controlador SCSI virtual de alto desempenho para todos os discos, o que permite que as VMs sejam inicializadas a partir de arquivos VHDX e deem suporte a inclusões e remoções dinâmicas de discos.

O resultado final é uma máquina virtual Geração 2 que é implantada com muito mais rapidez do que uma da Geração 1 e também tem um desempenho melhor. As limitações, no entanto, são que as VMs Geração 2 só podem executar os sistemas operacionais a seguir:

- Windows Server 2012
- Windows Server 2012 R2
- Windows 8 de 64 bits
- Windows 8.1 de 64 bits

Instale um sistema operacional

Uma vez que você criar uma VM, poderá instalar um OS nela. O Hyper-V do Windows Server 2012 R2 dá suporte a todas as versões de OSs a seguir, que podem ser instalados em VMs Geração 1:

- Windows Server 2012 R2
- Windows Server 2012
- Windows Server 2008 R2
- Windows Server 2008
- Windows Home Server 2011
- Windows Small Business Server 2011
- Windows Server 2003 R2
- Windows Server 2003 SP2
- Windows 8.1
- Windows 8
- Windows 7 Enterprise e Ultimate
- Windows Vista Business, Enterprise e Ultimate SP2
- Windows XP Professional SP3
- Windows XP x64 Professional SP2
- CentOS 6.0-6.2
- Red Hat Enterprise Linux 6.0-6.2
- SUSE Linux Enterprise Server 11 SP2

> *NOTA* **OSs CONVIDADOS**
> Essa é a lista oficial de OSs convidados (guests) com suporte na versão RTM. Outros OSs também podem funcionar, mas não foram totalmente testados.

Uma das vantagens da instalação de software em VMs é que há várias maneiras de acessar os arquivos de instalação. Por padrão, uma VM tem uma unidade de DVD, que pode ser física ou virtual.

Quando abrimos a caixa de diálogo Settings de uma VM Geração 1 e selecionamos a unidade de DVD na lista Hardware, vemos a interface mostrada na Figura 3-12. Na seção Media (Mídia), podemos selecionar uma das opções a seguir para a unidade:

- **None**   O equivalente a uma unidade sem um disco inserido
- **Image File**   Aponta para um arquivo de imagem de disco com extensão .iso armazenado em uma das unidades do computador host ou em uma unidade de rede compartilhada
- **Physical CD/DVD Drive**   Vincula a unidade de DVD virtual a uma das unidades de DVD físicas do computador host

Em uma VM Geração 2, a unidade de DVD só dá suporte às opções None e Image File, como mostrado na Figura 3-12. A possibilidade de montar um arquivo de imagem em uma unidade de DVD virtual é particularmente útil para administradores que baixam arquivos de OS como imagens de disco. Quando você tiver montado um disco de instalação, física ou virtualmente, poderá clicar em Start no painel Actions do Hyper-V Manager, que é o equivalente a ligar a VM.

Iniciar uma VM faz a miniatura do Hyper-V Manager ser ativada, exibindo o conteúdo da tela do computador. Para exibir a atividade da VM em tamanho maior (em uma janela do Windows), clique em Connect no painel Actions, o que abrirá uma nova janela para a VM. Você poderá, então, interagir com a VM nessa janela, como se estivesse sentado em um console de computador físico.

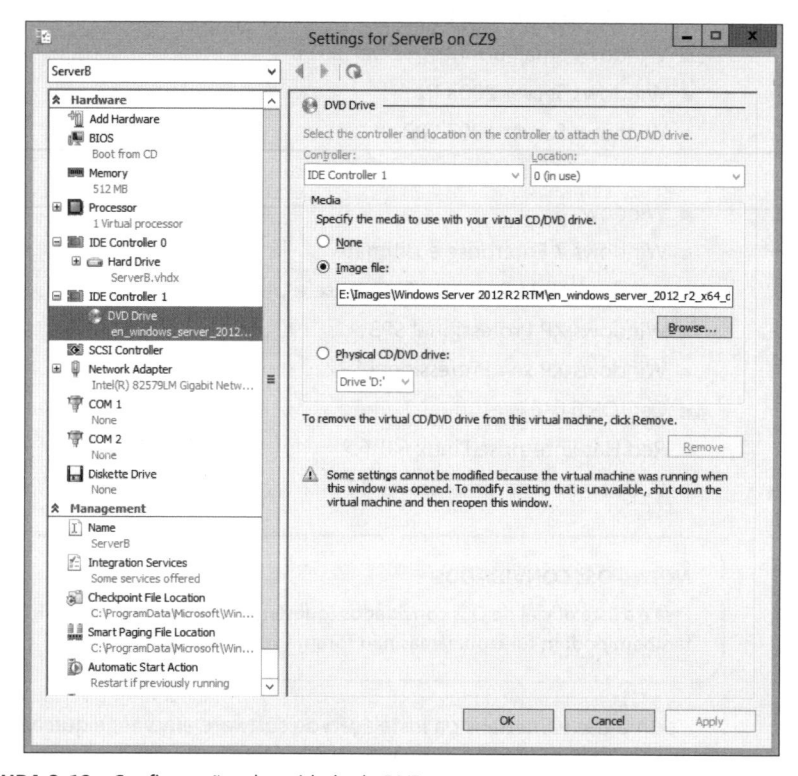

FIGURA 3-12 Configurações de unidade de DVD para uma VM.

Quando a VM é inicializada a partir do disco que foi montado, a instalação do OS ocorre como se estivéssemos usando um computador físico. Durante o processo de instalação, podemos trabalhar com a unidade VHD como trabalharíamos com uma unidade física, criando partições de vários tamanhos e selecionando uma para o OS. Quando a instalação termina, a VM é reinicializada, e podemos, então, fazer logon e usá-la normalmente.

Configure Serviços de Integração para Convidados (Guest Integration Services)

Em alguns casos, certos recursos de OSs convidados do Hyper-V não funcionam apropriadamente com o uso dos drivers de dispositivo do próprio OS. Portanto, o Hyper-V inclui um pacote de software chamado Guest Integration Services (Serviços de Integração para Convidados), que você pode instalar em suas VMs para fins de compatibilidade.

Algumas das funções fornecidas pelo pacote Guest Integration Services são as seguintes:

- **Operating System Shutdown**   Permite que o console Hyper-V Manager encerre remotamente um OS convidado de maneira controlada, eliminando a necessidade de um administrador fazer logon e encerrar o sistema manualmente.
- **Time Synchronization**   Permite que o Hyper-V sincronize os relógios dos OSs nas partições pai e filho.
- **Data Exchange**   Permite que os OSs Windows das partições pai e filho troquem informações, como a versão do OS e nomes de domínio totalmente qualificados (FQDNs).
- **Heartbeat**   Implementa um serviço em que a partição pai envia pulsos regulares para as partições filho, que devem responder da mesma forma. Uma partição filho não responder indica que o OS convidado travou ou não está funcionando adequadamente.
- **Backup**   Faz backup de VMs Windows usando o Serviço de Cópias de Sombra de Volume (Volume Shadow Copy).
- **Guest Services**   Permite que os administradores copiem arquivos em uma máquina virtual sem usar uma conexão de rede.

Os sistemas operacionais Windows Server 2012, Windows Server 2012 R2, Windows 8 e Windows 8.1 têm embutido o software Guest Integration Services mais recente, logo não há necessidade de instalar o pacote em VMs executando esses OSs como convidados. No entanto, versões anteriores do Windows têm versões mais antigas do pacote Guest Integration Services que precisam de upgrade, e algumas versões do Windows nem incluem o pacote.

> *NOTA* **LINUX**
> Para OSs Linux convidados, você deve baixar e instalar a última versão do Linux Integration Services Version 3.4 for Hyper-V a partir do Centro de Download da Microsoft. Quando este texto foi escrito, a versão mais recente era a 3.4 disponível em *http://www.microsoft.com/en-gb/download/details.aspx?id=34603*.

Para fazer o upgrade do Guest Integration Services em um OS Windows convidado, use este procedimento:

1. No Server Manager, no menu Tools, selecione Hyper-V Manager. O console Hyper-V Manager é iniciado.
2. No painel esquerdo, selecione um servidor Hyper-V.
3. No painel Actions, inicie a VM em que deseja instalar o Guest Integration Services e clique em Connect. A janela Virtual Machine Connection será aberta.
4. Na janela Virtual Machine Connection, no menu Action, selecione Insert Integration Services Setup Disk. O Hyper-V montará uma imagem do disco do Guest Integration Services em uma unidade de disco virtual, e aparecerá a janela Autoplay.

5. Clique em Install Hyper-V Integration Services. Uma caixa de mensagem aparecerá, solicitando que você faça o upgrade da instalação existente.
6. Clique em OK. O sistema instalará o pacote e solicitará que você reinicie o computador.
7. Clique em Yes para reiniciar o computador.

Uma vez que você instalar ou atualizar o Guest Integration Services, poderá ativar ou desativar cada uma das funções individuais abrindo a caixa de diálogo Settings da VM e selecionando a página Integration Services, como mostrado na Figura 3-13.

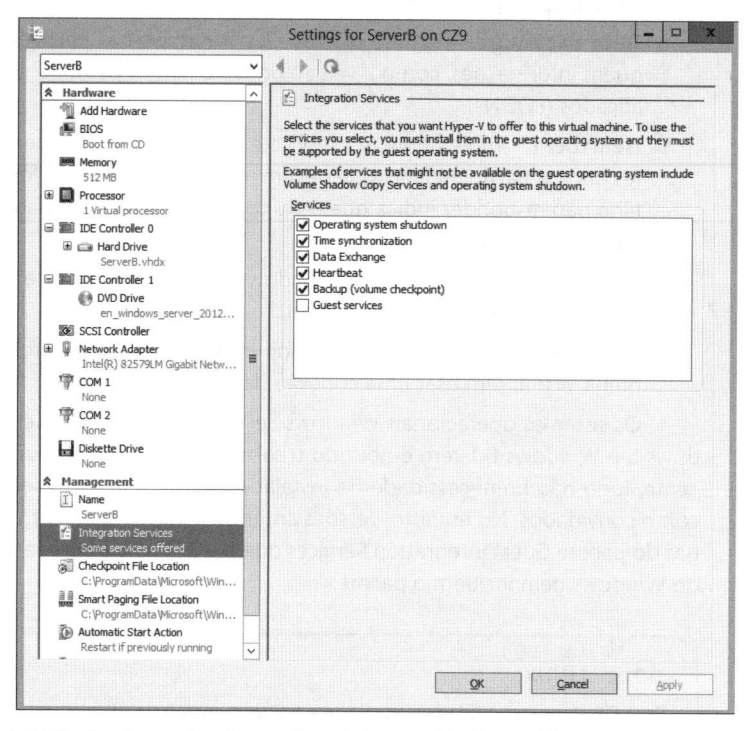

FIGURA 3-13 Configurações dos serviços de integração de uma VM.

Agora você está pronto para configurar e gerenciar a VM como se estivesse trabalhando em um servidor físico. Isso pode incluir a modificação da configuração de rede, a ativação da área de trabalho remota, o carregamento das funções e dos recursos apropriados e a instalação de aplicativos.

Use o modo de sessão avançado

Em versões anteriores do Hyper-V, quando abrimos uma janela de conexão com uma máquina virtual – Virtual Machine Connection – no console Hyper-V Manager, recebemos conectividade de mouse e teclado mais uma funcionalidade limitada de recortar e colar. Para obter algum acesso adicional, como para funcionalidade de áudio ou impressão, podemos estabelecer uma conexão de serviços de área de trabalho remota com a VM, mas isso requer que os computadores estejam conectados à mesma rede, o que nem sempre é possível.

A partir do Windows Server 2012 R2, o Hyper-V dá suporte a um modo de sessão avançado (Enhanced Session Mode) que permite que a janela Virtual Machine Connection redirecione qualquer um dos recursos locais a seguir para VMs executando o Windows Server 2012 R2 ou o Windows 8.1:

- Configuração de vídeo
- Áudio
- Impressoras
- Área de transferência
- Smart cards
- Dispositivos USB
- Unidades
- Dispositivos Plug and Play suportados

O modo de sessão avançado funciona com o estabelecimento de uma conexão do Remote Desktop Protocol (Protocolo de Área de Trabalho Remota) entre o computador host e a VM, mas não requer um caminho de rede padrão, porque usa o VMBus. O *VMBus* é um barramento de alta velocidade entre as diversas partições sendo executadas em um servidor Hyper-V.

O modo de sessão avançado é ativado por padrão no Windows 8.1, mas, no Windows Server 2012 R2, você deve ativá-lo na página Enhanced Session Mode Policy (Política do Modo de Sessão Avançado) da caixa de diálogo Hyper-V Settings, como mostrado na Figura 3-14.

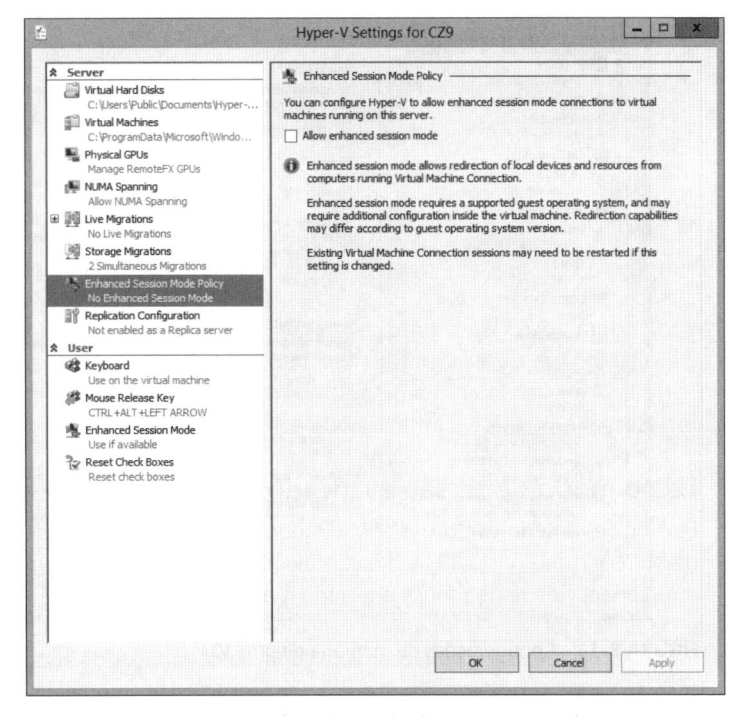

FIGURA 3-14 Configurações de política do modo de sessão avançado.

Aloque memória

A memória dinâmica permite que o Hyper-V ajuste a quantidade de RAM alocada para as VMs, dependendo de seus requisitos momentâneos. Alguns componentes de computador podem ser virtualizados. Você pode pegar espaço em disco e criar uma unidade de disco rígido virtual e pode pegar um arquivo de imagem e criar uma unidade de DVD virtual. Você também pode criar adaptadores de interface de rede virtuais e outros componentes, que aparecerão como o componente real em uma VM. A memória do sistema é diferente, no entanto. Não há substituto para a memória, logo tudo que o Hyper-V pode fazer é pegar a memória física instalada no computador e alocá-la entre as várias VMs.

Quando você criar uma VM, especificará a quantidade de memória que deve ser alocada para ela. É claro que a quantidade de memória disponível para uso é baseada na memória física instalada no computador.

Após criar a VM, você pode modificar a quantidade de memória alocada para ela encerrando-a, abrindo sua caixa de diálogo Settings e alterando a configuração Startup RAM (RAM de Inicialização) da página Memory, como mostrado na Figura 3-15. Isso permitirá que você faça testes com várias quantidades de memória e defina um nível de desempenho ótimo para o sistema.

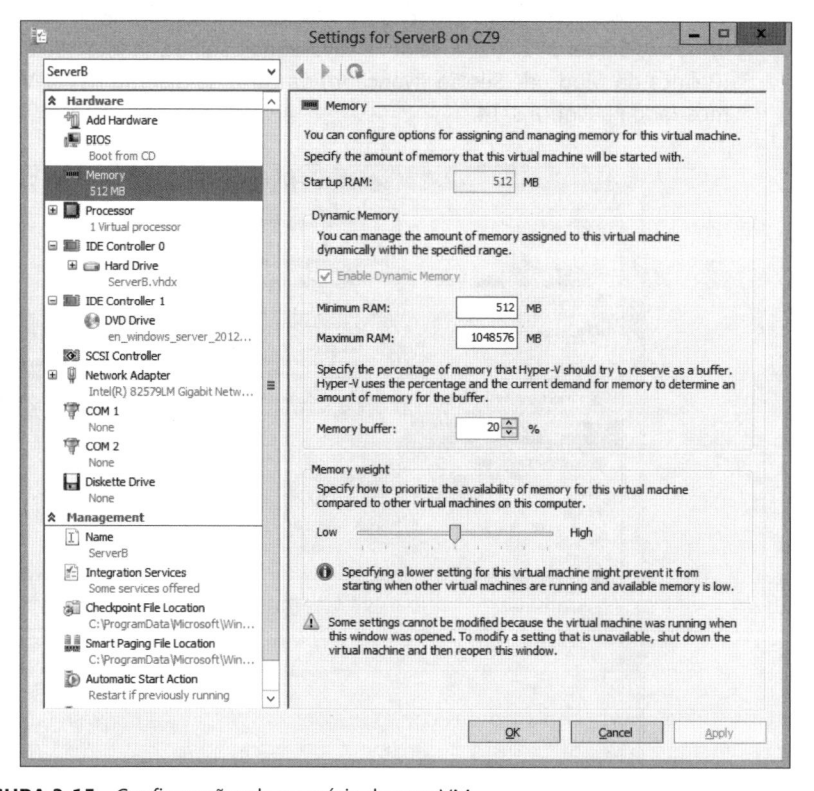

FIGURA 3-15 Configurações de memória de uma VM.

USE MEMÓRIA DINÂMICA

Na primeira versão do Hyper-V, encerrar a VM era a única maneira de modificar sua alocação de memória. Na versão do Windows Server 2012 R2, no entanto, você pode usar um recurso chamado Dynamic Memory (Memória Dinâmica) para realocar memória automaticamente para a VM a partir de um pool de memória compartilhada quando sua demanda mudar. Se um servidor virtualizado começar a experimentar volumes maiores de tráfego de clientes, por exemplo, o Hyper-V pode aumentar a memória alocada para o sistema e reduzi-la novamente quando o tráfego diminuir.

Para usar a memória dinâmica, você deve ativá-la marcando a caixa de seleção Enable Dynamic Memory na página de configurações Memory da VM e definir as configurações a seguir:

- **Startup RAM (RAM de inicialização)** Especifica a quantidade de memória que você deseja alocar para a VM quando ela for iniciada. Quando você estiver usando a memória dinâmica, esse valor pode ser a quantidade mínima de memória necessária para inicializar o sistema.

- **Minimum RAM (RAM mínima)** Especifica a menor quantidade de memória que a VM pode usar em qualquer momento. Os OSs podem requerer mais memória para serem inicializados do que para serem executados, logo esse valor pode ser menor do que o valor da RAM de inicialização.

- **Maximum RAM (RAM máxima)** Especifica a maior quantidade de memória que a VM pode usar em qualquer momento. A quantidade pode variar de um valor baixo, igual ao da startup RAM, até um valor mais alto, de até 64 GB.

- **Memory Buffer** Especifica um percentual que o Hyper-V usa para calcular quanta memória deve alocar para a VM, levando em consideração sua utilização real, conforme medido por contadores de desempenho. Por exemplo, quando o valor do buffer de memória é configurado com 20%, uma VM com aplicativos e OS que consuma 1 GB de memória recebe uma alocação dinâmica de 1.2 GB.

- **Memory Weight** Especifica um valor relativo que define a prioridade dessa VM em relação às outras VMs do mesmo computador. Quando a memória física do computador é insuficiente para a alocação da quantidade de buffer cheio especificada para cada VM, as VMs com as configurações de peso de memória mais altas recebem prioridade.

> **NOTA RAM**
> Você pode reduzir a RAM mínima, aumentar a RAM máxima ou alterar o valor do buffer ou do peso de memória a qualquer momento, mas, para ativar ou desativar a memória dinâmica, é preciso encerrar a VM.

Além da definição das configurações da VM, a VM convidada deve estar executando o Windows Vista ou posterior ou o Windows Server 2003 SP2 ou posterior e ter o Guest Integrations Servives do Windows Server 2012 R2 instalado para usar a memória dinâmica.

> **NOTA USANDO O WINDOWS POWERSHELL**
>
> Para definir as configurações de memória de uma VM, use o cmdlet Set-VMMemory empregando a seguinte sintaxe básica:
>
> ```
> Set-VMMemory <nome VM> -DynamicMemoryEnabled $true
> -MinimumBytes <memória> -StartupBytes <memória>
> -MaximumBytes <memória> -Priority <valor> -Buffer <percentual>
> ```
>
> Por exemplo, para definir as configurações de memória da VM ServerA, ativando a memória dinâmica e definindo valores para as suas configurações, use o comando a seguir:
>
> ```
> Set-VMMemory ServerA -DynamicMemoryEnabled $true
> -MinimumBytes 64MB
> ```

CONFIGURE A PAGINAÇÃO INTELIGENTE

A memória dinâmica foi introduzida no Hyper-V do Windows Server 2008 R2, mas o Windows Server 2012 R2 aperfeiçoou o conceito adicionando a configuração de RAM mínima. Isso tornou possível que o Hyper-V reduza a memória usada por uma VM para um nível menor do que o necessário à inicialização do sistema, poupando essa memória para outros usos.

O problema de haver valores de RAM mínima que sejam menores do que os valores da RAM de inicialização é que passa a ser possível exaurir o suprimento de memória física com VMs demais sendo executadas simultaneamente com seus valores de RAM mínima. Se isso ocorrer, uma VM que tiver que ser reinicializada talvez não consiga fazê-lo, porque não haverá memória livre suficiente para aumentar sua alocação de memória do valor de RAM mínima para o valor da RAM de inicialização.

Para eliminar essa possibilidade, o Hyper-V inclui um recurso chamado *paginação inteligente* (*Smart Paging*). Se uma VM tiver que ser reinicializada e não houver memória suficiente disponível para a alocação do valor de sua RAM de inicialização, o sistema usará espaço no disco rígido para compensar a diferença e começará a paginar o conteúdo da memória para o disco.

É claro que as velocidades de acesso ao disco são muito mais lentas do que as de acesso à memória, logo a paginação inteligente gera uma grave piora no desempenho, mas a paginação só ocorre durante o tempo necessário à reinicialização da VM e seu retorno à alocação de RAM mínima.

O Hyper-V só usa a paginação inteligente em condições específicas: quando uma VM deve ser reiniciada, quando não há memória livre disponível e quando não há outro meio de liberar a memória necessária.

Você pode selecionar a página Smart Paging (Paginação Inteligente) na caixa de diálogo Setting da VM para especificar um local para o arquivo de paginação. A seleção da unidade de disco rígido de maior velocidade possível é recomendada.

Configure a avaliação do uso de recursos

A avaliação do uso de recursos (resource metering) é uma funcionalidade do Hyper-V no Windows Server 2012 R2, baseada no Windows PowerShell, que permite que os administradores documentem o uso da VM empregando vários critérios. Há muitas razões para as empresas quererem rastrear o uso de VMs. Em grandes corporações, pode ser uma questão de contabilização e controle internos de despesas contínuas, como a largura de banda da rede de longa distância (WAN). Para provedores de serviços, pode ser necessário cobrar dos clientes de acordo com os recursos de VM que eles usam.

A avaliação usa cmdlets do Windows PowerShell para registrar várias medidas de desempenho de VMs individuais, entre elas:

- Utilização da CPU
- Utilização mínima, máxima e média da memória
- Utilização de espaço em disco
- Tráfego de entrada e saída da rede

As estatísticas da avaliação do uso de recursos permanece coerente, mesmo quando transferimos VMs entre sistemas host usando a migração dinâmica ou movemos arquivos VHD entre VMs.

Para usar a avaliação, primeiro você deve ativá-la para a VM específica que deseja monitorar usando o cmdlet Enable-VMResourceMetering com a seguinte sintaxe:

`Enable-VMResourceMetering -VMName <nome>`

Uma vez que você ativar a avaliação, poderá exibir um relatório estatístico a qualquer momento usando o cmdlet Measure-VM com a sintaxe:

`Measure-VM -VMName <nome>`

Além de medir o uso de recursos de VMs inteiras, os administradores também podem criar pools de recursos que lhes permitam monitorar componentes específicos da VM, como processadores, memória, adaptadores de rede e VHDs. Você pode criar um pool de recursos usando o cmdlet New-VMResourcePool e ativar a avaliação do pool usando Enable -VMResourceMetering.

Empregando técnicas como o pipelining, os administradores podem usar os cmdlets de avaliação do uso de recursos para coletar dados sobre o desempenho da VM e exportá-los para aplicativos ou arquivos de dados.

> ### *Teste de raciocínio*
> #### Configure a memória da máquina virtual
> No teste de raciocínio a seguir, aplique o que aprendeu sobre o objetivo para prever quais etapas terá que executar. As respostas às perguntas podem ser encontradas na seção "Respostas" no fim do capítulo.
>
> Alice tem um computador com 8 GB de memória instalados e executando o Windows Server 2012 R2, que ela configurou como um servidor Hyper-V. Após criar oito VMs, cada uma com um valor de RAM de inicialização de 1.024 MB, ela está tendo problemas para inicializar todas as VMs. Quais configurações ela pode modificar para resolver o problema sem alterar o valor da RAM de inicialização (startup RAM)?

Resumo do objetivo

- Virtualização é um processo que adiciona uma camada de abstração entre o hardware físico real e o sistema que faz uso dele. Em vez de o servidor acessar o hardware do computador diretamente, um componente intermediário chamado hipervisor cria um ambiente para VM, e o OS do servidor é executado nesse ambiente.
- Virtualização é o processo de implantar e manter várias instâncias de um OS, chamadas VMs, em um único computador.
- O Microsoft Hyper-V é um sistema de virtualização baseado em hipervisor para computadores x64 que foi introduzido com o Windows Server 2008. O hipervisor é instalado entre o hardware e o OS e é o principal componente que gerencia os computadores virtuais.
- Para fins de licenciamento, a Microsoft chama cada VM criada em um servidor Hyper-V de instância virtual. Cada versão do Windows Server 2012 R2 inclui licenças para um número definido de instâncias virtuais; você deve comprar licenças adicionais para licenciar mais instâncias.
- Para manter um footprint pequeno e um overhead mínimo, o Hyper-V Server só contém o Windows Hypervisor, o modelo de driver do Windows Server e componentes de virtualização.
- O Hyper-V do Windows Server 2012 R2 dá suporte a dois tipos de VMs: Geração 1 e Geração 2. As VMs Geração 1 foram projetadas para emular o hardware encontrado em um computador típico e são compatíveis com versões anteriores do Hyper-V. As VMs Geração 2 usam drivers sintéticos e dispositivos baseados em software e só podem ser executadas no Hyper-V do Windows Server 2012 R2.
- O Hyper-V do Windows Server 2012 R2 dá suporte a um modo de sessão avançado que permite que a janela Virtual Machine Connection redirecione vários recursos locais para VMs executando o Windows Server 2012 R2 ou o Windows 8.1.

Revisão do objetivo

Responda às perguntas a seguir para testar seu conhecimento sobre as informações deste objetivo. Você pode encontrar as respostas a estas perguntas e explicações de por que cada opção de resposta está certa ou errada na seção "Respostas" no fim do capítulo.

1. Quais das afirmações a seguir sobre as virtualizações Tipo I e Tipo II são verdadeiras? (Selecione todas que forem aplicáveis.)
    A. Na virtualização Tipo I, o hipervisor é executado em cima de um OS host.
    B. Na virtualização Tipo I, o hipervisor é executado diretamente no hardware do computador.

C. Na virtualização Tipo II, o hipervisor é executado em cima de um OS host.

D. Na virtualização Tipo II, o hipervisor é executado diretamente no hardware do computador.

2. Qual dos tipos de virtualização de servidor a seguir fornece o melhor desempenho para servidores de tráfego pesado em ambientes de produção?

   A. Virtualização Tipo I

   B. Virtualização Tipo II

   C. Virtualização de apresentação

   D. RemoteApp

3. Qual dos seguintes sistemas operacionais da Microsoft inclui uma licença que permite o licenciamento de um número ilimitado de instâncias virtuais?

   A. Hyper-V Server

   B. Windows Server 2012 R2 Datacenter

   C. Windows Server 2012 R2 Standard

   D. Windows Server 2012 R2 Foundation

4. Quais destes recursos do Hyper-V permitem que uma VM funcione com um valor de RAM mínima menor do que o valor da RAM de inicialização? (Selecione todos que forem aplicáveis.)

   A. Paginação inteligente

   B. Memória dinâmica

   C. Peso da memória

   D. Guest Integration Services

5. Quando instalamos a função Hyper-V em um servidor executando o Windows Server 2012 R2, a instância do OS em que instalamos a função é convertida em qual elemento do sistema?

   A. O hipervisor

   B. O monitor de máquina virtual

   C. A partição pai

   D. Uma partição filho

6. Quais das afirmações a seguir sobre máquinas virtuais Geração 1 e Geração 2 são verdadeiras? (Selecione todas que forem aplicáveis.)

   A. Você deve criar uma VM Geração 1 antes de poder criar uma VM Geração 2.

   B. As VMs Geração 2 são implantadas mais rapidamente do que as VMs Geração 1.

   C. As VMs Geração 2 só dão suporte ao Windows 8.1 e ao Windows Server 2012 R2 como sistemas operacionais convidados.

   D. As VMs Geração 2 usam os mesmos drivers de dispositivo das VMs Geração 1.

Objetivo 3.2: Criar e configurar o armazenamento da máquina virtual

Quando criamos uma VM no Hyper-V do Windows Server 2012 R2, emulamos todos os componentes que normalmente encontraríamos em um computador físico. Quando virtualizamos a memória, como discutido no Objetivo 3.1, "Criar e definir configurações de máquina virtual", pegamos uma parte da memória física do computador e a dedicamos a uma VM. O mesmo ocorre com o espaço do disco rígido. O Hyper-V usa um formato VHD especializado para empacotar parte do espaço de um disco físico e fazê-lo aparecer para a VM como se fosse uma unidade de disco rígido física.

Quando você cria uma nova VM Geração 1 no Hyper-V, o assistente gera um subsistema de armazenamento virtual composto por duas controladoras Integrated Drive Electronics (IDE) e uma controladora Small Computer Systems Interface (SCSI). As controladoras IDE hospedam a unidade de sistema da VM e sua unidade de DVD. Como seus equivalentes físicos, cada controladora IDE pode hospedar dois dispositivos, logo você pode criar dois drivers virtuais adicionais e incluí-los no sistema.

A controladora SCSI da configuração padrão da VM Geração 1 não vem preenchida, e você pode criar unidades adicionais e incluí-las nessa controladora para fornecer armazenamento extra para a VM. Em uma VM Geração 2, as unidades do sistema e de DVD são conectadas à controladora SCSI padrão, e não há uma alternativa IDE.

Em uma VM de uma ou de outra geração, você também pode criar controladoras SCSI adicionais e incluir unidades neles. Criando várias unidades e controladoras, o Hyper-V permite a construção de subsistemas de armazenamento virtual que emulam quase qualquer solução de armazenamento física que você possa imaginar.

> **Este objetivo aborda como:**
> - Criar VHDs e VHDX
> - Configurar unidades de diferenciação
> - Modificar VHDs
> - Configurar discos pass-through (de passagem)
> - Gerenciar pontos de verificação (checkpoints)
> - Implementar um adaptador virtual de Fibre Channel
> - Configurar a qualidade de serviço (QoS) de armazenamento

Formatos de discos virtuais

O Hyper-V do Windows Server 2012 R2 dá suporte ao arquivo de imagem de disco VHD original e ao novo formato VHDX. O formato VHD original foi criado por uma empresa chamada Connectix para seu produto Virtual PC. Posteriormente, a Microsoft adquiriu o produto e usou o formato VHD em todos os seus produtos de virtualização subsequentes, inclusive o Hyper-V. Há três tipos de arquivos VHD, descritos a seguir:

- **Imagem de disco rígido fixa** Um arquivo de imagem com um tamanho especificado em que todo o espaço em disco requerido para a criação da imagem é alocado durante sua criação. As imagens de disco fixas podem ser inadequadas em termos de armazenamento, porque contêm grandes intervalos de espaço vazio, mas também são eficientes do ponto de vista do desempenho, porque não há overhead devido à expansão dinâmica.
- **Imagem de disco rígido dinâmica** Um arquivo de imagem com um tamanho máximo especificado, que começa pequeno e se expande quando necessário para acomodar os dados que o sistema grava. Esta opção conserva espaço em disco, mas afeta o desempenho negativamente.
- **Imagem de disco rígido de diferenciação** Um arquivo de imagem filho associado a uma imagem pai específica. O sistema grava na imagem filho todas as alterações feitas nos dados do arquivo de imagem pai, para melhor gerenciar o espaço em disco ou facilitar uma reversão em um momento posterior.

As imagens VHD só podem chegar ao tamanho máximo de 2 TB e são compatíveis com todas as versões do Hyper-V e produtos do hipervisor Tipo II da Microsoft, como o Virtual Server e o Virtual PC. O Windows Server 2012 introduziu uma versão atualizada do formato, que usa uma extensão de nome de arquivo VHDX.

Os arquivos de imagem VHDX podem ter até 64 TB e também dão suporte a tamanhos de setor lógico de 4 KB para fornecer compatibilidade com as novas unidades nativas de 4 KB. Os arquivos VHDX também usam tamanhos de bloco maiores (até 256 MB), que permitem que os administradores ajustem o nível de desempenho de um subsistema de armazenamento virtual para acomodar aplicativos e tipos de arquivos de dados específicos. No entanto, eles não têm compatibilidade regressiva e só podem ser lidos por servidores Hyper-V do Windows Server 2012, Windows Server 2012 R2, Windows 8 e Windows 8.1. Se a migração de suas VMs do Windows Server 2012 R2 para uma versão mais antiga do Hyper-V for uma possibilidade, mesmo que remota, você deve continuar usando o formato de arquivo VHD.

Crie discos virtuais

O Hyper-V do Windows Server 2012 R2 fornece várias maneiras de criarmos arquivos de disco virtual. Podemos criá-los como parte de uma VM ou criá-los em outro momento e adicioná-los à VM. A interface gráfica do Hyper-V Manager dá acesso à maioria dos parâmetros de um VHD, e os cmdlets do Windows PowerShell incluídos no Windows Server 2012 R2 fornecem um controle mais granular sobre o formato da imagem de disco.

Crie um disco virtual com uma VM

O New Virtual Machine Wizard tem uma página Connect Virtual Hard Disk (Conectar Disco Rígido Virtual), com a qual você pode adicionar um único disco à sua nova VM. As opções desse disco são relativamente limitadas:

- **Create A Virtual Hard Disk** Permite que você especifique o nome, o local e o tamanho de um novo VHD. O assistente só permite criar um disco de expansão dinâmica de formato VHDX, mas você também pode criar discos fixos e de diferenciação usando o Windows PowerShell.

- **Use An Existing Virtual Hard Disk**   Permite que você especifique o local de um disco VHD ou VHDX existente, que, presumivelmente, a VM usará como seu disco do sistema.
- **Attach A Virtual Hard Disk Later**   Impede que o assistente adicione um disco virtual à configuração da VM. Aqui, supõe-se que você adicionará um disco manualmente em um momento posterior, antes de iniciar a VM.

O objetivo desse assistente é a criação do disco em que você instalará o OS da VM ou a seleção de um disco existente em que um OS já esteja instalado. O disco que o assistente cria é sempre um disco de expansão dinâmica conectado ao controlador IDE 0 de uma VM Geração 1 ou ao controlador SCSI de uma VM Geração 2.

> *NOTA* **VHDS**
>
> Tornou-se prática comum a Microsoft lançar cópias de avaliação de seus produtos na forma de arquivos VHD pré-instalados como alternativa às tradicionais imagens de disco instaláveis. Após baixar um desses arquivos, você pode criar uma VM em um servidor Hyper-V e selecionar a opção Use An Existing Virtual Hard Disk para montar o VHD como unidade do sistema.

Crie um novo disco virtual

Você pode criar um arquivo VHD a qualquer momento sem adicioná-lo a uma VM usando o New Virtual Hard Disk Wizard (Assistente de Novo Disco Rígido Virtual) no Hyper-V Manager. Para criar um novo disco virtual, use o procedimento a seguir.

1. No Server Manager, no menu Tools, selecione Hyper-V Manager. O console Hyper-V Manager é aberto.
2. No painel esquerdo, selecione um servidor Hyper-V.
3. No menu Actions, selecione New, Hard Disk para iniciar o New Virtual Hard Disk Wizard, exibindo a página Before You Begin.
4. Clique em Next para abrir a página Choose Disk Format.
5. Selecione uma das opções a seguir para o formato do disco:
   - **VHD**   Cria uma imagem que não ultrapassa 2 TB, usando o altamente compatível formato VHD
   - **VHDX**   Cria uma imagem de até 64 TB, usando o novo formato VHDX
6. Clique em Next para abrir a página Choose Disk Type.
7. Selecione uma das opções a seguir para o tipo do disco:
   - **Fixed Size**   Cria um disco com tamanho específico, alocando todo o espaço de uma só vez
   - **Dynamically Expanding**   Cria um disco que pode crescer até o tamanho máximo especificado à medida que dados são adicionados
   - **Differencing**   Cria uma unidade filho que conterá as alterações feitas em relação a uma unidade pai especificada

8. Clique em Next. A página Specify Name And Location será aberta.
9. Especifique um nome de arquivo para a imagem de disco na caixa de texto Name e, se desejado, especifique um local para o arquivo que seja diferente do padrão definido pelo servidor. Clique em Next para abrir a página Configure Disk.
10. Para discos fixos e de expansão dinâmica, selecione e configure uma das opções a seguir:
    - **Create A New Blank Virtual Hard Disk** Especifica o tamanho (ou o tamanho máximo) do arquivo de imagem de disco a ser criado
    - **Copy The Contents Of The Specified Physical Disk** Permite que você selecione um dos discos rígidos físicos do computador e copie seu conteúdo na nova imagem de disco
    - **Copy The Contents Of The Specified Virtual Hard Disk** Permite que você selecione um arquivo de disco virtual existente e copie seu conteúdo na nova imagem de disco
11. Clique em Next. A página Completing The New Virtual Hard Disk Wizard será aberta.
12. Clique em Finish.

O assistente criará a nova imagem de disco e a salvará no local especificado.

> **NOTA USANDO O WINDOWS POWERSHELL**
>
> Você pode criar novos arquivos VHD usando o Windows PowerShell, o que lhe dará mais controle do que o disponível na interface gráfica. Para criar uma nova imagem de disco, use o cmdlet New-VHD com a seguinte sintaxe básica:
>
> ```
> New-VHD -Path c:\filename.vhd|c:\filename.vhdx
> -Fixed|-Dynamic|-Differencing -SizeBytes <tamanho>
> [-BlockSizeBytes <tamanho bloco>]
> [-LogicalSectorSizeBytes 512|4096] [-ParentPath <nome caminho>]
> ```
>
> Quando o cmdlet é usado para criar uma imgem de disco, a extensão especificada para o nome de arquivo determina o formato (VHD ou VHDX); além disso, você pode especificar o tamanho do bloco e o tamanho do setor lógico da imagem, duas coisas que não podem ser feitas na GUI. Por exemplo, o comando a seguir cria um arquivo de imagem VHDX fixo de 400 GB com um tamanho de setor lógico de 4 KB:
>
> ```
> New-VHD -Path c:\diskfile.vhdx -Fixed
> -SizeBytes 400GB -LogicalSectorSizeBytes 4096
> ```

Adicione discos virtuais a máquinas virtuais

A criação de arquivos de imagem de disco virtual como um processo separado permite que os administradores tenham mais controle sobre seus recursos, mas, após criar os arquivos VHD ou VHDX, você deve adicioná-los a uma VM para que sejam úteis.

Para adicionar uma unidade de disco rígido a um computador físico, você deve conectá-la a uma controladora; o mesmo ocorre com uma VM do Hyper-V. Quando abrimos a caixa de diálogo Settings de uma VM Geração 1 em sua configuração padrão, vemos três controladoras rotuladas como IDE Controller 0, IDE Controller 1 e SCSI Controller. Elas equivalem às controladoras que você encontraria no computador de um servidor físico típico.

Cada controladora IDE pode suportar dois dispositivos, e a configuração padrão da VM usa um canal na controladora IDE 0 para o disco rígido do sistema e um canal na controladora IDE 1 para a unidade de DVD. Se você não criou um disco virtual como parte do New Virtual Machine Wizard – isto é, se selecionou a opção Attach A Virtual Hard Disk Later –, deve adicionar uma imagem de disco rígido à controladora IDE 0 para usar como unidade do sistema. Uma VM Geração 1 não pode ser inicializada a partir da controladora SCSI.

Para adicionar uma unidade de sistema virtual existente a uma VM, use este procedimento:

1. No Server Manager, no menu Tools, selecione Hyper-V Manager para abrir o console Hyper-V Manager.
2. No painel esquerdo, selecione um servidor Hyper-V.
3. Selecione uma VM e, no painel Actions, selecione Settings. A caixa de diálogo Settings da VM aparecerá.
4. Selecione IDE Controller 0, como mostrado na Figura 3-16.

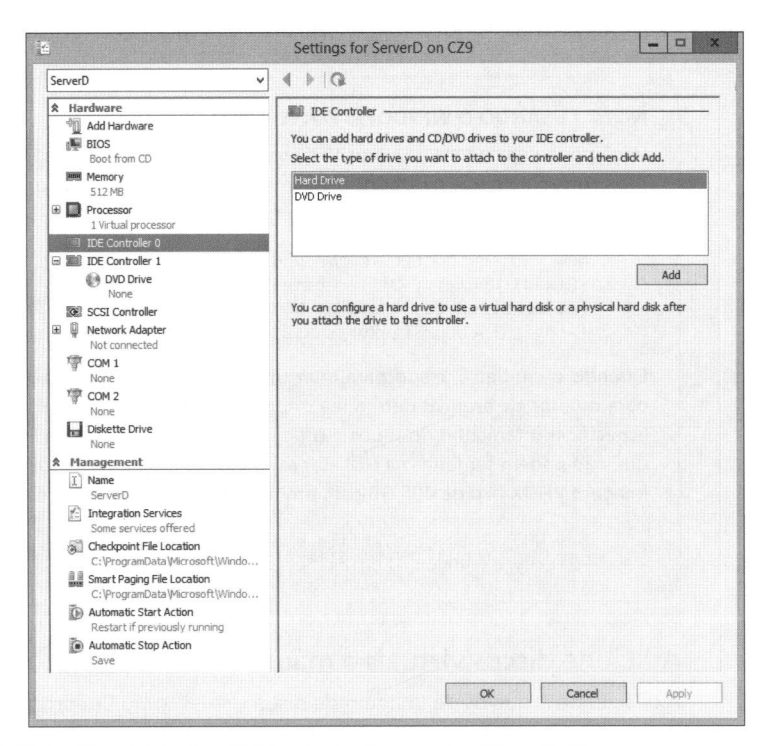

FIGURA 3-16   A interface IDE Controller da caixa de diálogo Settings.

5. Na caixa IDE Controller, selecione Hard Drive e clique em Add. A página Hard Drive será aberta, como mostrado na Figura 3-17.

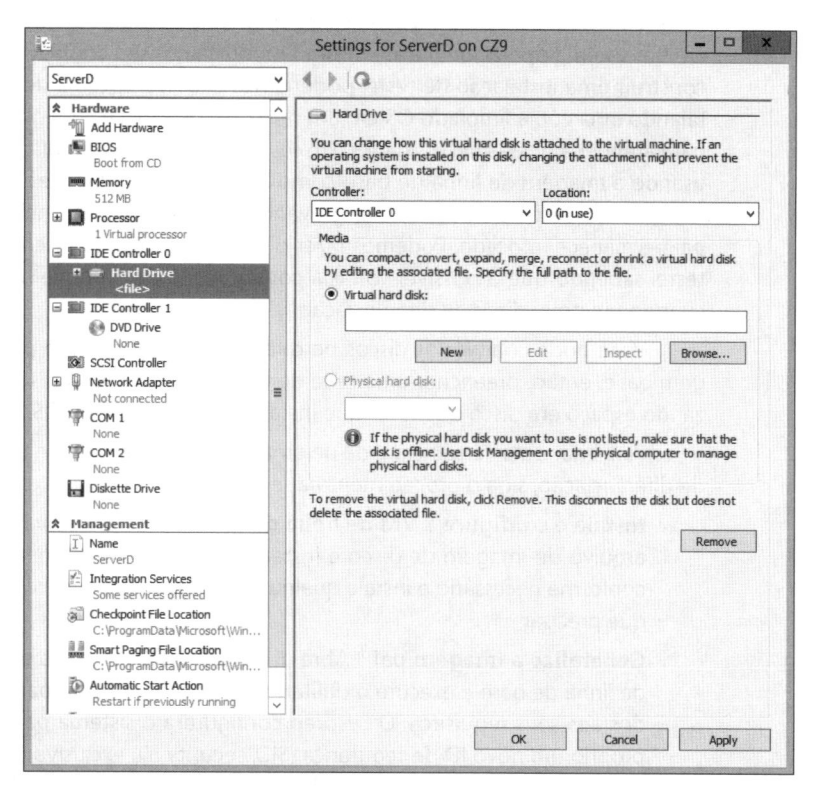

FIGURA 3-17 A interface Hard Drive da caixa de diálogo Settings.

6. Nas listas suspensas Controller e Location, selecione a controladora IDE e o canal que deseja usar para o disco rígido.

7. Com a opção Virtual Hard Disk selecionada, clique em Browse e selecione o arquivo de imagem de disco que deseja adicionar.

8. Clique em OK para fechar a caixa de diálogo Settings.

Embora você não possa usar uma unidade SCSI como disco do sistema em uma VM Geração 1, pode adicionar discos de dados virtuais à controladora SCSI. Em VMs Geração 2, é preciso criar um disco de sistema SCSI para inicializar a máquina. Ao contrário dos conectores IDE, que só dão suporte a dois dispositivos cada, um conector SCSI do Hyper-V pode suportar até 64 unidades. Você também pode adicionar várias controladoras SCSI a uma VM, fornecendo escalabilidade quase ilimitada para seu subsistema de armazenamento virtual.

Crie discos de diferenciação

Um disco de diferenciação (Differencing) permite preservar um arquivo de imagem de disco virtual existente em seu estado original ao mesmo tempo que o montamos em um sistema operacional e até mesmo modificamos seu conteúdo. Por exemplo, ao construir uma instalação de teste, poderíamos criar um sistema de linha de base instalando uma cópia limpa do OS em um novo disco virtual e configurando o ambiente para atender a nossas necessidades. Em seguida, criaríamos um disco de diferenciação usando a imagem de linha de base como pai. Todas as alterações subsequentes que fizermos no sistema serão, então, gravadas no disco de diferenciação, enquanto o pai permanece intocado. Podemos fazer o experimento que quisermos no sistema de teste, sabendo que é possível voltar à configuração de linha de base simplesmente criando um novo disco de diferenciação.

Você pode criar vários discos de diferenciação apontando para a mesma imagem pai e, então, preencher uma rede de teste com quantas VMs precisar, economizando espaço em disco e sem ter que instalar repetidamente o OS.

Para criar uma versão clonada de uma instalação de linha de base com um disco de diferenciação, siga o procedimento a seguir.

1. **Instale e configure a VM de linha de base**   Crie uma nova VM com um novo arquivo de imagem de disco e instale um OS convidado nela. Configure o OS conforme necessário e instale qualquer função, recurso, aplicativo ou serviço de que precisar.

2. **Generalize a imagem pai**   Abra um prompt de comando elevado no sistema de linha de base e execute o utilitário Sysprep.exe com os parâmetros apropriados aos seus requisitos. O Sysprep configurará o sistema para que atribua a si próprio um novo ID de segurança (SID, security ID) exclusivo na próxima vez em que o computador for iniciado. Isso permitirá que você crie vários sistemas clonados a partir da mesma imagem de disco.

3. **Crie uma imagem de disco pai**   Uma vez que você generalizar a instalação de linha de base, não precisará mais da VM original. Poderá excluir tudo, exceto o arquivo VHD ou VHDX que contém a imagem de disco. Ela passará a ser a imagem pai. Abra a página Properties do arquivo de imagem e ative o flag somente leitura para assegurar que a linha de base não mude.

4. **Crie um disco de diferenciação**   Usando o New Virtual Hard Disk Wizard ou o cmdlet New-VHD do Windows PowerShell, crie um disco de diferenciação apontando para a imagem de linha de base que você criou e preparou anteriormente como imagem pai.

5. **Crie uma VM clonada**   Crie uma nova VM e, na página Connect Virtual Hard Disk, conecte a ela o disco de diferenciação que acabou de criar usando a opção Use An Existing Virtual Hard Disk.

Agora você pode criar VMs clonadas adicionais com discos de diferenciação, todas usando o mesmo pai. Elas poderão funcionar independentemente, e o disco pai permanecerá intocado.

Quando você criar uma unidade de diferenciação usando o New Virtual Hard Disk Wizard, a seleção da opção Differencing na página Choose Disk Type fará a página Configure Disk aparecer, como mostrado na Figura 3-18. Na caixa de texto Location, especifique o nome do arquivo que deseja usar como imagem pai.

Da mesma forma, se você criar o disco de diferenciação usando o Windows PowerShell, deve executar o cmdlet New-VHD com o parâmetro –Differencing, especificando o local do disco pai.

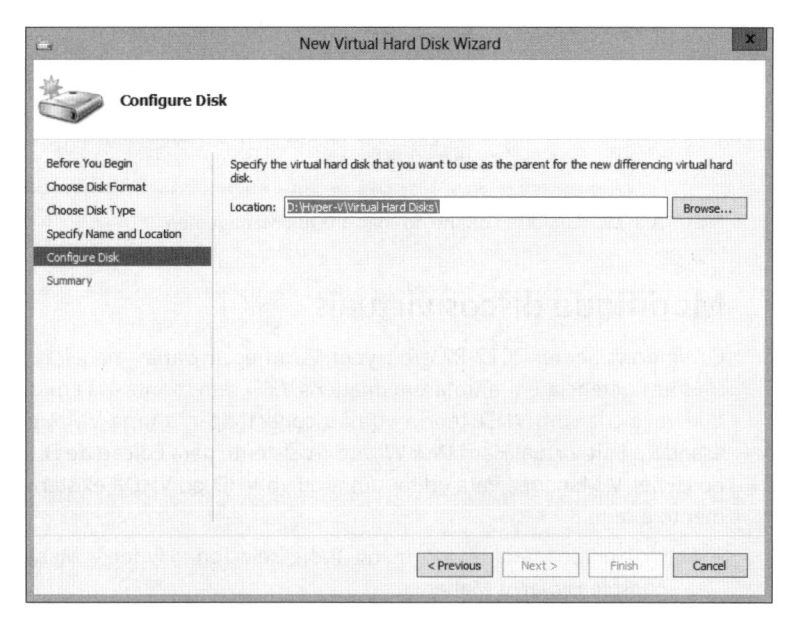

FIGURA 3-18 A página Configure Disk do New Virtual Hard Disk Wizard.

Configure discos pass-through (de passagem)

Até agora, este objetivo se preocupou principalmente com os VHDs, áreas de espaço em uma unidade de disco físico alocadas para uso em VMs. No entanto, também é possível as VMs acessarem discos físicos diretamente.

Um disco pass-through (de passagem) é um tipo de disco virtual que aponta para uma unidade física instalada no computador host. Quando adicionamos uma unidade de disco rígido a um dos controladores de uma VM, temos a opção de selecionar um disco rígido físico em vez de um virtual.

Para adicionarmos um disco rígido físico a uma VM, esta deve ter acesso exclusivo a ele. Ou seja, primeiro temos que colocar o disco offline no OS pai usando o snap-in Disk Management, como mostrado na Figura 3-19, ou o utilitário Diskpart.exe. Uma vez que o disco estiver offline, ele ficará disponível para seleção na lista suspensa Physical Hard Disk (Disco Rígido Físico).

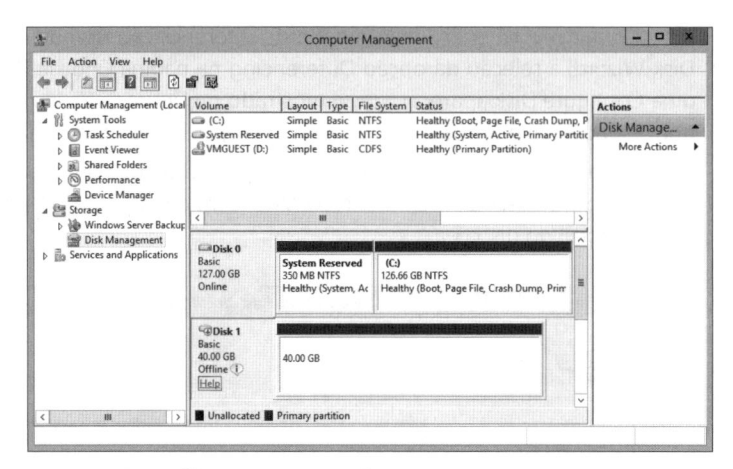

FIGURA 3-19 Um disco offline no snap-in Disk Management.

Modifique discos virtuais

O Windows Server 2012 R2 e o Hyper-V fornecem várias maneiras para os administradores gerenciarem e tratarem imagens VHD sem montá-las em uma VM. Uma vez que você criar um VHD, tendo ou não conectado-o a uma VM, poderá gerenciá-lo usando o Edit Virtual Hard Disk Wizard (Assistente para Edição de Disco Rígido Virtual) no Hyper-V Manager. Para editar um arquivo VHD ou VHDX existente, use o procedimento a seguir.

1. No Server Manager, no menu Tools, selecione Hyper-V Manager para abrir o console Hyper-V Manager.
2. No painel esquerdo, selecione um servidor Hyper-V.
3. No painel Actions, selecione Edit Disk. O Edit Virtual Hard Disk Wizard é iniciado, exibindo a página Before You Begin.
4. Clique em Next para abrir a página Locate Disk.
5. Digite ou procure o nome do arquivo VHD ou VHDX que deseja abrir e clique em Next. A página Choose Action aparecerá.
6. Selecione uma das funções a seguir:
   - **Compact** Reduz o tamanho de um disco de expansão dinâmica ou de diferenciação excluindo o espaço vazio, mas deixando a capacidade do disco inalterada
   - **Convert** Altera o tipo de formato de um disco copiando dados em um novo arquivo de imagem de disco
   - **Expand** Aumenta a capacidade do disco adicionando espaço de armazenamento vazio ao arquivo de imagem
   - **Shrink** Reduz a capacidade do disco excluindo espaço de armazenamento vazio do arquivo
   - **Merge** Combina os dados de um disco de diferenciação com os do disco pai para formar um único arquivo de imagem composto

7. Clique em Next para abrir a página Completing The Edit Virtual Hard Disk Wizard.
8. Termine de preencher qualquer página nova apresentada pelo assistente como resultado de sua seleção e clique em Finish.

As opções exibidas na página Choose Action (Selecionar Ação) do assistente vão depender do status atual do arquivo de imagem selecionado. Por exemplo, a opção Merge só aparecerá se você selecionar um disco de diferenciação, e a opção Shrink não aparecerá a menos que haja espaço livre no arquivo que o assistente possa excluir.

Além dessas funções de edição de disco fornecidas pelo Hyper-V Manager, podemos usar o snap-in Disk Management do host do Hyper-V para montar um arquivo VHD ou VHDX como uma unidade e acessar seu conteúdo, como se ele fosse um disco físico.

Para montar um arquivo VHD, use o procedimento a seguir.

1. No Server Manager, no menu Tools, selecione Computer Management para abrir o console Computer Management.
2. No painel esquerdo, selecione Disk Management. O snap-in Disk Management será aberto.
3. No menu Action, selecione Attach VHD. A caixa de diálogo Attach Virtual Hard Disk aparecerá.
4. Na caixa de texto Location, insira ou procure o arquivo de imagem de disco que deseja conectar e clique em OK. O disco aparecerá na interface do Disk Management.
5. Feche o console Computer Management.

Agora você pode trabalhar com o disco virtual e seu conteúdo usando qualquer ferramenta padrão, como faria com uma unidade de disco rígido física. Para desconectar o VHD, use o mesmo procedimento e selecione Detach VHD no menu Action.

Crie pontos de verificação

No Hyper-V, um *ponto de verificação* (*checkpoint*) é uma imagem capturada do estado, dos dados e da configuração de hardware de uma VM em um momento específico. A criação de pontos de verificação é uma maneira conveniente de os administradores reverterem uma VM para um estado anterior. Por exemplo, se você criar um ponto de verificação imediatamente antes de aplicar uma atualização do sistema e a atualização causar algum problema, poderá aplicar o ponto de verificação e voltar a VM para o estado em que estava antes da aplicação da atualização.

DICA DE EXAME

Antes do Windows Server 2012 R2, os pontos de verificação (checkpoints) do Hyper-V eram conhecidos como snapshots (instantâneos). Os pontos de verificação funcionam da mesma maneira que os snapshots; só o nome mudou. Você deve ver os dois termos no exame 70-410.

Para criar um ponto de verificação, só temos que selecionar uma VM em execução no Hyper-V Manager e selecionar Checkpoint no painel Actions. O sistema cria um arquivo de ponto de verificação com extensão AVHD ou AVDHX, na mesma pasta do arquivo VHD, e o adiciona à tela do Hyper-V Manager, como mostrado na Figura 3-20.

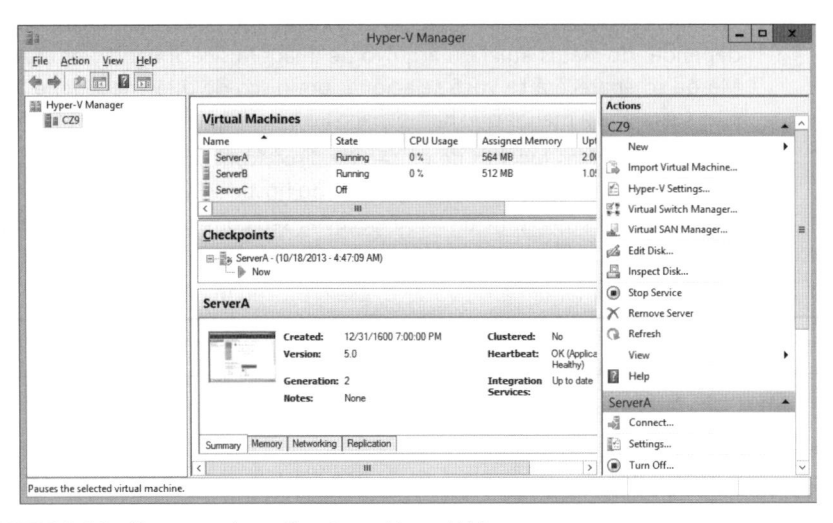

FIGURA 3-20 Um ponto de verificação no Hyper-V Manager.

Os pontos de verificação são uma ferramenta útil para os administradores implementarem um ambiente de teste no Hyper-V, mas não são recomendados para uso constante em ambientes de produção. Além de consumir espaço em disco, a presença de pontos de verificação pode piorar o desempenho geral do subsistema de disco de uma VM. Os administradores também não devem usar pontos de verificação em VMs contendo bancos de dados – como os criados por SQL Server, Exchange ou Controladores de Domínio do Windows –, porque o processo de criação de pontos de verificação não leva em consideração o estado atual do banco de dados, o que pode fazer com que acabem corrompendo.

Configure a qualidade de serviço (QoS) para o armazenamento

Já que é comum haver mais de um disco rígido virtual hospedado no mesmo disco rígido físico, é possível que um disco virtual monopolize a capacidade de entrada/saída de um disco físico, fazendo os outros discos virtuais ficarem lentos. Para ajudar a evitar isso, o Windows Server 2012 R2 permite que você controle a *Qualidade de Serviço (QoS, Quality of Service)* de um determinado disco rígido virtual.

O gerenciamento de QoS no Hyper-V assume a forma de controles que nos permitem especificar os volumes mínimo e máximo de operações de entrada/saída por segundo (IOPS, input/ouput operations per second) de um disco. Para configurar a QoS para o armazenamento, abra a caixa de diálogo Settings de uma VM, expanda um componente de unidade de disco rígido e selecione Advanced Features (Recursos Avançados) para exibir a página Advanced Features, mostrada na Figura 3-21.

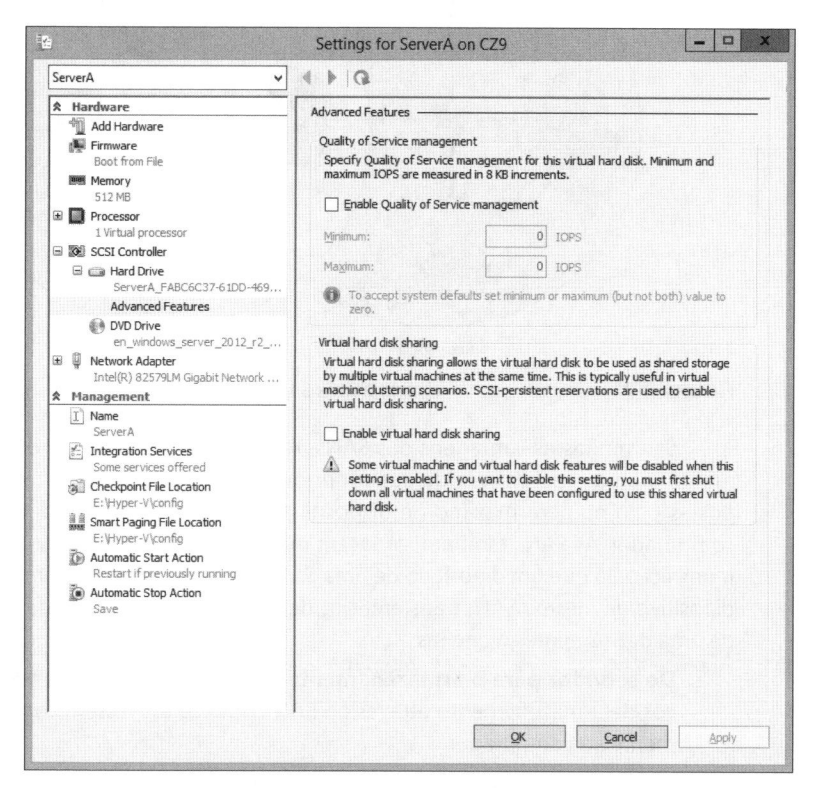

FIGURA 3-21 Controles de qualidade de serviço para o armazenamento no Hyper-V Manager.

Após marcar a caixa de seleção Enable Quality of Service Management, você poderá especificar valores mínimos e máximos de IOPS para o disco em incrementos de 8 KB.

Conecte-se a uma rede de área de armazenamento (SAN)

Em seu nível mais básico, uma rede de área de armazenamento (SAN) é apenas uma rede exclusiva para conexões de alta velocidade entre servidores e dispositivos de armazenamento. Em vez de instalarmos unidades de disco em servidores ou conectá-las usando um barramento SCSI externo, uma SAN é composta por um ou mais conjuntos de unidades de disco equipados com adaptadores de interface de rede, que são conectados aos servidores com o uso de cabos de rede par trançado padrão ou fibra óptica. Logo, normalmente um servidor conectado a uma SAN tem, pelo menos, dois adaptadores de rede, um para a conexão de rede local (LAN, local area network) e outro para a SAN, como mostrado na Figura 3-22.

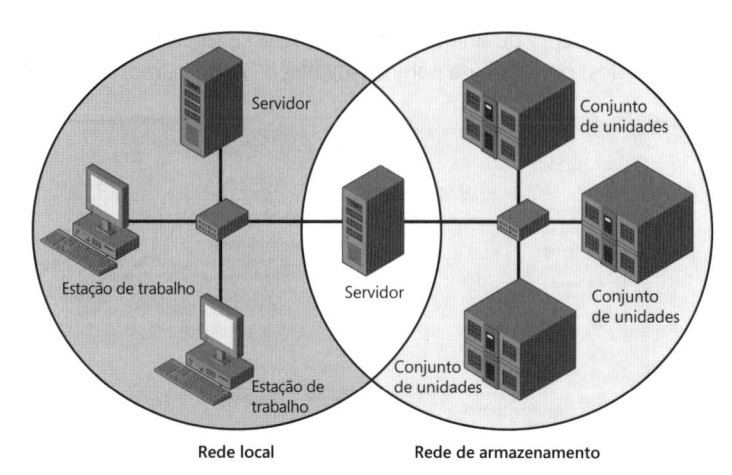

FIGURA 3-22 Um servidor conectado a uma SAN.

São muitas as vantagens das SANs. Ao conectar os dispositivos de armazenamento a uma rede em vez de aos próprios servidores, você evita as limitações impostas pelo número máximo de dispositivos que pode conectar diretamente a um computador. As SANs também fornecem maior flexibilidade em seus recursos de comunicação. Já que um dipositivo de uma SAN pode se comunicar com qualquer outro dipositivo da mesma SAN, transferências de dados de alta velocidade podem ocorrer de uma das seguintes maneiras:

- **Do servidor para o armazenamento** Os servidores podem acessar dispositivos de armazenamento através da SAN como se estivessem conectados diretamente ao computador.

- **De servidor a servidor** Os servidores podem usar a SAN para se comunicar diretamente uns com os outros em altas velocidades para evitar sobrecarregar a LAN com tráfego.

- **De armazenamento a armazenamento** Os dispositivos de armazenamento podem se comunicar entre si sem intervenção do servidor, por exemplo, para fazer backups de uma mídia para outra ou espelhar unidades em diferentes conjuntos.

Embora uma SAN não seja por si só uma tecnologia de alta disponibilidade, você pode torná-la uma ao conectar servidores adicionais à mesma rede, como mostrado na Figura 3-23, permitindo que acessem os mesmos dispositivos de armazenamento de dados. Se um servidor falhar, outro poderá assumir suas funções acessando os mesmos dados. Isso se chama *cluster de servidores*.

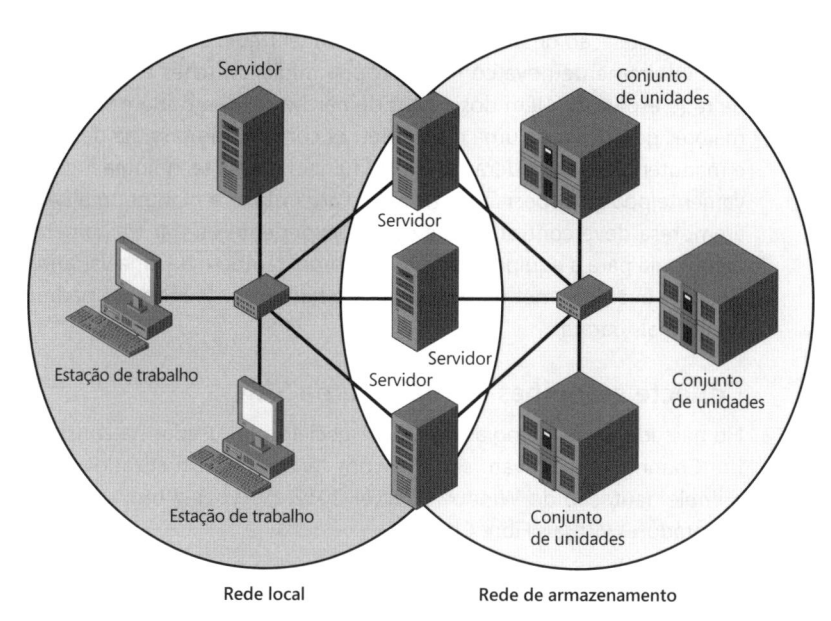

FIGURA 3-23 Vários servidores conectados a uma SAN.

Já que usam tecnologias de rede padrão, as SANs também podem abranger grandes distâncias entre servidores e dispositivos de armazenamento. Você pode projetar uma SAN que se estenda por salas, andares ou até prédios diferentes, como faria com uma rede de computadores padrão.

Os servidores e dispositivos de armazenamento não podem trocar comandos SCSI por uma conexão de SAN como fazem quando os dispositivos estão diretamente conectados com o uso de um cabo SCSI. Para se comunicar por uma SAN, os servidores e dispositivos de armazenamento mapeiam suas comunicações SCSI para outro protocolo, como o Fibre Channel.

Use o Fibre Channel

O *Fibre Channel* é uma tecnologia versátil de comunicações de SAN que dá suporte a várias mídias de rede, velocidades de transmissão e protocolos de nível superior. Sua principal desvantagem é precisar de hardware especializado que pode ser extremamente caro.

> *MAIS INFORMAÇÕES* **FIBRE CHANNEL**
>
> A grafia fora do padrão da palavra *fibre* em Fibre Channel é deliberada, para fazer a distinção entre o termo e fibra óptica (fiber optic). O Fibre Channel pode ser executado em cabos de par trançado ou em cabos ópticos, enquanto a grafia *fiber* sempre se refere à mídia óptica.

A instalação de uma SAN Fibre Channel tradicional requer a construção de uma rede inteiramente nova com sua própria mídia, switches e adaptadores de interface de rede especiais. Além dos custos de hardware, que podem facilmente ser 10 vezes maiores do que os de uma rede Ethernet comum, também há despesas de instalação e manutenção a considerar. O Fibre Channel é uma tecnologia incomum, com relativamente poucos especialistas na área. Para instalar e manter uma SAN Fibre Channel, a empresa deve contratar uma equipe experiente ou dar treinamento sobre a nova tecnologia para a equipe existente. Contudo, também há uma variante chamada Fibre Channel over Ethernet (FCoE) que usa o hardware de Ethernet padrão e, portanto, é muito mais barata.

Conecte máquinas virtuais a uma SAN

No passado, as tecnologias de rede especializadas usadas na construção de SANs Fibre Channel dificultavam seu uso com servidores virtualizados. No entanto, desde a implementação do Windows Server 2012, o Hyper-V tem suportado a criação de adaptadores virtuais Fibre Channel.

Um adaptador Fibre Channel do Hyper-V é, basicamente, um dispositivo de passagem (pass-through) que permite que a VM acesse um adaptador Fibre Channel físico instalado no computador e, por meio dele, acesse os recursos externos conectados à SAN. Com essa funcionalidade, aplicativos sendo executados em VMs podem acessar arquivos de dados armazenados em dispositivos da SAN, e os adminsitradores podem usar VMs para criar clusters de servidores com subsistemas de armazenamento compartilhados.

Para dar suporte à conectividade virtual do Fibre Channel, o(s) adaptador(es) de barramento Fibre Channel físico do computador host devem ter drivers que suportem explicitamente o Fibre Channel virtual. Esse suporte é relativamente raro, porém o esperado é que mais fabricantes atualizem seus drivers para fornecer o suporte necessário. A SAN também tem que poder acessar os recursos conectados a ela usando números de unidade lógica (LUNs, logical unit numbers).

Supondo que você tenha o hardware e o software apropriados instalados no computador host, poderá implementar os recursos do Fibre Channel no Hyper-V primeiro criando uma SAN virtual com o uso do Virtual SAN Manager, que pode ser acessado no Hyper-V Manager. Quando você criar a SAN virtual, os World Wide Node Names (WWNNs, Nomes de Nó Mundiais) e os World Wide Port Names (WWPNs, Nomes de Porta Mudiais) do adaptador de baramento de seu host aparecerão, como mostrado na Figura 3-24.

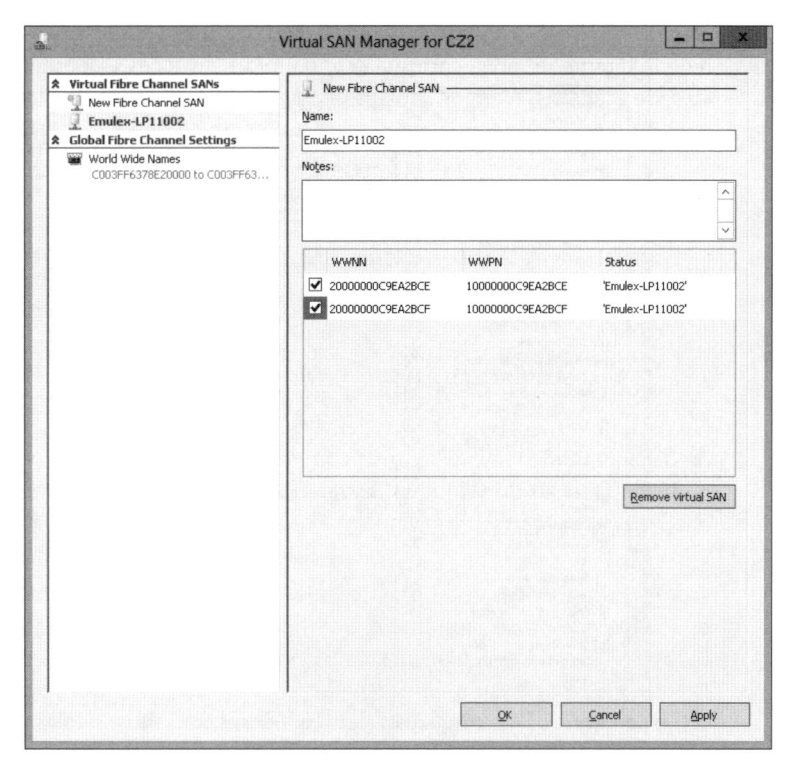

FIGURA 3-24 WWNNs e WWPNs de uma SAN virtual.

A próxima etapa é adicionar um adaptador Fibre Channel a uma VM na página Add Hardware (Adicionar Hardware) da caixa de diálogo Settings. Quando você o fizer, a SAN virtual que criou anteriormente estará disponível na página Fibre Channel Adapter (Adapatador Fibre Channel), mostrada na Figura 3-25. O Hyper-V virtualizará a SAN e disponibilizará os WWNNs e WWPNs para a VM.

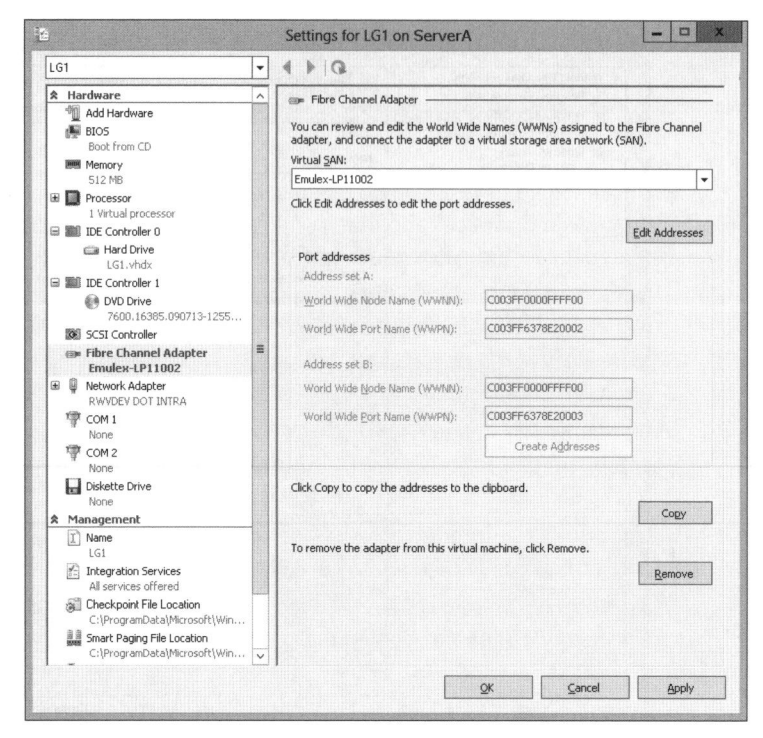

FIGURA 3-25 Um adaptador Fibre Channel em uma VM.

> ## Teste de raciocínio
> ### Crie um VHD
> No teste de raciocínio a seguir, aplique o que aprendeu sobre o objetivo para prever quais etapas terá que executar. As respostas às perguntas podem ser encontradas na seção "Respostas" no fim do capítulo.
>
> Ed quer criar um novo arquivo VHD em seu servidor Hyper-V usando o Windows PowerShell. Ele executou o cmdlet Get-Disk e recebeu os seguintes resultados:
>
> | Number | Friendly | Name | Operational Status | Total Size | Partition Style |
> |--------|----------|------|--------------------|------------|-----------------|
> | 0 | WDC | WD5003ABYX-18WERA0 | Online | 465.76 GB | MBR |
> | 1 | WDC | WD1002FAEX-00Z3A0 | Online | 931.51 GB | GPT |
>
> Qual comando Ed deve usar para criar um novo VHD de tamanho fixo de 500 GB para a VM de seu servidor ServerA, no formato do Windows Server 2012 R2, usando dados a partir da unidade de 465 GB de seu computador e um tamanho de setor de 4.096 bytes?

Resumo do objetivo

- O Hyper-V usa um formato VHD especializado para empacotar parte do espaço de um disco físico e fazê-lo aparecer para a VM como se fosse uma unidade de disco rígido física.
- Uma imagem de disco rígido dinâmica é um arquivo de imagem com um tamanho máximo especificado, que começa pequeno e se expande quando necessário para acomodar os dados que o sistema grava nele.
- Uma imagem de disco rígido de diferenciação é um arquivo de imagem filho associado a uma imagem pai específica. O sistema grava todas as alterações feitas no sistema operacional na imagem filho, para facilitar uma reversão em um momento posterior.
- Os arquivos de imagem VHDX do Windows Server 2012 R2 podem ter até 64 TB e também dão suporte a tamanhos de setor lógico de 4 KB para fornecer compatibilidade com as novas unidades nativas de 4 KB.
- Um disco pass-through (de passagem) é um tipo de disco virtual que aponta para uma unidade de disco física instalada no computador host.
- No Hyper-V, um ponto de verificação (checkpoint) é uma imagem capturada do estado, dos dados e da configuração de hardware de uma VM em um momento específico.
- O gerenciamento de QoS no Hyper-V assume a forma de controles que nos permitem especificar os volumes mínimo e máximo de operações de entrada/saída por segundo (IOPS) de um disco.
- No passado, as tecnologias de rede especializadas usadas na construção de SANs Fibre Channel dificultavam seu uso com servidores virtualizados. No entanto, o Hyper-V do Windows Server 2012 R2 dá suporte à criação de adaptadores virtuais Fibre Channel.

Revisão do objetivo

Responda às perguntas a seguir para testar seu conhecimento sobre as informações deste objetivo. Você pode encontrar as respostas a estas perguntas e explicações de por que cada opção de resposta está certa ou errada na seção "Respostas" no fim do capítulo.

1. Qual das declarações a seguir sobre arquivos VHDX *não* é verdadeira?
    A. Os arquivos VHDX podem ter até 64 TB.
    B. Os arquivos VHDX só podem ser abertos por computadores executando o Windows Server 2012 e o Windows Server 2012 R2.
    C. Os arquivos VHDX dão suporte a tamanhos de bloco maiores do que os dos arquivos VHD.
    D. Os arquivos VHDX dão suporte a setores lógicos de 4 KB.
2. Qual das afirmações a seguir é verdadeira sobre um disco pass-through?
    A. Um disco pass-through deve estar offline no OS convidado que o acessará.
    B. Um disco pass-through deve estar offline na partição pai do servidor Hyper-V.

C. Um disco pass-through só pode ser conectado a um controlador SCSI.

D. Um disco pass-through deve ser adicionado a uma VM com o snap-in Disk Management.

3. A função Merge só aparece no Edit Virtual Hard Disk Wizard em qual das condições a seguir?

    A. Quando selecionamos um arquivo VHDX para edição.

    B. Quando selecionamos dois ou mais discos para edição.

    C. Quando selecionamos um disco com espaço livre disponível.

    D. Quando selecionamos um disco de diferenciação para edição.

4. Quais destas razões seriam válidas para *não* usarmos pontos de verificação em VMs? (Selecione todas que forem aplicáveis.)

    A. Os pontos de verificação podem consumir uma grande quantidade de espaço em disco.

    B. Cada ponto de verificação requer uma cópia separada da alocação de memória da VM.

    C. Cada ponto de verificação pode levar várias horas para ser criado.

    D. A existência de pontos de verificação torna lento o desempenho da VM.

5. Qual dos itens a seguir *não* é necessário para a inclusão de um adaptador Fibre Channel em uma VM Hyper-V?

    A. Você deve criar uma SAN virtual Fibre Channel.

    B. Você deve ter um adaptador Fibre Channel físico instalado no computador host.

    C. Você deve ter um driver de adaptador Fibre Channel que dê suporte à rede virtual.

    D. Você deve ter um cabo SCSI conectando o adaptador Fibre Channel aos dispositivos de armazenamento.

Objetivo 3.3: Criar e configurar redes virtuais

A rede é uma parte crucial da criação de uma infraestrutura de VMs. Depedendo de seu planejamento de rede, as VMs que você criar em um servidor Hyper-V do Windows Server 2012 R2 podem requerer comunicação com outras VMs, com os computadores de sua rede física e com a Internet.

Quando construímos uma rede a partir de computadores físicos, instalamos um adaptador de interface de rede em cada um e o conectamos a um switch de hardware. O mesmo princípio é aplicável a um ambiente Hyper-V, exceto por usarmos componentes virtuais em vez de físicos. Cada VM criada tem, pelo menos, um adaptador de rede virtual, e podemos conectar esse adaptador a um switch virtual. Isso nos permite conectar as VMs ao servidor Hyper-V em várias configurações de rede que incluam ou excluam os sistemas de nossa rede física.

Você pode criar vários switches virtuais em um servidor Hyper-V e vários adaptadores de rede em cada VM. Isso permite a criação de um ambiente de rede flexível adequado a qualquer tamanho, de uma rede de laboratório ou de sala de aula a um ambiente de produção. O Windows Server 2012 R2 também adicionou a possibilidade de criação de extensões de switches virtuais para que os desenvolvedores de software possam melhorar seus recursos.

> **Este objetivo aborda como:**
> - Implementar a virtualização de rede do Hyper-V
> - Configurar switches virtuais do Hyper-V
> - Otimizar o desempenho da rede
> - Configurar endereços MAC
> - Configurar o isolamento da rede
> - Configurar adaptadores de rede virtual sintéticos e legados
> - Configurar o agrupamento de placas de interface de rede (NIC teaming) em VMs

Crie switches virtuais

Um *switch virtual*, como seu equivalente físico, é um dispositivo que funciona na Camada 2 do modelo de referência Open Systems Interconnect (OSI, Interconexão de Sistemas Abertos). Um switch tem uma série de portas, cada uma conectada ao adaptador de interface de rede de um computador. Qualquer computador conectado ao switch pode transmitir dados para os outros computadores conectados ao mesmo switch.

Ao contrário dos switches físicos, os switches virtuais criados pelo Hyper-V podem ter um número ilimitado de portas, logo os administradores não precisam se preocupar em conectar switches em conjunto ou considerar uplinks e circuitos "crossover".

Crie o switch virtual padrão

O Add Roles and Features Wizard do Windows Server 2012 R2 fornece a opção de criarmos switches virtuais quando instalamos a função Hyper-V. Quando instalamos o Hyper-V em um servidor executando o Windows Server 2012 R2, a página Create Virtual Switches (Criar Switches Vituais) fornece a opção de criarmos um switch virtual para cada um dos adaptadores de rede físicos instalados no computador host. Esses switches permitem que as VMs participem das redes às quais os adaptadores físicos estão conectados.

Quando criamos um switch virtual, a configuração de rede do OS host na partição pai muda. O switch de rede virtual aparece na janela Network Connections (Conexões de Rede), e, se examinarmos suas propriedades, veremos que ele está conectado ao cliente TCP/IP do sistema operacional, como mostrado na Figura 3-26.

Enquanto isso, o Hyper-V também altera as propriedades da conexão de rede original que representam o adaptador de interface de rede física do computador. Agora o adaptador de rede física só está conectado ao switch virtual, como mostrado na Figura 3-27.

Como resultado, a configuração de rede física do computador, em que seu adaptador de rede está conectado a um switch físico externo, é sobreposta pela configuração de rede virtual criada pelo Hyper-V. Nessa configuração virtual, o switch virtual está conectado ao switch físico, e o adaptador de rede do OS host está conectado ao switch virtual. A rede virtual interna e a rede física externa são reunidas em uma única LAN, como se você conectasse dois switches físicos.

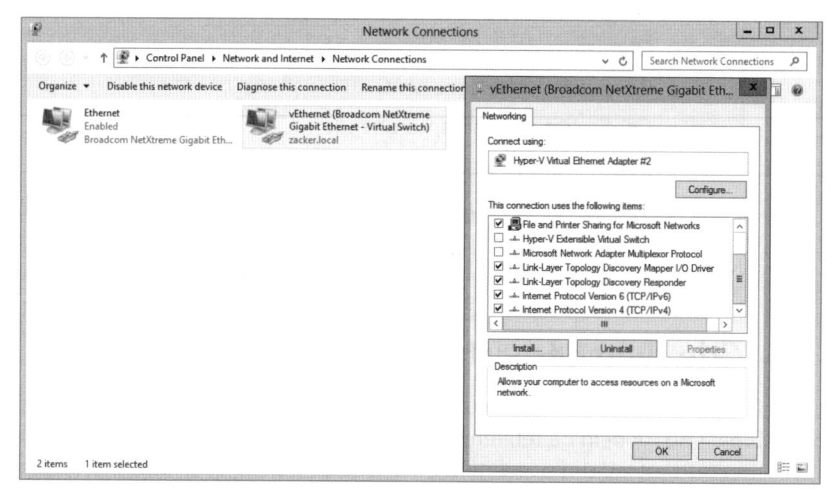

FIGURA 3-26 Um switch virtual e suas propriedades, exibidas no OS host.

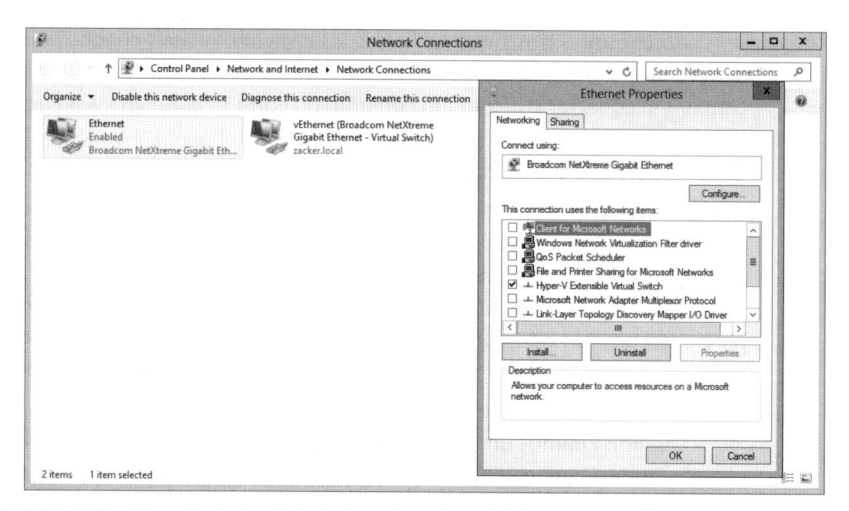

FIGURA 3-27 Um adaptador de interface de rede no OS host, conectado a um switch virtual.

Uma vez que o Hyper-V criar o switch virtual e fizer essas alterações na configuração, qualquer VM nova que os administradores optarem por conectar ao switch virtual passará a fazer parte dessa rede conjunta, assim como qualquer computador físico conectado à rede física por um switch externo.

Esse tipo de switch virtual é, na terminologia do Hyper-V, um switch de rede externo, porque fornece conexões de fora do ambiente do Hyper-V. Normalmente, esse é o melhor esquema para uma rede de produção em que as VMs Hyper-V fornecem e consomem serviços na rede inteira.

Por exemplo, uma VM conectada a esse switch obterá automaticamente um endereço IP a partir do servidor Dynamic Host Configuration Protocol (DHCP) da rede física, se houver um. Como alternativa, você poderia configurar uma VM como servidor DHCP e deixá-la fornecer endereços para todos os sistemas da rede, virtual ou física.

Talvez o mais importante seja que esse esquema também permite que as VMs acessem a Internet usando o roteador e servidores DNS da rede externa. As VMs podem, então, baixar atualizações do OS a partir de servidores da Internet, como as máquinas externas com frequência fazem.

Há situações em que esse tipo de switch virtual é inapropriado. Se você estiver criando uma rede de laboratório para o teste de produtos ou uma rede para uso em sala de aula, pode não querer que ela acesse a rede externa ou seja acessada por ela. Nesses casos, você deve criar um tipo diferente de switch virtual usando o Virtual Switch Manager (Gerenciador de Switch Virtual) no Hyper-V Manager.

Crie um novo switch virtual

O Hyper-V do Windows Server 2012 R2 dá suporte a três tipos de switches, que você deve criar no Virtual Switch Manager antes de poder conectar VMs a eles.

Para criar um novo switch virtual, use o procedimento a seguir.

1. No Server Manager, no menu Tools, selecione Hyper-V Manager para abrir o console Hyper-V Manager.
2. No painel esquerdo, selecione um servidor Hyper-V.
3. No painel Actions, selecione Virtual Switch Manager. A caixa de diálogo Virtual Switch Manager do servidor Hyper-V será aberta, como mostrado na Figura 3-28.

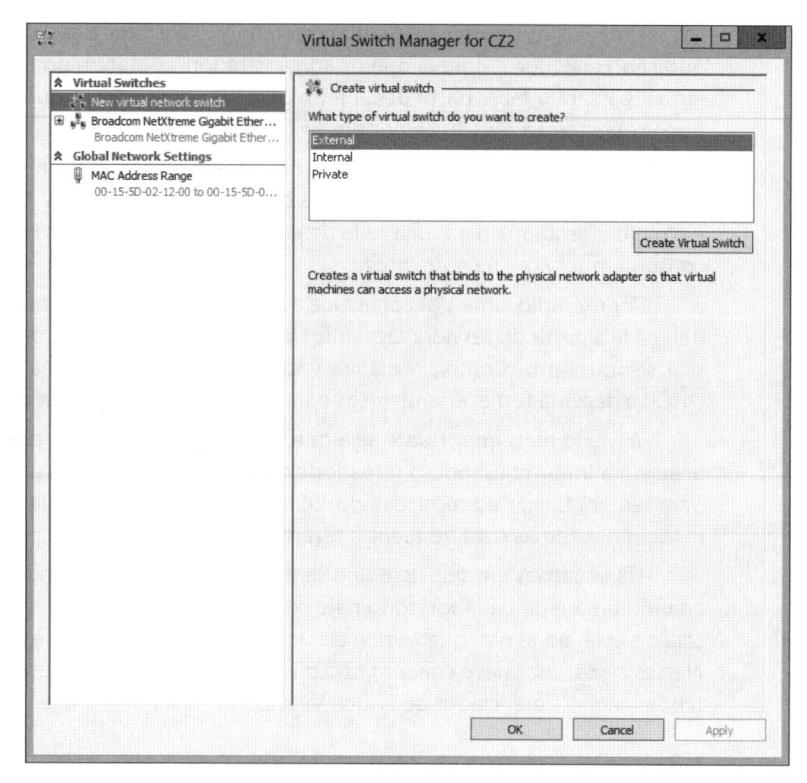

FIGURA 3-28 A caixa de diálogo Virtual Switch Manager.

4. Na seção Create Virtual Switch, selecione um dos tipos de switch a seguir:

- **External** O switch virtual é vinculado à pilha de protocolos de rede do OS host e conectado a um adaptador de interface de rede físico no servidor Hyper-V. As VMs que estiverem sendo executadas nas partições pai e filho poderão acessar a rede física à qual o adaptador físico estiver conectado.

- **Internal** Um switch de rede interno é conectado a uma instância separada da pilha de protocolos de rede do OS host, independentemente do adaptador de interface de rede físico e da rede em que ele estiver conectado. As VMs que estiverem sendo executadas nas partições pai e filho poderão acessar a rede virtual implementada pelo switch virtual; o OS host da partição pai pode acessar a rede física por intermédio do adaptador de interface de rede físico, mas as VMs das partições filho não podem acessar a rede física pelo adaptador físico.

- **Private** Um switch de rede privado só existe no servidor Hyper-V e só pode ser acessado pelas VMs sendo executadas nas partições filho. O OS host da partição pai pode acessar a rede física pelo adaptador de interface de rede físico, mas não pode acessar a rede virtual criada pelo switch virtual.

5. Clique em Create Virtual Switch para abrir a página Virtual Switch Properties.
6. Configure estas opções, se desejado:
   - **Allow Management Operating System To Share This Network Adapter** Marcada por padrão quando criamos um switch de rede externo, desmarcar esta caixa de diálogo exclui o OS host da rede física ao mesmo tempo que concede acesso às VMs filhos.
   - **Enable Single Root I/O Virtualization (SR-IOV)** Permite que você crie um switch virtual externo associado a um adaptador de rede físico capaz de dar suporte à SR-IOV (Virtualização de Entrada/Saída de Raiz Única). Esta opção só está disponível na criação de um novo switch virtual; você não pode modificar um switch virtual existente para usá-la.
   - **Enable Virtual LAN Identification For Management Operating System** Se seu computador host estiver conectado a uma insfraestrutura de switch físico que use LANs virtuais (VLANs) para criar sub-redes separadas, você pode marcar esta caixa de seleção e inserir um identificador de VLAN para associar o switch virtual a uma VLAN específica em sua rede física.
7. Clique em OK. O novo switch virtual aparecerá no painel esquerdo, na lista de switches virtuais.

Você pode criar quantos switches virtuais precisar. Só é possível criar um switch externo para cada adaptador de rede físico do computador, mas você pode criar vários switches internos ou privados para criar quantas redes virtuais precisar.

> **NOTA USANDO O WINDOWS POWERSHELL**
>
> Para criar um novo switch virtual empregando o Windows PowerShell, use o cmdlet New-VMSwitch com a seguinte sintaxe básica:
>
> ```
> New-VMSwitch <nome switch> -NetAdapterName <nome adaptador>
> [-SwitchType Internal|Private]
> ```
>
> Por exemplo, para criar um switch externo chamado LAN Switch, você usaria este comando:
>
> ```
> New-VMSwitch "LAN Switch" -NetAdapterName "Ethernet"
> ```

Configure endereços MAC

Todo adaptador de interface de rede tem um *endereço de controle de acesso à mídia* (*MAC, Media Access Control*) – às vezes chamado de endereço de hardware –, que identifica o dispositivo na rede de maneira exclusiva. Em adaptadores de rede físicos, o MAC é atribuído pelo fabricante e inserido permanentemente no firmware do adaptador. O endereço MAC é um valor hexadecimal de 6 bytes, em que os três primeiros bytes são um identificador organizacional exclusivo (OUI, organizationally unique identifier) que especifica o fabricante, e os últimos três bytes identificam o próprio adaptador.

O endereço MAC é essencial para a operação de uma LAN, logo os adaptadores de rede virtuais de um servidor Hyper-V precisam tê-lo. O servidor tem, pelo menos, um endereço MAC real, fornecido em seu adaptador de rede físico, mas o Hyper-V não pode usar esse endereço para todos os adaptadores virtuais que conectam VMs à rede.

Em vez disso, o Hyper-V cria um pool de endereços MAC durante a instalação da função e atribui endereços desse pool para as VMs quando elas são criadas. Para visualizar ou modificar o pool de endereços MAC do servidor Hyper-V, abra o Virtual Switch Manager e, sob Global Network Settings, selecione MAC Address Range, como mostrado na Figura 3-29.

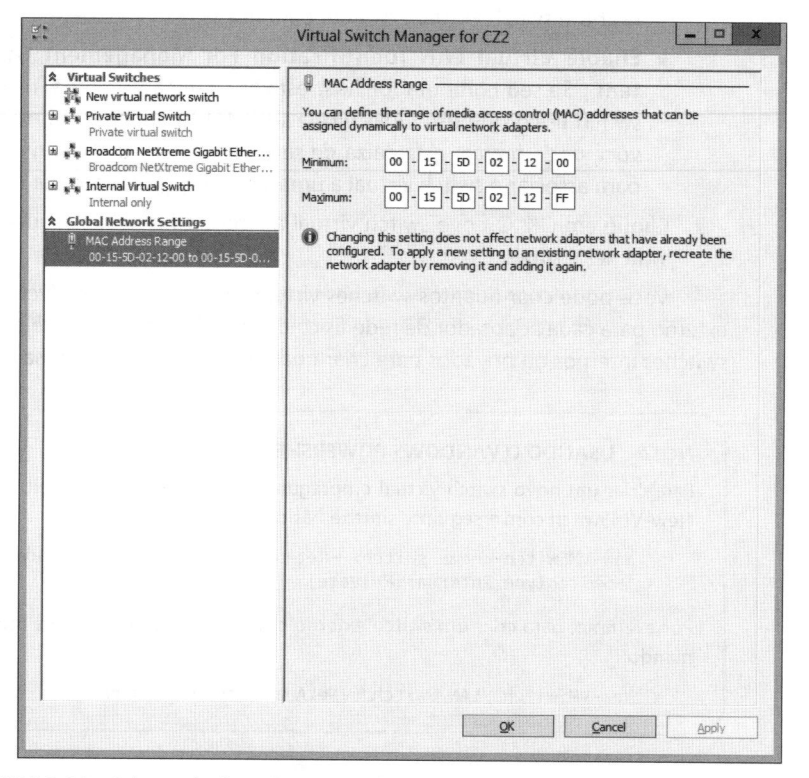

FIGURA 3-29 O intervalo de endereço MAC no Virtual Switch Manager.

Os três primeiros bytes do intervalo de endereço MAC são sempre 00-15-5D, que é um OUI registrado pela Microsoft. O quarto e o quinto bytes do endereço MAC são os últimos dois bytes do endereço IP atribuído ao adaptador de rede físico do servidor, convertidos para a notação hexadecimal. O sexto e o último bytes contêm o intervalo de valores de 00 a FF, que fornece 256 endereços possíveis.

O servidor Hyper-V atribui os endereços MAC aos adaptadores de rede das VMs quando os administradores criam os adaptadores. Os adaptadores retêm seus endereços MAC permanentemente ou até serem removidos da VM. O servidor reclama qualquer endereço não usado e o reutiliza.

Espera-se que o pool padrão de 256 endereços seja suficiente para a maioria das configurações de VM do Hyper-V, mas, se não for, você pode modificar os valores mínimo (Minimum) e máximo (Maximum) para aumentar o pool. Para impedir a duplicação de endereços, você deve alterar somente o penúltimo byte, tornando-o um intervalo de endereços como o último byte.

Por exemplo, o intervalo ilustrado na figura fornece 256 endereços com os valores a seguir:

```
00-15-1D-02-12-00 a 00-15-1D-02-12-FF
```

A modificação apenas do dígito menos significativo, como nos valores a seguir, aumenta o pool de 256 para 4.096:

```
00-15-1D-02-10-00 a 00-15-1D-02-1F-FF
```

> *AVISO* **ENDEREÇOS MAC**
> Quando você modificar o pool de endereços MAC e tiver outros servidores Hyper-V em sua rede, deve tomar cuidado para não criar uma situação de sobreposição em que endereços MAC duplicados possam ocorrer ou que resulte em problemas na rede.

Crie adaptadores de rede virtuais

Uma vez que você criar switches virtuais no Hyper-V Manager, poderá conectar VMs a eles criando e configurando adaptadores de rede virtuais. Na criação de uma nova VM, a configuração padrão inclui um adaptador de rede virtual. No New Virtual Machine Wizard há a página Configure Networking, em que você pode selecionar um dos switches virtuais que criou.

Se você tiver criado somente o switch virtual externo padrão ao instalar o Hyper-V, a conexão de uma VM a esse switch conectará o sistema à rede física. Se quiser criar adaptadores de rede adicionais em suas VMs, terá que usar o procedimento a seguir.

1. No Server Manager, no menu Tools, selecione Hyper-V Manager para abrir o console Hyper-V Manager.
2. No painel esquerdo, selecione um servidor Hyper-V.
3. Na lista Virtual Machine, selecione uma VM e, no painel Actions, clique em Settings. A caixa de diálogo Settings da VM aparecerá.
4. Na lista Add Hardware, selecione Network Adapter e clique em Add. Um novo adaptador aparecerá na lista Hardware, como mostrado na Figura 3-30.

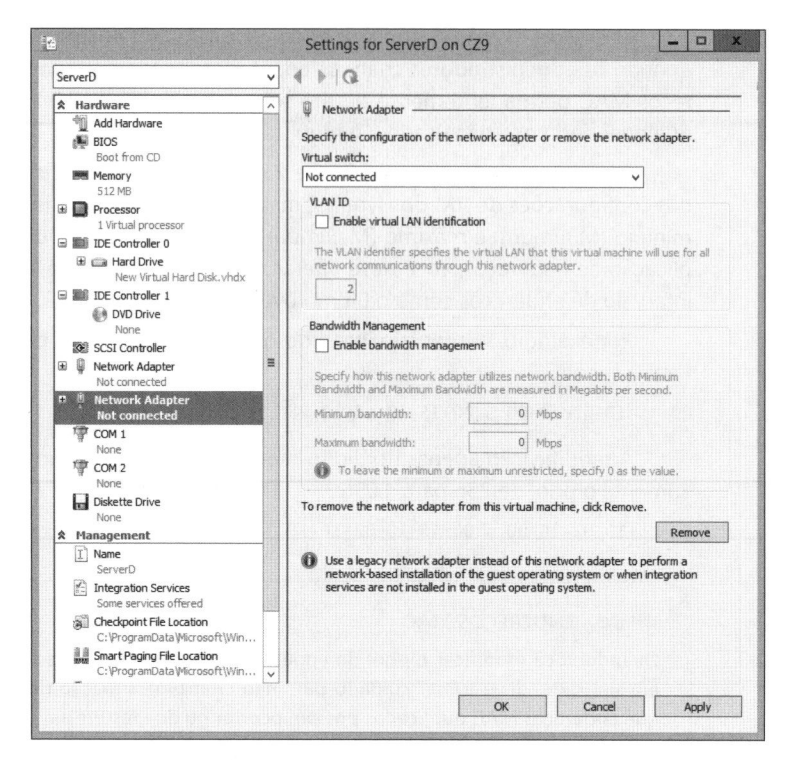

FIGURA 3-30 Um novo adaptador de rede na caixa de diálogo Settings.

5. Na lista suspensa Virtual Switch, selecione o switch ao qual deseja conectar o adaptador de rede.

6. Se seu computador host estiver conectado a uma infraestrutura de switch físico que use VLANs para criar sub-redes separadas, você pode marcar a caixa de seleção Enable Virtual LAN Identification e inserir um identificador de VLAN para associar o adaptador de rede a uma VLAN específica de sua rede física.

7. Para controlar o nível de largura de banda alocada para o adaptador de rede, marque a caixa de seleção Enable Bandwidth Management e forneça valores para as configurações Minimum Bandwidth e Maximum Bandwidth.

8. Clique em OK. As definições serão salvas na configuração da VM.

Você pode criar até 12 adaptadores de rede em um servidor Hyper-V do Windows Server 2012 R2: oito sintéticos e quatro emulados.

Adaptadores sintéticos e adaptadores emulados

A seleção da opção Network Adapter na página Add Hardware cria o que é chamado na terminologia do Hyper-V de adaptador de rede sintético. O Hyper-V dá suporte a dois tipos de adaptadores de rede e armazenamento: sintéticos e emulados (às vezes, chamados de legados).

Um *adaptador sintético* é um dispositivo puramente virtual que não corresponde a um produto do mundo real. Os dispositivos sintéticos de uma VM sendo executada em uma partição filho se comunicam com a partição pai usando um condutor de alta velocidade chamado VMBus.

Os switches virtuais criados no Hyper-V residem na partição pai e fazem parte de um componente chamado Provedor de Serviço de Virtualização (VSP, Virtualization Service Provider) da rede. O adaptador de rede sintético da partição filho é um Cliente de Serviço de Virtualização (SVC, Virtualization Service Client). Tanto o VSP quanto o VSC são conectados ao VMBus, que fornece comunicação entre partições, como mostrado na Figura 3-31. O VSP, que fica na partição pai, dá ao VSC, da partição filho, acesso ao harware físico do computador host, isto é, ao adaptador de interface de rede físico.

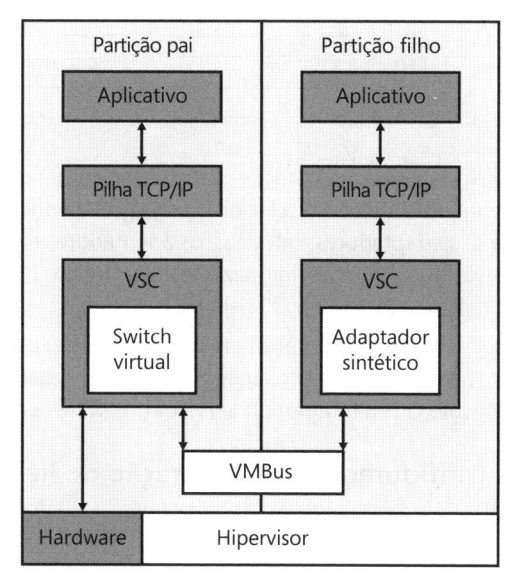

FIGURA 3-31 Os adaptadores de rede sintéticos se comunicam usando o VMBus.

Já que têm acesso ao hardware pelo VMBus, os adaptadores sintéticos fornecem um nível de desempenho muito mais alto do que a outra alternativa, que são os adaptadores emulados. Os adaptadores sintéticos são implementados como parte do pacote Guest Integration Services que é executado nos OSs convidados suportados. A principal desvantagem dos adaptadores de rede sintéticos é que eles não funcionam até que o OS seja carregado na VM.

Um *adaptador emulado* – às vezes, chamado de *adaptador legado* – é um driver de adaptador de rede padrão que se comunica com a partição pai fazendo chamadas diretamente ao hipervisor, que fica fora das partições, como mostrado na Figura 3-32. Esse método de comunicação é significativamente mais lento do que o VMBus usado pelos adaptadores de rede sintéticos e, portanto, é menos desejável.

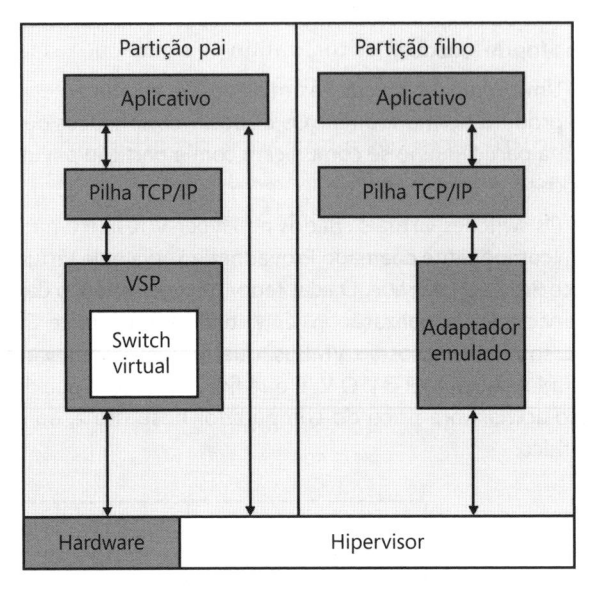

FIGURA 3-32 Os adaptadores de rede emulados se comunicam usando o hipervisor.

Para instalar um adaptador emulado, você usará o mesmo procedimento descrito anteriormente, mas deve selecionar Legacy Network Adapter na lista Hardware. Ao contrário dos adaptadores sintéticos, os adaptadores emulados carregam seus drivers antes do OS, logo é possível inicializar a VM usando o Preboot eXecution Environment (PXE) e, então, implantar um OS pela rede.

Esse é um dos dois cenários em que é preferível usar um adaptador emulado em vez de um adaptador sintético. O outro é quando instalamos um OS em VMs que não têm um pacote Guest Integration Services disponível para ele.

Defina configurações de aceleração de hardware

Certos adaptadores de inteface de rede físicos têm recursos que são projetados para melhorar o desempenho ao passar certas funções do processador do sistema para componentes embutidos no próprio adaptador. O Hyper-V dá suporte a alguns desses recursos, contanto que o hardware do adaptador de rede físico suporte-os apropriadamente.

Quando expandimos um adaptador de rede na caixa de diálogo Settings de uma VM, ganhamos acesso à página Hardware Acceleration (Aceleração de Hardware). Nessa página, podemos definir as seguintes configurações de aceleração de hardware:

- **Enable Virtual Machine Queue** A *fila de máquina virtual* (*VMQ, virtual machine queue*) é uma técnica que armazena pacotes destinados às VMs em filas separadas no adaptador de rede físico e os distribui diretamente para as VMs, ignorando o processamento normalmente executado pelo switch virtual na partição pai.

- **Enable IPsec Task Offloading**   Usa os componentes do adadptador de rede para executar algumas das funções criptográficas requeridas pelo IPsec (Segurança do Protocolo Internet). Você também pode especificar o número máximo de associações de segurança que deseja que o adaptador calcule.
- **Single-Root I/O Virtualization**   Permite que o adaptador virtual se beneficie dos recursos de SR-IOV do adaptador físico.

Configure recursos avançados do adaptador de rede

A página Advanced Features fornece opções adicionais para o suporte a recursos do adaptador de rede, como descrito a seguir:

- **Static MAC Address**   Por padrão, os adaptadores de rede virtuais recebem do servidor Hyper-V um endereço MAC atribuído dinamicamente. No entanto, você pode optar por criar um endereço MAC estático usando esta opção. O único requisito é que nenhum outro adaptador da mesma rede, virtual ou físico, use o mesmo endereço.
- **Enable MAC Address Spoofing**   Quando este recurso é ativado, a porta do switch virtual à qual o adaptador de rede virtual está conectado pode enviar e receber pacotes contendo qualquer endereço MAC. A porta do switch virtual também pode tomar conhecimento de novos endereços MAC e adicioná-los à sua tabela de encaminhamento.
- **Enable DHCP Guard**   Impede que o adaptador processe mensagens enviadas por servidores DHCP falsos.
- **Port Mirroring Mode**   Permite que o adaptador encaminhe todos os pacotes que receber pela rede para outro adaptador virtual para análise com o uso de um aplicativo como o Network Monitor.
- **NIC Teaming (Agrupamento NIC)**   Permite que o adaptador adicione sua largura de banda a de outros adaptadores do mesmo OS convidado em um esquema de agrupamento NIC.

Configure NIC teaming em um ambiente de rede virtual

Como explicado no objetivo 1.2, "Configure servidores", o *NIC teaming* (agrupamento NIC) é um recurso do Windows que permite que os administradores reúnam vários adaptadores de rede em uma única entidade para fins de melhoria do desempenho ou tolerância a falhas. As máquinas virtuais do Hyper-V também podem se beneficiar do agrupamento NIC, mas estão restritas a agrupamentos (*teams*) de somente duas, ao contrário do sistema operacional host, que pode ter agrupamentos de até 64 NICs.

Para usar o agrupamento NIC no Hyper-V, você deve executar três tarefas básicas:

1. Crie o NIC team no sistema operacional host Windows Server 2012 R2.
2. No Hyper-V Manager, crie um switch virtual externo usando o NIC team.
3. Configure o adaptador de rede de uma máquina virtual para conectar-se com o switch virtual que representa o NIC team.

Crie o NIC team

Os NIC teams (agrupamentos NIC) devem ser compostos por adaptadores de interface de rede físicos, logo, antes de você poder usar um NIC team em uma máquina virtual, deve criá-lo no sistema operacional host. Após instalar duas NICs no computador, você poderá criar um NIC team com o Server Manager da maneira usual, empregando as configurações mostradas na Figura 3-33. A criação do agrupamento instala o Microsoft Network Adapter Multiplexor Driver, que aparece como um dos componentes da conexão de rede que representa o agrupamento.

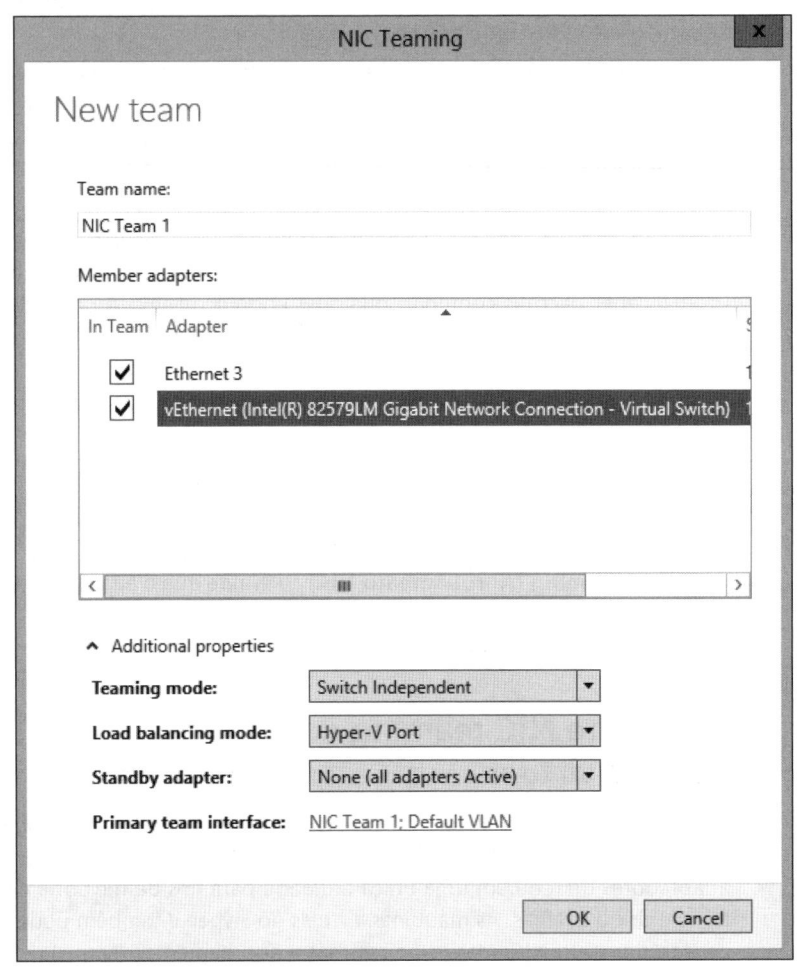

FIGURA 3-33 A caixa de diálogo NIC Teaming.

Crie o switch virtual padrão

Uma vez que você criar o NIC team, poderá abrir o Virtual Switch Manager e criar um novo switch virtual selecionando a opção External network (Rede externa) e selecionando Microsoft Network Adapter Multiplexor Driver na lista suspensa, como mostrado na Figura 3-34.

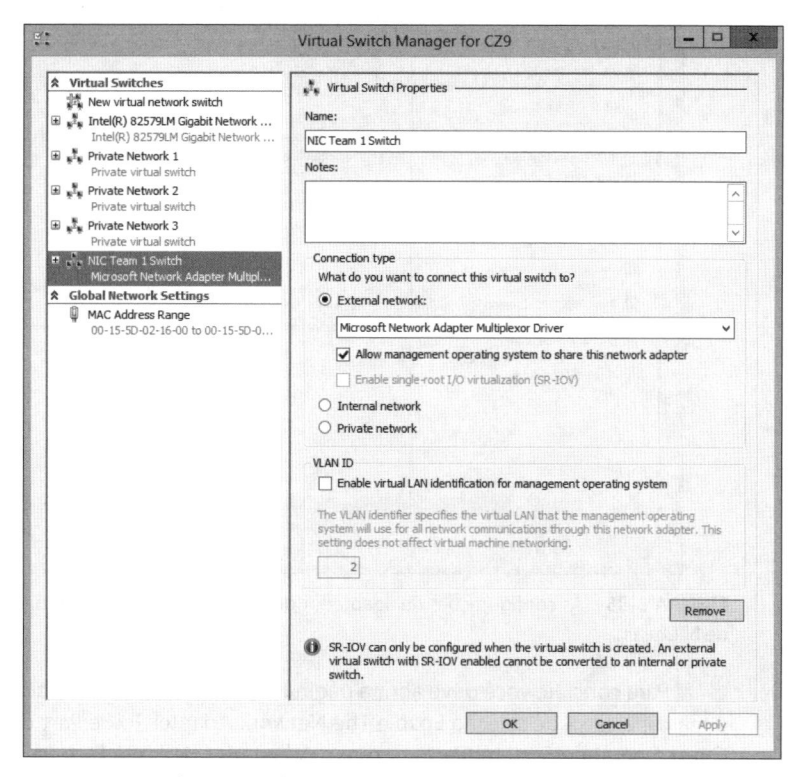

FIGURA 3-34 As configurações de propriedades de switch virtual para um switch de NIC team.

Configure o adaptador de rede virtual de um NIC team

Para configurar uma máquina virtual para usar um NIC team, você deve usar a caixa de diálogo Settings e modificar as propriedades de um adaptador de rede virtual, configurando-o para usar o switch de grupo que criou na seção anterior, como mostrado na Figura 3-35.

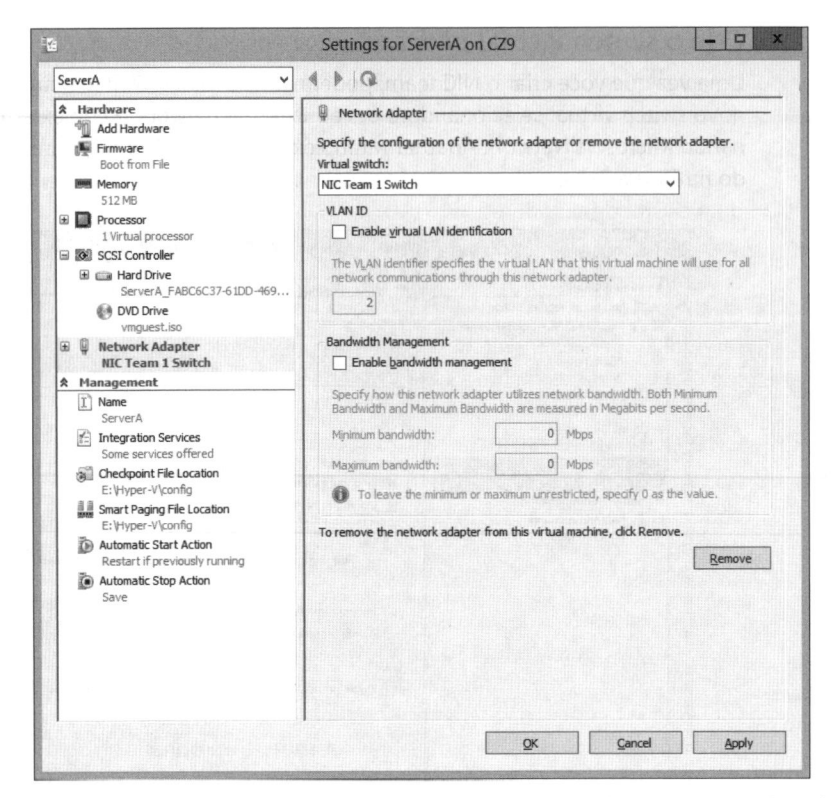

FIGURA 3-35 As configurações de adaptador de rede (Network Adapter) para um adaptador de NIC team.

Para concluir, você deve abrir a página Advanced Features do adaptador de rede e marcar a caixa de seleção Enable The Network Adapter To Be Part Of A Team In The Guest Operating System (Permitir que o Adaptador de Rede Faça Parte de um Grupo no Sistema Operacional Convidado). Agora, o NIC team estará funcionando para a máquina virtual. Você pode desconectar um dos cabos de rede, e o sistema manterá sua conexão com a rede.

Crie configurações de rede virtual

O Hyper-V torna possível estender quase qualquer configuração de rede física existente para seu espaço virtual ou criar uma rede totalmente separada e isolada dentro do seu ambiente.

A configuração padrão básica de uma VM do Hyper-V conecta seu adaptador de rede a um switch virtual externo, conectando, assim, o OS convidado da VM à rede externa. A VM pode, então, beneficiar-se dos serviços sendo executados na rede externa e enviar tráfego por roteadores para outras redes, inclusive a Internet.

Esse tipo de esquema possibilita que os administradores consolidem vários servidores físicos em VMs de um único servidor Hyper-V, permitindo o acesso geral à rede inteira. Não há distinção entre a rede física e a virtual no espaço do Hyper-V.

Estenda uma rede de produção ao espaço virtual

Lembre-se de que um servidor Hyper-V pode ter vários adaptadores de rede físicos instalados que podem ser conectados a diferentes redes, para separar tráfego, ou à mesma rede, para aumentar a largura de banda disponível. Você também pode ter adaptadores exclusivos de conexões SAN para fornecer armazenamento compartilhado e cluster de servidores.

A Microsoft recomenda o uso de, pelo menos, dois adaptadores de rede físicos em um servidor Hyper-V, com um adaptador atendendo a partição pai e o outro conectado às partições filho. Quando você tiver mais de dois adaptadores físicos no servidor, poderá criar switches de rede virtual externos separados para os adaptadores físicos e conectar cada um a uma VM separada.

Crie uma rede isolada

Para fins de teste e avaliação ou para situações de sala de aula, os administradores podem querer criar ambientes de rede isolados. Criando switches virtuais internos ou privados, você pode criar uma rede que só exista dentro do espaço do Hyper-V, com ou sem a partição pai incluída.

No entanto, uma rede isolada como essa tem limitações. Se você quiser instalar os OSs convidados usando o Windows Deployment Services ou configurar as VMs usando o DHCP, deve instalar e configurar esses serviços em sua rede privada. Os OSs convidados também não terão acesso à Internet, o que os impedirá de baixar atualizações. Nesse caso, você deve implantar substitutos apropriados na rede privada.

Uma maneira de fornecer atualizações para os sistemas é instalar dois adaptadores de rede em cada uma das VMs, conectando um ao switch privado e o outro a um switch externo. Isso permitirá que as VMs acessem a Internet e a rede privada.

Outro método para a criação de uma rede isolada é usar VLANs. Isso será particularmente útil se você tiver VMs em diferentes servidores Hyper-V que quiser adicionar à rede isolada. Conectando os adaptadores de rede a um switch externo e configurando-os com o mesmo identificador de VLAN, você pode criar uma rede dentro de outra, o que isolará a VLAN de outros computadores. Você pode, por exemplo, implantar um servidor DHCP em sua VLAN sem que ele interfira nos outros servidores DHCP de seu ambiente de produção.

> **Teste de raciocínio**
>
> **Configuração de uma rede Hyper-V**
>
> No teste de raciocínio a seguir, aplique o que aprendeu sobre o objetivo para prever quais etapas terá que executar. As respostas às perguntas podem ser encontradas na seção "Respostas" no fim do capítulo.
>
> Ralph tem um servidor Hyper-V executando o Windows Server 2012 R2 com um adaptador de rede físico e um switch virtual externo conectado a esse adaptador. Esse esquema permite que as VMs do servidor baixem automaticamente atualizações de OS da Internet. No entanto, Ralph quer usar as VMs do servidor Hyper-V em uma rede de teste isolada em que ele possa avaliar novos produtos de software. A rede de teste deve ter seu próprio servidor DHCP, que não interfira no servidor DHCP da rede de produção.
>
> Como Ralph pode criar a rede de teste de que precisa para suas VMs sem alterar a configuração que dá às máquinas acesso à Internet?

Resumo do objetivo

- A rede é uma parte crucial da criação de uma infraestrutura de VMs. Depedendo de seu planejamento de rede, as VMs que você criar em um servidor Hyper-V do Windows Server 2012 R2 podem requerer comunicação com outras VMs, com os computadores de sua rede física e com a Internet.
- Um switch virtual, como seu equivalente físico, é um dispositivo que funciona na Camada 2 do modelo de referência OSI. Um switch tem uma série de portas, cada uma conectada a um adaptador de interface de rede de um computador. Qualquer computador conectado ao switch pode transmitir dados para os outros computadores conectados ao mesmo switch.
- O Hyper-V do Windows Server 2012 R2 dá suporte a três tipos de switches – externo, interno e privado – que devem ser criados no Virtual Switch Manager antes de que você possa conectar VMs a eles.
- Todo adaptador de interface de rede tem um endereço MAC – às vezes, chamado de endereço de hardware – que identifica o dispositivo na rede de maneira exclusiva.
- Uma vez que você criar switches virtuais no Hyper-V Manager, poderá conectar VMs a eles criando e configurando adaptadores de rede virtuais.
- A seleção da opção Network Adapter na página Add Hardware cria o que é chamado, na terminologia do Hyper-V, de adaptador de rede sintético. O Hyper-V dá suporte a dois tipos de adaptadores de rede e armazenamento: sintéticos e emulados (às vezes, chamados de legados).
- O NIC teaming (agrupamento NIC) é um recurso do Windows que permite que os administradores reúnam vários adaptadores de rede em uma única entidade para fins de melhoria do desempenho ou tolerância a falhas.

Revisão do objetivo

Responda às perguntas a seguir para testar seu conhecimento sobre as informações deste objetivo. Você pode encontrar as respostas a estas perguntas e explicações de por que cada opção de resposta está certa ou errada na seção "Respostas" no fim do capítulo.

1. Quais das afirmações a seguir são razões válidas para o uso de um adaptador de rede emulado em vez de um sintético? (Selecione todas que forem aplicáveis.)

    A. Você quer instalar o OS convidado usando um servidor dos Serviços de Implantação do Windows (Windows Deployment Services).

    B. Não há um pacote Guest Integration Services disponível para o OS convidado que você planeja usar.

    C. O fabricante de seu adaptador de rede físico ainda não forneceu um driver de adaptador de rede sintético.

    D. O adaptador de rede emulado fornece melhor desempenho.

2. Qual destas afirmações sobre adaptadores de rede sintéticos *não* é verdadeira?

    A. Os adapatadores sintéticos se comunicam com a partição pai usando o VMBus.

    B. Os adaptadores sintéticos requerem que o pacote Guest Integration Services seja instalado no OS convidado.

    C. Os adaptadores sintéticos fornecem desempenho mais rápido do que os adaptadores emulados.

    D. Os adaptadores sintéticos podem iniciar a VM filho usando uma inicialização PXE.

3. Qual é o número máximo de portas com suporte em um switch virtual do Hyper-V?

    A. 8
    B. 256
    C. 4.096
    D. Ilimitado

4. Qual dos seguintes tipos de switch virtual *não* permite que OSs convidados se comuniquem com a partição pai?

    A. Externo
    B. Interno
    C. Privado
    D. Isolado

5. Quantos endereços MAC artibuídos dinamicamente um servidor Hyper-V pode fornecer por padrão?

    A. 8
    B. 256
    C. 4.096
    D. Ilimitados

Respostas

Esta seção contém as soluções dos testes de raciocínio e as respostas às perguntas das revisões de objetivo deste capítulo.

Objetivo 3.1: Teste de raciocínio

Alice pode ativar a memória dinâmica em cada uma das oito VMs e definir o valor de RAM mínima de cada uma para 512 MB. Isso permitirá que cada VM seja iniciada com 1.024 MB de memória e, então, reduza seu footprint, deixando que a próxima máquina seja iniciada.

Objetivo 3.1: Revisão

1. **Respostas corretas:** B, C
   A. **Incorreta:** Na virtualização Tipo I, o hipervisor não é executado em cima de um OS host.
   B. **Correta:** Um hipervisor Tipo I é executado diretamente no hardware do computador.
   C. **Correta:** Um hipervisor Tipo II é executado em cima de um OS host.
   D. **Incorreta:** Na virtualização Tipo II, o hipervisor não é executado diretamente no hardware do computador.
2. **Resposta correta:** A
   A. **Correta:** A virtualização Tipo I fornece o melhor desempenho porque o hipervisor é executado diretamente no hardware do computador e não tem o overhead de um OS host.
   B. **Incorreta:** A virtualização Tipo II fornece um desempenho mais fraco do que a virtualização Tipo I devido à necessidade de compartilhar tempo do processador com o OS host.
   C. **Incorreta:** Virtualização de apresentação é o termo usado para descrever a funcionalidade Remote Desktop Services do Windows. Não se destina a virtualizar servidores.
   D. **Incorreta:** RemoteApp é uma tecnologia para a virtualização de aplicativos individuais e sua implantação com o uso dos Serviços de Área de Trabalho Remota.
3. **Resposta correta:** B
   A. **Incorreta:** O Hyper-V Server não inclui uma licença para instâncias virtuais.
   B. **Correta:** A edição Datacenter do Windows Server 2012 R2 inclui uma licença que permite a criação de um número ilimitado de instâncias virtuais.
   C. **Incorreta:** A edição Standard do Windows Server 2012 R2 inclui uma licença que permite a criação de duas instâncias virtuais.
   D. **Incorreta:** A edição Foundation do Windows Server 2012 R2 não dá suporte ao Hyper-V.

4. **Respostas corretas:** A, B, D
   A. **Correta:** A paginação inteligente permite que uma VM seja reiniciada mesmo se a quantidade de RAM especificada como valor de inicialização estiver indisponível. Ela faz o sistema usar espaço em disco como substituto temporário da memória durante uma reinicialização.
   B. **Correta:** A memória dinâmica permite a especificação de um valor de RAM mínimo que seja menor do que o valor da RAM de inicialização, mas a paginação inteligente permite que o sistema funcione com esses parâmetros.
   C. **Incorreta:** O peso da memória no Windows controla a alocação de memória entre VMs, mas não afeta a possibilidade de um sistema ser reiniciado.
   D. **Correta:** Os Guest Integration Services são necessários para um OS convidado usar a memória dinâmica.
5. **Resposta correta:** C
   A. **Incorreta:** A instância do OS em que você instalar o Hyper-V não se tornará o hipervisor.
   B. **Incorreta:** A instância do OS em que você instalar o Hyper-V não se tornará o VMM.
   C. **Correta:** A instância do OS em que você instalar a função Hyper-V se tornará a partição pai.
   D. **Incorreta:** A instância do OS em que você instalar a função Hyper-V não se tornará a partição filho.
6. **Resposta correta:** B
   A. **Incorreta:** Você pode criar uma nova máquina virtual Geração 1 ou Geração 2 a qualquer momento.
   B. **Correta:** Já que usam drivers melhorados e sintéticos, as VMs Geração 2 são implantadas mais rapidamente do que as VMs Geração 1.
   C. **Incorreta:** As VMs Geração 2 podem executar o Windows Server 2012, o Windows Server 2012 R2, o Windows 8 ou o Windows 8.1 como sistema operacional convidado.
   D. **Incorreta:** As VMs Geração 2 usam drivers melhorados e sintéticos, em comparação com os drivers legados das VMs Geração 1.

Objetivo 3.2: Teste de raciocínio

Ed deve usar o seguinte comando do Windows PowerShell para criar o VHD:

```
New-VHD -Path c:\servera.vhdx -Fixed -SizeBytes 500GB -LogicalSectorSizeBytes 4096 -SourceDisk 0
```

Objetivo 3.2: Revisão

1. **Resposta correta:** B
   A. **Incorreta:** Os arquivos VHDX podem ter até 64 TB, enquanto os arquivos VHD ficam restritos a 2 TB.
   B. **Correta:** O Windows Server 2012, o Windows Server 2012 R2, o Windows 8 e o Windows 8.1 podem abrir arquivos VHDX.
   C. **Incorreta:** Os arquivos VHDX dão suporte a tamanhos de bloco de até 256 MB.
   D. **Incorreta:** Os arquivos VHDX dão suporte a tamanhos de bloco de 4.096 bytes encontrados em algumas unidades mais novas.

2. **Resposta correta:** B
   A. **Incorreta:** Um disco pass-through deve estar online no OS convidado que o acessará.
   B. **Correta:** Um disco pass-through deve estar offline no contêiner pai para que o OS convidado possa ter acesso exclusivo a ele.
   C. **Incorreta:** Um disco pass-through pode ser conectado a qualquer tipo de controlador.
   D. **Incorreta:** Não usamos o snap-in Disk Management para adicionar um disco pass-through a uma VM; usamos o Hyper-V Manager.

3. **Resposta correta:** D
   A. **Incorreta:** Você pode mesclar discos VHD ou VHDX.
   B. **Incorreta:** Você só pode selecionar um disco para edição.
   C. **Incorreta:** Não há requisito de espaço livre na mesclagem de um disco.
   D. **Correta:** A função Merge só aparece quando selecionamos um disco de diferenciação para edição. Seu objetivo é combinar os dados do disco de diferenciação com os do pai.

4. **Respostas corretas:** A, D
   A. **Correta:** Os pontos de verificação consomem espaço em disco cujo uso seria mais adequado para outros fins.
   B. **Incorreta:** Os pontos de verificação não requerem uma alocação de memória duplicada.
   C. **Incorreta:** Em condições normais, os pontos de verificação não levam horas para ser criados.
   D. **Correta:** O servidor Hyper-V deve localizar e processar os pontos de verificação sempre que acessar as unidades de disco de uma VM, tornando seu desempenho mais lento.

5. **Resposta correta:** D
   A. **Incorreta:** Você deve criar uma SAN Fibre Channel antes de poder adicionar um adaptador Fibre Channel a uma VM.
   B. **Incorreta:** Você deve ter um adaptador FibreChannel físico antes de poder criar componentes Fibre Channel virtuais.

- **C. Incorreta:** O driver de seu adaptador Fibre Channel físico deve dar suporte à rede virtual.
- **D. Correta:** Cabos SCSI não são requeridos em instalações Fibre Channel.

Objetivo 3.3: Teste de raciocínio

Ralph pode criar um ambiente de teste isolado sem alterar a configuração de switch virtual marcando a caixa de seleção Enable Virtual LAN Identification no adaptador de rede de cada VM e especificando o mesmo identificador de VLAN para cada VM que ele quiser na rede de teste.

Objetivo 3.3: Revisão

1. **Respostas corretas:** A, B
    - **A. Correta:** Uma instalação de Windows Deployment Services requer que o adaptador de rede dê suporte ao PXE, existente nos adaptadores emulados, mas não nos sintéticos.
    - **B. Correta:** Os drivers de adaptadores sintéticos são instalados como parte do pacote Guest Integration Services; se não houver um pacote para o OS convidado, não haverá drivers sintéticos.
    - **C. Incorreta:** Os drivers de adaptadores sintéticos não são fornecidos por fabricantes de hardware.
    - **D. Incorreta:** Os adaptadores sintéticos fornecem melhor desempenho do que os adaptadores emulados.
2. **Resposta correta:** D
    - **A. Incorreta:** Os adaptadores sintéticos usam o VMBus, que é mais veloz, em comunicações com a partição pai; os adaptadores emulados devem usar chamadas ao hipervisor.
    - **B. Incorreta:** Os drivers de adaptadores sintéticos são instalados como parte do pacote Guest Integration Services no OS convidado.
    - **C. Incorreta:** Devido à sua comunicação mais eficiente com a partição pai, os adaptadores sintéticos têm um desempenho melhor do que os adaptadores emulados.
    - **D. Correta:** Os adaptadores de rede sintéticos são carregados com o Guest Integration Services no OS convidado, o que os impede de dar suporte ao PXE.
3. **Resposta correta:** D
    - **A. Incorreta:** Switches limitados a oito conexões seriam insuficientes para muitas instalações do Hyper-V.
    - **B. Incorreta:** Switches Hyper-V não estão restritos a 256 conexões.
    - **C. Incorreta:** Switches Hyper-V não estão restritos a 4.096 conexões.
    - **D. Correta:** Switches virtuais Hyper-V podem dar suporte a um número ilimitado de conexões.

4. **Resposta correta:** C
   A. **Incorreta:** Os switches externos permitem que os OSs convidados se comuniquem com a rede externa e a partição pai.
   B. **Incorreta:** Os switches internos permitem que os OSs convidados se comuniquem com a partição pai, mas não com a rede externa.
   C. **Correta:** Os switches privados permitem que os OSs convidados se comuniquem uns com os outros, mas não com a rede externa ou a partição pai.
   D. **Incorreta:** Isolado não é um termo técnico que se refira a um tipo de switch virtual.

5. **Resposta correta:** B
   A. **Incorreta:** Um pool de oito endereços MAC seria insuficiente para muitas instalações do Hyper-V.
   B. **Correta:** Um servidor Hyper-V fornece um pool de 256 endereços MAC por padrão. Você pode criar mais modificando o intervalo de endereço padrão.
   C. **Incorreta:** Por padrão, o Hyper-V dedica apenas um byte do endereço MAC a um valor dinâmico, o que não é suficiente para dar suporte a 4.096 endereços.
   D. **Incorreta:** O Hyper-V cria um pool finito de endereços MAC especificando valores mínimos e máximos para o endereço.

CAPÍTULO 4

Implantação e configuração de serviços básicos de rede

Este capítulo discutirá os serviços vitais de infraestrutura que quase todas as redes devem implementar. Todos os computadores de uma rede baseada em TCP/IP devem ter, pelo menos, um endereço Internet Protocol (IP), e, atualmente, a maioria das redes usa o Dynamic Host Configuration Protocol (DHCP) para atribuí-lo. Para simplificar o acesso a recursos na Internet e localizar controladores de domínio do Active Directory Domain Services (AD DS), os computadores configurados com TCP/IP devem ter acesso a um servidor Domain Name System (DNS). O Windows Server 2012 R2 inclui todos esses serviços e fornece as ferramentas para gerenciá-los.

Objetivos deste capítulo:
- Objetivo 4.1: Configurar os endereçamentos IPv4 e IPv6
- Objetivo 4.2: Configurar servidores
- Objetivo 4.3: Implantar e configurar o serviço DNS

Objetivo 4.1: Configurar os endereçamentos IPv4 e IPv6

Os administradores de servidor devem conhecer os princípios básicos dos espaços de endereço IPv4 e IPv6. Esta seção examinará esses princípios e descreverá o processo usual de planejamento de estratégias de endereçamentos IPv4 e IPv6.

> **Este objetivo aborda como:**
> - Configurar opções de endereço IP
> - Configurar sub-redes (subnets)
> - Configurar super-redes (supernets)
> - Configurar a interoperabilidade entre o IPv4 e o IPv6
> - Configurar o ISATAP
> - Configurar o Teredo

Endereçamento IPv4

Como você deve saber, o espaço de endereço IPv4 é composto por endereços de 32 bits, representados como quatro valores decimais de 8 bits de 0 a 255 e separados por pontos (p. ex., 192.168.43.100). Isso é conhecido como *notação decimal pontuada*, e cada valor decimal, composto por 8 bits, é chamado de *octeto* ou *byte*.

Cada endereço é composto por bits de rede, que identificam uma rede, e bits de host, que identificam um dispositivo específico dessa rede. Para diferenciar os bits de rede dos bits de host, os endereços devem ter uma máscara de sub-rede.

Uma máscara de sub-rede é outro valor de 32 bits composto por bits 1 e 0 binários. Se compararmos a um endereço IP, os bits que correspondem aos da máscara com valores 1s são os bits de redes, e os bits correspondentes aos 0s são os bits de host. Logo, se o endereço 192.168.43.100 mencionado anteriormente tiver uma máscara de sub-rede 255.255.255.0 (que, na forma binária, seria 11111111.11111111.1111 1111.00000000), os três primeiros octetos (192.168.43) identificarão a rede e o último octeto (100) identificará o host.

Endereçamento IPv4 classful (dividido em classes)

Já que a máscara de sub-rede associada a endereços IP pode variar, o número de bits usado para identificar a rede e o host também pode.

O IP padrão original define três classes de endereços IP, que dão suporte a redes de diferentes tamanhos, como mostrado na Figura 4-1.

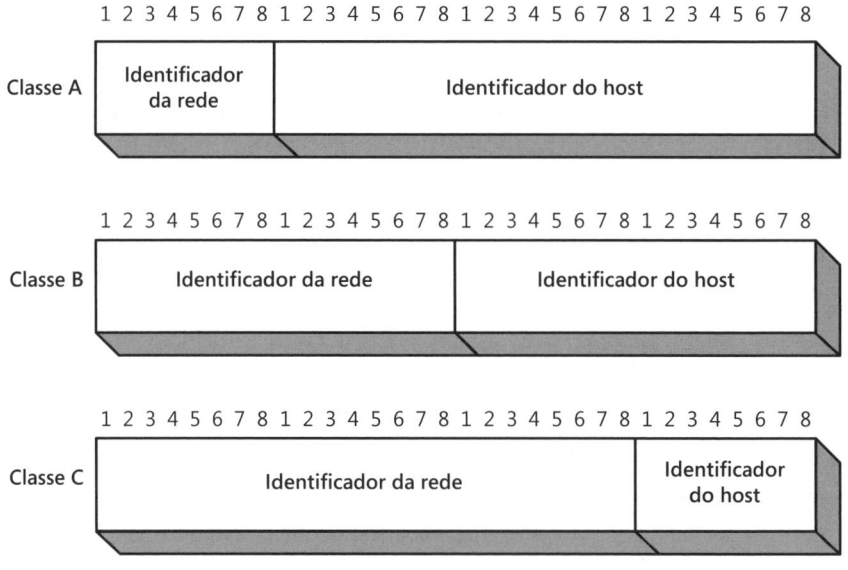

FIGURA 4-1 As três classes de endereços IPv4.

O número de redes e hosts suportado por cada uma das classes de endereços está listado na Tabela 4-1.

TABELA 4-1 Classes de endereços IPv4

Classe de endereço IP	Classe A	Classe B	Classe C
Valores dos primeiros bits (binários)	0	10	110
Valores do primeiro byte (decimais)	1–127	128–191	192–223
Número de bits que identificam a rede	8	16	24
Número de bits que identificam o host	24	16	8
Número de redes possíveis	126	16.384	2.097.152
Número de hosts possíveis	16.777.214	65.534	254

> **NOTA CLASSES ADICIONAIS**
> Além das classes A, B e C, o IP padrão define as classes D e E. Os endereços de classe D começam com os valores de bits 1110, e os endereços de classe E começam com 11110. A Internet Assigned Numbers Authority (IANA, Autoridade para Atribuição de Números na Internet) tem alocado endereços de classe D para uso como identificadores multicast. Um *endereço multicast* identifica um grupo de computadores em uma rede, em que todos estes possuem uma determinada característica semelhante. Os endereços multicast permitem que aplicativos TCP/IP enviem tráfego para computadores que executem funções específicas (como todos os roteadores da rede), mesmo se estiverem localizados em sub-redes diferentes. Os endereços de classe E são definidos como experimentais e ainda não estão sendo usados.

A linha "Valores dos primeiros bits" incluída na tabela especifica os valores binários que o primeiro, os dois primeiros ou os três primeiros bits de um endereço de cada classe devem ter. As primeiras implementações do TCP/IP usavam esses valores de bits em vez de uma máscara de sub-rede para determinar a classe de um endereço. Os valores binários dos primeiros bits de cada endereço limitam os valores decimais possíveis para o primeiro byte do endereço. Por exemplo, já que o primeiro bit de um endereço de classe A deve ser 0, os valores binários possíveis do primeiro byte de um endereço de classe A vão de 00000001 a 01111111, que, na forma decimal, são valores que vão de 1 a 127. Logo, no sistema de endereçamento classful, quando vemos um endereço IP em que o primeiro byte é um número de 1 a 127, sabemos que ele é um endereço de classe A.

Em um endereço de classe A, o identificador da rede são os oito primeiros bits, e o identificador do host são os 24 bits restantes. Logo, só podem existir 126 redes de classe A (a identificação de rede 127 é reservada para fins de diagnóstico), mas cada rede pode ter até 16.777.214 adaptadores de interface de rede. Os endereços de classe B e C dedicam mais bits ao identificador da rede, ou seja, dão suporte a um maior número de redes, mas ao custo de terem menos bits para identificar hosts. Essa diferença reduz o número de hosts que podem ser criados em cada rede.

Os valores da Tabela 4-1 para o número de hosts que cada classe de endereço suporta podem parecer baixos. Por exemplo, um número binário de 8 bits teria 256 (isto é, 2^8) valores possíveis, e não 254, como mostrado na tabela para os hosts de um endereço de classe C. O valor 254 é usado porque o padrão de endereçamento IP original preconiza que não podemos atribuir os endereços "todo de zeros" ou "todo de uns" a hosts individuais. O endereço "todo de zeros" identifica a rede local, e não um host específico, e o identificador "todo de uns" sempre significa um endereço broadcast (difusão). Não podemos atribuir nenhum dos dois valores a um host individual. Logo, para calcular o número de endereços de rede ou host passíveis de serem criados com um determinado número de bits, usamos a fórmula 2^x-2, em que x é o número de bits.

Roteamento classless (sem classe) entre domínios

Quando o IP foi desenvolvido, ninguém imaginava que o espaço de endereço de 32 bits seria exaurido. No início dos anos 80, não havia redes com 65.536 computadores, quanto mais 16 milhões, e ninguém se preocupava com o desperdício gerado na atribuição de endereços IP baseados em classes.

Devido a esse desperdício, o endereçamento classful foi gradualmente substituído por uma série de métodos de criação de sub-redes, que incluem a máscara de sub-rede de tamanho variável (VLSM, variable length subnet masking) e, por fim, o *Roteamento Entre Domínios sem Classe (CIDR, Classless Inter-Domain Routing)*. O CIDR é um método de criação de sub-redes que permite que os administradores insiram a divisão entre os bits da rede e os bits do host em qualquer local do endereço, e não apenas entre octetos. Isso possibilita a criação de redes de quase qualquer tamanho.

O CIDR também introduz uma nova notação para endereços de rede. Um endereço decimal pontuado padrão representando a rede é seguido por uma barra e um numeral especificando o tamanho do prefixo identificador da rede. Por exemplo, 192.168.43.0/24 representa uma única rede de classe C que usa um identificador de rede com 24 bits, deixando os outros 8 bits para até 254 identificadores de hosts. Cada um desses hosts receberia um endereço de 192.168.43.1 a 192.168.43.254, usando a máscara de sub-rede 255.255.255.0.

No entanto, usando o CIDR, o administrador pode subdividir esse endereço ainda mais, alocando alguns dos bits de host para criar sub-redes. Para criar sub-redes para quatro filiais, por exemplo, o administrador pode pegar dois dos bits que identificam o host, alterando o endereço de rede da notação CIDR para 192.168.43.0/26. Já que agora o identificador da rede tem 26 bits, as máscaras de sub-rede de todas as quatro redes serão 11111111.11111111.11111111.11000000 na forma binária, ou 255.255.255.192 na forma decimal padrão. Cada uma das quatro redes terá até 62 hosts, usando os intervalos de endereço IP mostrados na Tabela 4-2.

TABELA 4-2 Exemplo das redes CIDR 192.168.43.0/26

Endereço de rede	Endereço IP inicial	Endereço IP final	Máscara de sub-rede
192.168.43.0	192.168.43.1	192.168.43.62	255.255.255.192
192.168.43.64	192.168.43.65	192.168.43.126	255.255.255.192
192.168.43.128	192.168.43.129	192.168.43.190	255.255.255.192
192.168.43.192	192.168.43.193	192.168.43.254	255.255.255.192

Se o administrador precisar de mais do que quatro sub-redes, a alteração do endereço de rede para 192.168.43.0/28 adicionará mais dois bits ao endereço de rede para um máximo de 16 sub-redes, cada uma podendo suportar até 14 hosts. Logo, a máscara de sub-rede dessas redes seria 255.255.255.240.

Endereçamento IPv4 público e privado

Para um computador ser acessado na Internet, é preciso haver um endereço IP que seja registrado e exclusivo, no servidor ou em um dispositivo que dê acesso a ele, como um roteador NAT. Todos os servidores web na Internet têm endereços registrados, assim como todos os outros tipos de servidores de Internet.

A IANA é a fonte definitiva de todos os endereços registrados. Gerenciada pela Internet Corporation for Assigned Names and Numbers (ICANN, Corporação da Internet para Atribuição de Nomes e Números), essa organização aloca blocos de endereços para registros regionais da Internet (RIR, regional Internet registries), que, por sua vez, alocam blocos menores para provedores de serviços de Internet (ISPs, Internet service providers). Normalmente, uma empresa que quer hospedar um servidor na Internet obtém com um ISP um endereço registrado.

Endereços IP registrados não são necessários para estações de trabalho que simplesmente acessem recursos na Internet. Se as empresas usassem endereços registrados para todas as suas estações de trabalho, o espaço de endereço IPv4 já teria se exaurido há muito tempo. Em vez disso, as empresas geralmente usam endereços IP privados nas estações de trabalho. Os endereços IP privados são blocos de endereços alocados especificamente para uso na rede privada (interna). Qualquer um pode usar esses endereços sem registrá-los, mas computadores usando endereços privados não podem ser acessados via Internet sem o uso de uma tecnologia especializada, como a Network Address Translation (NAT, Conversão de Endereços de Rede).

Os três blocos de endereços alocados para uso privado são:

- 10.0.0.0/8
- 172.16.0.0/12
- 192.168.0.0/16

A maioria das redes empresariais usa endereços desses blocos para suas estações de trabalho. Não importa se várias empresas usarem os mesmos endereços, porque as estações de trabalho nunca estarão diretamente conectadas à mesma rede.

Sub-redes (subnets) IPv4

Na maioria dos casos, os administradores corporativos usam endereços de um dos intervalos de endereços IP privados para criar as sub-redes necessárias. Se você estiver construindo uma nova rede empresarial a partir do zero, pode selecionar qualquer um dos blocos de endereços privados e facilitar as coisas criando sub-redes ao longo dos limites dos octetos.

Por exemplo, você pode pegar o intervalo de endereço IP privado 10.0.0.0/8 e usar o segundo octeto inteiro como ID de sub-rede. Isso permitirá que sejam criadas até 256 sub-redes com até 65.536 hosts em cada uma. As máscaras para todos os endereços das sub-redes serão 255.255.0.0, e os endereços de rede serão os seguintes:

- 10.0.0.0/16
- 10.1.0.0/16

- 10.2.0.0/16
- 10.3.0.0/16
- ...
- 10.255.0.0/16

Quando você estiver trabalhando com uma rede existente, provavelmente o processo de criação de sub-redes será mais difícil. Você pode, por exemplo, receber um intervalo de endereços relativamente pequeno e ser solicitado a criar um certo número de sub-redes a partir dele. Para fazê-lo, use o procedimento a seguir.

1. Determine quantos bits identificadores de sub-rede são necessários para a criação do número de sub-redes requerido.
2. Subtraia os bits de sub-rede necessários dos bits de host e some-os aos bits de rede.
3. Calcule a máscara de sub-rede somando os bits de rede e de sub-rede na forma binária e convertendo o valor binário em decimal.
4. Pegue o bit de sub-rede *menos significativo* e os bits de host, na forma binária, e converta-os em um valor decimal.
5. Incremente o identificador da rede (inclusive os bits de sub-rede) pelo valor decimal que calculou para determinar os endereços de rede de suas novas sub-redes.

Usando o exemplo anterior deste capítulo, se você pegar o endereço de rede 192.168.43.0/24 e alocar dois bits adicionais para o ID de sub-rede, obterá um valor de máscara de sub-rede binário de 11111111.11111111.11111111.11000000 (255.255.255.192 na forma decimal, como já mencionado).

O bit de sub-rede menos significativo mais os bits de host fornecem o valor binário 1000000, que é convertido no valor decimal 64. Logo, se você souber que o endereço de rede de sua primeira sub-rede é 192.168.43.0, a segunda sub-rede deve ser 192.168.43.64, a terceira, 192.168.43.128, e a quarta, 192.168.43.192, como mostrado na Tabela 4-2.

Super-rede (supernet)

Além de simplificar a notação de rede, o CIDR também torna possível usar uma técnica chamada agregação de endereço IP ou criação de super-rede (supernet), que pode ajudar a reduzir o tamanho das tabelas de roteamento da Internet. Uma super-rede é uma combinação de redes contíguas em que todas contêm um prefixo CIDR comum. Quando uma empresa possui várias redes contíguas que podem ser expressas como uma super-rede, é possível listar essas redes em uma tabela de roteamento com o uso de apenas uma entrada em vez de muitas.

Por exemplo, se uma empresa tivesse as cinco sub-redes a seguir, a prática padrão seria criar uma entrada na tabela de roteamento separada para cada uma.

- 172.16.43.0/24
- 172.16.44.0/24
- 172.16.45.0/24

- 172.16.46.0/24
- 172.16.47.0/24

Para criar uma super-rede contendo todas essas cinco redes, você deve isolar os bits que elas têm em comum. Quando você converter os endereços de rede de decimal para binário, obterá os valores a seguir:

```
172.16.43.0    10101100.00010000.00101011.00000000
172.16.44.0    10101100.00010000.00101100.00000000
172.16.45.0    10101100.00010000.00101101.00000000
172.16.46.0    10101100.00010000.00101110.00000000
172.16.47.0    10101100.00010000.00101111.00000000
```

Na forma binária, é possível ver, que em todos os cinco endereços, os primeiros 21 bits são iguais. Esses 21 bits passarão a ser o identificador da rede do endereço de super-rede, como vemos a seguir:

```
10101100.00010000.00101
```

Depois que os bits de host são zerados para formar o endereço de rede e o número binário é convertido novamente para a forma decimal, como visto abaixo, o endereço de super-rede resultante é 172.16.40.0/21.

```
10101100.00010000.00101000.00000000    172.16.40.0/21
```

O endereço de rede único pode substituir os cinco originais em tabelas de roteamento em toda a Internet. Este é apenas um exemplo de uma técnica que os administradores podem usar para combinar dezenas ou até mesmo centenas de sub-redes em uma única entrada nas tabelas de roteamento.

Atribua endereços IPv4

Um administrador de rede deve entender como o endereçamento IP funciona, mas também deve conhecer os métodos de implantação de endereços IP nos computadores de uma rede.

Há três métodos básicos para a atribuição de endereços IPv4:

- Configuração manual
- Dynamic Host Configuration Protocol (DHCP, Protocolo de Configuração Dinâmica de Endereços de Rede)
- Automatic Private IP Addressing (APIPA, Endereçamento IP Privado Automático)

As vantagens e desvantagens desses métodos serão discutidas nas próximas seções.

CONFIGURAÇÃO MANUAL DE ENDEREÇOS IPV4

A configuração de um cliente TCP/IP manualmente não é difícil ou demorada. A maioria dos sistemas operacionais fornece uma interface gráfica que permite a inserção de um endereço IPv4, uma máscara de sub-rede e vários outros parâmetros da configuração do TCP/IP. Para definir configurações de endereço IP no Windows Server 2012 R2, você usará a página Internet Protocol Version 4 (TCP/IPv4) Properties, como mostrado na Figura 4-2.

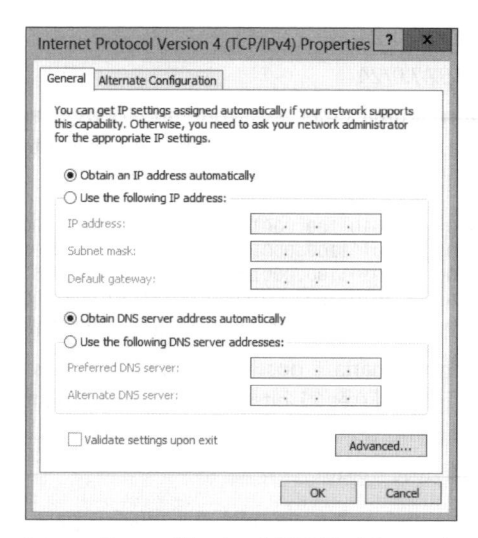

FIGURA 4-2 A página Internet Protocol Version 4 (TCP/IPv4) Properties.

Quando você selecionar a opção Use The Following IP Address (Usar o Seguinte Endereço IP), poderá configurar estas opções de endereço IP:

- **IP Address**   Especifica o endereço IP da sub-rede local que identificará esta interface de rede do computador
- **Subnet Mask**   Especifica a máscara associada à sub-rede local
- **Default Gateway**   Especifica o endereço IP de um roteador da sub-rede local, que o sistema usará para acessar destinos em outras redes
- **Preferred DNS Server**   Especifica o endereço IP do servidor DNS que o sistema usará para converter nomes de host em endereços IP

O principal problema da configuração manual é que uma tarefa que demande dois minutos para uma estação de trabalho demandará várias horas para 100 estações e vários dias para 1.000. É inviável configurar tudo manualmente, exceto em redes menores, e não só por ser lento. Você também deve rastrear os endereços IPv4 que atribuir e certificar-se de que cada sistema tenha um endereço exclusivo. Isso pode apresentar desafios logísticos imensos e é a razão pela qual poucos administradores de rede escolhem essa opção.

DYNAMIC HOST CONFIGURATION PROTOCOL (DHCP)

O *DHCP* é um protocolo da camada de aplicativos que permite que os administradores aloquem dinamicamente os endereços IP de um pool. Computadores configurados como *clientes DHCP* entram em contato automaticamente com um servidor DHCP quando são iniciados, e o servidor atribui a eles endereços exclusivos e todos os outros parâmetros de configuração que estiver configurado para fornecer.

O servidor DHCP fornece endereços para clientes por concessão, e, após um intervalo predeterminado, cada cliente renova seu endereço ou o libera novamente para o servidor para realocação. O DHCP não só automatiza o processo de atribuição de endereços, como também rastreia os endereços que atribui, impedindo a duplicação de endereços na rede.

> **NOTA** **ALOCAÇÃO DE ENDEREÇOS PELO DHCP**
> Para obter mais informações sobre o DHCP, consulte o Objetivo 4.2, "Configurar servidores".

AUTOMATIC PRIVATE IP ADDRESSING (APIPA, ENDEREÇAMENTO AUTOMÁTICO DE IP PRIVADO)

APIPA é o nome atribuído pela Microsoft para um mecanismo de failover do DHCP usado por todos os sistemas operacionais Microsoft Windows atuais. Em computadores Windows, o cliente DHCP é ativado por padrão. Se, após várias tentativas, um sistema não conseguir localizar um servidor DHCP na rede, o APIPA assumirá e atribuirá automaticamente um endereço da rede 169.254.0.0/16 para o computador.

Para uma rede pequena composta por uma única rede local (LAN), o APIPA é uma alternativa simples e eficaz para a instalação de um servidor DHCP. No entanto, para instalações compostas por várias LANs conectadas por roteadores, os administradores devem ter um controle mais rigoroso sobre o processo de atribuição de endereços IP. Geralmente, isso significa implantar de alguma forma um ou mais servidores DHCP.

Endereçamento IPv6

Como a maioria dos administradores sabe, o IPv6 foi projetado para aumentar o tamanho do espaço de endereço IP, fornecendo, assim, endereços para uma quantidade muito maior de dispositivos do que no IPv4. O tamanho do espaço de endereço de 128 bits do IPv6 disponibiliza 2^{128} endereços possíveis – o que totaliza mais de 54 milhões de endereços para cada metro quadrado da superfície da Terra.

Além de fornecer mais endereços, o IPv6 também reduzirá o tamanho das tabelas de roteamento dos roteadores espalhados pela Internet. Isso ocorre porque o tamanho dos endereços fornece mais do que os dois níveis de sub-redes possíveis atualmente com o IPv4.

Introdução ao IPv6

Os endereços IPv6 são diferentes dos endereços IPv4 em muitas aspectos além do tamanho. Em vez dos quatro números decimais de 8 bits separados por pontos que o IPv4 usa, os endereços IPv6 usam uma notação em formato hexadecimal com dois pontos, que é composto por números hexadecimais de 16 bits separados por dois pontos, como vemos a seguir:

```
XX:XX:XX:XX:XX:XX:XX:XX
```

Cada *X* representa oito bits (ou um byte), que, na notação hexadecimal, são representados por dois caracteres, como no exemplo a seguir:

```
21cd:0053:0000:0000:e8bb:04f2:003c:c394
```

COMPACTE ENDEREÇOS IPV6

Quando um endereço IPv6 tem dois ou mais blocos de zeros consecutivos de 8 bits, é possível substituí-los por dois-pontos duplos, como no caso a seguir (mas só podemos usar dois pontos duplos uma vez em um endereço IPv6):

`21cd:0053::e8bb:04f2:003c:c394`

Você também pode remover os zeros iniciais de um bloco quando eles aparecerem, da seguinte forma:

`21cd:53::e8bb:4f2:3c:c394`

REPRESENTE ENDEREÇOS DE REDE NO IPV6

Não há máscaras de sub-rede no IPv6. Os endereços de rede usam a mesma notação de barra do CIDR para identificar os bits de rede. Neste exemplo, o endereço de rede é representado como:

`21cd:53::/64`

Essa é a forma compactada do endereço de rede a seguir:

`21cd:0053:0000:0000/64`

Tipos de endereço IPv6

Não há transmissões broadcast (difusão) no IPv6, e, portanto, não há endereços de broadcast, como no IPv4. O IPv6 dá suporte a três tipos de transmissões:

- **Unicast** Fornece serviço de transmissão "um-para-um" para interfaces individuais, inclusive farms de servidores compartilhando um único endereço
- **Multicast** Fornece serviço de transmissão "um-para-muitos" para grupos de interfaces identificados por um único endereço multicast
- **Anycast** Fornece serviço de transmissão do tipo "um-para-um-de-muitos" para grupos de interfaces, e só o mais próximo (medido pelo número de roteadores intermediários) recebe a transmissão

---

> **NOTA** **ESCOPOS DO IPV6**
>
> No IPv6, o escopo de um endereço está relacionado ao tamanho de sua área funcional. Por exemplo, o escopo de um endereço unicast global é ilimitado; isto é, a Internet inteira. O escopo de um endereço unicast de link local (conexão local) é a conexão imediata; isto é, a rede local. O escopo de um endereço unicast unique local (local único) é composto por todas as sub-redes de uma empresa.

O IPv6 também dá suporte a vários outros tipos de endereços, como descrito nas próximas seções.

ENDEREÇOS UNICAST GLOBAIS

Um endereço unicast global é o equivalente a um endereço IPv4 registrado, que pode ser roteado mundialmente e é exclusivo na Internet.

ENDEREÇOS UNICAST DE LINK LOCAL

No IPv6, sistemas que atribuem um endereço automaticamente a si próprios criam um endereço unicast de link local, que é basicamente o equivalente a um endereço APIPA do IPv4. Todos os endereços de link local têm o mesmo identificador da rede: um prefixo 1111111010 de 10 bits seguido por 54 zeros, resultando no endereço de rede a seguir:

`fe80:0000:0000:0000/64`

Em sua forma mais compacta, o identificador da rede de um endereço link local ficaria assim:

`fe80::/64`

Já que todos os endereços de link local ficam na mesma rede, eles não podem ser roteados, e os sistemas que os possuem só se comunicam com outros sistemas da mesma conexão.

ENDEREÇOS UNICAST UNIQUE LOCAL (ÚNICOS NO SITE LOCAL)

Os endereços unicast unique local são o equivalente no IPv6 aos endereços de rede privados 10.0.0.0/8, 172.16.0.0/12 e 192.168.0.0/16 do IPv4. Como os endereços IPv4 privados, os endereços locais únicos podem ser roteados dentro de uma empresa. Os administradores também podem criar sub-redes com eles, conforme apropriado para dar suporte a uma empresa de qualquer tamanho.

> **NOTA** **ENDEREÇOS IPV6 OBSOLETOS**
>
> Muitas fontes de informações sobre o IPv6 continuam a listar os endereços unicast de site local como um tipo válido de endereço unicast, com uma função semelhante à dos endereços de rede IPv4 privados. Por várias razões, os endereços unicast de site local foram abandonados, e, embora seu uso não seja proibido, sua funcionalidade foi substituída pela dos endereços unicast unique local.

ENDEREÇOS MULTICAST

Os endereços multicast sempre começam com um valor 11111111 em binário ou ff em hexadecimal.

ENDEREÇOS ANYCAST

A função de um endereço anycast é identificar os roteadores de um determinado escopo de endereço e enviar tráfego para o mais próximo, como determinado pelos protocolos de roteamento locais. As empresas podem usar endereços anycast para identificar um conjunto específico de roteadores da corporação, como os que dão acesso à Internet. No uso de transmissões anycast, os roteadores devem ser configurados para reconhecer os endereços como do tipo *anycast*.

Atribua endereços IPv6

Os processos pelos quais os administradores atribuem endereços IPv6 a computadores da rede são semelhantes aos do IPv4. Com no IPv4, um computador Windows pode obter um endereço IPv6 por três métodos:

- **Alocação manual** Um usuário ou administrador fornece manualmente um endereço e outras informações para cada interface de rede.
- **Autoalocação** O computador cria seu próprio endereço usando um processo chamado autoconfiguração de endereço sem informações de estado (stateless).
- **Alocação dinâmica** O computador solicita e recebe um endereço de um servidor DHCPv6 da rede.

ALOCAÇÃO MANUAL DE ENDEREÇO IPV6

Para o administrador corporativo, a alocação manual de endereços é ainda mais inviável no IPv6 do que no IPv4, devido ao tamanho dos endereços envolvidos. No entanto, isso é possível, e o procedimento no Windows Server 2012 R2 é o mesmo usado para o IPv4, exceto por abrirmos a página Internet Protocol Version 6 (TCP/IPv6) Properties, como mostrado na Figura 4-3.

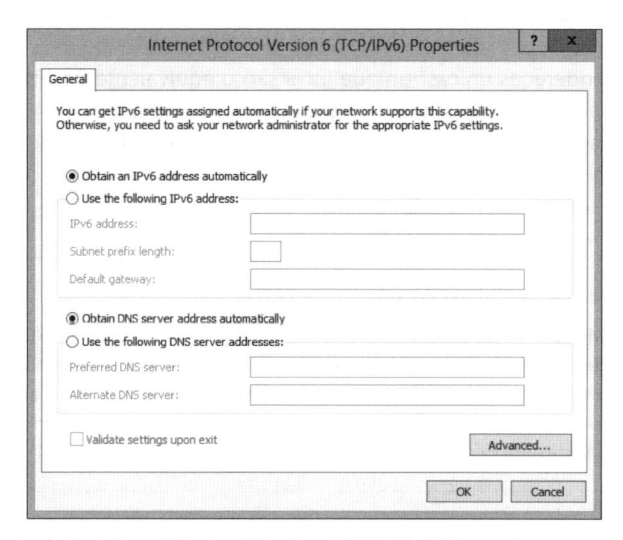

FIGURA 4-3   A página Internet Protocol Version 6 (TCP/IPv6) Properties.

Devido às dificuldades de se trabalhar com endereços IPv6 manualmente, as duas opções a seguir são predominantes.

AUTOCONFIGURAÇÃO DE ENDEREÇO IPV6 SEM INFORMAÇÕES DE ESTADO

Quando um computador Windows é iniciado, ele começa o processo de autoconfiguração de endereço sem informações de estado (stateless), durante o qual atribui a cada interface um endereço unicast de link local. Essa atribuição sempre ocorre, mesmo se a interface for receber um endereço unicast global posteriormente. O endereço de link local permite que o sistema se comunique com o roteador da conexão, que fornece instruções individuais.

As etapas do processo de autoconfiguração de endereço sem informações de estado são:

1. **Criação do endereço de link local** A implementação do IPv6 no sistema cria um endereço de link local para cada interface usando o endereço de rede

fe80::/64 e gerando um ID de interface, com o endereço de controle de acesso à mídia (MAC, media access control) da interface ou um gerador pseudoaleatório.

2. **Detecção de endereço duplicado** Usando o protocolo Descoberta de Vizinhança IPv6 (ND, Neighbor Discovery), o sistema transmite uma mensagem de solicitação de vizinho (Neighbor Solicitation), para determinar se algum outro computador da conexão está usando o mesmo endereço, e espera uma mensagem de aviso (Neighbor Advertisement) enviada em resposta. Se não houver resposta, o sistema considerará o endereço exclusivo na conexão. Se houver resposta, o sistema deve gerar um novo endereço e repetir o procedimento.

3. **Atribuição de endereço de link local** Quando o sistema determina que o endereço de link local é exclusivo, ele configura a interface para usá-lo. Em uma rede pequena composta por um único segmento ou conexão, esta pode ser a atribuição de endereço permanente da interface. Em uma rede com várias sub-redes, a principal função da atribuição de endereço de link local é permitir que o sistema se comunique com um roteador na conexão.

4. **Solicitação de anúncio de roteador** O sistema usa o protocolo ND para transmitir mensagens de Solicitação de Roteador (RS, Router Solicitation) para o endereço multicast de todos os roteadores. Essas mensagens forçam os roteadores a transmitir as mensagens de Anúncio de Roteador (RA, Router Advertisement) com mais frequência.

5. **Anúncio de roteador** O roteador da conexão usa o protocolo ND para transmitir mensagens Router Advertisement para o sistema, contendo informações sobre como o processo de autoconfiguração deve prosseguir. Normalmente, as mensagens Router Advertisement fornecem um prefixo de rede, que o sistema usará com seu ID de interface para criar um endereço unicast global ou unique local. As mensagens também podem instruir o sistema a iniciar um processo de autoconfiguração com informações de estado (stateful) entrando em contato com um servidor DHCPv6 específico. Se não houver um roteador na conexão, como determinado quando não há recebimento de mensagens Router Advertisement, o sistema deve tentar iniciar um processo de autoconfiguração sem informações de estado (stateless).

6. **Configuração de endereço global ou unique local** Usando as informações que recebeu do roteador, o sistema gera um endereço adequado que possa ser roteado, globalmente ou dentro da empresa, e configura a interface para usá-lo. Se assim for instruído, o sistema também pode iniciar um processo de autoconfiguração com informações de estado entrando em contato com o servidor DHCPv6 especificado pelo roteador e obtendo um endereço global ou unique local a partir do servidor, junto com outras definições de configurações.

DYNAMIC HOST CONFIGURATION PROTOCOL V6

Se você for um administrador corporativo com uma rede de vários segmentos, será necessário usar endereços locais exclusivos (unique local) ou globais para a comunicação entre redes, logo você precisará de roteadores que anunciem os prefixos de rede apropriados ou servidores DHCPv6 que possam fornecer endereços com os prefixos corretos.

A função Remote Access do Windows Server 2012 R2 dá suporte ao roteamento e ao anúncio de roteadores do IPv6, e a função DHCP Server dá suporte à alocação de endereços IPv6.

Crie sub-redes de endereços IPv6

Como no IPv4, os administradores podem criar uma hierarquia de sub-redes usando endereços IPv6. No entanto, no IPv6 não são necessárias máscaras de sub-rede, porque há bits suficientemente amplos no identificador da rede para a criação de um identificador de sub-rede sem ser preciso pegar emprestado bits do host.

O formato de um endereço IPv6 unicast global divide os 128 bits nas três seções a seguir:

- **Prefixo de roteamento global**   Um campo de 48 bits começando com o valor 001 FP, cuja estrutura hierárquica é de responsabilidade do registro regional da Internet (RIR)
- **ID de sub-rede**   Um campo de 16 bits que as empresas podem usar para criar uma hierarquia de sub-redes interna
- **ID de interface**   Um campo de 64 bits identificando uma interface específica na rede

Quando obtemos um endereço de rede IPv6 de um ISP ou de um RIR, normalmente recebemos um prefixo de roteamento global, que costuma ser representado como "/48". Ficamos, então, com o campo de ID de sub-rede para usar para segmentar a rede em sub-redes conforme necessário. Algumas opções para criação de sub-redes são:

- **Sub-rede de um nível**   Se configurarmos todos os bits do ID de sub-rede com 0, todos os computadores da empresa farão parte de uma única sub-rede.
- **Sub-rede de dois níveis**   Criando uma série de valores de 16 bits, você pode dividir a rede em até 65.536 sub-redes. Isso é o equivalente funcional à criação de sub-redes IPv4, mas com um espaço de endereço de sub-rede muito maior.
- **Sub-rede de vários níveis**   Alocando números de bit de sub-rede específicos, você pode criar vários níveis de sub-redes, sub-sub-redes e sub-sub-sub-redes, o que é adequado para empresas de quase qualquer tamanho.

Por exemplo, considere uma grande empresa internacional com seu ID de sub-rede dividido como segue:

- **País (4 bits)**   Possibilita criar até 16 sub-redes representando os países em que a empresa tem filiais
- **Estado (6 bits)**   Possibilita criar até 64 sub-sub-redes dentro de cada país, representando Estados, províncias ou outras divisões geográficas
- **Filial (2 bits)**   Possibilita criar até quatro sub-sub-sub-redes dentro de cada Estado ou província, representando filiais localizadas em diferentes cidades
- **Departamento (4 bits)**   Possibilita criar até 16 sub-sub-sub-sub-redes dentro de cada filial, representando os diversos departamentos ou divisões

Nesse caso, para criar um ID de sub-rede para uma filial específica, você precisa atribuir valores para cada campo. Usando-se o valor 1 para os Estados Unidos, os bits do país do ID de sub-rede seriam:

0001------------

Na criação de uma designação binária de Estado para o Alasca com o uso do valor decimal 49, o campo de Estado ficaria assim:

----110001------

Para a segunda filial do Alasca, usando o valor 2 para os bits da filial, ficaria desta forma:

----------10----

Para o departamento de vendas da filial, usando o valor 9 nos bits do departamento:

------------1001

O valor resultante para o ID de sub-rede, na forma binária, seria:

0001110001101001

Na forma hexadecimal, teríamos 1c69.

Já que a empresa que possui o prefixo controla totalmente o ID de sub-rede, os administradores corporativos podem ajustar o número de níveis da hierarquia e o número de bits exclusivos de cada nível conforme necessário.

Planejando uma transição de IP

Muitos administradores corporativos se sentem tão confortáveis com os endereços IPv4, que são resistentes à mudança. Há anos a NAT (Network Address Translation) e o CIDR são ótimas desculpas para o não abandono do espaço de endereço IP de 32 bits, e muitas pessoas gostariam que continuasse assim. No entanto, a transição para o IPv6, há muito tempo um vulto no horizonte, está agora se aproximando a uma velocidade assustadora, e é hora de os administradores que não conhecem as novas tecnologias se atualizarem.

A indústria que opera na rede – e particularmente na Internet – investiu muito nas tecnologias IPv4; sua substituição pelo IPv6 tem sido um processo gradual. Na verdade, é um processo gradual que deveria ter começado há mais de 10 anos. No entanto, muitos administradores não substituem seu equipamento IPv4 a menos que ele pare de funcionar. Infelizmente, o dia em que esse equipamento vai parar de funcionar está se aproximando com rapidez. Logo, embora talvez ainda não seja hora de adotar o IPv6 exclusivamente, os administradores devem considerar a transição ao projetar suas redes e tomar suas decisões de compra.

> **NOTA** **ESGOTAMENTO DOS ENDEREÇOS IPV4**
>
> O esgotamento do pool de endereços não alocados da IANA ocorreu em 31 de janeiro de 2011. Um dos RIRs, o Asia Pacific Network Information Center (APNIC), deixou de ser usado em 15 de abril de 2001, e o esperado é que os outros RIRs sigam o mesmo caminho.

Os administradores corporativos podem agir como desejarem dentro de sua empresa. Se todos os dispositivos de rede derem suporte ao IPv6, eles podem começar a usar endereços IPv6 a qualquer momento. No entanto, a Internet ainda está firmemente baseada no IPv4 e continuará assim durante anos. Logo, a transição do IPv4 para o IPv6 deve ser um projeto gradual que inclua um período de suporte às duas versões do IP.

Agora, e no futuro imediato, os administradores devem trabalhar supondo que o resto do mundo está usando o IPv4, portanto você deve implementar um mecanismo para transmitir seu tráfego IPv6 por uma conexão IPv4. Mas a situação vai se inverter. O IPv6 será executado em escala mundial, e as tecnologias IPv4 remanescentes terão que transmitir seu tráfego mais antigo por novas conexões.

Use uma pilha IP dupla

O método mais simples e óbvio para a transição do IPv4 para o IPv6 é executar ambos. Isso é o que todas as versões atuais do Windows fazem, tendo começado ainda no Windows Server 2008 e no Windows Vista.

Por padrão, esses sistemas operacionais instalam as duas versões do IP e as usam simultaneamente. Mesmo se você nunca ouviu falar do IPv6, provavelmente seus computadores já o estão usando e têm endereços IPv6 de link local que podem ser vistos com a execução do comando ipconfig /all.

As implementações da camada de rede do Windows são separadas, logo você deve configurá-las separadamente. Tanto para o IPv4 quanto para o IPv6, você pode optar por definir o endereço e outras configurações manualmente ou usar a autoconfiguração.

Já que o Windows dá suporte às duas versões do IP, os computadores podem se comunicar com recursos TCP/IP executando o IPv4 ou o IPv6. No entanto, uma rede empresarial inclui outros dispositivos, principalmente roteadores, que talvez ainda não deem suporte ao IPv6. A Internet também é quase totalmente baseada no IPv4.

Os administradores devem começar imediatamente a se certificar de que qualquer equipamento de camada de rede que comprem inclua o suporte ao IPv6. Não fazê-lo quase certamente terá um custo posterior.

Encapsulamento (tunneling)

Neste exato momento, há muitos serviços de rede que usam apenas o IPv4 e, proporcionalmente, poucos que requerem o IPv6. Contudo, os serviços IPv6 estão chegando.

O recurso de rede remota DirectAccess do Windows Server 2012 R2 e do Windows 8.1 é um exemplo de tecnologia IPv6, e grande parte de sua complexidade é devida à necessidade de estabelecimento de conexões IPv6 através da Internet *IPv4*.

O principal método de transmissão de tráfego IPv6 por uma rede IPv4 se chama *encapsulamento*. Encapsulamento, neste caso, é o processo pelo qual um sistema inclui um datagrama IPv6 dentro de um pacote IPv4, como mostrado na Figura 4-4. O sistema, então, transmite o pacote IPv4 para seu destino, sem que nenhum dos sistemas intermediários conheça seu conteúdo.

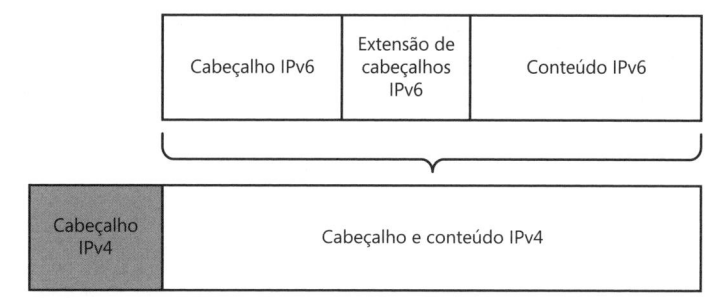

FIGURA 4-4 Tráfego IPv6 encapsulado dentro de um datagrama IPv4.

O encapsulamento pode funcionar em várias configurações, dependendo da infraestrutura de rede, inclusive de roteador para roteador, de host para host, de roteador para host e de host para roteador. No entanto, a configuração mais comum é a de roteador para roteador, como no caso mostrado na Figura 4-5, de uma conexão somente IPv4 entre uma filial e um escritório caseiro IPv6.

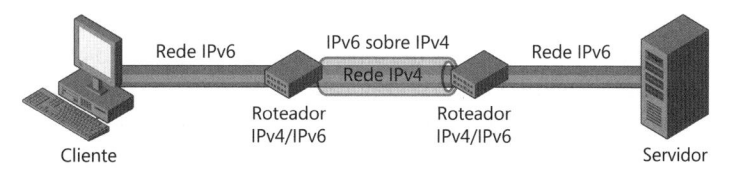

FIGURA 4-5 Duas redes IPv6 conectadas por um encapsulamento IPv4.

Os dois roteadores dão suporte tanto ao IPv4 quanto ao IPv6, e as redes locais de cada extremidade usam o IPv6. No entanto, a conexão que liga os dois locais é somente IPv4. Com a criação de um encapsulamento entre os roteadores dos dois escritórios, eles podem trocar tráfego IPv6 quando necessário usando suas interfaces IPv4. O computador de um local pode enviar tráfego IPv6 para o outro local, com os roteadores sendo responsáveis por encapsular os dados IPv6 em pacotes IPv4 para o transporte pela conexão.

O Windows dá suporte a vários métodos de encapsulamento diferentes, tanto manuais quanto automáticos, como descrito nas próximas seções.

CONFIGURE ENCAPSULAMENTOS MANUALMENTE

É possível criar manualmente encapsulamentos semipermanentes que carreguem tráfego IPv6 por uma rede somente IPv4 Quando um computador executando o Windows Server 2012 R2 ou o Windows 8.1 estiver funcionando como uma extremidade do encapsulamento, você pode usar o comando a seguir:

```
netsh interface ipv6 add v6v4tunnel "interface" endereçolocal endereçoremoto
```

Nesse comando, interface representa qualquer nome amigável que você quiser atribuir ao encapsulamento que está criando; endereçolocal e endereçoremoto são os endereços IPv4 que formam as duas extremidades do encapsulamento. Um exemplo de um comando real seria:

```
netsh interface ipv6 add v6v4tunnel "tunnel" 206.73.118.19 157.54.206.43
```

CONFIGURE ENCAPSULAMENTOS AUTOMATICAMENTE

Também há vários mecanismos que criam automaticamente encapsulamentos sobre conexões IPv4. São tecnologias projetadas para ser soluções temporárias durante a transição do IPv4 para o IPv6. Todas elas incluem um mecanismo para a expressão de um endereço IPv4 no formato IPv6. As tecnologias de transição do IPv4 para o IPv6 às quais o Windows dá suporte são descritas nas próximas seções.

6TO4

Basicamente, o mecanismo 6to4 incorpora as conexões IPv4 de uma rede à infraestrutura IPv6 definindo um método para a expressão de endereços IPv4 no formato IPv6 e encapsulando o tráfego IPv6 em pacotes IPv4.

ISATAP

O *Intra-Site Automatic Tunnel Addressing Protocol (ISATAP)* é um protocolo de encapsulamento automático usado por sistemas operacionais Windows de estações de trabalho que emula uma conexão IPv6 usando uma rede IPv4.

O ISATAP também converte endereços IPv4 para o formato de endereço da camada de enlace IPv6, mas usa um método diferente do 6to4. O ISATAP não dá suporte ao multicasting, logo não pode localizar roteadores da maneira usual com o protocolo Neighbor Discovery. Em vez disso, o sistema compila uma lista de roteadores possíveis (PRL, potential routers list) usando consultas DNS e envia mensagens Router Discovery para eles regularmente com o Internet Control Message Protocol versão 6 (ICMPv6, Protocolo de Mensagem de Controle da Internet).

TEREDO

Para usar o encapsulamento 6to4, as duas extremidades devem ter endereços IPv4 registrados. Contudo, em muitas redes, o sistema que funcionaria como extremidade fica localizado atrás de um roteador NAT e, portanto, tem um endereço não registrado. Nesse caso, o único endereço registrado disponível é atribuído ao próprio roteador NAT, e, a menos que o roteador dê suporte ao 6to4 (o que muitos não fazem), é impossível estabelecer o encapsulamento.

O *Teredo* é um mecanismo que resolve essa deficiência permitindo que dispositivos que estejam atrás de roteadores NAT não IPv6 funcionem como extremidades de um encapsulamento. Para fazê-lo, ele encapsula pacotes IPv6 dentro de datagramas UDP (User Datagram Protocol) na camada de transporte em vez de em datagramas IPv4 da camada de rede, como ocorre no 6to4.

Para um cliente Teredo funcionar como extremidade de um encapsulamento, ele deve ter acesso a um servidor Teredo, com o qual trocará mensagens Router Solicitation e Router Advertisement para saber se o cliente está localizado atrás de um roteador NAT.

Para iniciar as comunicações, um cliente Teredo troca pacotes nulos chamados *bubbles* com o destino desejado, usando os servidores Teredo de cada extremidade como intermediários. A função da mensagem bubble é criar mapeamentos para os dois computadores nos roteadores NAT um do outro.

> ### Teste de raciocínio
> **Crie sub-redes de endereços IPv4**
>
> No teste de raciocínio a seguir, aplique o que aprendeu sobre o objetivo para prever quais etapas terá que executar. As respostas às perguntas podem ser encontradas na seção "Respostas" no fim do capítulo.
>
> O administrador corporativo atribuiu a Arthur o endereço 172.16.8.0/24 para a rede da filial que ele está construindo. Arthur calcula que isso lhe dê 254 (2^8) endereços IP, o que é suficiente para sua rede, mas determinou que precisa de seis sub-redes com pelo menos 10 hosts em cada uma.
>
> Com isso em mente, responda às perguntas a seguir.
>
> 1. Como Arthur pode dividir o endereço que lhe foi dado em sub-redes para que atenda a suas necessidades?
> 2. Quais endereços IP e máscaras de sub-rede os computadores da rede dessa filial usarão?

Resumo do objetivo

- O espaço de endereço IPv4 é composto por endereços de 32 bits, representados como quatro valores decimais de 8 bits de 0 a 255 separados por pontos, como no exemplo 192.168.43.100. Isso é conhecido como notação decimal pontuada, e os valores decimais individuais de 8 bits são chamados de octetos ou bytes.

- Já que a máscara de sub-rede associada a endereços IP pode variar, o número de bits usado para identificar a rede e o host também pode. O padrão IP original define três classes de endereços para a atribuição a redes, o que dá suporte a diferentes números de redes e hosts.

- Devido ao desperdício, o endereçamento baseado em classes foi gradualmente tornado obsoleto por uma série de métodos de criação de sub-redes, incluindo o VLSM e, por fim, o CIDR.

- Quando um computador Windows é iniciado, ele começa o processo IPv6 de autoconfiguração de endereço sem informações de estado, durante o qual atribui a cada interface um endereço unicast de link local.

- O métodos mais simples e óbvio de transição do IPv4 para o IPv6 é executar os dois, e é isso que todas as versões atuais do Windows fazem.

- O principal método de transmissão de tráfego IPv6 por uma rede IPv4 se chama encapsulamento. Encapsulamento é o processo pelo qual um sistema inclui um datagrama IPv6 dentro de um pacote IPv4.

Revisão do objetivo

Responda às perguntas a seguir para testar seu conhecimento sobre as informações deste objetivo. Você pode encontrar as respostas a estas perguntas e explicações de por que cada opção de resposta está certa ou errada na seção "Respostas" no fim do capítulo.

1. Qual dos itens a seguir é o principal método de transmissão de tráfego IPv6 por uma rede IPv4?
   A. Criação de sub-redes
   B. Encapsulamento
   C. Criação de super-rede
   D. Compactação
2. Qual das respostas a seguir é o equivalente IPv6 a uma rede IPv4 privada?
   A. Endereço unicast de link local
   B. Endereço unicast global exclusivo
   C. Endereço unicast unique local
   D. Endereço anycast
3. Qual destes itens é um protocolo de encapsulamento automático usado por sistemas operacionais Windows localizados atrás de roteadores NAT?
   A. Teredo
   B. 6to4
   C. ISATAP
   D. APIPA
4. Que tipo de endereço IP um sistema deve ter para poder ser visível na Internet?
   A. Registrado
   B. Binário
   C. Classe B
   D. De sub-rede
5. Qual dos seguintes valores de máscara de sub-rede você usaria ao configurar um cliente TCP/IP com um endereço IPv4 na rede 172.16.32.0/19?
   A. 255.224.0.0
   B. 255.240.0.0
   C. 255.255.224.0
   D. 255.255.240.0
   E. 255.255.255.240

Objetivo 4.2: Configurar servidores

Raramente um servidor está pronto para executar todas as tarefas que planejamos para ele logo após a instalação. Normalmente, é preciso fazer alguma configuração pós-instalação, e alterações adicionais podem ser necessárias após o servidor estar em funcionamento.

> **Este objetivo aborda como:**
> - Criar e configurar escopos
> - Configurar uma reserva de DHCP
> - Configurar opções do DHCP
> - Configurar cliente e servidor para a inicialização PXE
> - Configurar um agente de retransmissão DHCP
> - Autorizar um servidor DHCP

DHCP

O DHCP é um serviço que define automaticamente o endereço IP e outras configurações TCP/IP em computadores da rede atribuindo endereços de um pool (chamado *escopo*) e reclamando-os quando suas concessões expiram.

Além de ser uma tarefa demorada, a configuração manual de clientes TCP/IP pode resultar em erros de digitação que causem conflitos de endereçamento, interrompendo a comunicação na rede. O DHCP evita esses erros e fornece muitas outras vantagens, inclusive a atribuição automática de novos endereços quando computadores são movidos de uma sub-rede para outra e a reclamação automática de endereços que não estejam mais em uso.

O DHCP é composto por três componentes:

- Um serviço DHCP, que responde a solicitações de clientes pedindo definições de configuração TCP/IP
- Um cliente DHCP, que emite solicitações para servidores e aplica as definições de configurações TCP/IP que recebe ao computador local
- Um protocolo de comunicação DHCP, que define os formatos e as sequências das mensagens trocadas por clientes e servidores DHCP

Todos os sistemas operacionais da Microsoft incluem recursos de cliente DHCP, e todos os sistemas operacionais de servidor (inclusive o Windows Server 2012 R2) incluem a função DHCP Server.

Os padrões DHCP definem três métodos diferentes de alocação de endereço IP:

- **Alocação dinâmica**   O servidor DHCP atribui um endereço IP a um computador cliente a partir de um escopo por um determinado período de tempo. Cada cliente deve renovar periodicamente a concessão para continuar a usar o endereço. Se o cliente deixar que a concessão expire, o endereço será devolvido ao escopo para reatribuição para outro cliente.
- **Alocação automática**   O servidor DHCP atribui um endereço IP permanentemente a um computador cliente a partir de um escopo. Uma vez que o servidor DHCP atribui o endereço ao cliente, a única maneira de alterá-lo é reconfigurar manualmente o computador.
- **Alocação manual**   O servidor DHCP atribui permanentemente um endereço IP específico a um computador da rede. No servidor DHCP da Microsoft, endereços alocados manualmente são chamados de reservas.

Além de endereços IP, o DHCP pode fornecer aos clientes valores para os outros parâmetros necessários à configuração de um cliente TCP/IP, inclusive uma máscara de sub-rede, um gateway padrão e endereços de servidor DNS. O objetivo é eliminar a necessidade de qualquer configuração TCP/IP manual em um sistema cliente. Por exemplo, o servidor DHCP da Microsoft inclui mais de 50 parâmetros de configuração, que podem ser distribuídos com o endereço IP, ainda que os clientes Windows só possam usar um subconjunto desses parâmetros.

As comunicações DHCP usam oito tipos de mensagens, todos usando o mesmo formato de pacote básico. O tráfego DHCP é transportado dentro de datagramas UDP/IP padrão, usando a porta 67 no servidor e a porta 68 no cliente.

Opções do DHCP

Todas as mensagens DHCP incluem um campo de opções, que é uma área abrangente projetada para conter os diversos parâmetros (exceto o endereço IP) usados na configuração da pilha TCP/IP do sistema cliente. Algumas das opções mais usadas serão descritas nas próximas seções.

OPÇÃO TIPO DE MENSAGEM DHCP

A opção DHCP Message Type identifica a função geral da mensagem DHCP e é requerida em todos os pacotes DHCP. O protocolo de comunicação DHCP define oito tipos de mensagem:

- **DHCPDISCOVER** Usado pelos clientes para solicitar parâmetros de configuração a um servidor DHCP
- **DHCPOFFER** Usado pelos servidores para oferecer endereços IP a clientes solicitantes
- **DHCPREQUEST** Usado pelos clientes para a aceitação ou renovação de uma atribuição de endereço IP
- **DHCPDECLINE** Usado pelos clientes para rejeitar um endereço IP oferecido
- **DHCPACK** Usado pelos servidores para confirmar o aceite do cliente para um endereço IP oferecido
- **DHCPNACK** Usado pelos servidores para rejeitar o aceite do cliente para um endereço IP oferecido
- **DHCPRELEASE** Usado pelos clientes para encerrar uma concessão de endereço IP
- **DHCPINFORM** Usado pelos clientes para obter parâmetros adicionais de configuração TCP/IP em um servidor

EXTENSÕES DE INFORMAÇÕES DE FORNECEDOR BOOTP

Estas opções incluem vários dos parâmetros básicos de configuração TCP/IP usados pela maioria dos sistemas clientes, como os seguintes:

- **Subnet Mask** Especifica quais bits do endereço IP identificarão o sistema host e quais bits identificarão a rede em que o sistema host reside
- **Router** Especifica o endereço IP do roteador (ou gateway padrão) do segmento de rede local que o cliente deve usar para transmitir para sistemas de outros segmentos de rede

- **Domain Name Server** Especifica os endereços IP dos servidores que os clientes usarão para a resolução de nomes DNS
- **Host Name** Especifica o nome de host DNS que o cliente usará
- **Domain Name** Especifica o nome do domínio DNS em que o sistema residirá

> *NOTA* **BOOTP**
> O Bootstrap Protocol (BOOTP) é o predecessor do DHCP. Os dois são amplamente compatíveis; a principal diferença é que o BOOTP aloca endereços IP permanentemente, e não por concessão.

EXTENSÕES DHCP

Estas opções são usadas para fornecer os parâmetros que controlam os processos de negociação e renovação de concessão DHCP.

- **Requested IP Address** Usada pelo cliente para solicitar um endereço IP específico ao servidor
- **IP Address Lease Time** Especifica a duração de uma concessão de endereço IP alocado dinamicamente
- **Server Identifier** Especifica o endereço IP do servidor envolvido em uma transação DHCP; usada pelo cliente em transmissões unicast com o servidor
- **Parameter Request List** Usada pelo cliente para enviar para o servidor uma lista de opções de configuração solicitadas (identificadas por seus números de código)
- **Message** Usada para transportar uma mensagem de erro do servidor para o cliente em uma mensagem DHCPNACK
- **Renewal (T1) time value** Especifica o período de tempo que deve passar antes de uma concessão de endereço IP entrar no estado de renovação
- **Rebinding (T2) time value** Especifica o período de tempo que deve passar antes de uma concessão de endereço IP entrar no estado de revinculação

Comunicações DHCP

Projetar uma estratégia DHCP para uma rede empresarial e implantá-la apropriadamente requer um entendimento das comunicações que ocorrem entre clientes e servidores DHCP. Em computadores Windows, o cliente DHCP é ativado por padrão, embora não seja mencionado pelo nome na interface. A opção Obtain An IP Address Automatically (Obter um Endereço IP Automaticamente) da página Internet Protocol Version 4 (TCP/IPv4) Properties e a opção Obtain An IPv6 Address Automatically da página Internet Protocol Version 6 (TCP/IPv6) Properties controlam a ativação do cliente para o IPv4 e o IPv6, respectivamente.

NEGOCIAÇÃO DE CONCESSÃO DHCP

A comunicação DHCP é sempre iniciada pelo cliente, como mostrado na Figura 4-6, e ocorre assim:

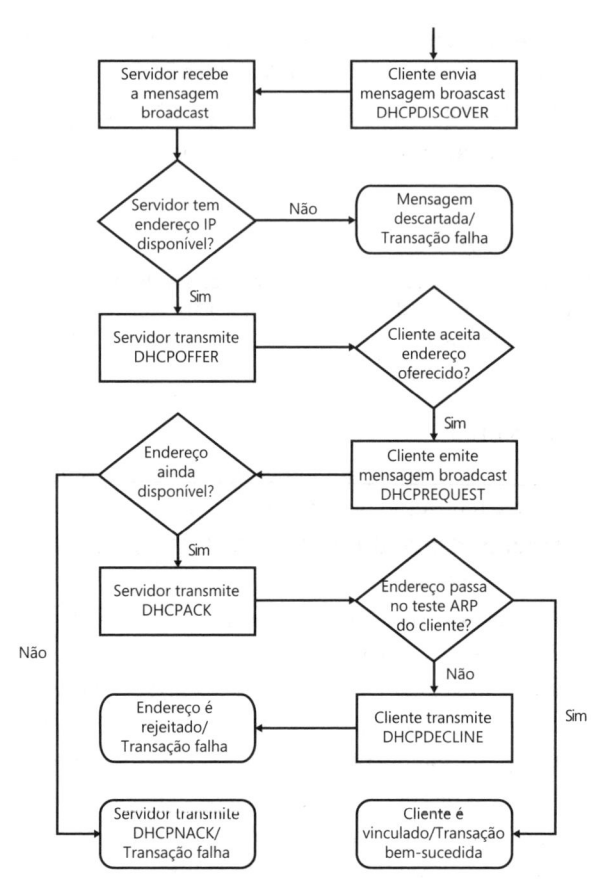

FIGURA 4-6 O processo de atribuição de endereço IP no DHCP.

1. Quando um computador é inicializado pela primeira vez com o cliente DHCP ativo, o cliente gera uma série de mensagens DHCPDISCOVER para solicitar uma atribuição de endereço IP a um servidor DHCP e as transmite na rede local.
2. Todos os servidores DHCP que recebem as mensagens broadcast DHCPDISCOVER geram mensagens DHCPOFFER contendo um endereço IP e outros parâmetros de configuração TCP/IP e as transmitem para o cliente.
3. Após um período especificado, o cliente aceita um dos endereços oferecidos transmitindo uma mensagem DHCPREQUEST contendo o endereço ao servidor que o ofereceu.
4. Quando o servidor que ofereceu o endereço recebe a mensagem DHCPREQUEST, ele adiciona o endereço IP oferecido e outras configurações ao seu banco de dados.
5. O servidor transmite uma mensagem DHCPACK para o cliente, confirmando a conclusão do processo. Se o servidor não puder concluir a atribuição, transmitirá uma mensagem DHCPNACK para o cliente, e o processo será reiniciado.

6. Como teste final, o cliente transmite o endereço IP oferecido usando o Address Resolution Protocol (ARP) para se assegurar de que nenhum outro sistema da rede o esteja usando. Se o cliente não receber resposta à transmissão ARP, a transação DHCP será concluída. Se outro sistema responder à mensagem ARP, o cliente descartará o endereço IP e transmitirá uma mensagem DHCPDECLINE para o servidor, anulando a transação. O cliente reiniciará, então, o processo.

RENOVAÇÃO DE CONCESSÃO DHCP

Por padrão, o serviço DHCP Server do Windows Server 2012 R2 usa a alocação dinâmica, concedendo endereços IP aos clientes por períodos de oito dias. Em intervalos periódicos durante a concessão, o cliente tenta entrar em contato com o servidor para renová-la, como mostrado na Figura 4-7, usando o procedimento a seguir:

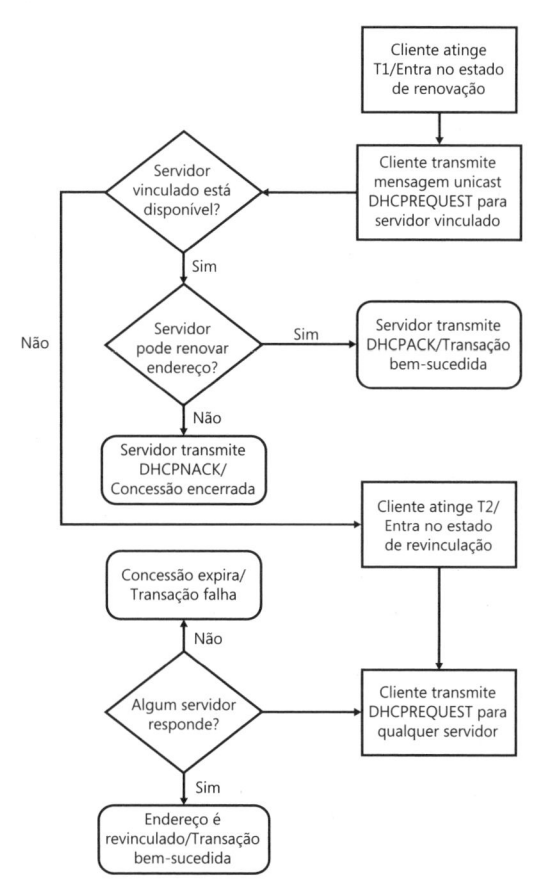

FIGURA 4-7 O processo de renovação de endereço IP no DHCP.

1. Quando o cliente DHCP alcança a marca de 50% de duração da concessão (chamado de *valor de tempo de renovação* ou *valor T1*), ele começa a gerar mensagens unicast DHCPREQUEST e as transmite para o servidor DHCP que mantém a concessão.
2. Se o servidor não responder até o momento em que o cliente alcançar a marca dos 87,5% da duração da concessão (chamada de valor de tempo de revinculação ou valor T2), o cliente começará a transmitir suas mensagens DHCPREQUEST via broadcasts em uma tentativa de solicitar uma atribuição de endereço IP em qualquer servidor DHCP da rede.
3. Se o servidor receber a mensagem DHCPREQUEST do cliente, responderá com uma mensagem DHCPACK, que aprova a solicitação de renovação da concessão, ou uma mensagem DHCPNACK, que encerra a concessão. Se o cliente não receber respostas para sua mensagem DHCPREQUEST até o momento da concessão expirar, ou se receber uma mensagem DHCPNACK, ele liberará seu endereço IP. Toda a comunicação TCP/IP, então, cessará, exceto pela transmissão de broadcasts DHCPDISCOVER.

Implante um servidor DHCP

Os servidores DHCP operam independentemente, logo você deve instalar o serviço e configurar escopos em cada computador que funcionará como servidor DHCP. O serviço DHCP Server foi empacotado como uma função no Windows Server 2012 R2, que você pode instalar usando o Add Roles And Features Wizard, acessível no console Server Manager.

Quando você instalar a função DHCP Server em um computador que seja membro de um domínio do Active Directory Domain Services, o servidor DHCP será autorizado automaticamente a alocar endereços IP para clientes que sejam membros do mesmo domínio. Se o servidor não for membro de um domínio quando você instalar a função e ele for associado a um domínio posteriormente, será preciso autorizar manualmente o servidor DHCP no domínio clicando com o botão direito do mouse no nó do servidor no console DHCP e selecionando Authorize no menu de atalho.

Após instalar a função DHCP Server, você deve configurar o serviço criando um escopo antes de ele poder atender clientes.

Crie um escopo

Um escopo é um intervalo de endereços IP em uma sub-rede específica que são selecionados para alocação por um servidor DHCP. Em versões do Windows Server anteriores ao Windows Server 2012, você pode criar um escopo ao instalar a função DHCP Server. No entanto, no Windows Server 2012 e no Windows Server 2012 R2, os procedimentos são separados. Para criar um escopo usando o snap-in DHCP do Microsoft Management Console (MMC), empregue o procedimento a seguir.

1. No Server Manager, clique em Tools e em DHCP. O console DHCP é aberto.
2. Expanda o nó do servidor e o nó IPv4.

CAPÍTULO 4 Implantação e configuração de serviços básicos de rede   **221**

3. Clique com o botão direito do mouse no nó IPv4 e, no menu de atalho, selecione New Scope. O New Scope Wizard será aberto, exibindo a página Welcome.
4. Clique em Next. A página Scope Name é aberta.
5. Digite um nome para o escopo na caixa de texto Name e clique em Next. A página IP Address Range será aberta, como mostrado na Figura 4-8.

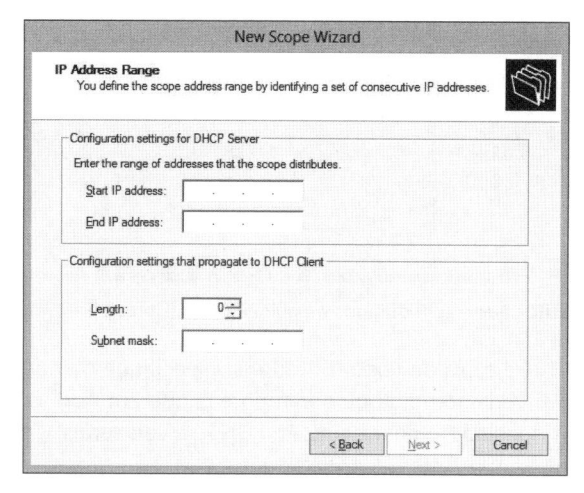

FIGURA 4-8 Configurando a página IP Address Range do console DHCP.

6. Na caixa de texto Start IP Address, digite o primeiro endereço do intervalo de endereços que deseja atribuir. Na caixa End IP Address, digite o último endereço do intervalo.
7. Na caixa de texto Subnet Mask, digite o valor de máscara da sub-rede em que o escopo operará e clique em Next. A página Add Exclusions And Delay será aberta.
8. Nas caixas de texto Start IP Address e End IP Address, especifique um intervalo de endereços que queira excluir do escopo. Em seguida, clique em Next para abrir a página Lease Duration.
9. Especifique a duração da concessão dos endereços do escopo e clique em Next. A página Configure DHCP Options é aberta.
10. Selecione Yes, I Want To Configure These Options Now e clique em Next. A página Router (Default Gateway) será aberta, como mostrado na Figura 4-9.

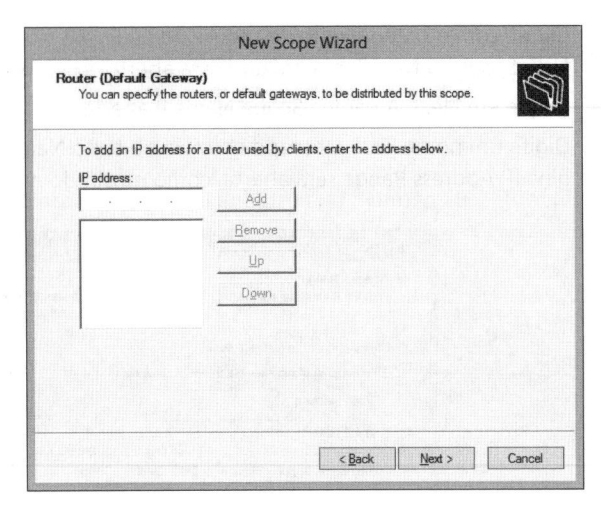

FIGURA 4-9 Configurando a página Router (Default Gateway) do console DHCP.

11. Na caixa de texto IP Address, especifique o endereço de um roteador da sub--rede atendida pelo escopo e clique em Add. Em seguida, clique em Next. A página Domain Name And DNS Servers será aberta.
12. Na caixa de texto Server Name, digite o nome de um servidor DNS da rede e clique em Resolve ou digite o endereço de um servidor DNS na caixa de texto IP Address e clique em Add. Em seguida, clique em Next. A página WINS Servers será aberta.
13. Clique em Next para abrir a página Activate Scope.
14. Selecione Yes, I Want To Activate This Scope Now e clique em Next. A página Completing The New Scope Wizard será aberta.
15. Clique em Finish para fechar o assistente.
16. Feche o console DHCP.

Uma vez criado o escopo, todos os clientes DHCP identificados na sub-rede poderão obter seus endereços IP e outras definições de configuração TCP/IP via DHCP. Você também pode usar o console DHCP para criar escopos adicionais para outras sub-redes.

Configure opções do DHCP

O New Scope Wizard (Assistente de Novo Escopo) nos permite configurar algumas das opções mais usadas do DHCP quando criamos um novo escopo, mas é possível configurar essas opções em um momento posterior.

O servidor DHCP do Windows dá suporte a dois tipos de opções:

- **Scope Options (Opções de Escopo)** Opções fornecidas apenas para clientes DHCP que estão recebendo endereços de um escopo específico

- **Server Options (Opções de Servidor)**   Opções fornecidas a todos os clientes DHCP que estão recebendo endereços do servidor

A opção Router é um exemplo típico de opção de escopo, porque o endereço de gateway padrão de um cliente DHCP deve estar na mesma sub-rede de seu endereço IP. Normalmente, a opção DNS Servers é uma opção de servidor, porque os servidores DNS não têm que estar na mesma sub-rede e, com frequência, as redes usam os mesmos servidores DNS para todos os seus clientes.

Todas as opções suportadas pelo servidor DHCP do Windows podem ser de escopo ou de servidor e o processo de configurá-las é, basicamente, o mesmo. Para configurar uma opção de escopo, clique com o botão direito do mouse no nó Scope Options e, no menu de atalho, selecione Configure Options. Isso abre a caixa de diálogo Scope Options, que fornece controles apropriados para cada uma das opções disponíveis (consulte a Figura 4-10).

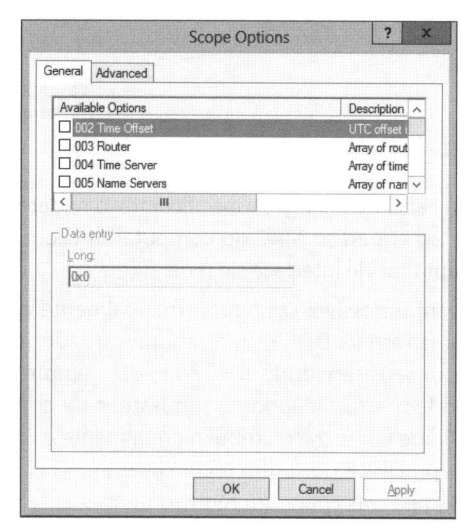

FIGURA 4-10   A caixa de diálogo Scope Options.

Clicar com o botão direito do mouse no nó Server Options nos permite abrir a caixa de diálogo Server Options, que se comporta da mesma maneira que a caixa de diálogo Scope Options.

Crie uma reserva

Embora o DHCP seja uma ótima solução de configuração do TCP/IP para a maioria dos computadores de uma rede, para alguns, ele não é. Os próprios servidores DHCP, por exemplo, precisam de endereços IP estáticos.

Já que o método de alocação dinâmica do DHCP permite que o endereço IP de um computador mude, ele não é apropriado para essa funções específicas. No entanto, é possível atribuir endereços a esses computadores usando o DHCP, com a alocação manual em vez da dinâmica.

Em um servidor DHCP do Windows, um endereço alocado manualmente é chamado de *reserva*. Criamos uma reserva expandindo o nó do escopo, clicando com o botão direito do mouse no nó Reservations e, no menu de atalho, selecionando New Reservation. A caixa de diálogo New Reservation será aberta, como mostrado na Figura 4-11.

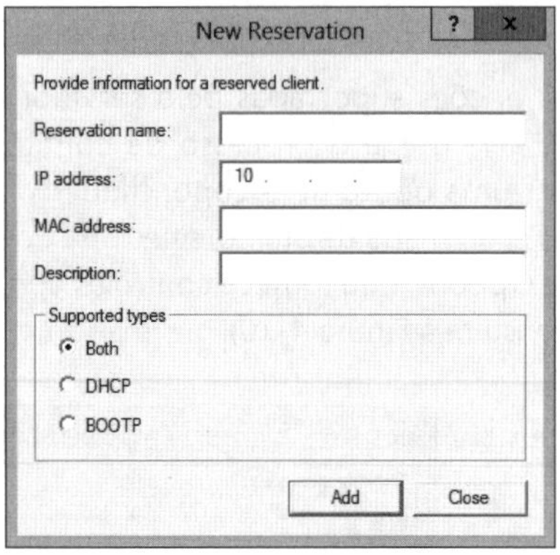

FIGURA 4-11 Criando uma reserva.

Nessa caixa de diálogo, especificamos o endereço IP que queremos atribuir e o associamos ao endereço MAC do computador cliente, que fica embutido em código em seu adaptador de interface de rede.

Também é possível configurar manualmente o cliente TCP/IP do computador, mas criar uma reserva DHCP vai assegurar que todos os seus endereços IP sejam gerenciados por seus servidores DHCP. Em uma empresa grande, onde vários administradores podem estar lidando com questões de configuração do DHCP e TCP/IP, o endereço IP que um técnico atribui manualmente a um computador pode ser incluído em um escopo DHCP por outro técnico, resultando em possíveis conflitos de endereçamento. As reservas criam um registro permanente da atribuição de endereço IP no servidor DHCP.

Use o PXE

Os sistemas operacionais Windows incluem um cliente DHCP que pode definir o endereço IP local e outras configurações TCP/IP de computadores com um sistema operacional já instalado. No entanto, também é possível um computador bare-metal – isto é, um computador sem sistema operacional instalado – usar o DHCP.

O *Preboot eXecution Environment (PXE)* é um recurso embutido em muitos adaptadores de interface de rede que lhes permite se conectar com um servidor DHCP pela rede e obter configurações de cliente TCP/IP, mesmo quando não há sistema operacional no computador. Normalmente, os administradores usam esse recurso para automatizar o processo de implantação do sistema operacional em grandes grupos de computadores.

Além de definir o endereço IP e outras configurações de cliente TCP/IP no computador, o servidor DHCP pode fornecer para a estação de trabalho uma opção especificando o local de um arquivo de inicialização que o sistema pode baixar e usar para iniciar o computador e iniciar uma instalação de sistema operacional Windows. Um sistema equipado com o PXE baixa os arquivos de inicialização usando o *Trivial File Transfer Protocol* (*TFTP*), uma versão simplificada do protocolo FTP que não requer autenticação.

O Windows Server 2012 R2 inclui uma função chamada *Windows Deployment Services* (*WDS, Serviços de Implantação do Windows*), que permite que os administradores gerenciem arquivos de imagem para os computadores remotos usarem para inicializar e instalar o Windows. Para um adaptador PXE acessar imagens WDS, o servidor DHCP da rede deve ter uma opção PXEClient personalizada (opção 60) configurada com o local do servidor WDS da rede.

Normalmente, o cliente PXE da estação de trabalho não precisa de configuração, com a possível exceção de uma alteração do dispositivo de inicialização para que o computador tente uma inicialização por meio da rede antes de usar os dispositivos locais.

Em uma implantação WDS apropriadamente configurada do Windows 8.1, o processo de implantação do sistema operacional cliente ocorre assim:

1. O computador cliente é iniciado e, não encontrando um dispositivo de inicialização local, tenta executar uma inicialização por meio da rede.
2. O computador cliente se conecta com um servidor DHCP da rede, a partir do qual ele obtém uma mensagem DHCPOFFER contendo um endereço IP e outros parâmetros de configuração TCP/IP, mais a opção PXEClient 060, contendo o nome de um servidor WDS.
3. O cliente se conecta com o servidor WDS e recebe um arquivo de imagem de inicialização, que ele baixa usando o TFTP.
4. O cliente carrega o Windows PE e o cliente WDS a partir do arquivo de imagem de inicialização em um disco na RAM (um disco virtual criado a partir de área da memória do sistema) e exibe um menu de inicialização contendo uma lista das imagens de instalação disponíveis no servidor WDS.
5. O usuário do computador cliente seleciona uma imagem de instalação no menu de inicialização, e o processo de instalação do sistema operacional começa. A partir daí, o processo de instalação prossegue como em uma instalação manual.

> **MAIS INFORMAÇÕES** **WINDOWS DEPLOYMENT SERVICES**
> Para obter mais informações sobre o uso do WDS, consulte o Objetivo 1.1, "Implantar e gerenciar imagens de servidor", do Exame 70-411, *Administração do Windows Server 2012 R2*.

Implante um agente de retransmissão DHCP

Já que dependem de transmissões broadcast, normalmente os clientes DHCPv4 só podem acessar servidores DHCP na rede local. No entanto, é possível criar uma infraestrutura DHCP em que um servidor forneça endereços para várias sub-redes. Para fazê-lo, você deve instalar um agente de retransmissão DHCP (DHCP Relay Agent) em cada sub-rede que não tenha um servidor DHCP. Muitos roteadores podem funcionar como agentes de retransmissão DHCP, mas, em situações em que isso não seja possível, você pode configurar um computador Windows Server 2012 R2 para funcionar como agente de retransmissão usando o procedimento a seguir.

1. No Server Manager, usando o Add Roles And Features Wizard, instale a função Remote Access, incluindo o serviço de função Routing.
2. Clique em Open The Getting Started Wizard. O Configure Remote Access Getting Started Wizard será aberto.
3. Clique em Deploy VPN Only. O console Routing And Remote Access aparecerá.
4. Clique com o botão direito do mouse no nó do servidor e, no menu de atalho, selecione Configure And Enable Routing And Remote Access. O Routing And Remote Access Server Setup Wizard aparecerá.
5. Clique em Next para saltar a página Welcome. A página Configuration será aberta, como mostrado na Figura 4-12.

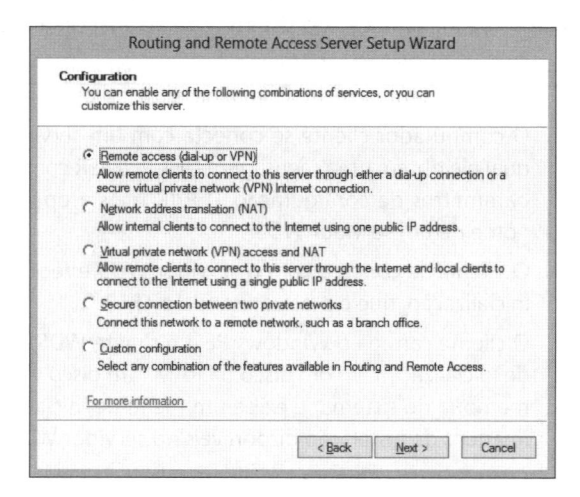

FIGURA 4-12 A página Configuration do Routing and Remote Access Server Setup Wizard.

6. Selecione Custom Configuration e clique em Next. A página Custom Configuration será aberta.
7. Marque a caixa de seleção LAN Routing e clique em Next. A página Completing The Routing And Remote Access Server Setup Wizard será aberta.
8. Clique em Finish. Uma caixa de diálogo Routing And Remote Access aparecerá, solicitando que você inicie o serviço.
9. Clique em Start Service.
10. Expanda o nó IPv4. Em seguida, clique com o botão direito do mouse no nó General e, no menu de atalho, selecione New Routing Protocol. A caixa de diálogo New Routing Protocol aparecerá.
11. Selecione DHCP Relay Agent e clique em OK. Um nó DHCP Relay Agent aparecerá, subordinado ao nó IPv4.

NOTA AGENTES DE RETRANSMISSÃO DHCPV6

Você também pode criar um agente de retransmissão para o DHCPv6 adicionando um protocolo de roteamento ao nó IPv6.

12. Clique com o botão direito do mouse no nó DHCP Relay Agent e, no menu de atalho, selecione New Interface. A caixa de diálogo New Interface For DHCP Relay Agent aparecerá.
13. Selecione a interface da sub-rede em que deseja instalar o agente de retransmissão e clique em OK. A página DHCP Relay Properties da interface aparecerá.
14. Deixe a caixa de seleção Relay DHCP Packets marcada e defina as seguintes configurações, se necessário.
    - **Hop-Count Threshold** Especifica o número máximo de agentes de retransmissão pelos quais mensagens DHCP poderão passar antes de serem descartadas. O valor padrão é 4, e o valor máximo é 16. Esta configuração impede que mensagens DHCP sejam retransmitidas indefinidamente através da rede.
    - **Boot Threshold** Especifica o intervalo de tempo (em segundos) que o agente de retransmissão deve esperar antes de encaminhar cada mensagem DHCP que receber. O valor padrão é 4 segundos. Esta configuração permite controlar qual servidor DHCP processará os clientes de uma sub-rede específica.
15. Clique em OK.
16. Clique com o botão direito do mouse no nó DHCP Relay Agent e, no menu de atalho, selecione Properties. A página DHCP Relay Agent Properties aparecerá, como mostrado na Figura 4-13.

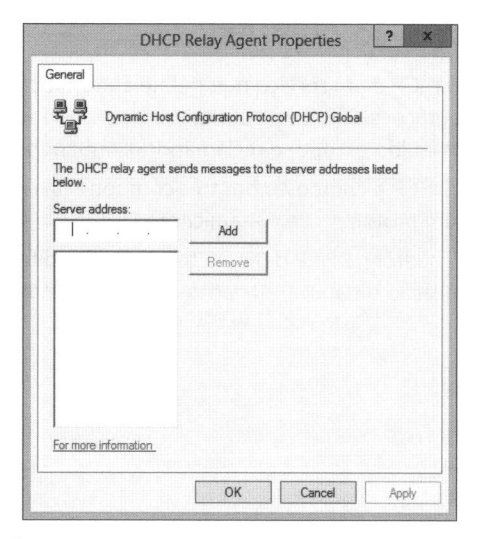

FIGURA 4-13 A página DHCP Relay Agent Properties.

17. Digite o endereço IP do servidor DHCP para o qual deseja que o agente retransmita as mensagens e clique em Add. Repita essa etapa para adicionar mais servidores, se necessário.
18. Clique em OK.
19. Feche o console Routing And Remote Access.

Agora o servidor está configurado para retransmitir mensagens DHCP para os endereços de servidor que você especificou.

> **Teste de raciocínio**
> **Configurando servidores DHCP**
>
> No teste de raciocínio a seguir, aplique o que aprendeu sobre o objetivo para prever quais etapas terá que executar. As respostas às perguntas podem ser encontradas na seção "Respostas" no fim do capítulo.
>
> Após implantar um grande número de computadores laptop wireless na rede, Ralph, o diretor de TI da Contoso, Ltd., decidiu usar o DHCP para permitir que os usuários de laptops passem de uma sub-rede para outra sem ter que reconfigurar manualmente seus endereços IP. Logo após a implantação do DHCP, no entanto, Ralph notou que certos escopos de endereço IP estavam sendo exauridos, o que fez com que alguns computadores não conseguissem se conectar com uma nova sub-rede.
>
> Com isso em mente, responda à seguinte pergunta:
>
> O que Ralph pode fazer para resolver esse problema sem alterar as sub-redes da sua rede?

Resumo do objetivo

- O DHCP é um serviço que define automaticamente o endereço IP e outras configurações TCP/IP em computadores da rede atribuindo endereços de um pool (chamado escopo) e reclamando-os quando não estão mais em uso.
- O DHCP é composto por três componentes: um serviço DHCP, um cliente DHCP e um protocolo de comunicação DHCP.
- Os padrões DHCP definem três métodos diferentes de alocação de endereço IP: alocação dinâmica, alocação automática e alocação manual.

Revisão do objetivo

Responda às perguntas a seguir para testar seu conhecimento sobre as informações deste objetivo. Você pode encontrar as respostas a estas perguntas e explicações de por que cada opção de resposta está certa ou errada na seção "Respostas" no fim do capítulo.

1. Qual dos termos a seguir descreve melhor o componente que permite que clientes DHCP se comuniquem com servidores DHCP de outras sub-redes?

   A. Encaminhador

   B. Resolvedor

   C. Escopo

   D. Agente de retransmissão

2. Qual dos tipos de mensagens a seguir *não* é usado durante uma atribuição de endereço DHCP bem-sucedida?

   A. DHCPDISCOVER

   B. DHCPREQUEST

   C. DHCPACK

   D. DHCPINFORM

3. Qual destes tipos de alocação de endereços DHCP é o equivalente a uma reserva no Windows Server 2012 R2?

   A. Alocação dinâmica

   B. Alocação automática

   C. Alocação manual

   D. Alocação híbrida

4. Qual dos seguintes componentes da rede pode funcionar como agente de retransmissão DHCP?

   A. Computadores com Windows 8.1

   B. Roteadores

   C. Switches

   D. Computadores com Windows Server 2012 R2

5. Qual dos parâmetros TCP/IP a seguir costuma ser empregado como uma opção de escopo no DHCP?

   A. DNS Server (Servidor DNS)

   B. Subnet Mask (Máscara de sub-rede)

   C. Lease Duration (Duração da concessão)

   D. Default Gateway (Gateway padrão)

Objetivo 4.3: Implantar e configurar o serviço DNS

O DNS é um elemento crucial de comunicações tanto na Internet quanto no Active Directory. Toda comunicação TCP/IP é baseada em endereços IP. Cada computador de uma rede tem, pelo menos, uma interface de rede, que é chamada de host no jargão do TCP/IP, e cada host tem um endereço IP que é exclusivo na rede. Todo datagrama transmitido por um sistema TCP/IP contém o endereço IP do computador de origem e o endereço IP do destinatário pretendido. No entanto, quando os usuários acessam uma pasta compartilhada na rede ou um site na Internet, geralmente o fazem especificando ou selecionando um nome de host, e não um endereço IP. Isso ocorre porque os nomes são muito mais fáceis de lembrar e usar do que endereços IP.

> **Este objetivo aborda como:**
> - Configurar a integração de zonas primárias ao Active Directory
> - Configurar encaminhadores (Forwarders)
> - Configurar dicas de raiz (Root Hints)
> - Gerenciar o cache DNS
> - Criar registros de recursos A e PTR

Arquitetura do DNS

Para os sistemas TCP/IP usarem nomes de host amigáveis, eles devem ter uma maneira de descobrir o endereço IP associado ao nome. Nos primórdios da rede TCP/IP, cada computador tinha uma lista com os nomes e os endereços IP equivalentes, chamada tabela de hosts. Naquela época, o pequeno número de computadores na incipiente Internet tornava viável a manutenção e a distribuição de uma única tabela de hosts.

Atualmente, há milhões de computadores na Internet, e a ideia de manter e distribuir um único arquivo contendo os nomes de todos eles é absurda. Em vez de usar a tabela de hosts armazenada em cada computador, hoje as redes TCP/IP usam servidores DNS para converter nomes de host em endereços IP. Esse processo de conversão se chama resolução de nomes.

Em sua essência, o DNS ainda é uma lista com nomes e os endereços IP equivalentes, mas os métodos de criação, armazenamento e recuperação desses nomes são muito diferentes dos de uma tabela de hosts. O DNS é composto por três elementos:

- **O espaço de nomes DNS**   Os padrões DNS definem um espaço de nomes estruturado em árvore, em que cada ramo da árvore identifica um domínio. Cada domínio contém um conjunto de registros de recursos que contém nomes de hosts, endereços IP e outras informações. Operações de consulta são tentativas de recuperar registros de recursos específicos em um determinado domínio.
- **Servidores de nomes**   Um servidor DNS é um serviço sendo executado em um computador servidor que mantém informações sobre a estrutura de árvore de domínios e (às vezes) contém informações autoritativas sobre um ou mais domí-

nios específicos dessa estrutura. O aplicativo pode responder a consultas de informações a respeito de domínios sobre os quais ele tem autoridade e também encaminhar consultas sobre outros dominios para outros servidores de nomes. Isso permite que qualquer servidor DNS acesse informações sobre qualquer domínio da árvore.

- **Resolvedores** Um *resolvedor* é um programa cliente que gera consultas DNS e as envia para um servidor DNS para resolução. Ele tem acesso direto a, pelo menos, um servidor DNS e também pode processar referências para direcionar suas consultas para outros servidores quando necessário.

Em sua forma mais básica, o processo de resolução de nomes DNS é composto por um resolvedor, que envia uma solicitação de resolução de nome para o servidor DNS que lhe foi designado. Quando o servidor não possui informações sobre o nome solicitado, ele encaminha a solicitação para outro servidor DNS da rede. O segundo servidor gera uma resposta contendo o endereço IP do nome solicitado e a retorna para o primeiro servidor, que retransmite a informação para o resolvedor, como mostrado na Figura 4-14. Na prática, no entanto, o processo de resolução de nomes DNS pode ser consideravelmente mais complexo, como você verá nas próximas seções.

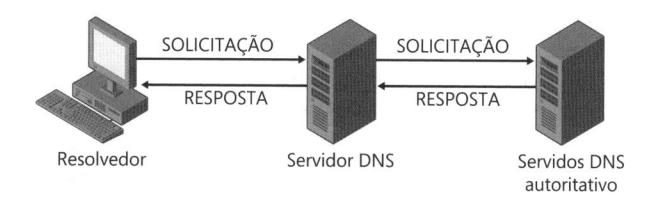

FIGURA 4-14 Servidor DNS retransmitindo solicitações e respostas para outros servidores DNS.

Comunicações DNS

Embora todos os aplicativos da Internet usem o DNS para converter nomes em endereços IP, esse processo de resolução de nomes é mais fácil de ver quando usamos um navegador web para acessar um site na Internet. Ao digitar uma URL contendo o nome DNS (p. ex., www.microsoft.com) na caixa Address do navegador e pressionar a tecla Enter, se olharmos com rapidez suficiente, talvez vejamos uma mensagem dizendo algo como "Finding Site: www.microsoft.com". Então, alguns segundos depois, deve surgir uma mensagem dizendo "Connecting to", seguida por um endereço IP. É durante esse intervalo que o processo de resolução de nomes DNS ocorre.

Do ponto de vista do cliente, o procedimento que ocorre durante esses poucos segundos envolve o aplicativo usando o resolvedor DNS interno para enviar uma mensagem de consulta para o servidor DNS que lhe foi designado contendo o nome a ser resolvido. O servidor, então, responde com uma mensagem contendo o endereço IP correspondente a esse nome. Usando o endereço fornecido, o aplicativo pode transmitir uma mensagem para o destino pretendido. Só quando consideramos o papel do servidor DNS no processo é que vemos como ele é complexo.

Para entendermos melhor os relacionamentos entre os servidores DNS de vários domínios do espaço de nomes, o procedimento a seguir mostra o processo de resolução de nomes na Internet.

1. Um usuário de um sistema cliente especifica o nome DNS de um servidor na Internet em um aplicativo, como um navegador web. O aplicativo gera uma chamada de interface de programação de aplicativos (API, application programming interface) para o resolvedor no sistema cliente, e o resolvedor cria uma mensagem de consulta DNS recursiva contendo o nome do servidor, que ele transmite para o servidor DNS identificado na configuração TCP/IP do computador, como mostrado na Figura 4-15.

Resolvedor   Servidor DNS

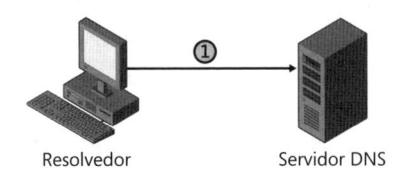

FIGURA 4-15 O resolvedor do cliente enviando uma solicitação de resolução de nome para seu servidor DNS.

2. O servidor DNS do cliente, após receber a consulta, verifica seus registros de recursos para ver se é a fonte autoritativa da zona que contém o nome de servidor solicitado. Se não for, o que é comum, ele gera uma consulta iterativa e a envia para um dos servidores de nomes raiz, como mostrado na Figura 4-16. O servidor de nomes raiz examina o nome solicitado pelo servidor DNS do cliente e consulta seus registros de recursos para identificar os servidores autoritativos do domínio de nível superior do nome. O servidor de nomes raiz transmite, então, uma resposta para o servidor DNS do cliente contendo uma referência aos endereços IP dos servidores do domínio de nível superior.

Servidor de nomes raiz

Resolvedor   Servidor DNS

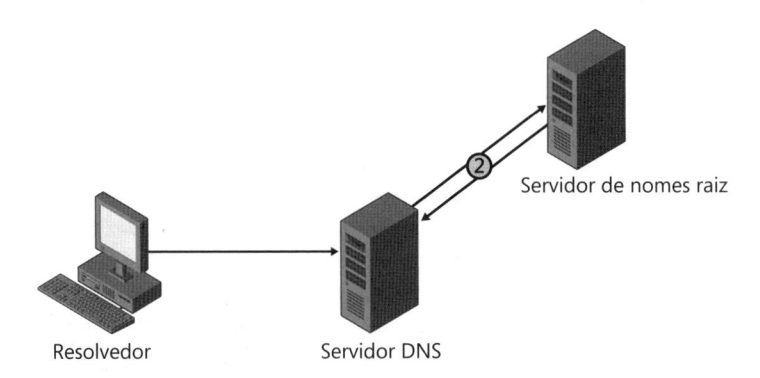

FIGURA 4-16 O servidor DNS do cliente encaminhando a solicitação para um servidor de nomes raiz.

3. O servidor DNS do cliente, agora de posse do endereço do servidor do domínio de nível superior do nome solicitado, gera uma nova consulta iterativa e a transmite para o servidor do domínio de nível superior, como mostrado na Figura 4-17. O servidor do domínio de nível superior examina o domínio de segundo nível no nome solicitado e transmite uma referência contendo os endereços dos servidores autoritativos do domínio de segundo nível para o servidor DNS do cliente.

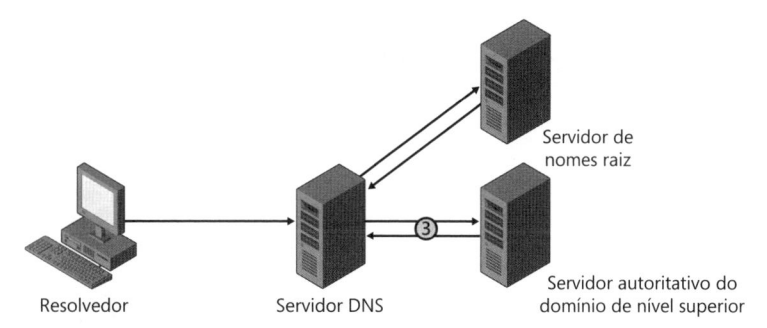

CAPÍTULO 4 Implantação e configuração de serviços básicos de rede **233**

FIGURA 4-17 O servidor DNS do cliente encaminhando a solicitação para um servidor do domínio de nível superior.

> **NOTA COMBINANDO ETAPAS**
>
> No processo de resolução de nomes DNS que está sendo descrito, o processo de resolver os nomes do domínio de nível superior e de segundo nível é representado em etapas separadas. No entanto, com frequência, não é isso que ocorre. Os domínios de nível superior mais usados (como com, net e org) ficam, na verdade, hospedados nos servidores de nomes raiz. Isso elimina uma etapa do processo de resolução de nomes.

4. O servidor DNS do cliente gera outra consulta iterativa e a transmite para o servidor do domínio de segundo nível, como mostrado na Figura 4-18. Se o servidor do domínio de segundo nível for a autoridade da zona que contém o nome solicitado, ele consultará seus registros de recursos para determinar o endereço IP do sistema solicitado e o transmitirá em uma mensagem de resposta para o servidor DNS do cliente.

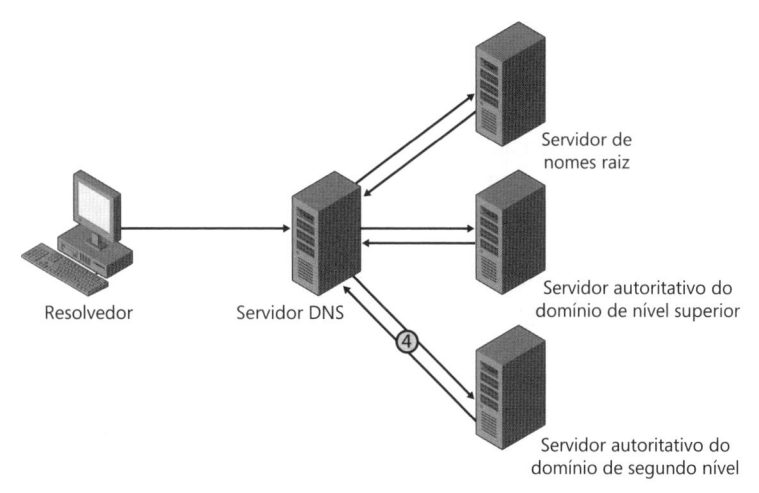

FIGURA 4-18 O servidor DNS do cliente encaminhando a solicitação para um servidor do domínio de segundo nível.

5. O servidor DNS do cliente recebe a resposta do servidor autoritativo e transmite o endereço IP para o resolvedor no sistema cliente, como mostrado na Figura 4-19. O resolvedor retransmite o endereço para o aplicativo, que pode, então, iniciar comunicações via IP com o sistema especificado pelo usuário.

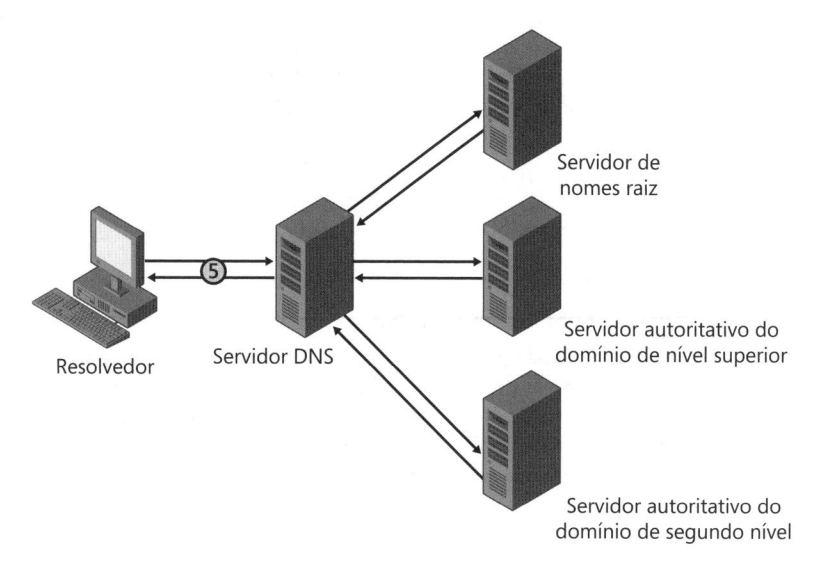

FIGURA 4-19 O servidor DNS do cliente respondendo ao resolvedor do cliente.

Dependendo do nome que o cliente estiver tentando resolver, esse processo pode ser mais simples ou consideravelmente mais complexo do que o mostrado aqui. Por um lado, se o servidor DNS do cliente for a autoridade do domínio em que o nome solicitado estiver localizado, não será necessário entrar em contato com outros servidores ou fazer solicitações iterativas. Mas, se o nome solicitado tiver três ou mais níveis de domínios, consultas iterativas adicionais podem ser necessárias.

Esse procedimento também assume uma conclusão bem-sucedida do processo de resolução de nome. Se algum dos servidores DNS autoritativos consultados retornar uma mensagem de erro para o servidor DNS do cliente, informando, por exemplo, que um dos domínios do nome não existe, então essa mensagem de erro será retransmitida de volta ao cliente e o processo de resolução de nome será considerado não concluído.

Cache de servidor DNS

O processo de resolução de nomes DNS pode parecer longo e complexo, mas, em muitos casos, não é necessário o servidor DNS do cliente enviar consultas para os servidores de cada domínio especificado no nome DNS solicitado. Isso ocorre porque os servidores DNS podem reter as informações que aprendem sobre o espaço de nomes DNS no decorrer de seus procedimentos de resolução de nomes e armazená-las em um cache na unidade de disco rígido local.

Um servidor DNS que receber solicitações de clientes, por exemplo, armazenará em cache os endereços IP dos sistemas solicitados e os endereços de servidores autoritativos de domínios específicos. Na próxima vez em que um cliente solicitar a resolução de um nome já resolvido, o servidor poderá responder imediatamente com a informação armazenada em cache. Além disso, se um cliente solicitar outro nome de um domínio já consultado, o servidor poderá enviar uma consulta diretamente a um servidor autoritativo desse domínio em vez de a um servidor de nomes raiz. Logo, os nomes que constam em domínios acessados com frequência costumam ser resolvidos rapidamente, porque um dos servidores do percurso tem informações sobre o domínio em seu cache, enquanto nomes de domínios obscuros demoram mais, porque o processo inteiro de solicitação/envio de referência é necessário.

O cache é um elemento vital da arquitetura DNS, porque reduz o número de solicitações enviadas para os servidores de nomes raiz e de domínios de nível superior, que, estando no topo da árvore DNS, apresentam mais probabilidades de ser um gargalo para o sistema inteiro. No entanto, os caches devem ser esvaziados de tempos em tempos, e uma linha tênue divide um cache eficaz de um ineficaz.

Já que os servidores DNS retêm registros de recursos em seus caches, pode demorar horas ou até dias para que alterações feitas em um servidor autoritativo sejam propagadas pela Internet. Durante esse período, os usuários podem receber informações incorretas em resposta a uma consulta. Se as informações permanecerem em caches de servidor por muito tempo, as alterações que os administradores fizerem nos dados em seus servidores DNS demorarão muito para serem propagadas na Internet. Se os caches forem esvaziados muito rapidamente, o número de solicitações enviadas para os servidores de nomes raiz e de domínios de nível superior aumentará de repente.

O período em que os dados de DNS permencem no cache de um servidor se chama *time to live* (*TTL, tempo de vida*). Ao contrário do que ocorre na maioria dos caches de dados, o TTL não é especificado pelo administrador do servidor em que o cache é armazenado. Em vez disso, os administradores de cada servidor DNS autoritativo especificam quanto tempo os dados dos registros de recursos de seus domínios ou zonas podem ser retidos nos servidores em que estão armazenados em cache. Isso permite que os administradores especifiquem um valor de TTL de acordo com a volatilidade dos dados de seus servidores. Em uma rede em que alterações nos endereços IP ou a inclusão de novos registros de recursos sejam frequentes, um valor de TTL mais baixo aumenta a probabilidade de os clientes receberem dados atualizados. Em uma rede que raramente mude, um valor de TTL mais longo reduz o número de solicitações enviadas para os servidores pais do domínio ou da zona.

Para modificar o valor do TTL de uma zona em um servidor com Windows Server 2012 R2, clique nela com o botão direito do mouse, abra a página Properties e clique na guia Start Of Authority (SOA), como mostrado na Figura 4-20. Nessa guia, você pode modificar o TTL da configuração do registro alterando o seu valor padrão de uma hora.

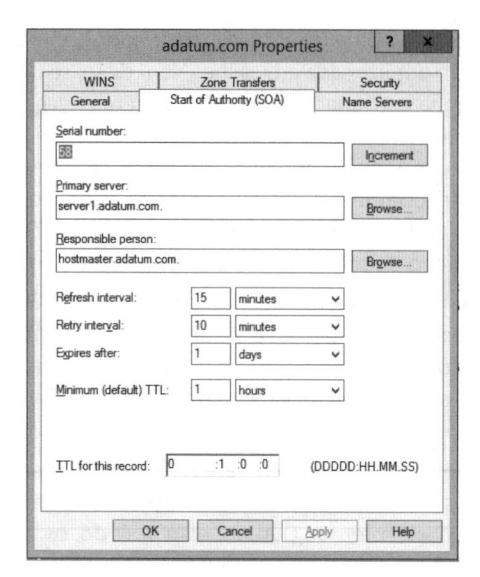

FIGURA 4-20 Visualizando a guia Start Of Authority (SOA) na página Properties de um servidor DNS.

Cache de resolvedor no lado do cliente

O resolvedor do cliente em sistemas Windows também contém um mecanismo de cache, que armazena endereços IP resolvidos e informações de arquivos HOSTS em uma unidade local. Quando um cliente encontra um nome que precisa ser convertido em um endereço IP, ele verifica seu cache local antes de enviar uma solicitação para seu servidor DNS.

Referências e consultas DNS

O processo pelo qual um servidor DNS envia uma solicitação de resolução de nome para outro servidor DNS chama-se referência (referral). As referências são essenciais para o processo de resolução de nomes DNS.

Como você viu no procedimento descrito anteriormente, o principal envolvimento do cliente DNS no processo de resolução de nomes é o envio de uma consulta e o recebimento de uma resposta. O servidor DNS do cliente pode ter que enviar referências a vários servidores antes de alcançar o que tem a informação necessária.

Os servidores DNS reconhecem dois tipos de solicitações de resolução de nomes:

- **Consulta recursiva** Em uma consulta recursiva, o servidor DNS que recebeu a solicitação de resolução de nome assume toda a responsabilidade por resolver esse nome. Se o servidor tiver informações sobre o nome solicitado, ele responderá imediatamente para o solicitante. Se o servidor não tiver informações sobre o nome, enviará referências a outros servidores DNS até obter a informação necessária. Os resolvedores dos clientes TCP/IP sempre enviam consultas recursivas para os servidores DNS que lhes foram designados.

- **Consulta iterativa** Em uma consulta iterativa, o servidor que recebe a solicitação de resolução de nome responde imediatamente com a melhor informação que tiver no momento. Os servidores DNS usam consultas iterativas quando se comunicam uns com os outros. Na maioria dos casos, seria inapropriado configurar um servidor DNS para enviar uma consulta recursiva para outro servidor DNS. A única situação em que um servidor DNS envia consultas recursivas para outro servidor é no caso de um tipo especial de servidor chamado encaminhador (forwarder), que é configurado especificamente para interagir com outros servidores dessa forma.

Encaminhadores DNS

Um dos cenários em que os servidores DNS enviam consultas recursivas para outros servidores é quando configuramos um servidor para funcionar como encaminhador (forwarder). Em uma rede executando vários servidores DNS, poderíamos não querer que todos os servidores enviassem consultas para outros servidores DNS da Internet. Se a rede tiver uma conexão relativamente lenta com a Internet, por exemplo, vários servidores transmitindo consultas repetidas poderiam usar grande parte da largura de banda disponível.

Para evitar isso, o Windows Server 2012 R2 permite a configuração de um servidor para funcionar como encaminhador de todas as consultas de Internet geradas por outros servidores da rede. A qualquer momento em que um servidor tiver que resolver o nome DNS de um sistema na Internet e não conseguir encontrar as informações necessárias em seu cache, ele transmitirá uma consulta recursiva para o encaminhador, que, então, será responsável por enviar suas próprias consultas iterativas pela conexão com a Internet. Uma vez que o encaminhador resolver o nome, ele enviará uma resposta para o servidor DNS original, que a retransmitirá para o cliente.

Para configurar encaminhadores em um servidor Windows Server 2012 R2, clique com o botão direito do mouse no nó do servidor, abra a página Properties e clique na guia Forwarders (Encaminhadores), como mostrado na Figura 4-21. Nessa guia, você poderá adicionar os nomes e endereços dos servidores que deseja que seu servidor use como encaminhadores.

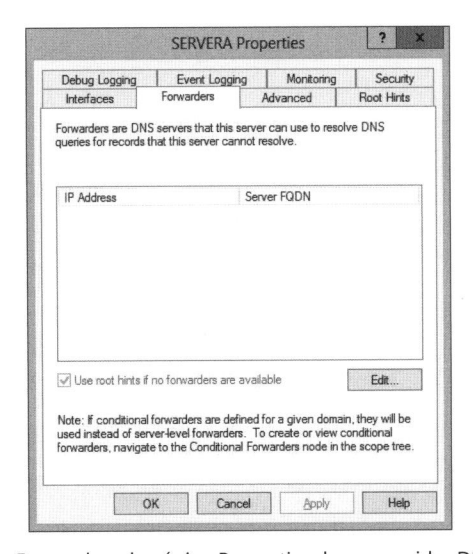

FIGURA 4-21 A guia Forwarders da página Properties de um servidor DNS.

O Windows Server 2012 R2 também dá suporte ao *encaminhamento condicional*, que permite que os administradores especifiquem diferentes endereços IP de servidores para nomes de domínio específicos. Quando o servidor recebe uma solicitação de resolução de nome, ele verifica o nome de domínio contido na solicitação e consulta para ver se consta em sua lista de encaminhadores e, então, repassa a solicitação para outro servidor somente se o domínio aparecer na lista. Usando esse recurso, empresas com vários domínios internos podem resolver nomes de toda a corporação sem ter que enviar solicitações para servidores na Internet.

Resolução de nomes inversa

O processo de resolução de nomes descrito anteriormente foi projetado para converter nomes DNS em endereços IP. No entanto, há ocasiões em que é necessário um computador converter um endereço IP em um nome DNS. Isso se chama *resolução de nomes inversa*.

Já que a hierarquia de domínios é organizada de acordo com os nomes dos domínios, parece não haver uma maneira de converter um endereço IP em um nome usando consultas iterativas, exceto encaminhando a solicitação de resolução de nome inversa para cada servidor DNS da Internet em busca do endereço solicitado, o que, claro, é inviável.

Para resolver esse problema, os desenvolvedores do DNS criaram um domínio especial chamado in-addr.arpa, projetado especificamente para a resolução de nomes inversa. O domínio de segundo nível in-addr.arpa contém quatro níveis de subdomínios adicionais. Cada um dos quatro níveis é composto por subdomínios nomeados com o uso dos numerais 0 a 255. Por exemplo, abaixo de in-addr.arpa, há 256 domínios de terceiro nível, que têm nomes que vão de 0.in-addr.arpa a 255.in-addr.arpa. Cada um desses 256 domínios de terceiro nível tem abaixo de si 256 domínios de quarto nível, também numerados de 0 a 255, e cada domínio de quarto nível tem 256 domínios de quinto nível, como mostrado na Figura 4-22. Cada um desses domínios de quinto nível pode ter até 256 hosts, também numerados de 0 a 255.

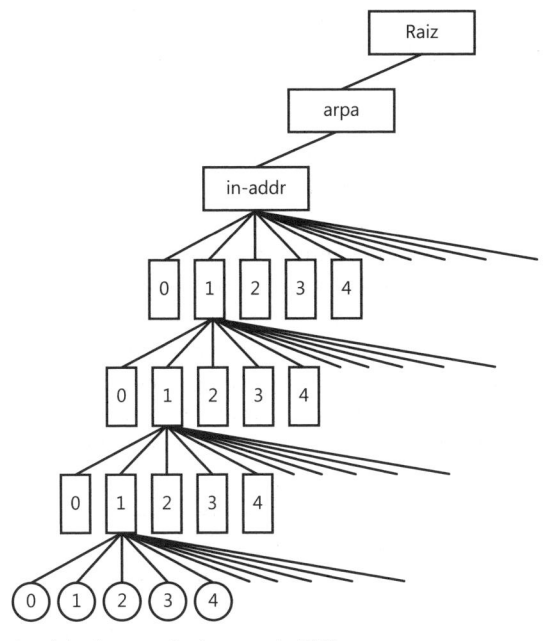

FIGURA 4-22 O domínio de pesquisa inversa de DNS.

Com o uso dessa hierarquia de subdomínios, é possível expressar os três primeiros bytes de um endereço IP como um nome de domínio DNS e criar um registro de recurso nomeado para o quarto byte no domínio de quinto nível apropriado. Por exemplo, para converter o endereço IP 192.168.89.34 em um nome, um servidor DNS localizaria um domínio chamado 89.168.192.in-addr.arpa da maneira usual e consultaria o conteúdo de um registro de recurso nomeado como 34 nesse domínio.

> **NOTA ENDEREÇOS DE PESQUISA INVERSA**
> No domínio in-addr.arpa, o endereço IP é invertido no nome do domínio, porque os endereços IP têm o bit menos significativo (i. e., o identificador do host) na direita, mas os nomes de domínio DNS totalmente qualificados (FQDNs, fully qualified domain names) têm o nome do host na esquerda.

Implante um servidor DNS

O processo de implantar um servidor DNS em um computador Windows Server 2012 R2 é apenas uma questão de instalar a função DNS Server com o uso do Add Roles And Features Wizard do Server Manager. A instalação real não requer entradas adicionais; não há páginas adicionais no assistente nem serviços de função para selecionar.

Uma vez que você instalar a função DNS Server, o computador estará pronto para executar serviços de resolução de nomes baseada somente em cache (cache-only) para qualquer cliente que tenha acesso a ele. A função também instala o console DNS Manager (Gerenciador do DNS), que você pode usar para configurar os outros recursos do servidor DNS. Para configurar o servidor para executar outros serviços, consulte as próximas seções.

Crie zonas

Uma zona é uma entidade administrativa que criamos em um servidor DNS para representar uma parte distinta do espaço de nomes DNS. Normalmente, os administradores dividem o espaço de nomes DNS em zonas para armazená-las em diferentes servidores e delegar sua administração para pessoas diferentes. As zonas sempre são compostas por domínios, e/ou subdomínios inteiros. Podemos criar uma zona contendo vários domínios contanto que esses domínios sejam contíguos no espaço de nomes DNS. Por exemplo, poderíamos criar uma zona contendo um domínio pai e seu filho, porque eles estariam diretamente conectados, mas não poderíamos criar uma zona contendo dois domínios filhos sem o pai em comum, porque os dois filhos não estariam diretamente conectados, como mostrado na Figura 4-23.

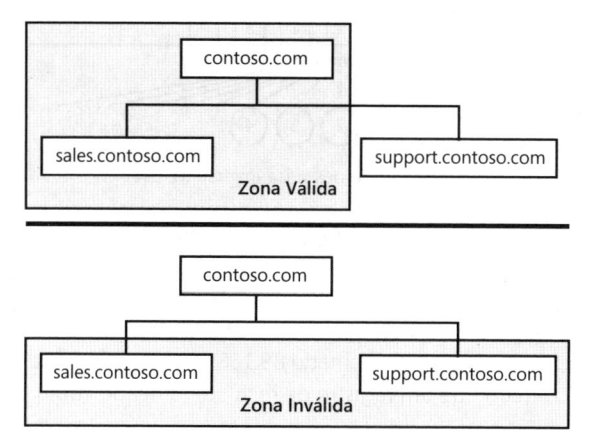

```
                    contoso.com
                   /           \
          sales.contoso.com   support.contoso.com
                    Zona Válida
─────────────────────────────────────────────────
                    contoso.com

          sales.contoso.com   support.contoso.com
                    Zona Inválida
```

FIGURA 4-23 As zonas válidas devem ser compostas por domínios contíguos.

Você pode dividir o espaço de nomes DNS em várias zonas e hospedá-las em um único servidor DNS se quiser, embora geralmente não haja uma razão convincente para isso. O servidor DNS do Windows Server 2012 R2 pode dar suporte a até 200.000 zonas em um único servidor, mas é difícil imaginar um cenário com tamanha demanda. Na maioria dos casos, um administrador cria várias zonas em um servidor e, então, delega a maioria delas para outros servidores, que se tornam responsáveis por hospedá-las.

Cada zona é composta por um banco de dados, que contém os registros de recursos dos domínios dessa zona. O servidor DNS do Windows Server 2012 R2 dá suporte a três tipos de zonas, que especificam onde o servidor armazena o banco de dados e que tipo de informações ele contém. Os tipos de zona são:

- **Zona primária** Cria uma zona primária contendo a cópia mestra do banco de dados, em que os administradores fazem todas as alterações nos registros de recursos da zona. Se a zona não estiver armazenada no Active Directory, o servidor criará um arquivo de banco de dados da zona mestra primária na unidade local. Trata-se de um arquivo de texto simples compatível com a maioria das implementações de servidor DNS não Windows.

- **Zona secundária** Cria uma cópia de uma zona primária em outro servidor. A zona secundária contém uma cópia de backup do arquivo de banco de dados da zona mestra primária como um arquivo de texto idêntico na unidade local do servidor. Você só pode atualizar os registros de recursos de uma zona secundária replicando o arquivo de banco de dados da zona mestra primária, por meio de um processo chamado transferência de zona.
- **Zona stub** Cria uma cópia de uma zona primária contendo os registros de recursos-chave que identificam os servidores autoritativos da zona. A zona stub encaminha ou referencia solicitações. Quando você criar uma zona stub, deve configurá-la com o endereço IP do servidor que hospeda a zona a partir da qual criou a stub. Quando o servidor que hospeda a zona stub receber uma consulta de um nome dessa zona, ele encaminhará a solicitação para o host da zona ou responderá com uma referência a esse host, dependendo de se a consulta for iterativa ou recursiva.

O DNS foi projetado muito antes do Active Directory, logo grande parte da Internet depende de zonas primárias e secundárias usando arquivos de banco de dados baseados em texto. A implementação mais comum de servidor DNS na Internet é um programa UNIX chamado BIND, que usa esses bancos de dados.

No entanto, para servidores DNS que deem suporte a domínios internos, principalmente domínios de AD DS, usar o servidor DNS do Windows para criar uma zona primária e armazená-la no Active Directory é o procedimento recomendado. Quando armazenamos a zona no banco de dados do AD DS, não temos que criar zonas secundárias ou executar transferências de zona, porque o AD DS assume a responsabilidade de replicar os dados, e qualquer solução de backup que usarmos para proteger o Active Directory também protegerá os dados do DNS.

DICA DE EXAME

O Exame 70-410 só aborda o processo de criação de uma zona primária armazenada no Active Directory. Os procedimentos para a criação de zonas primárias e secundárias baseadas em texto e a configuração de transferências de zona são abordados no Exame 70-411, *Administração do Windows Server 2012 R2*, no Objetivo 3.1, "Configurar zonas DNS".

USE ZONAS INTEGRADAS AO ACTIVE DIRECTORY

Quando executamos o serviço de servidor DNS em um computador que seja também um controlador de domínio do Active Directory Domain Services e armazenamos a zona no Active Directory ao criá-la no New Zone Wizard (Assistente de Nova Zona), o servidor não cria um arquivo de banco de dados da zona. Em vez disso, ele armazena os registros de recursos DNS da zona no banco de dados do AD DS. O armazenamento do banco de dados do DNS no Active Directory fornece várias vantagens, inclusive facilidade de administração, conservação de largura de banda da rede e maior segurança.

Nas zonas integradas ao Active Directory, os dados da zona são replicados automaticamente em outros controladores de domínio, junto com todos os outros dados do Active Directory. O Active Directory usa um sistema de replicação de mestres múltiplos (multimaster) para que cópias do banco de dados sejam atualizadas em todos os controladores do domínio. Você pode modificar os registros de recursos DNS em qualquer controlador de domínio gravável que hospede uma cópia dos dados da zona, e o Active Directory atualizará automaticamente todos os outros controladores de domínio. Não é preciso criar zonas secundárias ou configurar manualmente transferências de zona, porque o Active Directory executa todas as atividades de replicação do banco de dados.

Por padrão, o Windows Server 2012 R2 replica os dados de uma zona primária armazenada no Active Directory em todos os outros controladores de domínio que estejam executando o servidor DNS no mesmo domínio do AD DS em que a zona estiver armazenada. Você também pode modificar o escopo de replicação do banco de dados da zona para manter cópias em todos os controladores de domínio da empresa ou em todos os controladores de domínio do AD DS, independentemente de eles estarem executando o servidor DNS, e pode criar um escopo de replicação personalizado que copie o banco de dados da zona nos controladores de domínio que especificar.

O Active Directory conserva a largura de banda da rede replicando somente os dados DNS que tenham mudado desde a última replicação e compactando os dados antes de transmiti-los pela rede. As replicações de zona também usam todos os recursos de segurança do Active Directory, inclusive a criptografia e a autenticação baseada em Kerberos, que são consideravelmente mais robustos do que os da transferência de zona baseada em arquivo. A proteção fornecida pelo Active Directory é automática e invisível para o administrador, ao contrário do processo de criptografar uma transferência de zona baseada em arquivo usando o IPsec.

CRIE UMA ZONA DO ACTIVE DIRECTORY

Para criar uma nova zona primária e armazená-la no Active Directory, use o procedimento a seguir.

1. No Server Manager de um controlador de domínio, clique em Tools, DNS para abrir o console DNS Manager.
2. Expanda o nó do servidor e selecione a pasta Forward Lookup Zones.
3. Clique com o botão direito do mouse em Forward Lookup Zones e, no menu de atalho, selecione New Zone. O New Zone Wizard será iniciado.
4. Clique em Next para pular a página Welcome e abrir a página Zone Type.
5. Deixe a opção Primary Zone e a caixa de seleção Store The Zone In Active Directory (Avalilable Only If DNS Server Is A Domain Controller) marcadas e clique em Next. A página Active Directory Zone Replication Scope será aberta.
6. Clique em Next. A página Zone Name é aberta.
7. Especifique o nome que deseja atribuir à zona na caixa de texto Zone Name e clique em Next. A página Dynamic Update será aberta.
8. Selecione uma das opções a seguir:
    - Allow Only Secure Dynamic Updates
    - Allow Both Nonsecure And Secure Dynamic Updates
    - Do Not Allow Dynamic Updates

9. Clique em Next. A página Completing The New Zone Wizard será aberta.
10. Clique em Finish. O assistente criará a zona.
11. Feche o console DNS Manager.

Para criar uma zona primária no Active Directory com o Windows PowerShell, use o cmdlet Add-DnsServerPrimaryZone, como mostrado no exemplo a seguir.

```
Add-DnsServerPrimaryZone -Name "nomezona.adatum.com" -ReplicationScope "Domain"
-PassThru
```

Uma vez que você criar uma zona primária, poderá criar registros de recursos que especifiquem os nomes dos hosts da rede e os endereços IP equivalentes.

Crie registros de recursos

Quando você executar seu próprio servidor DNS, criará um registro de recurso para cada nome de host que quiser que seja acessado pelo resto da rede.

Há vários tipos de registros de recursos diferentes usados pelos servidores DNS, e os mais importantes são:

- **SOA (Start of Authority)** Indica o servidor que é a melhor fonte autoritativa dos dados referentes à zona. Cada zona deve ter um registro SOA, e só pode haver um registro SOA em uma zona.
- **NS (Name Server)** Identifica servidores DNS que possuem autoridade sobre a zona. Cada servidor DNS da zona (seja primário ou secundário) deve ser representado por um registro NS.
- **A (Address)** Fornece um mapeamento de nome para endereço que determina um endereço IPv4 para um nome DNS específico. Este tipo de registro desempenha a principal função do DNS: resolver nomes em endereços.
- **AAAA (Address)** Fornece um mapeamento de nome para endereço que determina um endereço IPv6 para um nome DNS específico. Este tipo de registro desempenha a principal função do DNS: resolver nomes em endereços.
- **PTR (Pointer)** Fornece um mapeamento de endereço para nome que determina um nome DNS para um endereço específico no domínio in-addr.arpa. É o oposto funcional de um registro A, usado somente para pesquisas inversas.
- **CNAME (Canonical Name)** Cria um alias que aponta para o nome canônico (i. e., o nome "real") de um host identificado por um registro A. Os administradores usam registros CNAME para fornecer nomes alternativos pelos quais os sistemas possam ser identificados.
- **MX (Mail Exchanger)** Identifica um sistema que tratará o tráfego de emails enviados a um endereço do domínio direcionando-o para o destinatário individual, um gateway de email ou outro servidor de email.

> **DICA DE EXAME**
>
> O Exame 70-410 só aborda o processo de criação de registros de recursos A e PTR. Os procedimentos de crição de outros tipos de registros de recursos são abordados no Exame 70-411, *Administração do Windows Server 2012 R2*, no Objetivo 3.2, "Configurar registros DNS".

Para criar um novo registro de recurso Address, use o procedimento a seguir.

1. Faça login no Windows Server 2012 R2 usando uma conta com privilégios de administrador (Administrator). A janela Server Manager será aberta.
2. Clique em Tools, DNS para abrir o console DNS Manager.
3. Expanda o nó do servidor e selecione a pasta Forward Lookup Zones.
4. Clique com o botão direito do mouse na zona em que deseja criar o registro e, no menu de atalho, selecione New Host (A or AAAA). A caixa de diálogo New Host aparecerá, como mostrado na Figura 4-24.

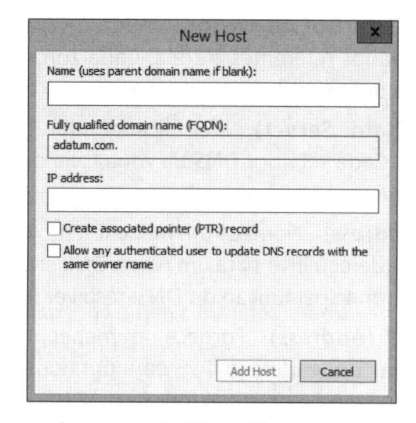

FIGURA 4-24 Configurando a caixa de diálogo New Host.

5. Na caixa de texto Names, digite o nome de host do novo registro. O FQDN do registro aparecerá.
6. Na caixa de texto IP Address, digite o endereço IPv4 ou IPv6 associado ao nome do host.
7. Marque as caixas de diálogo a seguir, se necessário:
   - **Create Associated Pointer (PTR) Record**   Cria um registro de pesquisa de nome inversa para o host no domínio in-addr.arpa
   - **Allow Any Authenticated User To Update DNS Records With The Same Owner Name**   Permite que os usuários modifiquem seus próprios registros de recursos
8. Clique em Add Host. O novo registro de recurso será criado na zona que você selecionou.
9. Feche o console DNS Manager.

Para criar um registro PTR para um novo host, você pode marcar a caixa de seleção Create Associated Pointer (PTR) Record na caixa de diálogo New Host, mas isso só será eficaz se uma zona de pesquisa inversa já existir no servidor. Para criar a zona, siga o mesmo procedimento descrito anteriormente, desta vez selecionando a pasta Reverse Lookup Zones.

Quando você optar por criar uma zona de pesquisa inversa IPv4, uma página Reverse Lookup Zone Name (Nome da Zona de Pesquisa Inversa) será aberta, como a mostrada na Figura 4-25, na qual será possível fornecer o ID de rede que o assistente usará para criar a zona.

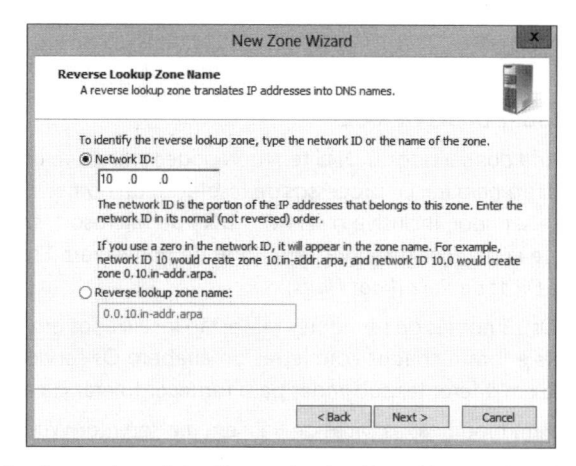

FIGURA 4-25 Configurando a página Reverse Lookup Zone Name no New Zone Wizard.

Uma vez que a zona for criada, você poderá criar registros PTR junto com registros A ou AAAA ou criar um novo registro PTR usando a caixa de diálogo New Resource Record (Novo Registro de Recurso).

Defina configurações de servidor DNS

Quando você instalar um servidor DNS e criar zonas e registros de recursos nele, poderá alterar muitas configurações para modificar seu comportamento. As próximas seções descrevem algumas dessas configurações.

CONFIGURE A REPLICAÇÃO DO DNS NO ACTIVE DIRECTORY

Para modificar o escopo de replicação de uma zona integrada ao Active Directory, abra a página Properties da zona no console DNS Manager e, na guia General, clique em Change para Replication: All DNS Servers In This Domain para exibir a caixa de diálogo Change Zone Replication Scope, mostrada na Figura 4-26. As opções são as mesmas do New Zone Wizard.

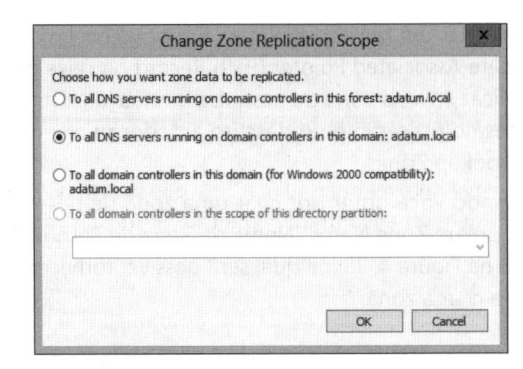

FIGURA 4-26 A caixa de diálogo Change Zone Replication Scope.

CONFIGURE DICAS DE RAIZ

A maioria dos servidores DNS tem que poder entrar em contato com os servidores de nomes raiz para iniciar processos de resolução de nomes. Quase todas as implementações de servidor, inclusive o servidor DNS da Microsoft, são pré-configuradas com os nomes e endereços de vários servidores de nomes raiz. Essas informações são chamadas de *Dicas de Raiz* (*Root Hints*).

Os 13 nomes de servidores raiz estão localizados em um domínio chamado root--servers e foram criados com letras do alfabeto Os servidores estão espalhados pelo mundo em diferentes sub-redes para fornecer tolerância a falhas.

Para modificar as Dicas de Raiz em um servidor Windows Server 2012 R2, clique com o botão direito do mouse no nó do servidor, abra a página Properties e clique na guia Root Hints (Dicas de Raiz), como mostrado na Figura 4-27. Nessa guia, você pode adicionar, editar ou remover entradas na lista de Dicas de Raiz fornecida.

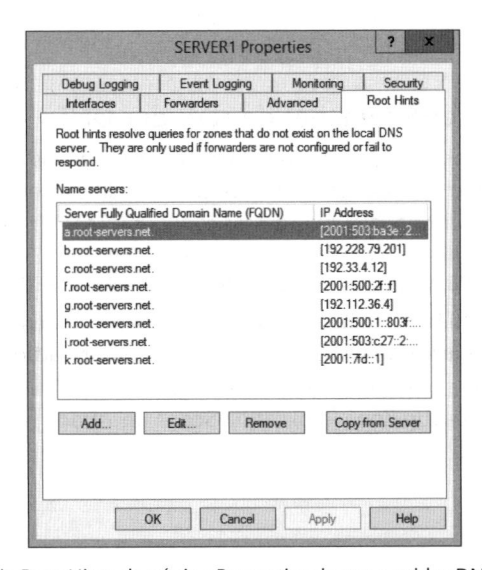

FIGURA 4-27 A guia Root Hints da página Properties de um servidor DNS.

CAPÍTULO 4 Implantação e configuração de serviços básicos de rede 247

> ### Teste de raciocínio
> **Controlando tráfego DNS**
>
> No teste de raciocínio a seguir, aplique o que aprendeu sobre o objetivo para prever quais etapas terá que executar. As respostas às perguntas podem ser encontradas na seção "Respostas" no fim do capítulo.
>
> Alice é administradora na empresa Wingtip Toys, que recentemente expandiu sua divisão de serviço ao cliente adicionando 100 estações de trabalho. Todas as estações de trabalho da rede da empresa foram configuradas para usar um servidor na rede de perímetro como servidor DNS primário e um servidor na rede do ISP como servidor secundário. Como resultado da expansão, o desempenho da Internet ficou perceptivelmente mais lento, e um rastreamento do Network Monitor indica que há um volume desproporcional de tráfego DNS na conexão entre a rede de perímetro e a rede do ISP.
>
> Com isso em mente:
>
> Cite duas maneiras pelas quais Alice pode reduzir o volume de tráfego DNS que passa pela conexão da Internet.

Resumo do objetivo

- O DHCP é um serviço que define automaticamente o endereço IP e outras configurações TCP/IP em computadores da rede atribuindo endereços de um pool (chamado escopo) e recuperando-os quando não estão mais em uso.
- As redes TCP/IP atuais usam servidores DNS para converter nomes de host em endereços IP. Esse processo de conversão se chama resolução de nomes.
- O DNS é composto por três elementos: o espaço de nomes DNS, servidores de nome e resolvedores.
- A natureza hierárquica do espaço de nomes DNS foi projetada para tornar possível que qualquer servidor DNS da Internet localize a fonte autoritativa de qualquer nome de domínio usando um número mínimo de consultas.
- Em uma consulta recursiva, o servidor DNS que recebeu a solicitação de resolução de nome assume toda a responsabilidade por resolver o nome. Em uma consulta iterativa, o servidor que recebe a solicitação de resolução de nome responde imediatamente com a melhor informação que tiver no momento.
- Para fins de resolução de nomes na Internet, as únicas funções requeridas do servidor DNS são processar consultas recebidas de resolvedores e enviar suas próprias consultas para outros servidores DNS da Internet.

Revisão do objetivo

Responda às perguntas a seguir para testar seu conhecimento sobre as informações deste objetivo. Você pode encontrar as respostas a estas perguntas e explicações de por que cada opção de resposta está certa ou errada na seção "Respostas" no fim do capítulo.

1. Qual dos tipos de registros de recurso a seguir contém as informações que um servidor DNS precisa para executar pesquisas de nome inversas?
   A. A
   B. CNAME
   C. SOA
   D. PTR

2. Qual dos itens a seguir seria o FQDN correto para um registro de recurso em uma zona de pesquisa inversa se o endereço IP do computador fosse 10.75.143.88?
   A. 88.143.75.10.in-addr.arpa
   B. 10.75.143.88.in-addr.arpa
   C. in-addr.arpa.88.143.75.10
   D. arpa.in-addr.10.75.143.88

3. Qual destes itens *não* é um dos elementos do DNS?
   A. Resolvedores
   B. Agentes de retransmissão
   C. Servidores de nome
   D. Espaço de nomes

4. Em qual das seguintes transações DNS o sistema que faz a consulta gera uma consulta recursiva?
   A. Um cliente DNS envia o nome de servidor www.adatum.com para o servidor DNS que lhe foi designado para resolução.
   B. O servidor DNS de um cliente envia uma solicitação para um servidor de nomes raiz para encontrar o servidor autoritativo do domínio de nível superior com.
   C. O servidor DNS de um cliente envia uma solicitação para o servidor do domínio de nível superior com para encontrar o servidor autoritativo do domínio adatum.com.
   D. O servidor DNS de um cliente envia uma solicitação para o servidor do domínio adatum.com para encontrar o endereço IP associado ao nome de servidor www.

5. Qual dos itens a seguir contém os controles usados para modificar o cache de nomes DNS?
   A. A guia Forwarders da página Properties de um servidor
   B. A guia Start of Authority (SOA) da página Properties de uma zona
   C. A guia Root Hints da página Properties de um servidor
   D. O New Zone Wizard

Respostas

Esta seção contém as soluções dos testes de raciocínio e respostas às perguntas das revisões de objetivo deste capítulo.

Objetivo 4.1: Teste de raciocínio

Arthur pode dividir o endereço que recebeu em sub-redes usando quatro bits de host, que lhe darão 16 sub-redes com até 14 hosts em cada. Os computadores usarão a máscara de sub-rede 255.255.255.240 e os seguintes intervalos de endereço IP

```
172.16.8.1   - 172.16.8.14
172.16.8.17  - 172.16.8.30
172.16.8.33  - 172.16.8.46
172.16.8.49  - 172.16.8.62
172.16.8.65  - 172.16.8.78
172.16.8.81  - 172.16.8.94
172.16.8.97  - 172.16.8.110
172.16.8.113 - 172.16.8.126
172.16.8.129 - 172.16.8.142
172.16.8.145 - 172.16.8.158
172.16.8.161 - 172.16.8.174
172.16.8.177 - 172.16.8.190
172.16.8.193 - 172.16.8.206
172.16.8.209 - 172.16.8.222
172.16.8.225 - 172.16.8.238
172.16.8.241 - 172.16.8.254
```

Objetivo 4.1: Revisão

1. **Resposta correta:** B
   A. **Incorreta:** A criação de sub-redes é uma técnica para a geração de divisões administrativas em uma rede; ela não transmite tráfego IPv6 por uma rede IPv4.
   B. **Correta:** O encapsulamento é um método para a inclusão de tráfego IPv6 dentro de datagramas IPv4.
   C. **Incorreta:** A criação de uma super-rede é um método para a combinação de sub-redes consecutivas em uma única entidade.
   D. **Incorreta:** A compactação é um método que encurta endereços IPv6.

2. **Resposta correta:** C

    A. Incorreta: Os endereços unicast de link local são autoatribuídos por sistemas IPv6. Logo, são o equivalente aos endereços APIPA no IPv4.

    B. Incorreta: Um endereço unicast global é o equivalente a um endereço IPv4 registrado, que pode ser roteado mundialmente e é exclusivo na Internet.

    C. Correta: Os endereços unicast unique local são o equivalente no IPv6 aos endereços de rede privados 10.0.0.0/8, 172.16.0.0/12 e 192.168.0.0/16 do IPv4.

    D. Incorreta: A função de um endereço anycast é identificar os roteadores de um determinado escopo de endereço e enviar tráfego para o mais próximo.

3. **Resposta correta:** A

    A. Correta: O Teredo é um mecanismo que permite que dispositivos que estejam atrás de roteadores NAT não IPv6 funcionem como extremidades de um encapsulamento.

    B. Incorreta: O mecanismo 6to4 incorpora as conexões IPv4 de uma rede à infraestrutura IPv6 definindo um método para a expressão de endereços IPv4 no formato IPv6 e encapsulando o tráfego IPv6 em pacotes IPv4.

    C. Incorreta: O Intra-Site Automatic Tunnel Addressing Protocol (ISATAP) é um protocolo de encapsulamento automático usado por sistemas operacionais Windows de estações de trabalho que emula uma conexão IPv6 usando uma rede IPv4.

    D. Incorreta: O APIPA é um processo de autoatribuição de endereços IPv4. Ele não tem relação com o encapsulamento.

4. **Resposta correta:** A

    A. Correta: Para um endereço poder ser visto na Internet, ele deve ser registrado na IANA.

    B. Incorreta: O padrão binário é um sistema de numeração que pode ser usado para expressar qualquer endereço IP.

    C. Incorreta: Todas as classes de endereços podem ser visíveis ou não visíveis na Internet.

    D. Incorreta: Todos os endereços de sub-redes podem ser visíveis ou não visíveis na Internet.

5. **Resposta correta:** C

    A. Incorreta: Na forma binária, a máscara 255.224.0.0 seria 11111111.11100000.00000000.00000000, que só contém 11 bits na identificação da rede.

    B. Incorreta: Na forma binária, a máscara 255.240.0.0 seria 11111111.11110000.00000000.00000000, que só contém 12 bits na identificação da rede.

    C. Correta: Na forma binária, a máscara 255.255.224.0 seria 11111111.11111111.11100000.00000000, que contém 19 bits na identificação da rede.

D. Incorreta: Na forma binária, a máscara 255.255.240.0 seria 11111111.1111 1111.11110000.00000000, que contém 20 bits na identificação da rede.

E. Incorreta: Na forma binária, a máscara 255.255.255.240 seria 11111111.11 111111.11111111.11110000, que contém 28 bits na identificação da rede.

Objetivo 4.2: Teste de raciocínio

Roger pode reduzir a duração das concessões de endereço IP em seus escopos para que endereços abandonados fiquem disponíveis para os clientes mais rapidamente.

Objetivo 4.2: Revisão

1. **Resposta correta:** D
    - **A. Incorreta:** Um encaminhador é um servidor DNS que aceita consultas recursivas de outros servidores.
    - **B. Incorreta:** Um resolvedor é um componente do cliente DNS.
    - **C. Incorreta:** Um escopo é um intervalo de endereços IP que um servidor DHCP está configurado para alocar.
    - **D. Correta:** Um agente de retransmissão é um módulo de software que recebe mensagens broadcast de DHCP e as encaminha para um servidor DHCP em outra sub-rede.
2. **Resposta correta:** D
    - **A. Incorreta:** O processo de atribuição de endereços IP começa quando o cliente DHCP gera mensagens DHCPDISCOVER e as transmite na rede local.
    - **B. Incorreta:** O cliente DHCP interrompe a transmissão e sinaliza sua aceitação de um dos endereços fornecidos gerando uma mensagem DHCPREQUEST.
    - **C. Incorreta:** Quando o servidor que ofereceu o endereço IP aceito recebe a mensagem DHCPREQUEST, ele transmite uma mensagem DHCPACK para o cliente, confirmando a conclusão do processo.
    - **D. Correta:** O tipo de mensagem DHCPINFORM não é usado durante uma atribuição de endereço IP.
3. **Resposta correta:** C
    - **A. Incorreta:** Alocação dinâmica é quando o servidor DHCP atribui um endereço IP a um computador cliente a partir de um escopo por um período de tempo especificado.
    - **B. Incorreta:** Alocação automática é quando o servidor DHCP atribui um endereço IP permanentemente a um computador cliente a partir de um escopo.

C. **Correta:** Alocação manual é quando o servidor DHCP atribui permanentemente um endereço IP específico a um computador da rede. No servidor DHCP do Windows Server 2012 R2, endereços alocados manualmente são chamados de reservas.

D. **Incorreta:** O termo híbrido define um tipo de infraestrutura DHCP, e não um tipo de alocação de endereço.

4. **Respostas corretas:** B, D

A. **Incorreta:** O Windows 8.1 não pode funcionar como roteador de LAN e, portanto, não pode funcionar como agente de retransmissão DHCP.

B. **Correta:** A maioria dos roteadores IP tem recursos internos de agente de retransmissão DHCP. Se os roteadores que conectam suas sub-redes estiverem equipados dessa forma, você pode usá-los como agentes de retransmissão, eliminando a necessidade de um servidor DHCP em cada sub-rede.

C. **Incorreta:** Os switches são dispositivos da camada de enlace e foram projetados para comunicação com dispositivos da mesma sub-rede. Um agente de retransmissão DHCP requer acesso a duas sub-redes.

D. **Correta:** Se seus roteadores não puderem funcionar como agentes de retransmissão DHCP, você pode usar o recurso de agente de retransmissão embutido em sistemas operacionais de servidor Windows. No Windows Server 2012 R2, o recurso de agente de retransmissão DHCP está embutido na função Remote Access.

5. **Resposta correta:** D

A. **Incorreta:** Na maioria dos casos, todos os computadores de uma rede usarão o mesmo servidor DNS, logo é mais conveniente implantar seu endereço uma única vez usando uma opção de servidor do que implantá-lo como uma opção de escopo em cada escopo.

B. **Incorreta:** A máscara de sub-rede é incluída automaticamente com cada concessão de endereço e, portanto, não tem que ser implantada como uma opção de escopo ou uma opção de servidor.

C. **Incorreta:** A opção de duração da concessão é incluída automaticamente com cada concessão de endereço e, portanto, não tem que ser implantada como uma opção de escopo ou uma opção de servidor.

D. **Correta:** O gateway padrão deve ser um roteador da mesma sub-rede dos endereços IP que o servidor DHCP está alocando. Logo, o endereço do gateway é diferente para cada escopo e deve ser implantado como uma opção de escopo.

Objetivo 4.3: Teste de raciocínio

1. Alice pode configurar o servidor DNS da rede de perímetro para usar o servidor DNS do ISP como encaminhador.
2. Alice pode configurar as estações de trabalho para usarem o servidor DNS do ISP como seu servidor DNS primário.

Objetivo 4.3: Revisão

1. **Resposta correta:** D

   A. Incorreta: Um registro de recurso A contém informações para pesquisas de nome diretas, e não para pesquisas de nome inversas.

   B. Incorreta: Os registros de recurso CNAME contêm informações de alias para registros A. Eles não são usados para pesquisas de nome inversas.

   C. Incorreta: Os registros SOA especificam que um servidor é a fonte autoritativa de uma zona. Eles não são usados para pesquisas de nome inversas.

   D. Correta: Os registros PTR contêm as informações necessárias para o servidor executar pesquisas de nome inversas.

2. **Resposta correta:** A

   A. Correta: Para resolver o endereço IP 10.75.143.88 em um nome, um servidor DNS localizaria um domínio chamado 143.75.10.in-addr.arpa da maneira usual e leria o conteúdo de um registro de recurso nomeado como 88 nesse domínio.

   B. Incorreta: Os bits menos significativos do endereço IP (i. e., 88) devem vir primeiro no FQDN.

   C. Incorreta: O domínio de nível superior usado para pesquisas inversas é o arpa. Logo, arpa deve ser o nome final e mais significativo de um FQDN de pesquisa inversa.

   D. Incorreta: O domínio de nível superior usado para pesquisas inversas é o arpa. Logo, arpa deve ser o nome final e mais significativo de um FQDN de pesquisa inversa.

3. **Resposta correta:** B

   A. Incorreta: Os resolvedores são programas clientes que geram consultas DNS e as enviam para um servidor DNS para execução.

   B. Correta: Os agentes de retransmissão são dispositivos roteadores que permitem que clientes DHCP se comuniquem com servidores de outras redes.

   C. Incorreta: Os servidores de nome são aplicativos executados em computadores servidores que mantêm informações sobre a estrutura da árvore de domínios.

   D. Incorreta: O DNS é composto por um espaço de nomes estruturado em árvore, em que cada galho da árvore identifica um domínio.

4. **Resposta correta:** A

   A. Correta: Quando um cliente envia uma consulta de resolução de nome para seu servidor DNS, ele usa uma solicitação recursiva para que o servidor assuma a responsabilidade de resolver o nome.

   B. Incorreta: Um servidor DNS procurando o servidor de um domínio de nível superior usa consultas iterativas, e não recursivas.

   C. Incorreta: Um servidor DNS procurando o servidor de um domínio de segundo nível usa consultas iterativas, e não recursivas.

D. Incorreta: Um servidor DNS solicitando uma resolução de nome de um servidor autoritativo usa consultas iterativas, e não recursivas.

5. **Resposta correta:** B

   A. Incorreta: A guia Forwarders é onde você especifica os endereços de servidores que receberão as consultas recursivas de seu servidor.

   B. Correta: A guia Start of Authority (SOA) da página Properties de uma zona contém a configuração Minimum (Default) TTL, que controla o cache de nomes DNS da zona.

   C. Incorreta: A guia Root Hints é onde você especifica os endereços dos servidores de nomes raiz da Internet.

   D. Incorreta: O New Zone Wizard não permite que você modifique configurações de cache de nomes.

CAPÍTULO 5

Instalação e administração do Active Directory

Um serviço de diretório é um repositório de informações sobre os recursos – de hardware, software e humanos – que estão conectados a uma rede. Usuários, computadores e aplicativos de toda a rede podem acessar o repositório para vários fins, entre eles autenticação de usuários, armazenamento de dados de configuração e até simples pesquisas de informações, no estilo *lista de assinantes*. O Active Directory Domain Services (AD DS) é o serviço de diretório que a Microsoft introduziu pela primeira vez no Windows 2000 Server e atualizou a cada nova versão do sistema operacional de servidor, inclusive no Windows Server 2012 R2.

Este capítulo aborda algumas das tarefas básicas que os administradores executam para instalar e gerenciar o AD DS.

Objetivos deste capítulo:
- Objetivo 5.1: Instalar controladores de domínio
- Objetivo 5.2: Criar e gerenciar usuários e computadores no Active Directory
- Objetivo 5.3: Criar e gerenciar grupos e unidades organizacionais (OUs) do Active Directory

Objetivo 5.1: Instalar controladores de domínio

O AD DS é um serviço de diretório que permite que os administradores criem divisões organizacionais chamadas *domínios*. Um domínio é um contêiner lógico de componentes de rede, hospedado por pelo menos um servidor designado como controlador de domínio. Os controladores de cada domínio replicam seus dados entre si para fins de tolerância a falhas e equilíbrio de carga.

> **Este objetivo aborda como:**
> - Adicionar ou remover um controlador em um domínio
> - Fazer o upgrade de um controlador de domínio
> - Instalar o Active Directory Domain Services (AD DS) em uma instalação Server Core
> - Implantar a infraestrutura do Active Directory como um serviço (IaaS) no Windows Azure
> - Instalar um controlador de domínio usando a opção Install From Media (IFM, Instalar da Mídia)
> - Resolver questões de registro de servidor no DNS
> - Configurar um global catalog server (servidor de catálogo global)

Implante o Active Directory Domain Services

Para criar um novo domínio ou adicionar um controlador de domínio a um domínio existente, você deve instalar a função Active Directory Domain Services em um computador Windows Server 2012 R2 e, então, executar o Active Directory Domain Services Configuration Wizard (Assistente de Configuração dos Serviços de Domínio do Active Directory).

Para usar um computador Windows Server 2012 R2 como controlador de domínio, você deve configurá-lo para usar endereço IP estático, e não endereço fornecido por um servidor Dynamic Host Configuration Protocol (DHCP). Além disso, se estiver criando um domínio em uma floresta existente ou adicionando um controlador de domínio a um domínio existente, você deve configurar o computador para usar o servidor Domain Name System (DNS) que hospeda a floresta ou o domínio existente, pelo menos durante a promoção do Active Directory.

Instale a função Active Directory Domain Services

Embora não converta realmente o computador em um controlador de domínio, a instalação da função Active Directory Domain Services prepara o computador para o processo de conversão.

Para instalar a função, use o procedimento a seguir.

1. No menu Manage do Server Manager, selecione Add Roles And Features. O Add Roles And Features Wizard é iniciado, exibindo a página Before You Begin.
2. Clique em Next. A página Select Installation Type é aberta.
3. Deixe a opção Role-Based Or Feature-Based Installation selecionada e clique em Next para abrir a página Select Destination Server.
4. Selecione o servidor que deseja promover a controlador de domínio e clique em Next. A página Select Server Roles é aberta.
5. Selecione a função Active Directory Domain Service. A caixa de diálogo Add Features That Are Required For Active Directory Domain Services será aberta.

CAPÍTULO 5 Instalação e administração do Active Directory **257**

6. Clique em Add Features para aceitar as dependências e, então, clique em Next. A página Select Features é aberta.
7. Clique em Next. A página Active Directory Domain Services será aberta, exibindo informações sobre a função.
8. Clique em Next. Uma página Confirm Installation Selections será aberta.
9. Selecione as opções a seguir, se desejado:
   - **Restart The Destination Server Automatically If Desired**   Faz o servidor ser reiniciado automaticamente quando a instalação for concluída, se assim as funções e os recursos selecionados demandarem
   - **Export Configuration Settings**   Cria um script XML documentando os procedimentos executados pelo assistente, que você pode usar para instalar a mesma configuração em outro servidor usando o Windows PowerShell
   - **Specify An Alternate Source Path**   Especifica a localização de um arquivo de imagem contendo o software necessário à instalação das funções e dos recursos selecionados
10. Clique em Install para exibir a página Installation Progress. Uma vez que a função for instalada, aparecerá um link Promote This Server To A Domain Controller.
11. Deixe o assistente aberto.

> **NOTA DCPROMO.EXE**
>
> O programa Dcpromo.exe da versão anterior do Windows Server foi substituído pelo processo de instalação de controlador de domínio do Server Manager documentado nas próximas seções. No entanto, ainda é possível automatizar instalações do AD DS executando o Dcpromo.exe com um arquivo de resposta. Você também pode usar o Windows PowerShell para instalar um controlador de domínio.

Quando você tiver instalado a função, poderá executar o Active Directory Domain Services Installation Wizard. O procedimento do assistente varia, dependendo de qual será o papel do novo controlador de domínio. As próximas seções descrevem os procedimentos para os tipos mais comuns de instalações de controlador de domínio.

Crie uma nova floresta

No início de uma nova instalação do AD DS, a primeira etapa é criar uma nova floresta, o que é feito com a criação do primeiro domínio da floresta, o domínio raiz.

Para criar uma nova floresta, use o procedimento a seguir.

1. Na página Installation Progress que aparece no fim do procedimento de instalação da função Active Directory Domain Services, clique no hiperlink Promote This Server To A Domain Controller. O Active Directory Domain Services Configuration Wizard será iniciado, exibindo a página Deployment Configuration.
2. Selecione a opção Add A New Forest, como mostrado na Figura 5-1, e, na caixa de texto Root Domain Name, digite o nome do domínio que deseja criar.

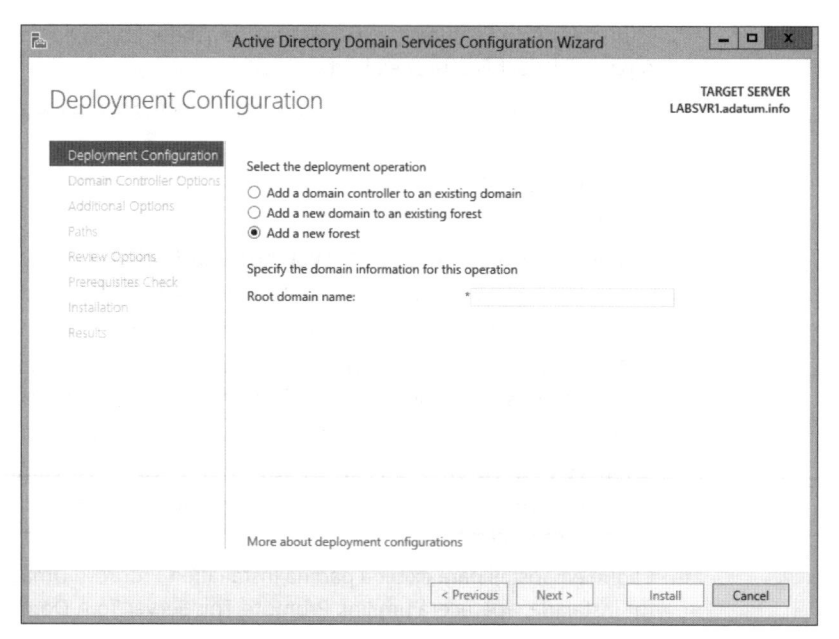

FIGURA 5-1 A página Deployment Configuration do Active Directory Domain Services Configuration Wizard.

3. Clique em Next. A página Domain Controller Options será aberta, como mostrado na Figura 5-2.

CAPÍTULO 5 Instalação e administração do Active Directory **259**

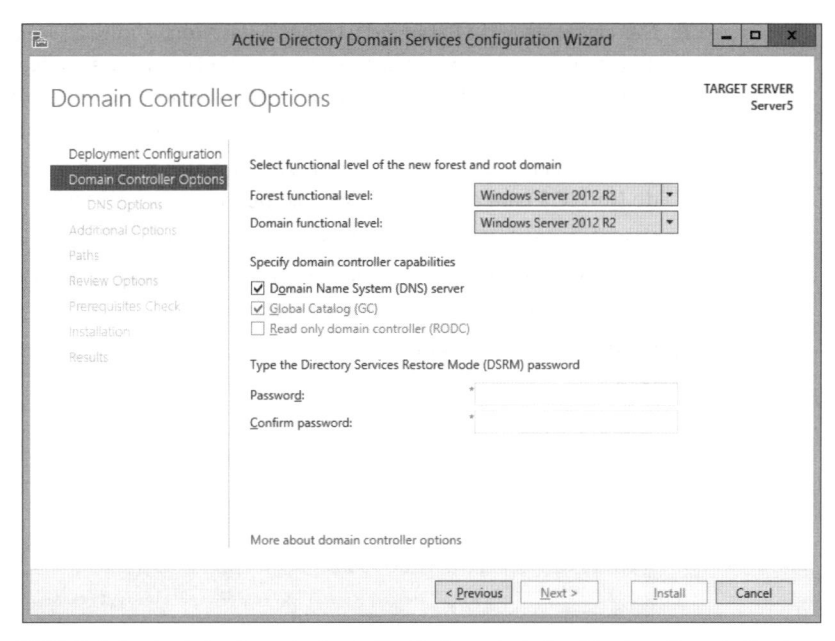

FIGURA 5-2 A página Domain Controller Options do Active Directory Domain Services Configuration Wizard.

4. Se planeja adicionar a essa floresta controladores de domínio que executem versões anteriores do Windows Server, selecione a versão mais antiga do Windows que pretende instalar na lista suspensa Forest Functional Level.

5. Se planeja adicionar controladores de domínio a esse domínio que executem versões anteriores do Windows Server, selecione a versão mais antiga do Windows que pretende instalar na lista suspensa Domain Functional Level.

6. Se você ainda não tiver um servidor DNS em sua rede, deixe a caixa de seleção Domain Name System (DNS) Server marcada. Se houver um servidor DNS na rede e o controlador de domínio estiver configurado para usar esse servidor para serviços DNS, desmarque a caixa de seleção.

> *NOTA* **OPÇÕES DE CONTROLADOR DE DOMÍNIO**
> As opções Global Catalog (GC) e Read Only Domain Controller (RODC) estão indisponíveis porque o primeiro controlador de domínio de uma nova floresta deve ser um servidor Global Catalog e não pode ser um controlador de domínio somente leitura.

7. Nas caixas de texto Password e Confirm Password, digite a senha que deseja usar para o Directory Services Restore Mode (DSRM) e clique em Next. A página DNS Options será aberta, exibindo o aviso de que uma delegação do servidor DNS não pode ser criada, porque o serviço DNS Server ainda não foi instalado.
8. Clique em Next para abrir a página Additional Options, que exibe o equivalente do NetBIOS para o nome de domínio que você especificou.
9. Modifique o nome, se desejado, e clique em Next para abrir a página Paths.
10. Modifique os locais padrão dos arquivos do AD DS, se desejado, e clique em Next. A página Review Options é aberta.
11. Clique em Next para abrir a página Prerequisites Check, como mostrado na Figura 5-3.

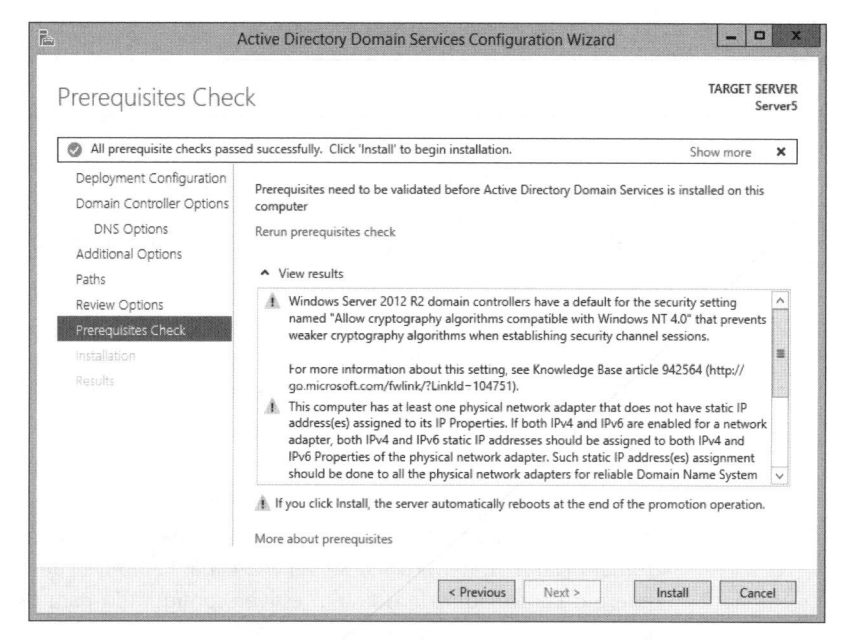

FIGURA 5-3 A página Prerequisites Check do Active Directory Domain Services Configuration Wizard.

12. O assistente executa vários testes de ambiente para determinar se o sistema pode funcionar como controlador de domínio. Os resultados podem aparecer como avisos que permitem que o procedimento continue ou como advertências que o obrigarão a executar certas ações antes de o servidor poder ser promovido. Uma vez que o sistema passar em todas as verificações de pré-requisitos, clique em Install. O assistente criará a nova floresta e configurará o servidor para funcionar como controlador de domínio.
13. Reinicie o computador.

Com o domínio raiz da floresta definido, você pode criar controladores de domínio adicionais nesse domínio ou adicionar novos domínios à floresta.

Adicione um controlador de domínio a um domínio existente

Todo domínio do Active Directory deve ter um mínimo de dois controladores de domínio.

Para adicionar um controlador de domínio a um domínio Windows Server 2012 R2 existente, use o procedimento a seguir.

1. Na página Installation Progress que aparece no fim do procedimento de instalação da função Active Directory Domain Services, clique no hiperlink Promote This Server To A Domain Controller. O Active Directory Domain Services Configuration Wizard será iniciado, exibindo a página Deployment Configuration.
2. Selecione a opção Add A Domain Controller To An Existing Domain e clique em Select.
3. Se você não tiver feito logon em um domínio existente na floresta, uma caixa de diálogo Credentials For Deployment Operation será aberta, na qual você deve fornecer credenciais com acesso administrativo ao domínio para poder prosseguir. Após você ser autenticado, a caixa de diálogo Select A Domain From The Forest será aberta.
4. Selecione o domínio ao qual deseja adicionar um controlador e clique em OK. O nome do domínio selecionado aparecerá no campo Domain.
5. Clique em Next. A página Domain Controller Options, mostrada na Figura 5-4, será aberta.

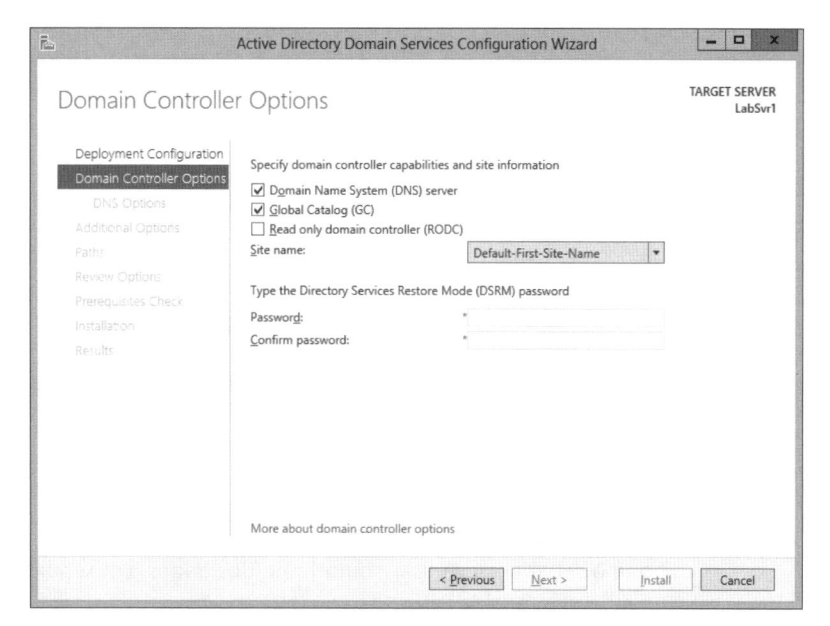

FIGURA 5-4 A página Domain Controller Options do Active Directory Domain Services Configuration Wizard.

6. Se quiser instalar o serviço DNS Server nesse computador, deixe a caixa de seleção Domain Name System (DNS) Server marcada. Caso contrário, o domínio estará hospedado no servidor DNS que o computador está configurado para usar.

7. Deixe a caixa de seleção Global Catalog (GC) marcada se quiser que o computador funcione como global catalog server (servidor de catálogo global). Isso é essencial se você implantar o novo controlador de domínio em um site que ainda não tenha um servidor GC.

8. Marque a caixa de seleção Read Only Domain Controller (RODC), se desejado, para criar um controlador de domínio que os administradores não possam usar para modificar objetos do AD DS.

9. Na lista suspensa Site Name, selecione o site em que o controlador de domínio ficará situado.

10. Nas caixas de texto Password e Confirm Password, digite a senha que deseja usar para o Directory Services Restore Mode (DSRM) e clique em Next para passar para a página Additional Options, mostrada na Figura 5-5.

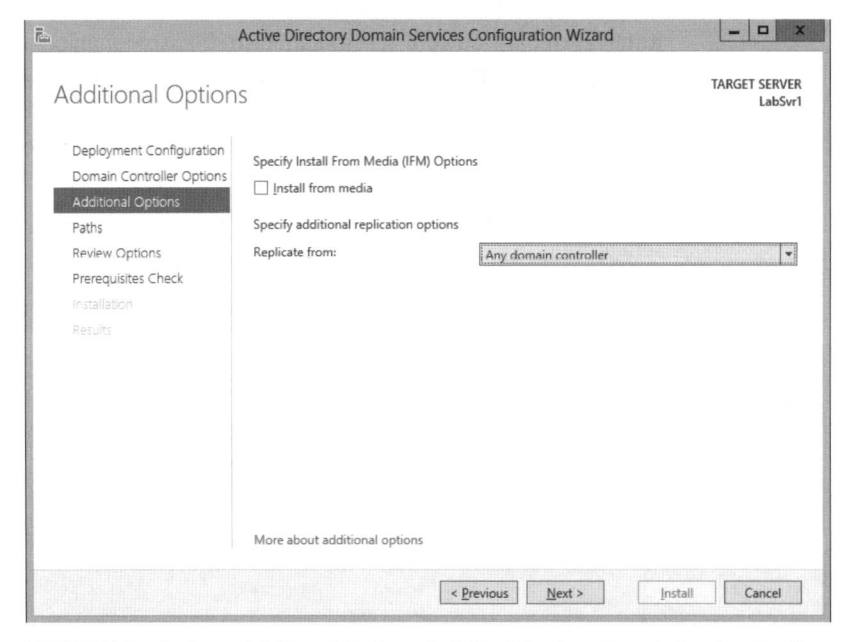

FIGURA 5-5 A página Additional Options do Active Directory Domain Services Configuration Wizard.

11. Para usar a opção Install From Media, marque a caixa de seleção Install From Media.

12. Na lista suspensa Replicate From, selecione o controlador de domínio existente que o servidor deve usar como fonte dos dados. Em seguida, clique em Next para abrir a página Paths.

CAPÍTULO 5 Instalação e administração do Active Directory **263**

13. Modifique os locais padrão dos arquivos do AD DS, se desejado, e clique em Next. A página Review Options é aberta.
14. Clique em Next para passar para a página Prerequisites Check.
15. Uma vez que o sistema passar em todas as verificações de pré-requisitos, clique em Install. O assistente configurará o servidor para funcionar como controlador de domínio.
16. Reinicie o computador.

Agora o controlador de domínio está configurado para atender um domínio existente. A replicação do AD DS entre os dois começará automaticamente.

Crie um novo domínio filho em uma floresta

Uma vez que você tiver uma floresta com pelo menos um domínio, poderá adicionar um domínio filho abaixo de qualquer domínio existente. O processo de criação de um novo domínio filho é semelhante ao de criação de uma nova floresta, exceto pelo fato de a página Deployment Configuration do Active Directory Domain Services Configuration Wizard requerer a especificação do domínio pai abaixo do qual você deseja criar um filho, como mostrado na Figura 5-6.

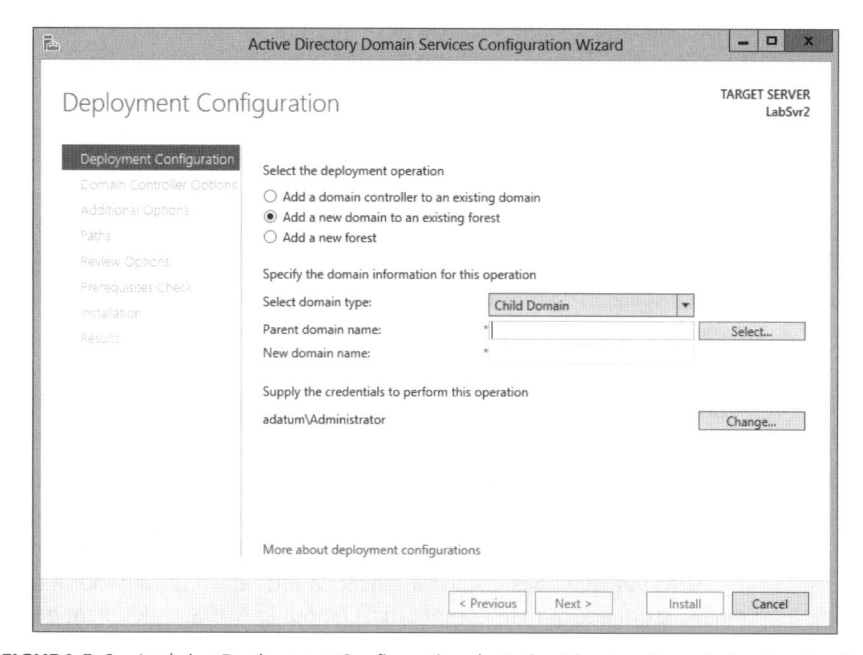

FIGURA 5-6 A página Deployment Configuration do Active Directory Domain Services Configuration Wizard.

> **NOTA** **ÁRVORE DE DOMÍNIOS**
>
> O assistente também fornece a opção de criação de uma nova árvore de domínios, que é um novo domínio não subordinado a um domínio existente da floresta.

Instale o AD DS em uma instalação Server Core

No Windows Server 2012 R2, é possível instalar o AD DS em um computador executando a opção de instalação Server Core e promover o sistema a um controlador de domínio, tudo isso com o uso do Windows PowerShell.

No Windows Server 2008 e no Windows Server 2008 R2, o método aceito para a instalação do AD DS em um computador usando a opção de instalação Server Core é criar um arquivo de resposta e carregá-lo a partir da linha de comando usando-se o programa Dcpromo.exe com o parâmetro /unattend.

No Windows Server 2012 R2, a execução do Dcpromo.exe sem parâmetros não inicia mais o Active Directory Domain Services Configuration Wizard, mas os administradores que já tiverem investido um tempo considerável no desenvolvimento de arquivos de resposta para a instalação automática de controladores de domínio podem continuar a executá-los a partir do prompt de comando, embora isso produza o seguinte aviso: "The dcpromo unattended operation is replaced by the ADDSDeployment module for Windows PowerShell".

Para instalações do AD DS em computadores Server Core, agora o Windows PowerShell é o melhor método. Como na instalação baseada em assistente, o procedimento do Windows PowerShell ocorre em duas fases: primeiro, você deve instalar a função Active Directory Domain Services; em seguida, deve promover o servidor a um controlador de domínio.

A instalação da função Active Directory Domain Services com o uso do Windows PowerShell não é diferente da instalação de qualquer outra função. Em uma sessão *elevada* do Windows PowerShell, use o comando a seguir:

```
Install-WindowsFeature -name AD-Domain-Services
-IncludeManagementTools
```

Como em outras instalações de função usando Windows PowerShell, o cmdlet Install-WindowsFeature não instala as ferramentas de gerenciamento da função, a menos que você inclua o parâmetro –IncludeManagementTools no comando.

Uma vez que você instalar a função, a promoção do servidor a controlador de domínio é um pouco mais complicada. O módulo ADDSDeployment do Windows PowerShell inclui cmdlets separados para as três configurações de implantação abordadas nas seções anteriores:

- Install-ADDSForest
- Install-ADDSDomainController
- Install-ADDSDomain

Cada um desses cmdlets pode usar muitos parâmetros para dar suporte às várias opções de configuração encontradas no Active Directory Domain Services Configuration Wizard. Em sua forma mais simples, o comando a seguir instalaria um controlador para o domínio de uma nova floresta chamado adatum.com:

```
Install-ADDSForest -DomainName "adatum.com"
```

Os padrões para todos os outros parâmetros do cmdlet são os mesmos do Active Directory Domain Services Configuration Wizard. A execução do cmdlet sem parâmetros faz o procedimento percorrer as opções, solicitando valores. Você também pode exibir informações de sintaxe básicas usando o comando Get-Help, como mostrado na Figura 5-7.

FIGURA 5-7 Sintaxe do cmdlet Install-ADDSForest do Windows PowerShell.

Outra maneira de executar uma instalação complexa usando o Windows PowerShell é usar um computador executando o Windows Server 2012 R2 com a opção de GUI completa para gerar um script. Comece executando o Active Directory Domain Services Configuration Wizard, definindo todas as opções com as configurações desejadas. Quando chegar à página Review Options, clique em View Script para exibir o código do Windows PowerShell para o cmdlet apropriado, como mostrado na Figura 5-8.

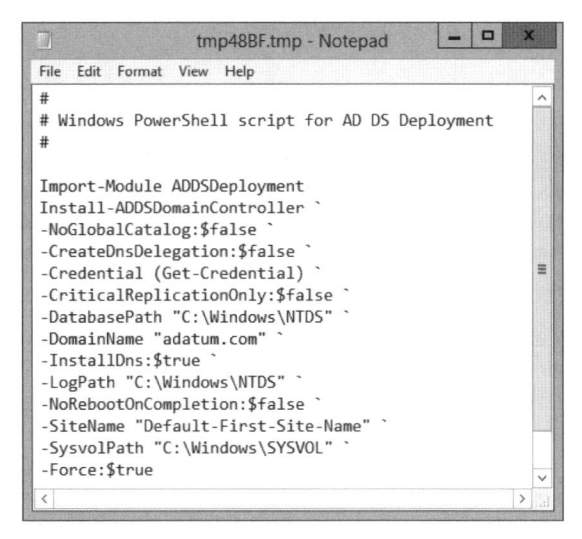

FIGURA 5-8 Um script de instalação gerado pelo Active Directory Domain Services Configuration Wizard.

Esse recurso funciona dessa forma porque, na verdade, o Server Manager é baseado no Windows PowerShell, logo o script contém os cmdlets e parâmetros que estão sendo executados quando o assistente faz uma instalação. Você também pode usar esse recurso de criação de script com o cmdlet Install-ADDSDomainController para implantar vários controladores de domínio para o mesmo domínio.

Use a opção Install From Media (IFM)

Anteriormente neste objetivo, no procedimento de instalação de um controlador de domínio de réplica, a página Additional Options do Active Directory Domain Services Configuration Wizard incluiu uma caixa de seleção Install From Media. Essa é uma opção que permite que os administradores otimizem o processo de implantação de controladores de domínio de réplica em sites remotos.

Geralmente, a instalação de um controlador de domínio em um domínio existente cria uma estrutura de banco de dados do AD DS, mas não há dados nela até o servidor poder receber tráfego de replicação de outros controladores de domínio. Quando os controladores de domínio de um domínio específico estão bem conectados, como por uma LAN, a replicação ocorre quase imediatamente após o novo controlador de domínio ser instalado e é inteiramente automática.

Na instalação de um controlador de domínio em um local remoto, no entanto, a conexão com os outros controladores de domínio quase sempre é uma conexão WAN, que normalmente é mais lenta e cara do que uma conexão LAN. Neste caso, a replicação inicial com os outros controladores de domínio pode ser muito problemática. A velocidade lenta da conexão WAN pode fazer a replicação demorar demais e também pode consumir grande parte da conexão, retardando o tráfego regular. Se os controladores de domínio estiverem localizados em sites do AD DS diferentes sem uma conexão apropriada entre eles, a replicação não ocorrerá até um administrador criar e configurar as conexões requeridas.

> **NOTA REPLICAÇÃO**
> A primeira replicação que ocorre após a instalação de um novo controlador de domínio é a única que requer que os servidores troquem uma cópia completa do banco de dados do AD DS. Em replicações subsequentes, os controladores de domínio só trocam informações sobre os objetos e atributos que mudaram desde a última replicação.

Usando uma ferramenta de linha de comando chamada Ntdsutil.exe, os administradores podem evitar esses problemas criando uma mídia de instalação de controladores de domínio que inclua uma cópia do banco de dados do AD DS. Com o uso dessa mídia na instalação de um controlador de domínio remoto, os dados são instalados junto com a estrutura de banco de dados, e uma replicação completa não é necessária.

Para criar a mídia IFM, é preciso executar o programa Ntdsutil.exe em um controlador de domínio executando a mesma versão do Windows que você pretende implantar. O programa é interativo e requer a inserção de uma sequência de comandos, como:

CAPÍTULO 5   Instalação e administração do Active Directory

- **Ntdsutil**   Inicia o programa
- **Activate instance ntds**   Direciona o programa para a instância do AD DS instalada
- **Ifm**   Passa o programa para o modo IFM
- **Create Full|RODC** *<nome caminho>*   Cria mídia tanto para controlador de domínio leitura/gravação quanto para somente leitura e a salva na pasta especificada pela variável <nome caminho>

> *NOTA* **PARÂMETROS DO NTDSUTIL.EXE**
>
> O comando create do Ntdsutil.exe também dá suporte a parâmetros que incluem o conteúdo do volume SYSVOL com os dados do AD DS. A versão do programa no Windows Server 2012 R2 adiciona um parâmetro nodefrag, que acelera o processo de criação de mídia saltando a desfragmentação.

Quando você executar esses comandos, o programa Ntdsutil.exe criará um instantâneo do banco de dados do AD DS, irá montá-lo como um volume para desfragmentá-lo e o salvará na pasta especificada com uma cópia do Registro do Windows, como mostrado na Figura 5-9.

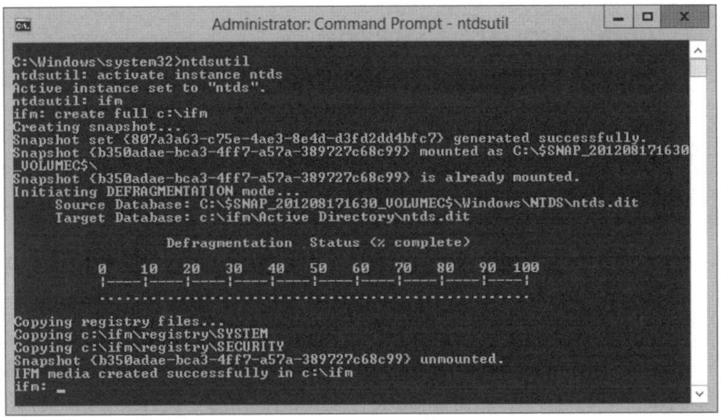

FIGURA 5-9   Uma sequência de comandos do Ntdsutil.exe.

Uma vez que você criar a mídia IFM, poderá transportá-la para os servidores que deseja implantar como controladores de domínio usando qualquer meio conveniente. Para usar a mídia, execute o Active Directory Domain Services Configuration Wizard da maneira usual, marque a caixa de seleção Install From Media e especifique o caminho do local da pasta.

Faça o upgrade do Active Directory Domain Services

Introduzir o Windows Server 2012 R2 em uma instalação do AD DS existente é muito mais fácil do que em versões anteriores do sistema operacional.

Há duas maneiras de fazer o upgrade de uma infraestrutura do AD DS. Você pode fazer o upgrade dos controladores de domínio de versões anteriores para o Windows Server 2012 R2 ou pode adicionar um novo controlador de domínio Windows Server 2012 R2 ao ambiente existente.

Há poucos caminhos de upgrade para o Windows Server 2012 R2. Você pode fazer o upgrade de um controlador de domínio Windows Server 2008 ou Windows Server 2008 R2 para o Windows Server 2012 R2, porém versões mais antigas não podem ser atualizadas.

No passado, se você quisesse adicionar um novo controlador de domínio a uma instalação do AD DS existente baseada em versões anteriores do Windows, tinha que executar um programa chamado Adprep.exe para fazer o upgrade dos domínios e da floresta. Dependendo da complexidade da instalação, isso poderia envolver fazer logon em vários controladores de domínio usando credenciais diferentes, localizar diferentes versões do Adprep.exe e executar o programa várias vezes usando o parâmetro /domainprep para cada domínio e o parâmetro /forestprep para a floresta.

No Windows Server 2012 R2, a funcionalidade do Adprep.exe foi totalmente incorporada ao Server Manager por meio do Active Directory Domain Services Configuration Wizard. Quando você instalar um novo controlador de domínio Windows Server 2012 R2, só terá que fornecer as credenciais apropriadas; o assistente se encarrega do resto.

> **NOTA ASSOCIAÇÕES A GRUPOS**
> Para instalar o primeiro controlador de domínio Windows Server 2012 R2 em uma instalação do AD DS de versão anterior, você deve fornecer credenciais de um usuário que seja membro dos grupos Enterprise Admins e Schema Admins e membro do grupo Domain Admins do domínio que estiver hospedando o mestre de esquema.

Implante a IaaS do Active Directory no Windows Azure

Além de executar o Windows Server 2012 R2 em computadores físicos e máquinas virtuais hospedadas localmente, o serviço Windows Azure permite que os administradores criem máquinas virtuais usando recursos de nuvem que a Microsoft fornece por concessão. Essa funcionalidade, chamada *Infrastructure as a Service* (*IaaS, Infraestrutura como Serviço*), permite que os administradores executem aplicativos na nuvem ao mesmo tempo que mantêm controle total sobre as máquinas virtuais.

Os recursos do Windows Azure podem ser mantidos separados na nuvem, e os administradores podem criar uma floresta do AD DS virtualizada para organizá-los e gerenciá-los. Também é possível configurá-los como uma extensão dos recursos físicos e virtuais existentes hospedados em uma rede privada. Por exemplo, após criar uma rede virtual na nuvem do Windows Azure e conectá-la à sua rede privada com uma conexão de site a site usando um dispositivo de rede virtual privada (VPN, virtual private networking), você pode criar uma máquina virtual Windows Server 2012 R2 na nuvem e configurá-la como controlador de domínio para um domínio existente.

O processo de instalar o AD DS em uma máquina virtual do Windows Azure e promovê-la a controlador de domínio não é diferente do de um servidor de rede privada. Você usará o Add Roles And Features Wizard para instalar a função AD DS e, então, usará o Active Directory Domain Services Configuration Wizard para configurar o controlador de domínio. A parte complicada do processo é a configuração da infraestrutura de rede virtual para permitir a comunicação entre a rede da nuvem e sua rede física.

O Windows Azure é uma plataforma ideal para réplicas de controladores de domínio do AD DS, porque fornece consistência no endereçamento IP de uma nova maneira. As máquinas virtuais do Windows Azure devem obter endereços IP em servidores DHCP; você não pode atribuir endereços IP estáticos a elas, mas, ao contrário das concessões padrão de endereços DHCP que podem expirar, fazendo o endereço mudar, uma VM na nuvem retém sua concessão de endereço IP durante toda sua existência.

> **NOTA** **O AD DS E O WINDOWS AZURE AD**
>
> Você pode instalar o Active Directory Domain Services em qualquer VM do Windows Azure executando o Windows Server. O AD DS faz parte do sistema operacional e não requer recursos especiais além dos necessários para a criação da máquina virtual, como espaço suficiente em disco para o banco de dados do AD DS. No entanto, também há um serviço de nuvem chamado Windows Azure Active Directory (Windows Azure AD), que pode fornecer gerenciamento de identidade e acesso dentro da nuvem. Embora os dois possam interagir, o Windows Azure AD não é igual ao serviço AD DS fornecido com o Windows Server 2012 R2.

Remova um controlador de domínio

Com a substituição do Dcpromo.exe, o processo de rebaixar um controlador de domínio mudou, e agora não é muito intuitivo.

Para remover um controlador de domínio a partir de uma instalação do AD DS, você deve começar executando o Remove Roles And Features Wizard, como mostrado no procedimento a seguir.

1. No Server Manager, inicie o Remove Roles And Features Wizard e remova a função Active Directory Domain Services e os recursos que a acompanham. Uma caixa de diálogo Validation Results será aberta, como mostrado na Figura 5-10.

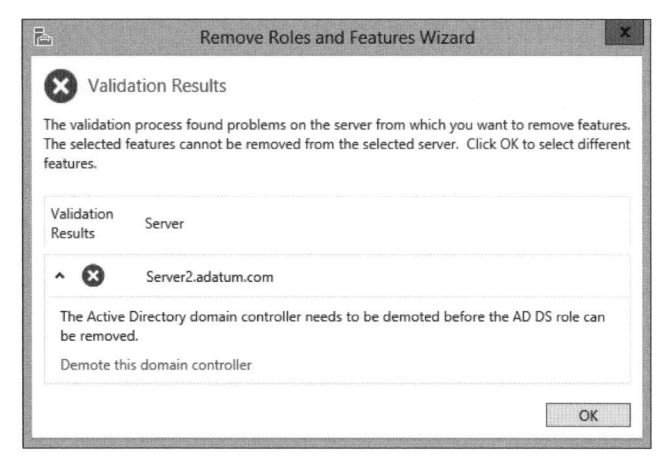

FIGURA 5-10 A caixa de diálogo Validation Results do Remove Roles And Features Wizard.

2. Clique no hiperlink Demote This Domain Controller. O Active Directory Domain Services Configuration Wizard será iniciado, exibindo a página Credentials.
3. Marque a caixa de seleção Force The Removal Of This Domain Controller e clique em Next para abrir a página New Administrator Password.
4. Nas caixas de texto Password e Confirm Password, digite a senha que deseja que o servidor use para a conta Administrator local após o rebaixamento. Em seguida, clique em Next. A página Review Options é aberta.
5. Clique em Demote. O assistente rebaixará o controlador de domínio e reiniciará o sistema.
6. Faça logon usando a senha do administrador local que especificou anteriormente.
7. Inicie o Remove Roles And Features Wizard novamente e repita o processo de remoção da função Active Directory Domain Services e dos recursos que a acompanham.
8. Feche o assistente e reinicie o servidor.

> **NOTA USANDO O WINDOWS POWERSHELL**
> Para rebaixar um controlador de domínio com o Windows PowerShell, use o comando a seguir:
>
> ```
> Uninstall-ADDSDomainController -ForceRemoval
> -LocalAdministratorPassword <senha> -Force
> ```

Configure o catálogo global

O catálogo global é um índice de todos os objetos do AD DS de uma floresta, o qual evita que os sistemas tenham que executar pesquisas em vários controladores de domínio. A importância do catálogo global varia, dependendo do tamanho da rede e da configuração dos sites.

Por exemplo, se sua rede for composta por um único domínio, com controladores de domínio que estejam todos localizados no mesmo site e bem conectados, o catálogo global terá pouca serventia além de consultas relativas a grupo universais. Você pode transformar todos os seus controladores de domínio em global catalog servers se desejar. As pesquisas terão equilíbrio de carga, e provavelmente o tráfego de replicação não sobrecarregará a rede.

No entanto, se sua rede for composta por vários domínios, com controladores de domínio localizados em vários sites conectados por conexões WAN, a configuração de catálogo global é crucial. Se possível, devemos evitar que usuários executem pesquisas no AD DS que tenham que usar conexões WAN caras e lentas para entrar em contato com controladores de domínio de outros sites. Nesse caso, é recomendado colocar um global catalog server em cada site. A replicação inicial pode gerar muito tráfego, mas a economia a longo prazo será significativa.

Quando você promover um servidor a controlador de domínio, terá a opção de transformar o controlador em um global catalog server. Se não quiser fazê-lo nesse momento, poderá transformar qualquer controlador de domínio em um global catalog server usando o procedimento a seguir.

1. No Server Manager, no menu Tools, selecione Active Directory Sites And Services. O console Active Directory Sites And Services será aberto.
2. Expanda o site em que o controlador de domínio que você deseja que funcione como global catalog server ficará localizado. Em seguida, expanda a pasta Servers e selecione o servidor que deseja configurar.
3. Clique com o botão direito do mouse no nó NTDS Settings do servidor e, no menu de contexto, selecione Properties para abrir a página NTDS Settings Properties.
4. Marque a caixa de seleção Global Catalog e clique em OK.
5. Feche o console Active Directory Sites And Services.

Resolva problemas de falha ao registrar SRV no DNS

O DNS é essencial para a operação do Active Directory Domain Services. Para acomodar serviços de diretório como o AD DS, foi criado um registro DNS especial que permite que os clientes localizem controladores de domínio e outros serviços vitais do AD DS.

Quando criamos um novo controlador de domínio, uma das partes mais importantes do processo é o registro de recurso do tipo SRV no DNS. Esse registro automático é a razão para uma floresta do AD DS ter acesso a um servidor DNS que dê suporte ao padrão Dynamic Updates (Atualizações Dinâmicas) definido na RFC (Request for Comments) 2136.

Se o processo de registro no DNS falhar, os computadores da rede não poderão localizar esse controlador de domínio, o que causará graves consequências. Os computadores não poderão usar esse controlador para associar-se ao domínio. Membros existentes no domínio podem não conseguir fazer logon, e outros controladores de domínio não poderão replicar com ele.

Os problemas no DNS são, na maioria dos casos, devidos a falhas gerais na rede ou a erros de configuração de cliente DNS. As primeiras medidas que você deve tomar são tentar detectar o servidor DNS com um ping e verificar se a configuração do cliente TCP/IP tem os endereços corretos dos servidores DNS que ele deveria estar usando.

Para confirmar se um controlador de domínio foi registrado no DNS, abra uma janela de prompt de comando com privilégios administrativos e insira o comando a seguir:

```
dcdiag /test:registerindns /dnsdomain:<nome domínio> /v
```

> **Teste de raciocínio**
> **Projetando uma infraestrutura do Active Directory**
>
> No teste de raciocínio a seguir, aplique o que aprendeu sobre o objetivo para prever quais etapas terá que executar. As respostas às perguntas podem ser encontradas na seção "Respostas" no fim do capítulo.
>
> Robert está projetando uma nova infraestrutura do Active Directory Domain Services para uma empresa chamada Litware, Inc., que tem sua sede em Nova York e duas filiais em Londres e Tóquio. A filial de Londres é composta apenas pela equipe de vendas e marketing; ela não tem seu próprio departamento de TI. A filial de Tóquio é maior, com representantes de todos os departamentos da empresa, inclusive uma equipe de TI completa. A filial de Tóquio está conectada à sede usando uma conexão de discagem por demanda de 64 Kbps, e a filial de Londres tem uma conexão de frame relay de 512 Kbps. A empresa registrou o nome de domínio litware.com e Robert criou um subdomínio chamado inside.litware.com para uso do Active Directory.
>
> Com base nessas informações, projete uma infraestrutura do Active Directory para a Litware, Inc. que seja a mais econômica possível, especificando quantos domínios devem ser criados, como eles serão nomeados, quantos controladores de domínio devem ser instalados e onde eles serão posicionados. Explique cada uma de suas decisões.

Resumo do objetivo

- Um serviço de diretório é um repositório de informações sobre os recursos – de hardware, software e humanos – que estão conectados a uma rede. O Active Directory é o serviço de diretório que a Microsoft introduziu pela primeira vez no Windows 2000 Server e atualizou em cada versão sucessiva do sistema operacional de servidor, inclusive no Windows Server 2012 R2.

- Quando criamos nosso primeiro domínio do Active Directory em uma rede, na verdade, estamos criando a raiz de uma árvore de domínios. Podemos adicionar novos domínios à árvore, contanto que eles sejam parte de um mesmo espaço de nomes contíguo.

- No início de uma nova instalação do AD DS, a primeira etapa é criar uma nova floresta, o que é feito com a criação do primeiro domínio da floresta, o domínio raiz.

- No Windows Server 2012 R2, agora é possível instalar o AD DS em um computador executando a opção de instalação Server Core e promover o sistema a um controlador de domínio, tudo isso com o uso do Windows PowerShell.

- O IFM é um recurso que permite que os administradores otimizem o processo de implantação de controladores de domínio de réplica em sites remotos.

- Há duas maneiras de fazer o upgrade de uma infraestrutura do AD DS. Você pode fazer o upgrade dos controladores de domínio de versões anteriores existentes para o Windows Server 2012 R2 ou pode adicionar um novo controlador de domínio Windows Server 2012 R2 ao ambiente existente.
- O catálogo global é um índice de todos os objetos do AD DS de uma floresta, o que evita que os sistemas tenham que executar pesquisas em vários controladores de domínio.
- O DNS é essencial para a operação do AD DS. Para acomodar serviços de diretório como o AD DS, foi criado um registro DNS especial que permite que os clientes localizem controladores de domínio e outros serviços vitais do AD DS.

Revisão do objetivo

Responda às perguntas a seguir para testar seu conhecimento sobre as informações deste objetivo. Você pode encontrar as respostas a estas perguntas e explicações de por que cada opção de resposta está certa ou errada na seção "Respostas" no fim do capítulo.

1. Qual dos itens a seguir não pode conter vários domínios do Active Directory?
    A. Unidades organizacionais
    B. Sites
    C. Árvores
    D. Florestas
2. Quais são as duas classes básicas de objetos do Active Directory?
    A. Recurso
    B. Folha
    C. Domínio
    D. Contêiner
3. Qual das afirmações a seguir *não* é verdadeira sobre os atributos de um objeto?
    A. Os administradores devem fornecer informações de certos atributos manualmente.
    B. Todo objeto contêiner apresenta, como atributo, uma lista de todos os outros objetos que ele contém.
    C. Os objetos folha não contêm atributos.
    D. O Active Directory cria automaticamente o identificador global exclusivo (GUID).
4. Qual destas afirmações *não* é motivo para você tentar criar o mínimo de domínios possível quando projetar uma infraestrutura do Active Directory?
    A. Criar domínios adicionais aumenta a carga administrativa da instalação.
    B. Cada domínio adicional que você criar aumentará os custos de hardware da implantação do Active Directory.
    C. Alguns aplicativos podem ter problemas para operar em uma floresta com vários domínios.
    D. Você deve comprar uma licença da Microsoft para cada domínio que criar.

5. Qual destes itens um cliente do Active Directory usa para localizar objetos em outro domínio?

   A. DNS
   B. Catálogo global
   C. DHCP
   D. Conexão de site

Objetivo 5.2: Criar e gerenciar usuários e computadores do Active Directory

Os usuários e computadores são os objetos folha básicos que *preenchem os galhos* da árvore do AD DS. Criar e gerenciar esses objetos são tarefas diárias da maioria dos administradores do AD DS.

> **Este objetivo aborda como:**
> - Automatizar a criação de contas do Active Directory
> - Criar, copiar, configurar e excluir usuários e computadores
> - Configurar modelos
> - Executar operações em bloco no Active Directory
> - Configurar direitos de usuário
> - Associar-se a domínios estando offline
> - Gerenciar contas inativas e desativadas

Crie objetos de usuário

A conta de usuário é o principal meio pelo qual as pessoas que usam uma floresta do AD DS acessam recursos. O acesso das pessoas aos recursos ocorre por intermédio de suas contas de usuário individuais. Para ganhar acesso à rede, os potenciais usuários devem se autenticar com uma conta de usuário específica.

Autenticação é o processo de confirmar a identidade de um usuário usando um valor conhecido, como uma senha, um smart card ou uma impressão digital. Quando um usuário fornece o nome e a senha, o processo de autenticação valida as credenciais inseridas no logon comparando-as com informações armazenadas dentro do banco de dados do AD DS. Não confunda autenticação com autorização, que é o processo de confirmar se um usuário autenticado tem as permissões corretas para acessar um ou mais recursos da rede.

Há dois tipos de contas de usuário em sistemas executando o Windows Server 2012 R2:

- **Usuários locais** Estas contas só podem acessar recursos no computador local e são armazenadas no banco de dados Security Account Manager (SAM, Gerenciador de Contas de Segurança) do computador em que residem. As contas locais nunca são replicadas para outros computadores e não dão acesso a domínios. Ou seja, uma conta local configurada em um servidor não pode ser usada para acessar recursos em um segundo servidor; você precisaria configurar uma segunda conta local nesse caso.
- **Usuários do domínio** Estas contas podem acessar recursos baseados no AD DS ou na rede, como pastas e impressoras compartilhadas. As informações de conta desses usuários são armazenadas no banco de dados do AD DS e replicadas para todos os controladores de domínio dentro do mesmo domínio. Um subconjunto das informações de contas de usuário do domínio é replicado para o catálogo global, que é, então, replicado para outros global catalog servers de toda a floresta.

Ferramentas de criação de usuários

Uma das tarefas mais comuns dos administradores é a criação de objetos de usuário do Active Directory. O Windows Server 2012 R2 inclui várias ferramentas que você pode usar para criar objetos. A ferramenta específica que você vai usar dependerá de quantos objetos serão criados, do tempo disponível para a criação desses objetos e de circunstâncias especiais, como a importação de usuários de um banco de dados existente.

Ao criar um único usuário, os administradores podem usar o Active Directory Administrative Center (Central Administrativa do Active Directory) ou o console Active Directory Users And Computers (Usuários e Computadores do Active Directory). No entanto, se você precisar criar vários usuários em pouco tempo ou tiver um banco de dados a partir do qual importará os objetos, vai querer usar uma ferramenta mais eficiente. O Windows Server 2012 R2 fornece várias ferramentas que você pode escolher de acordo com o que deseja fazer. A lista a seguir descreve os métodos mais usados para a criação de vários usuários e grupos. Estas ferramentas serão detalhadas nas próximas seções.

- **Dsadd.exe** A ferramenta de linha de comando padrão para a criação de objetos folha do AD DS, que você pode usar com arquivos batch para criar objetos do AD DS em massa.
- **Windows PowerShell** A ferramenta de manutenção do Windows que permite a confecção de scripts de criação de objetos de complexidade quase ilimitada.
- **Comma-Separated Value Directory Exchange (CSVDE.exe)** Um utilitário de linha de comando que pode criar novos objetos do AD DS importando informações de um arquivo de valores delimitados por vírgulas (.csv).
- **LDAP Data Interchange Format Directory Exchange (LDIFDE.exe)** Como o CSVDE, porém com mais funcionalidade, o LDIFDE é um utilitário que pode importar informações do AD DS e usá-las para adicionar, excluir ou modificar objetos, além de modificar o esquema, se necessário.

Todas essas ferramentas têm suas funções na administração de redes; é tarefa do administrador selecionar a ferramenta que melhor se adapte ao seu conjunto de habilidades e à situação específica.

As próximas seções examinarão vários cenários que usam essas ferramentas na criação de objetos de usuário.

Crie usuários individuais

Para alguns administradores, criar contas de usuário individual é uma tarefa diária, e há muitas maneiras de executá-la. O Windows Server 2012 R2 reformulou o aplicativo Active Directory Administrative Center (ADAC), introduzido pela primeira vez no Windows Server 2008 R2, para incorporar totalmente novos recursos, como o Active Directory Recycle Bin (Lixeira do Active Directory) e políticas de senha refinadas. Você também pode usar a ferramenta para criar e gerenciar contas de usuário do AD DS.

Para criar uma única conta de usuário usando o Active Directory Administrative Center, siga este procedimento.

1. No Server Manager, no menu Tools, selecione Active Directory Administrative Center. O console Active Directory Administrative Center será aberto.
2. No painel esquerdo, encontre o domínio em que deseja criar o objeto de usuário e selecione um contêiner desse domínio.
3. No painel Tasks, sob o nome do contêiner, clique em New, User para abrir a janela Create User, como mostrado na Figura 5-11.

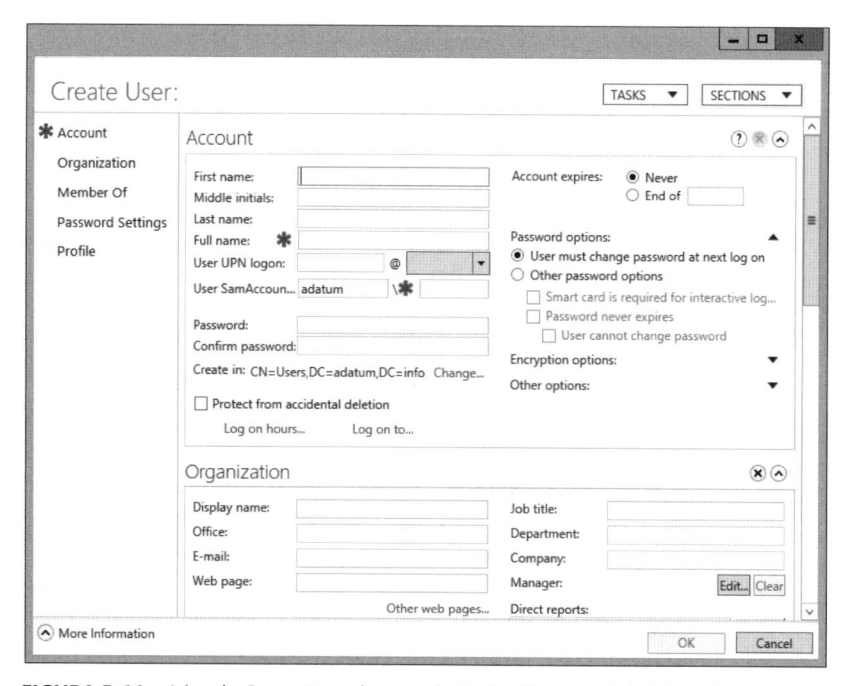

FIGURA 5-11 A janela Create User do console Active Directory Administrative Center.

4. Digite o nome do usuário no campo Full Name e um nome de conta no campo User SamAccountName Logon.
5. Digite uma senha inicial para o usuário no campo Password e no campo Confirm password.
6. Forneça informações para os campos opcionais que quiser da página.
7. Clique em OK. O objeto do usuário aparecerá no contêiner.
8. Feche o console Active Directory Administrative Center.

Os administradores que se sentirem mais à vontade com o conhecido console Active Directory Users And Computers podem continuar a usá-lo para criar objetos de usuário empregando o New Object – User Wizard, como mostrado na Figura 5-12.

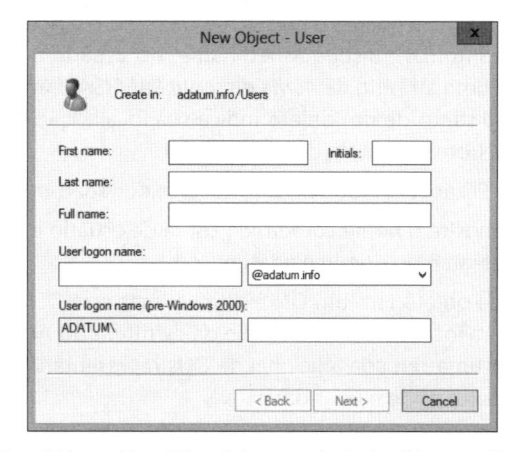

FIGURA 5-12 O New Object - User Wizard do console Active Directory Users And Computers.

Para administradores que estiverem trabalhando em instalações Server Core ou que se sentirem mais à vontade com a linha de comando, também é possível criar objetos de usuário sem uma interface gráfica.

USE O DSADD.EXE

Para administradores que se sentirem mais confortáveis com o prompt de comando tradicional, o programa Dsadd.exe pode criar novos objetos de usuário com o uso da sintaxe mostrada na Figura 5-13.

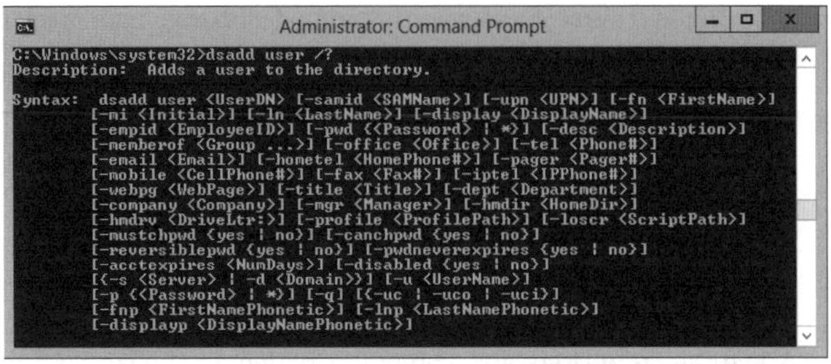

```
C:\Windows\system32>dsadd user /?
Description:  Adds a user to the directory.

Syntax:  dsadd user <UserDN> [-samid <SAMName>] [-upn <UPN>] [-fn <FirstName>]
         [-mi <Initial>] [-ln <LastName>] [-display <DisplayName>]
         [-empid <EmployeeID>] [-pwd {<Password> | *}] [-desc <Description>]
         [-memberof <Group ...>] [-office <Office>] [-tel <Phone#>]
         [-email <Email>] [-hometel <HomePhone#>] [-pager <Pager#>]
         [-mobile <CellPhone#>] [-fax <Fax#>] [-iptel <IPPhone#>]
         [-webpg <WebPage>] [-title <Title>] [-dept <Department>]
         [-company <Company>] [-mgr <Manager>] [-hmdir <HomeDir>]
         [-hmdrv <DriveLtr:>] [-profile <ProfilePath>] [-loscr <ScriptPath>]
         [-mustchpwd {yes | no}] [-canchpwd {yes | no}]
         [-reversiblepwd {yes | no}] [-pwdneverexpires {yes | no}]
         [-acctexpires <NumDays>] [-disabled {yes | no}]
         [{-s <Server> | -d <Domain>}] [-u <UserName>]
         [-p {<Password> | *}] [-q] [{-uc | -uco | -uci}]
         [-fnp <FirstNamePhonetic>] [-lnp <LastNamePhonetic>]
         [-displayp <DisplayNamePhonetic>]
```

FIGURA 5-13   Sintaxe do programa Dsadd.exe.

Para criar um usuário usando o utilitário Dsadd.exe, você tem que conhecer o nome distinto (DN, distinguished name) do usuário e seu ID de logon, também conhecido como atributo de *nome de conta SAM* (SAM account name) dentro do AD DS. O nome distinto de um objeto indica sua localização dentro da estrutura do Active Directory. Como exemplo de nome distinto:

cn=Elizabeth Andersen,ou=Research,dc=adatum,dc=com

cn mostra o nome comum da conta de usuário de Elizabeth Andersen, que está na OU Research do domínio adatum.com.

Cada objeto tem um DN exclusivo, mas esse DN pode mudar se você mover o objeto para locais diferentes dentro da estrutura do Active Directory. Por exemplo, se você criar uma camada adicional de OUs representando filiais em diferentes cidades, o DN anterior pode mudar para:

cn=Elizabeth Andersen,ou=Research,ou=Baltimore,dc=adatum,dc=com

ainda que seja o mesmo objeto de usuário com os mesmos direitos e permissões.

O nome de conta SAM é o nome de logon de cada usuário – a parte da esquerda do símbolo @ dentro de um Nome Principal do Usuário (UPN, User Principal Name) –, que seria eander em eander@adatum.com. Ele deve ser exclusivo em um domínio.

Quando você tiver esses dois itens, poderá criar um usuário com o utilitário Dsadd.exe usando a sintaxe a seguir:

```
dsadd user <nome distinto> -samid <nome de conta SAM>
```

Por exemplo, em sua forma mais simples, você poderia criar a conta de Elizabeth Andersen, mencionada anteriormente, como mostrado a seguir:

```
dsadd user
"cn=Elizabeth Andersen,ou=Research,dc=adatum,dc=com"
-samid eander
```

CAPÍTULO 5 Instalação e administração do Active Directory **279**

Você também pode adicionar valores de atributos usando a ferramenta Dsadd.exe. O comando a seguir adiciona alguns dos atributos mais comuns ao objeto do usuário:

```
Dsadd.exe user
"CN=Elizabeth Andersen,OU=Research,DC=adatum,DC=local"
-samid "eander"
-fn "Elizabeth"
-ln "Andersen"
-disabled no
-mustchpwd yes
-pwd "Pa$$w0rd
```

USE O WINDOWS POWERSHELL

A Microsoft está dando cada vez mais ênfase ao Windows PowerShell como ferramenta de gerenciamento de servidores e fornece um cmdlet chamado New-ADUser, que você pode usar para criar uma conta de usuário e configurar qualquer um dos atributos associados a ela ou até todos os seus atributos. O cmdlet New-ADUser tem muitos parâmetros, como mostrado na Figura 5-14, para permitir o acesso a todos os atributos do objeto de usuário.

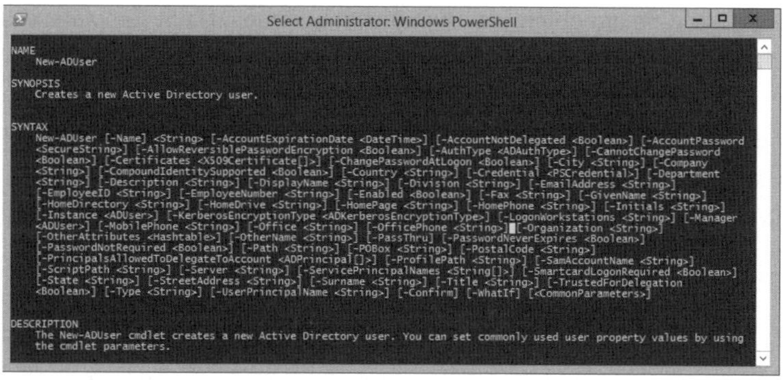

FIGURA 5-14 Sintaxe do cmdlet New-ADUser.

Por exemplo, para criar um novo objeto de usuário para Elizabeth Andersen em uma unidade organizacional (OU) chamada Research, você poderia usar o cmdlet New-ADUser com estes parâmetros:

```
new-ADUser
-Name "Elizabeth Andersen"
-SamAccountName "eander"
-GivenName "Elizabeth"
-Surname "Andersen"
-path 'OU=Research,DC=adatum,DC=local'
-Enabled $true
-AccountPassword "Pa$$w0rd"
-ChangePasswordAtLogon $true
```

Os parâmetros –Name e –SamAccountName são obrigatórios para a identificação do objeto. O parâmetro –path especifica o local do objeto na hierarquia do AD DS. O parâmetro –Enabled assegura que a conta seja ativada.

Crie modelos de usuário

Em alguns casos, os administradores têm que criar usuários individuais regularmente, mas as contas de usuário contêm tantos atributos, que criá-las individualmente é demorado.

Uma maneira de acelerar o processo de criação de objetos de usuário complexos é usar o cmdlet New-ADUser ou o programa Dsadd.exe e reter os comandos em um arquivo de script ou batch. No entanto, se você preferir uma interface gráfica, pode fazer quase a mesma coisa criando um modelo de usuário.

Um modelo de usuário é um objeto de usuário padrão contendo configurações dos atributos mais usados. Quando você quiser criar um novo usuário com essas configurações, só terá que copiar o modelo para um novo objeto de usuário e alterar o nome e qualquer outro atributo que seja exclusivo do usuário.

Para criar um modelo de usuário usando o console Active Directory Users And Computers, siga este procedimento.

1. No Server Manager, no menu Tools, selecione Active Directory Users And Computers. O console Active Directory Users And Computers aparecerá.
2. Crie um objeto de usuário com o nome Default Template, desmarcando a caixa de seleção User Must Change Password At Next Logon e marcando a caixa de seleção Account Is Disabled.
3. Abra a página Properties do usuário e modifique os atributos das várias guias com valores comuns a todos os usuários que criará.

Para usar o modelo, clique com o botão direito do mouse no objeto de usuário Default Template e, no menu de contexto, selecione Copy. O Copy Object – User Wizard será iniciado, como mostrado na Figura 5-15.

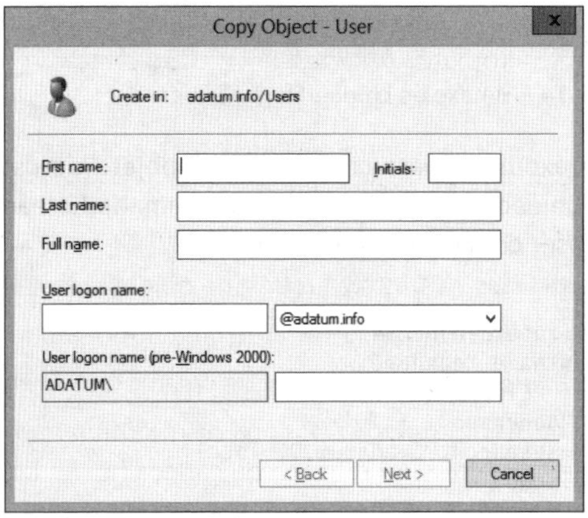

FIGURA 5-15 O Copy Object – User Wizard.

Insira as informações exclusivas requeridas para o usuário e desmarque a caixa de seleção Account Is Disabled antes de clicar em OK. O assistente criará um novo objeto de usuário com o subconjunto dos atributos que você configurou no modelo.

Crie vários usuários

Às vezes, os administradores têm que criar centenas ou milhares de objetos de usuário, o que torna os procedimentos de criação de objetos individuais inviáveis. As seções anteriores descreveram os procedimentos de criação de objetos de usuário e grupo individuais com o uso da GUI e algumas das ferramentas de linha de comando disponíveis no Windows Server 2012 R2. As próximas seções examinarão mecanismos de automatização da criação de grande número de objetos do Active Directory.

USE O CSVDE.EXE

Aplicativos como o Microsoft Excel podem gerar listas de usuários, com as informações que os acompanham, para serem adicionadas ao banco de dados do AD DS. Nesses casos, você pode exportar informações dos aplicativos salvando-as em um arquivo no formato CSV. O formato CSV também pode ser usado na importação e exportação de informações para e a partir de outros aplicativos de terceiros.

Um arquivo CSV é um arquivo de texto sem formatação composto por registros, cada um em uma linha separada, que são divididos em campos, separados por vírgulas. O formato é uma maneira de salvar informações de bancos de dados de uma forma universalmente inteligível.

O utilitário de linha de comando CSVDE.exe permite que os administradores importem ou exportem objetos do Active Directory. Ele usa um arquivo CSV baseado em registro de cabeçalho, que identifica o atributo contido em cada campo delimitado por vírgula. O registro de cabeçalho é apenas a primeira linha do arquivo de texto que usa nomes de atributo apropriados. Para serem importados para o AD DS, os nomes de atributos do arquivo CSV devem coincidir com os atributos apropriados seguindo o esquema do Active Directory. Por exemplo, se você tiver uma lista de pessoas e números de telefone que quiser importar como usuários para o banco de dados do Active Directory, terá que criar um registro de cabeçalho que reflita precisamente o nome e os atributos de objetos que deseja criar. Examine a seguir os atributos normalmente usados na criação de contas de usuário:

- **dn**   Especifica o nome distinto do objeto para que este possa ser inserido apropriadamente no Active Directory
- **samAccountName**   Preenche o campo da conta SAM
- **objectClass**   Especifica o tipo de objeto a ser criado: usuário, grupo ou OU
- **telephoneNumber**   Preenche o campo Telephone Number
- **userPrincipalName**   Preenche o campo User Principal Name

Ao criar seu arquivo CSV, você deve ordenar os dados para que reflitam a sequência dos atributos no registro de cabeçalho. Se os campos e os dados estiverem fora de ordem, você verá um erro ao executar o utilitário CSVDE.exe ou pode obter resultados incorretos nos objetos criados. O exemplo de registro de cabeçalho a seguir usa os atributos listados anteriormente para criar um objeto de usuário.

```
dn,samAccountName,userPrincipalName,telephoneNumber,objectClass
```

Um registro de dados em conformidade com esse registro de cabeçalho teria a seguinte aparência:

```
"cn=Elizabeth Andersen,ou=Research,dc=adatum,dc=com",eander,eander@adatum.com,
586-555-1234,user
```

Após adicionar um registro para cada conta que quiser criar, salve o arquivo usando .csv como extensão. Use, então, a sintaxe de comando a seguir para executar o programa CSVDE.exe e importar o arquivo:

```
csvde.exe -i -f <nomearquivo.csv>
```

O comando –i informa ao CSVDE.exe que essa operação importará dados. O comando –f é usado para especificar o arquivo .csv que contém os registros a serem importados.

USE O LDIFDE.EXE

O LDIFDE.exe é um utilitário que tem a mesma funcionalidade básica do CSVDE.exe e ainda fornece o recurso de modificação de registros existentes no Active Directory. Portanto, o LDIFDE.exe é uma opção mais flexível. Considere um exemplo em que você tivesse que importar 200 novos usuários para sua estrutura do AD DS. Nesse caso, você pode usar o CDVDE.exe ou o LDIFDE.exe para importar os usuários. No entanto, você pode usar o LDIFDE.exe para modificar ou excluir os objetos posteriormente enquanto o CSVDE.exe não fornece essa opção.

Você pode usar qualquer editor de texto para criar o arquivo de entrada do LDIFDE.exe, que é formatado de acordo com o padrão LDAP Data Interchange Format (LDIF, Formato de Troca de Dados LDAP). O formato do arquivo de dados que contém os registros de objetos que você deseja criar é significativamente diferente do usado pelo CSVDE.exe. O exemplo a seguir mostra a sintaxe de um arquivo de dados que cria a mesma conta de usuário discutida no exemplo do CSVDE.exe.

```
dn: "cn=Elizabeth Andersen,ou=Research,dc=adatum,dc=com"
changetype: add
ObjectClass: user
SAMAccountName: eander
UserPrincipalName: eander@adatum.com
telephoneNumber: 586-555-1234
```

Usando o LDIFDE.exe, você pode especificar uma entre três ações para ser executada com o arquivo LDIF:

- **Add**   Cria novos objetos usando os registros LDIF
- **Modify**   Modifica atributos de objetos existentes usando os registros LDIF
- **Delete**   Exclui objetos existentes usando os registros LDIF

Após criar o arquivo de dados e salvá-lo usando a extensão de arquivo .ldf, use essa sintaxe para executar o programa LDIFDE.exe:

```
ldifde -i -f <nomearquivo.ldf>
```

O próximo exemplo ilustra a sintaxe LDIF que modifica o número de telefone de um objeto existente. Ressalta-se que o hífen na última linha é necessário para o arquivo funcionar corretamente.

```
dn: "cn=Elizabeth Andersen,ou=Research,dc=adatum,dc=com"
changetype: modify
replace: telephoneNumber:
telephoneNumber: 586-555-1111
-
```

USE O WINDOWS POWERSHELL

Também podemos usar arquivos CSV para criar objetos de usuário com o Windows PowerShell empregando o cmdlet Import-CSV para ler os dados no arquivo e transportá-los para o cmdlet New-ADUser. Para inserir os dados do arquivo nos atributos de objeto de usuário corretos, use os parâmetros do cmdlet New-ADUser para referenciar os nomes de campos do registro de cabeçalho do arquivo CSV.

Um exemplo de comando de criação de usuários em bloco seria:

```
Import-CSV users.csv | foreach
{New-ADUser -SamAccountName $_.SamAccountName
-Name $_.Name -Surname $_.Surname
-GivenName $_.GivenName -Path "OU=Research,DC=adatum,DC=COM" -AccountPassword Pa$$w0rd
-Enabled $true}
```

Crie objetos de computador

Já que uma floresta do AD DS usa um diretório centralizado, é preciso haver algum meio de rastrear os computadores que fazem parte do domínio. Para isso, o Active Directory usa contas de computador, que são concebidas na forma de objetos de computador em seu banco de dados. Você pode ter uma conta de usuário e uma senha válidas no Active Directory, mas, se seu computador não estiver representado por um objeto de computador, não poderá fazer logon no domínio usando esse sistema.

Os objetos de computador são armazenados na hierarquia do Active Directory como o são os objetos de usuário; eles possuem muitos dos mesmos recursos, como:

- Os objetos de computador são compostos por propriedades que especificam o nome do computador, onde ele está localizado e quem tem permissão para gerenciá-lo.
- Os objetos de computador herdam configurações de política de grupo de objetos do tipo *contêiner*, como domínios, sites e OUs.
- Os objetos de computador podem ser membros de grupos e herdar permissões desses objetos *grupo*.

Quando um usuário tenta fazer logon em um domínio do Active Directory, o computador cliente estabelece uma conexão com um controlador de domínio para autenticar a identidade do usuário. Antes da autenticação do usuário ocorrer, os dois computadores executam uma autenticação preliminar usando seus respectivos objetos de computador para verificar se os dois sistemas fazem parte do domínio. O serviço NetLogon executado no computador cliente se conecta ao mesmo serviço no controlador de domínio, e cada um verifica se o outro sistema tem uma conta de computador válida. Quando essa validação termina, os dois sistemas estabelecem um canal de comunicações seguro entre eles, que podem, então, usar para começar o processo de autenticação do usuário.

A validação da conta de computador entre o cliente e o controlador de domínio é um processo de autenticação genuíno que usa nomes de conta e senhas, como quando um usuário se autentica no domínio. A diferença é que as senhas usadas pelas contas de computador são geradas automaticamente e mantidas ocultas. Os administradores podem redefinir contas de computador, mas não têm que fornecer senhas para elas.

O que isso significa para os administradores é que, além de criar contas de usuário no domínio, eles também têm que se certificar de que os computadores da rede façam parte do domínio. A inclusão de um computador em um domínio do AD DS é composta por duas etapas:

- **Criação de uma conta de computador** Você pode criar uma conta de computador gerando um novo objeto de computador no Active Directory e atribuindo o nome de um computador real da rede.
- **Associação do computador ao domínio** Quando você associar um computador ao domínio, o sistema entrará em contato com um controlador de domínio, estabelecerá um relacionamento de confiança com o domínio, localizará (ou criará) um objeto de computador correspondente ao nome do computador, alterará seu identificador de segurança (SID) para que coincida com o do objeto de computador e modificará suas associações a grupos.

Como essas etapas serão executadas e quem as executará dependerá da maneira como você implantar computadores em sua rede. Há muitas maneiras de criar novos objetos de computador, e como os administradores farão isso dependerá de vários fatores, inclusive o número de objetos que eles terão que criar, onde eles estarão ao criar os objetos e quais ferramentas preferirão usar.

De um modo geral, criamos objetos de computador quando implantamos novos computadores no domínio. Uma vez que um computador é representado por um objeto e associado ao domínio, qualquer usuário do domínio pode fazer logon nesse computador. Por exemplo, não temos que criar novos objetos de computador ou associar novamente os computadores ao domínio quando funcionários deixam a empresa e novos contratados começam a usar seus computadores. No entanto, se reinstalarmos o sistema operacional em um computador, teremos que criar um novo objeto de computador para ele (ou redefinir o existente), porque o computador recém-instalado terá um SID diferente.

A criação de um objeto de computador deve sempre ocorrer antes de o computador correspondente poder se associar ao domínio, embora possa não parecer assim. Há duas estratégias básicas para a criação de objetos de computador no Active Directory, que são:

- Criar os objetos de computador antecipadamente usando uma ferramenta do Active Dierctory, para que os computadores possam localizar os objetos existentes quando se associarem ao domínio.
- Começar o processo de associação primeiro e deixar o computador criar seu próprio objeto de computador.

Nos dois casos, o objeto de computador existe antes de a associação ocorrer. Na segunda estratégia, o processo de associação parece começar primeiro, mas o computador cria o objeto antes de o processo de associação real começar.

Quando há vários computadores a serem implantados, principalmente em locais diferentes, os administradores podem criar os objetos de computador antecipadamente. Para grandes números de computadores, é possível até mesmo automatizar o processo de criação de objetos de computador usando ferramentas de linha de comando e arquivos batch, embora muitas pessoas usem uma ferramenta de terceiros para realizar essa tarefa. As próximas seções examinarão as ferramentas que você pode usar na criação de objetos de computador.

Crie objetos de computador usando o Active Directory Users And Computers

Como no caso dos objetos de usuário, você pode criar objetos de computador usando o console Active Directory Users And Computers. Para criar objetos de computador em um domínio do Active Directory usando o console Active Directory Users And Computers ou qualquer ferramenta, você deve ter as permissões apropriadas no contêiner em que os objetos ficarão localizados.

Por padrão, o grupo Administrators tem permissão para criar objetos em qualquer local do domínio, e o grupo Account Operators tem as permissões necessárias para criar objetos de computador e excluí-los no contêiner Computers e em qualquer nova OU que for criada. Os membros dos grupos Domain Admins e Enterprise Admins também podem criar objetos de computador em qualquer lugar. Além disso, um administrador pode explicitamente delegar controle em contêineres para usuários ou grupos específicos, permitindo que eles criem objetos de computador nesses contêineres.

O processo de criação de um objeto de computador no Active Directory Users And Computers é semelhante ao de criação de um objeto de usuário. Selecione o contêiner em que deseja inserir o objeto e, no menu Action, selecione New, Computer. O New Object – Computer Wizard será iniciado, como mostrado na Figura 5-16.

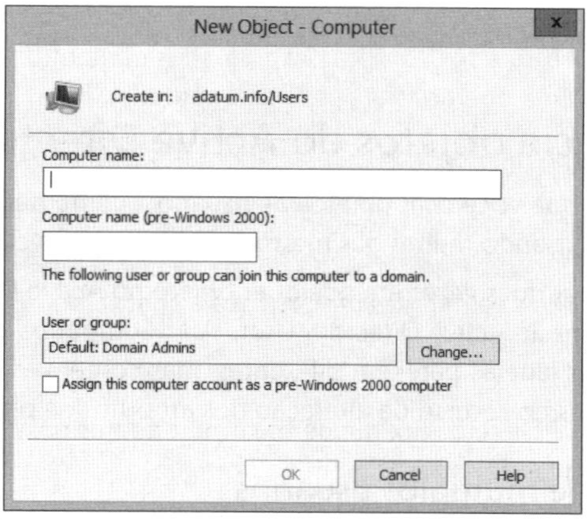

FIGURA 5-16   O New Object – Computer Wizard.

A página Properties de objetos de computador do console Active Directory Users and Computers exibe relativamente poucos atributos, e, na maioria dos casos, só temos que lhes dar um nome, que pode ter até 64 caracteres. Esse nome deve coincidir com o nome do computador associado com o objeto.

Crie objetos de computador usando o Active Directory Administrative Center

Como no caso dos usuários, você também pode criar objetos de computador no Active Directory Administrative Center. Para criar um objeto de computador, selecione um contêiner e, então, selecione New, Computer na lista Tasks para abrir a caixa de diálogo Create Computer.

Crie objetos de computador usando o Dsadd.exe

Como ocorre com os usuários, as ferramentas gráficas fornecidas com o Windows Server 2012 R2 são boas para a criação e o gerenciamento de objetos individualmente, mas muitos administradores usam a linha de comando quando têm que criar vários objetos.

O utilitário Dsadd.exe permite que você crie objetos de computador na linha de comando, assim como criou objetos de usuário anteriormente nesta lição. Você pode criar um arquivo batch de comandos do Dsadd.exe e gerar vários objetos em um único processo. A sintaxe básica para a criação de um objeto de computador com o uso do Dsadd.exe é a seguinte:

```
dsadd computer <DN do Computador>
```

O parâmetro <DN do Computador> especifica um nome distinto para o novo objeto de computador que você deseja criar. Os DNs usam o mesmo formato dos arquivos CSV, como discutido anteriormente.

Crie objetos de computador usando o Windows PowerShell

O Windows PowerShell inclui o cmdlet New-ADComputer, que você pode usar para criar objetos de computador com a sintaxe básica a seguir. Este cmdlet cria objetos de computador, mas não os associa a um domínio.

```
new-ADComputer -Name <nome computador> -path <nome distinto>
```

Gerencie objetos do Active Directory

Uma vez que você criar objetos de usuário e computador, poderá gerenciá-los e modificá-los usando muitas das mesmas maneiras pelas quais os criou.

Clicar duas vezes em qualquer objeto no Active Directory Administrative Center ou no console Active Directory Users And Computers abre a página Properties desse objeto. As janelas parecem diferentes, mas contêm as mesmas informações e fornecem o mesmo recurso de alteração dos atributos de objetos.

Gerencie múltiplos usuários

No gerenciamento de contas de usuário de domínio, podem surgir situações em que você tenha que fazer as mesmas alterações em vários objetos de usuário, e modificar cada um individualmente seria uma tarefa tediosa.

Nesses casos, é possível modificar as propriedades de várias contas de usuário simultaneamente usando o Active Directory Administrative Center ou o console Active Directory Users And Computers. Só é preciso selecionar vários objetos de usuário mantendo a tecla Ctrl pressionada enquanto você clica em cada usuário e, então, selecionar Properties. Uma página Properties será aberta, contendo os atributos que você pode gerenciar para os objetos selecionados simultaneamente, como mostrado na Figura 5-17.

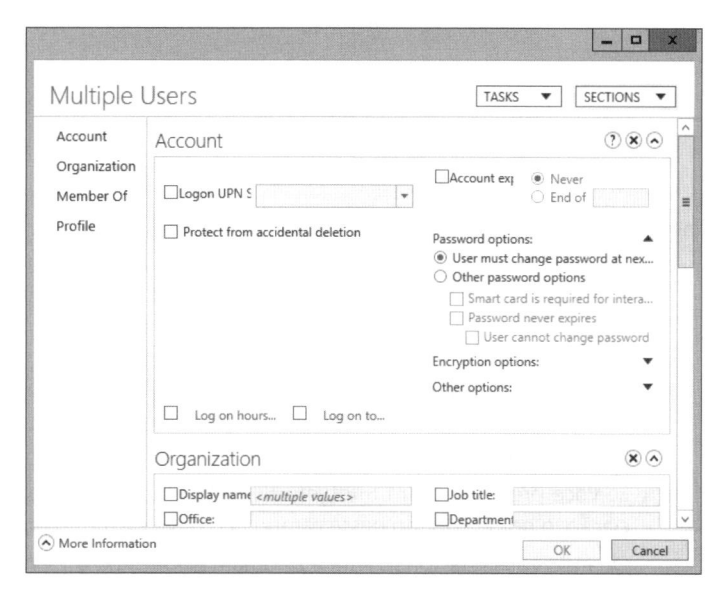

FIGURA 5-17 Página Multiple Users Properties no Active Directory Administrative Center.

Associe computadores a um domínio

O processo de associar um computador a um domínio deve ocorrer a partir do próprio computador e ser executado por um membro de seu grupo Administrators local. Após fazer logon, você pode associar um computador executando o Windows Server 2012 R2 a um domínio na guia Computer Name da página System Properties. Você pode acessar a página System Properties pelo Server Manager, clicando no hiperlink do nome ou domínio do computador no painel Properties do servidor, a partir do Control Panel.

Em um computador não associado a um domínio, a guia Computer Name exibe o nome atribuído a ele durante a instalação do sistema operacional e o nome do grupo de trabalho ao qual o sistema pertence atualmente (que é WORKGROUP, por padrão). Para associar o computador ao domínio, clique em Change para exibir a caixa de diálogo Computer Name/Domain Changes mostrada na Figura 5-18.

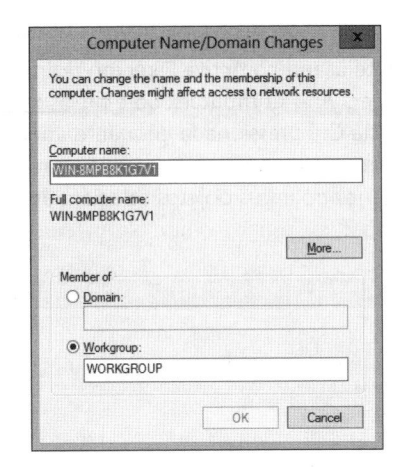

FIGURA 5-18 A caixa de diálogo Computer Name/Domain Changes.

Nessa caixa de diálogo, o campo Computer Name permite alterar o nome atribuído ao computador durante a instalação. Dependendo do momento em que você criar um objeto de computador, observe as precauções a seguir:

- Para associar-se a um domínio em que você já tiver criado um objeto de computador para o sistema no AD DS, o nome contido nesse campo deve coincidir precisamente com o nome do objeto.
- Se você pretende criar um objeto de computador durante o processo de associação, o nome contido nesse campo não deve existir no domínio.

Quando você selecionar a opção Domain e inserir o nome do domínio ao qual o computador se associará, este estabelecerá contato com um controlador do domínio, e uma segunda caixa de diálogo Computer Name Changes será aberta, solicitando o nome e a senha de uma conta de usuário de domínio com permissão para associar o computador.

Uma vez que você se autenticar no controlador de domínio, o computador receberá as boas-vindas, e você será instruído a reiniciá-lo.

ASSOCIE-SE A UM DOMÍNIO USANDO O NETDOM.EXE

Também é possível usar o utilitário de linha de comando Netdom.exe para associar um computador a um domínio. A sintaxe do comando é:

```
netdom join <nomecomputador> /Domain:<NomeDomínio>
[/UserD:<Usuário> /PasswordD:<SenhaUsuário>] [/OU:OUDN]
```

CRIE OBJETOS DE COMPUTADOR AO SE ASSOCIAR

Você pode associar um computador a um domínio tendo ou não criado um objeto de computador para ele. Uma vez que o computador se autenticar no controlador de domínio, este procurará no banco de dados do Active Directory um objeto de computador com o mesmo nome do computador. Se não encontrar um objeto correspondente, o controlador de domínio criará um no contêiner padrão (geralmente o contêiner Computers), usando o nome fornecido pelo computador.

Para o objeto de computador ser criado automaticamente dessa forma, o esperado seria que a conta de usuário que você especificou ao se conectar com o controlador de domínio tivesse privilégios de criação de objetos no contêiner Computer, como quando ela é membro do grupo Administrators. No entanto, nem sempre isso ocorre.

Os usuários do domínio também podem criar objetos de computador por um processo indireto interessante. O objeto de política de grupo (GPO) da Default Domain Controllers Policy (Política Padrão para Controladores de Domínio) concede um direito de usuário chamado Add Workstations To Domain (como mostrado na Figura 5-19) à identidade especial Authenticated Users. Ou seja, qualquer usuário autenticado com sucesso no Active Directory tem permissão para associar até 10 estações de trabalho ao domínio e criar os 10 objetos de computador correspondentes, mesmo se o usuário não possuir permissões explícitas de criação de objetos.

FIGURA 5-19 As atribuições de direitos de usuário da Default Domain Controllers Policy.

> **NOTA** **ATRIBUINDO DIREITOS DE USUÁRIO**
>
> Os direitos de usuário são configurações de política de grupo que permitem que os usuários executem certas tarefas relacionadas ao sistema. Por exemplo, fazer logon localmente em um controlador de domínio requer que o usuário tenha o direito Log On Locally atribuído à sua conta ou seja membro do grupo Account Operators, Administrators, Backup Operators, Print Operators ou Server Operators no controlador de domínio. Outras configurações semelhantes incluídas nesse conjunto se referem a direitos de usuário associados ao desligamento do sistema, ter privilégios de posse de arquivos ou objetos e sincronizar dados de serviço de diretório. Para obter mais informações sobre a atribuição de direitos de usuário, consulte o Objetivo 6.2, "Configurar políticas de segurança", no Capítulo 6, "Criação e gerenciamento de Políticas de Grupo".

ASSOCIE-SE A UM DOMÍNIO ESTANDO OFFLINE

É comum os administradores associarem computadores a domínios enquanto os computadores estão conectados à rede e têm acesso a um controlador de domínio. No entanto, há situações em que eles podem querer implantar computadores sem acesso a um controlador de domínio, como na instalação de uma nova filial. Nesses casos, é possível executar uma associação offline ao domínio usando um utilitário de linha de comando chamado Djoin.exe.

O procedimento de associação offline ao domínio requer a execução do programa Djoin.exe duas vezes: primeiro em um computador com acesso a um controlador de domínio e, então, no computador a ser associado. Quando conectado ao controlador de domínio, o programa coletará metadados da conta de computador do sistema a ser associado e os salvará em um arquivo. A sintaxe dessa fase do processo é:

```
djoin /provision /domain <nome domínio>
/machine <nome computador> /savefile <nomearquivo.txt>
```

Em seguida, transporte o arquivo de metadados para o computador a ser associado e execute o Djoin.exe novamente, especificando o nome do arquivo. O programa salvará os metadados do arquivo no computador, para que, na próxima vez em que tiver acesso a um controlador, o sistema seja associado automaticamente ao domínio. A sintaxe da segunda fase do processo é:

```
djoin /requestODJ /loadfile <nomearquivo.txt>
/windowspath %SystemRoot% /localos
```

Gerencie contas desativadas

A desativação de uma conta de usuário impede que alguém a use para fazer logon no domínio até um administrador com as permissões apropriadas ativá-la novamente. Você pode desativar contas de usuário manualmente – para impedir seu uso, preservando, ao mesmo tempo, todos os seus atributos –, mas também é possível um controlador de domínio desativá-las automaticamente. Por exemplo, violações repetidas de configurações de políticas de senha podem desativar uma conta para impedir que intrusos façam tentativas de ataques adicionais.

CAPÍTULO 5   Instalação e administração do Active Directory

Para desativar ou ativar uma conta de usuário ou computador no Active Directory Administrative Center ou Active Directory Users And Computers, apenas clique com o botão direito do mouse no objeto e selecione Disable ou Enable no menu de atallho. Você também pode desativar e ativar várias contas selecionando vários objetos e clicando com o botão direito do mouse.

Para desativar ou ativar uma conta de usuário ou computador usando o Windows PowerShell, use a sintaxe do cmdlet a seguir:

```
Disable-ADAccount -Identity <nome conta>
Enable-ADAccount -Identity <nome conta>
```

> ### Teste de raciocínio
> #### Crie objetos de usuário
>
> No teste de raciocínio a seguir, aplique o que aprendeu sobre o objetivo para prever quais etapas terá que executar. As respostas às perguntas podem ser encontradas na seção "Respostas" no fim do capítulo.
>
> Você é um administrador de rede que está no processo de construção do Active Directory na rede de uma empresa chamada Fabrikam, Inc. e tem que criar objetos de usuário para os 75 usuários do departamento de vendas internas. Você já criou o domínio fabrikam.com e uma OU chamada Inside Sales para esse fim. O departamento de recursos humanos lhe deu uma lista de nomes de usuários e o instruiu criar os nomes de contas usando a inicial do nome e o sobrenome completo. Cada objeto de usuário também deve ter o valor Inside Sales na propriedade Department e Fabrikam, Inc na propriedade Company. Usando o primeiro nome da lista, Oliver Cox, como exemplo, qual dos formatos de linha de comando a seguir permitiria que você criasse os 75 objetos de usuário com os valores de propriedade requeridos?
>
> **A.** dsadd "Oliver Cox" -samid ocox –company "Fabrikam, Inc." –dept "Inside Sales"
>
> **B.** dsadd user CN=Oliver Cox,OU=Inside Sales,DC=fabrikam,DC=com -samid ocox –company Fabrikam, Inc. –dept Inside Sales
>
> **C.** dsadd –company "Fabrikam, Inc." -samid ocox –dept "Inside Sales" "CN=Oliver Cox,OU=Inside Sales,DC=fabrikam,DC=com"
>
> **D.** dsadd user "CN=Oliver Cox,OU=Inside Sales,DC=fabrikam,DC=com" -samid ocox –company "Fabrikam, Inc." –dept "Inside Sales

Resumo do objetivo

- A conta de usuário é o principal meio pelo qual as pessoas que usam uma floresta do AD DS acessam recursos.
- Uma das tarefas mais comuns dos administradores é a criação de objetos de usuário do Active Directory. O Windows Server 2012 R2 inclui várias ferramentas que você pode usar para criar objetos.
- O Windows Server 2012 R2 reformulou o aplicativo Active Directory Administrative Center (ADAC), introduzido pela primeira vez no Windows Server 2008 R2, para incorporar totalmente novos recursos, como o Active Directory Recycle Bin e políticas de senha refinadas. Você também pode usar essa ferramenta para criar e gerenciar contas de usuário do AD DS.
- Para aplicativos em que você pode ter vários usuários, já com informações que os acompanham, para adicioná-los ao banco de dados do AD DS, é possível exportar informações dos aplicativos salvando-as em um arquivo no formato CSV.
- O LDIFDE.exe é um utilitário que tem a mesma funcionalidade básica do CSVDE. exe, mas também fornece o recurso de modificação de registros existentes no Active Directory.
- Já que uma floresta do AD DS usa um diretório centralizado, é preciso haver algum meio de rastrear os computadores que fazem parte do domínio. Para isso, o Active Directory usa contas de computador, que são concebidas na forma de objetos de computador em seu banco de dados.
- O processo de associar um computador a um domínio deve ocorrer no próprio computador e ser executado por um membro de seu grupo Administrators local.
- É possível executar uma associação offline a domínio usando um utilitário de linha de comando chamado Djoin.exe.

Revisão do objetivo

Responda às perguntas a seguir para testar seu conhecimento sobre as informações deste objetivo. Você pode encontrar as respostas a estas perguntas e explicações de por que cada opção de resposta está certa ou errada na seção "Respostas" no fim do capítulo.

1. Qual dos itens a seguir pode ser usado para adicionar, excluir ou modificar objetos no Active Directory, além de modificar o esquema se necessário?

    A. DCPROMO
    B. LDIFDE
    C. CSVDE
    D. NSLOOKUP

2. No uso do CSVDE, qual é a primeira linha do arquivo de texto que usa os nomes de atributo apropriados?
   A. Linha de cabeçalho
   B. Registro de cabeçalho
   C. Linha de nome
   D. Registro de nome

3. Qual dos utilitários a seguir é usado para executar uma associação offline ao domínio?
   A. net join
   B. join
   C. djoin
   D. dconnect

4. Qual destes *não* é um tipo de conta de usuário que pode ser configurado no Windows Server 2012 R2?
   A. Contas locais
   B. Contas de domínio
   C. Contas de rede
   D. Contas internas

5. Quais dos seguintes itens são as duas contas de usuário internas criadas automaticamente em um computador executando o Windows Server 2012 R2?
   A. Network
   B. Interactive
   C. Administrator
   D. Guest

Objetivo 5.3: Criar e gerenciar grupos e unidades organizacionais (OUs) do Active Directory

As OUs podem ser aninhadas para criar um design que permita que os administradores se beneficiem da herança natural da hierarquia do Active Directory. Você deve limitar o número de OUs aninhadas, porque níveis demais podem retardar o tempo de resposta a solicitações de recursos e complicar a aplicação de configurações de políticas de grupo.

Quando você instalar o Active Directory Domain Services, só haverá, por padrão, uma OU no domínio: a OU Domain Controllers. Todas as outras OUs devem ser criadas por um administrador do AD.

> **NOTA OUS E PERMISSÕES**
>
> As OUs não são consideradas entidades de segurança. Ou seja, você não pode atribuir permissões de acesso a um recurso com base na associação a uma OU. É aí que se encontra a diferença entre as OUs e os grupos globais, de domínio local e universais. Os grupos são usados na atribuição de permissões de acesso, enquanto as OUs são empregadas nas permissões de delegação e políticas de grupo.

Há outro tipo de objeto de contêiner encontrado em um domínio, que, na verdade, chama-se *contêiner*. Por exemplo, um domínio recém-criado tem vários objetos *contêiner*, inclusive um chamado Users, que contém os usuários e grupos predefinidos do domínio, e outro chamado Computers, que contém os objetos de computador de todos os sistemas associados ao domínio, exceto os controladores de domínio.

Ao contrário do que ocorre nas OUs, você não pode atribuir configurações de políticas de grupo a objetos de contêiner. Também não pode criar novos objetos de contêiner usando as ferramentas de administração padrão do Active Directory, como o console Active Directory Users And Computers. Você pode criar objetos de contêiner usando scripts, mas não há razão para isso. As OUs são o melhor método de subdivisão de um domínio.

> **Este objetivo aborda como:**
> - Configurar o aninhamento de grupos
> - Converter grupos (incluindo segurança, distribuição, universal, global e domínio local)
> - Gerenciar a associação a grupos usando a política de grupo
> - Enumerar a associação a grupos
> - Delegar a criação e o gerenciamento de objetos do Active Directory
> - Gerenciar contêineres padrão do Active Directory
> - Criar, copiar, configurar e excluir grupos e OUs

Crie OUs

As OUs são o tipo mais simples de objeto que pode ser criado na hierarquia do AD DS. Você só tem que fornecer um nome para o objeto e definir sua localização na árvore do Active Directory.

Para criar um objeto de OU usando o Active Directory Administrative Center, siga este procedimento.

1. No Server Manager, no menu Tools, selecione Active Directory Administrative Center para abrir o console Active Directory Administrative Center.

CAPÍTULO 5   Instalação e administração do Active Directory   **295**

2. No painel esquerdo, clique com o botão direito do mouse no objeto abaixo do qual deseja criar a nova OU e, no menu de contexto, selecione New, Organizational Unit. A janela Create Organizational Unit será aberta, como mostrado na Figura 5-20.

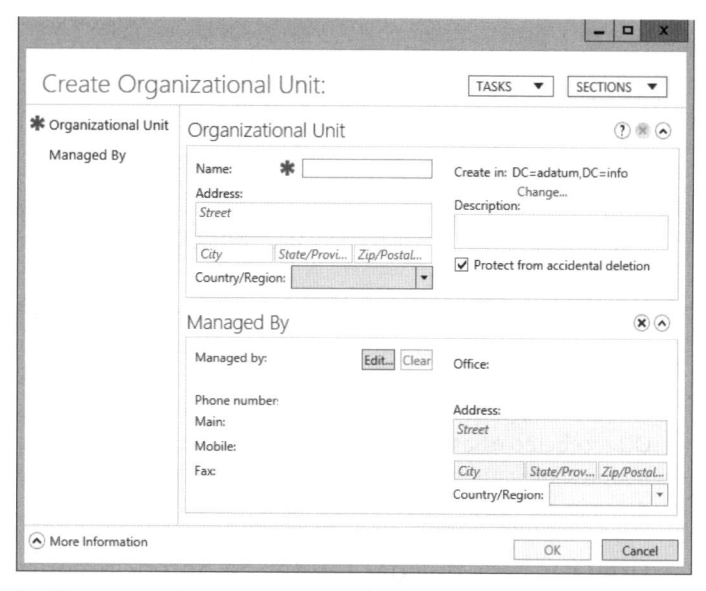

FIGURA 5-20   A janela Create Organizational Unit do console Active Directory Administrative Center.

3. No campo Name, digite um nome para a OU e adicione qualquer informação opcional que desejar.
4. Clique em OK. O objeto da OU aparecerá no objeto que você selecionou.
5. Feche o console Active Directory Administrative Center.

A criação de uma OU no console Active Directory Users And Computers funciona quase da mesma forma, embora a caixa de diálogo New Object – Organizational Unit tenha uma aparência diferente. Uma vez que você criar uma OU, poderá clicar duas vezes nela para abrir sua página Properties, na qual poderá modificar seus atributos, ou clicar com o botão direito do mouse nela e selecionar Move para abrir a caixa de diálogo Move, como mostrado na Figura 5-21.

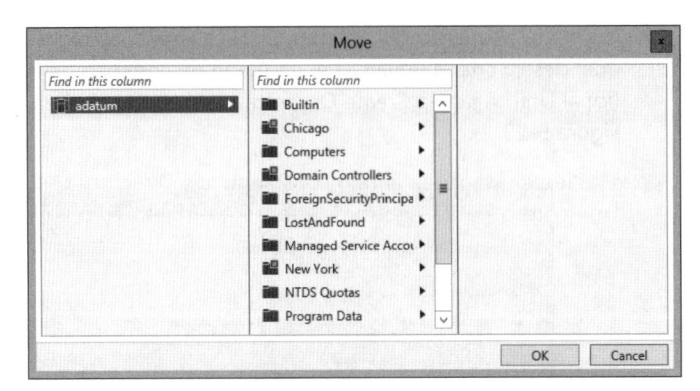

FIGURA 5-21 A caixa de diálogo Move do Active Directory Administrative Center.

Use OUs para atribuir configurações de política de grupo

Uma das principais razões para a criação de uma OU é a atribuição de configurações de política de grupo diferentes a um conjunto específico de objetos. Quando você atribuir configurações de política de grupo a uma OU, todos os objetos contidos nessa OU receberão essas configurações, inclusive outras OUs. Isso permite que os administradores implantem configurações de política de grupo apenas em uma parte de um domínio em vez de no domínio inteiro.

Use OUs para delegar tarefas de gerenciamento do Active Directory

A criação de OUs permite a implementação de um modelo de administração descentralizado, em que outras pessoas gerenciam partes da hierarquia do AD DS, sem afetar o resto da estrutura.

A delegação de autoridade no nível de site afeta todos os domínios e usuários do site. A delegação de autoridade no nível de domínio afeta o domínio inteiro. No entanto, a delegação de autoridade no nível de OU só afeta a OU e os objetos subordinados a ela. Concedendo autoridade administrativa sobre a estrutura de uma OU, e não em um domínio ou site inteiro, você se beneficia das seguintes vantagens:

- **Número mínimo de administradores com privilégios globais** Criando uma hierarquia de níveis administrativos, você limita o número de pessoas que precisam de acesso global.

- **Escopo de erros limitado** Erros administrativos como a exclusão de um contêiner ou de um objeto de grupo afetam apenas a estrutura da OU correspondente.

O Delegation of Control Wizard (Assistente para delegação de controle) fornece uma interface simples que você pode usar para delegar permissões de domínios, OUs e contêineres. O AD DS tem seu próprio conjunto de permissões, muito semelhante ao do NTFS e de impressoras. O Delegation of Control Wizard é essencialmente uma interface front-end que cria combinações complexas de permissões baseadas em tarefas administrativas específicas.

A interface do assistente permite a especificação dos usuários ou grupos aos quais você deseja delegar permissões de gerenciamento e das tarefas específicas que deseja que eles possam executar. Você pode delegar tarefas predefinidas ou criar tarefas personalizadas que lhe permitam ser mais específico.

Para delegar o controle administrativo sobre uma OU, use o procedimento a seguir.

1. No Server Manager, abra o console Active Directory Users And Computers, clique com o botão direito do mouse no objeto cujo controle deseja delegar e clique em Delegate Control. O Delegation of Control Wizard será iniciado, exibindo a página Welcome.
2. Clique em Next para passar para a página Users Or Groups.
3. Clique em Add para abrir a caixa de diálogo Select Users, Computers, Or Groups.
4. Digite o nome do usuário ou grupo ao qual deseja delegar o controle do objeto e clique em OK. O usuário ou grupo aparecerá na lista Selected Users And Groups.
5. Clique em Next. A página Tasks To Delegate será aberta, com as opções a seguir:
   - **Delegate The Following Common Tasks**   Permite que você faça a seleção em uma lista de tarefas predefinidas
   - **Create A Custom Task To Delegate**   Permite que você seja mais específico sobre a delegação de tarefas
6. Selecione Create A Custom Task To Delegate e clique em Next. A página Active Directory Object Type será aberta, exibindo as opções a seguir:
   - **This Folder, Existing Objects In This Folder, And Creation Of New Objects In This Folder**   Delega o controle do contêiner, inclusive de todos os seus objetos atuais e futuros
   - **Only The Following Objects In The Folder**   Permite que você selecione objetos específicos a serem controlados. Você pode selecionar Create Selected Objects In This Folder, para permitir que os tipos de objetos selecionados sejam criados, ou Delete Selected Objects In This Folder, para permitir que os tipos de objetos selecionados sejam excluídos.
7. Selecione This Folder, Existing Objects In This Folder, And Creation Of New Objects In This Folder e clique em Next. A página Permissions será aberta.
8. Defina as permissões a serem delegadas de acordo com suas necessidades para o usuário ou grupo ao qual está delegando controle. Você pode combinar permissões a partir destas três opções:
   - **General**   Exibe permissões comuns, que são iguais às exibidas na guia Security das propriedades de um objeto
   - **Property-specific**   Exibe permissões aplicáveis a atributos ou propriedades específicos de um objeto
   - **Creation/deletion of specific child objects**   Exibe permissões aplicáveis à criação e à exclusão de tipos de objetos específicos
9. Clique em Next para abrir a página Completing The Delegation of Control Wizard.
10. Clique em Finish.
11. Feche o console Active Directory Users And Computers.

Nesse procedimento, você concedeu permissões sobre uma parte do Active Directory a um administrador ou grupo de administradores especificado. Embora você possa usar o Delegation of Control Wizard para conceder permissões, não pode usá-lo para modificar ou remover permissões. Para executar essas tarefas, você deve usar a interface fornecida na guia Security da página Properties do objeto do AD DS.

> **NOTA MODO DE EXIBIÇÃO AVANÇADO**
> Por padrão, a guia Security não aparece na página Properties de uma OU no console Active Directory Users And Computers. Para exibir a guia, você deve selecionar Advanced Features no menu View do console.

Grupos

Desde o surgimento do sistema operacional de servidor da Microsoft, os administradores têm usado grupos para gerenciar permissões na rede. Os grupos possibilitam que os administradores atribuam permissões a vários usuários simultaneamente. Um grupo pode ser definido como um conjunto de contas de usuário ou computador que funciona como uma entidade de segurança, de forma semelhante ao que ocorre com um usuário.

No Windows Server 2012 R2, quando um usuário faz logon no Active Directory, é criado um token de acesso que identifica esse usuário e suas associações a grupos. Os controladores de domínio usam esse token de acesso para verificar as permissões do usuário quando ele tenta acessar um recurso local ou da rede. Usando grupos, os administradores podem conceder a vários usuários o mesmo nível de permissão para acessar recursos na rede. Se, por exemplo, você tiver 25 usuários no departamento de criação gráfica que precisem de acesso a uma impressora colorida, pode atribuir a cada usuário as permissões apropriadas de acesso à impressora ou criar um grupo contendo os 25 usuários e atribuir as permissões apropriadas ao grupo. Usando um objeto de grupo no acesso a um recurso, você se beneficia do seguinte:

- Quando usuários precisarem de acesso à impressora, você pode adicioná-los ao grupo. Uma vez adicionados, os usuários recebem todas as permissões atribuídas a esse grupo. Da mesma forma, você pode remover usuários do grupo quando quiser revogar seu acesso à impressora.
- Os administradores só têm que fazer uma alteração para modificar o nível de acesso à impressora para todos os usuários. Alterar as permissões do grupo muda o nível de permissão de todos os seus membros. Sem o grupo, você teria que modificar todas as 25 contas de usuário individualmente.

> **NOTA TOKENS DE ACESSO**
> Os tokens de acesso dos usuários só são gerados quando eles fazem logon pela primeira vez na rede a partir de sua estação de trabalho. Se você adicionar usuários a um grupo, eles terão que fazer logoff e, então, fazer logon novamente para essa alteração surtir efeito.

Os usuários podem ser membros de mais de um grupo. Além disso, os grupos podem conter outros objetos do Active Directory, como computadores, e outros grupos com o uso de uma técnica chamada aninhamento de grupos. O aninhamento de grupos descreve o processo de configuração de um ou mais grupos como membros de outro grupo. Por exemplo, considere uma empresa que tenha dois grupos: marketing e design gráfico. Os membros do grupo de design gráfico têm acesso a uma impressora a laser colorida de alta resolução. Se os membros do grupo de marketing também precisarem de acesso à impressora, você só terá que adicionar o grupo do marketing como membro do grupo do design gráfico. Isso dará aos membros do grupo do marketing as mesmas permissões de acesso à impressora a laser colorida que a dos membros do grupo do design gráfico.

Tipos de grupo

Há duas classificações de grupos no Windows Server 2012 R2: tipo de grupo e escopo de grupo. O tipo de grupo define como um grupo é usado dentro do Active Directory.

Os dois tipos de grupos do Windows Server 2012 R2 são:

- **Grupos de distribuição** Grupos não relacionados à segurança, criados para a distribuição de informações para uma ou mais pessoas
- **Grupos de segurança** Grupos relacionados à segurança, criados para a concessão de permissões de acesso a recursos para vários usuários

Aplicativos que reconhecem o Active Directory podem usar grupos de distribuição para funções não relacionadas à segurança. Por exemplo, o Microsoft Exchange usa grupos de distribuição para enviar mensagens para vários usuários. Só aplicativos que são projetados para operar com o Active Directory podem fazer uso de grupos de distribuição dessa maneira.

Os grupos que usamos para atribuir permissões de acesso a recursos são chamados de grupos de segurança. Os administradores tornam membros de um grupo de segurança os usuários que precisam de acesso ao mesmo recurso. Eles concedem, então, permissão ao grupo de segurança para acessar o recurso. Após criar um grupo, podemos convertê-lo de um grupo de segurança para um grupo de distribuição, ou vice-versa, a qualquer momento.

Escopos de grupo

Além dos tipos de grupos de segurança e distribuição, vários escopos de grupo estão disponíveis no Active Directory. O escopo de grupo controla quais objetos o grupo pode conter, limitando os objetos ao mesmo domínio ou permitindo objetos de domínios remotos, e também controla o local no domínio ou na floresta em que o grupo pode ser usado. Os escopos disponíveis em um domínio do Active Directory são os de domínio local, global e universal.

GRUPOS DE DOMÍNIO LOCAL

Os grupos de domínio local podem ter qualquer um dos membros a seguir:
- Contas de usuário
- Contas de computador

- Grupos globais de qualquer domínio da floresta
- Grupos universais
- Grupos de domínio local do mesmo domínio

Você usará grupos de domínio local para atribuir permissões de acesso a recursos do mesmo domínio do grupo domínio local. Os grupos de domínio local facilitam o gerenciamento de atribuição e manutenção de permissões.

GRUPOS GLOBAIS

Os grupos globais podem ter qualquer um dos itens a seguir como membros:
- Contas de usuário
- Contas de computador
- Outros grupos globais do mesmo domínio

Você pode usar grupos globais para conceder ou negar permissões a qualquer recurso localizado em qualquer domínio da floresta. Isso é feito com a inclusão do grupo global como membro de um grupo domínio local que tenha as permissões desejadas. As associações a grupos globais só são replicadas para controladores de domínio dentro do mesmo domínio. Usuários com as mesmas necessidades de acesso a recursos devem ser membros de um grupo global para facilitar a atribuição de permissões de acesso. Você pode alterar a associação do grupo global quando precisar para fornecer aos usuários as permissões necessárias de acesso aos recursos.

GRUPOS UNIVERSAIS

Os grupos universais podem ter qualquer um destes itens como membros:
- Contas de usuário
- Contas de computador
- Grupos globais de qualquer domínio da floresta
- Outros grupos universais

Os grupos universais, assim como os grupos globais, podem organizar usuários de acorco com suas necessidades de acesso a recursos. Você pode usá-los para dar acesso a recursos localizados em qualquer domínio da floresta empregando grupos de domínio local.

Você também pode usar grupos universais para consolidar grupos e contas que se estendam por vários domínios ou pela floresta inteira. Um ponto-chave da aplicação e da utilização de grupos universais é que as associações a grupos universais não devem mudar com frequência, porque eles são armazenados no catálogo global. Alterações nas listas de associação a grupos universais são replicadas para todos os global catalog servers de toda a floresta. Se essas alterações ocorrerem com frequência, o processo de replicação pode consumir uma quantidade significativa de largura de banda, principalmente em conexões WAN relativamente lentas e caras.

Aninhe grupos

Como discutido anteriormente, aninhamento de grupos é o termo usado quando grupos são adicionados como membros de outros grupos. Por exemplo, quando tornamos um grupo global membro de um grupo universal, diz-se que ele foi aninhado dentro do grupo universal.

O aninhamento de grupos reduz o número de atribuições de permissões necessárias para usuários de diferentes domínios de uma floresta com vários domínios. Por exemplo, se tivéssemos vários domínios filhos na hierarquia do AD DS e os usuários de cada domínio precisassem de acesso a um aplicativo de banco de dados da empresa localizado no domínio pai, a maneira mais simples de configurar o acesso a esse aplicativo seria:

1. Criar grupos globais em cada domínio em que todos os usuários precisarem de acesso ao banco de dados da empresa.
2. Criar um grupo universal no domínio pai. Incluir o grupo global de cada local como membro.
3. Adicionar o grupo universal ao grupo domínio local requerido na atribuição com a permissão necessária para o acesso e o uso do banco de dados da empresa.

Com frequência, a abordagem tradicional para o aninhamento de grupos no AD DS é denominada com o uso do mnemônico AGUDLP: você adiciona contas (Accounts) a grupos Globais, adiciona esses grupos globais a grupos Universais, adiciona grupos universais a grupos de domínio local (Domain Local) e, para concluir, atribui Permissões aos grupos de domínio local.

Os administradores podem usar o mesmo método para criar seus próprios grupos de domínio local, aos quais delegarão tarefas administrativas e direitos de usuário em OUs específicas. Então, após a criação de grupos globais (ou grupos universais para atribuições com abrangência em toda a floresta) e sua inclusão nos grupos de domínio local, a estrutura está definida.

Crie grupos

O procedimento de criação de grupos no Active Directory Administrative Center ou no Active Directory Users And Computers é quase idêntico ao de criação de OUs. Quando você criar um grupo, terá que especificar um nome para o objeto de grupo. O nome selecionado pode ter até 64 caracteres e deve ser exclusivo no domínio. Você também deve selecionar um tipo de grupo e um escopo de grupo. A Figura 5-22 mostra a janela Create Group do console Active Directory Administrative Center.

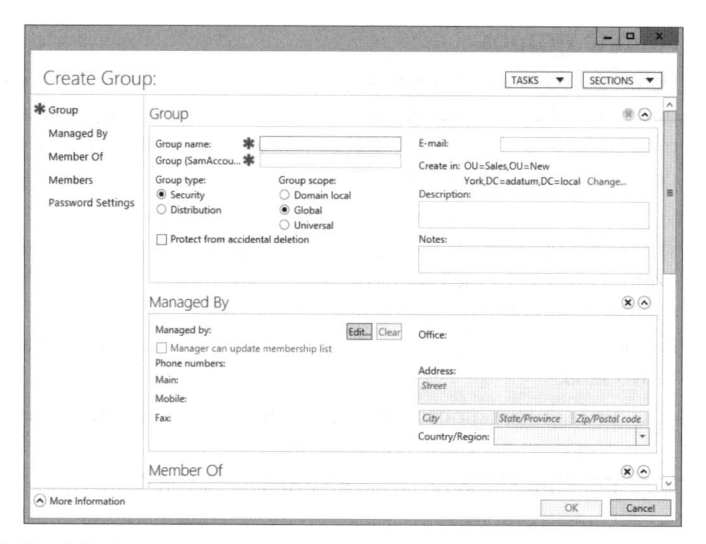

FIGURA 5-22 Criando um grupo no Active Directory Administrative Center.

A caixa de diálogo New Object – Group do Active Directory Users And Computers tem aparência um pouco diferente, mas contém os mesmo controles básicos.

Embora os utilitários gráficos do AD DS sejam ferramentas convenientes para a criação e o gerenciamento de grupos individualmente, eles não são o método mais eficiente para a criação de grandes números de entidades de segurança. As ferramentas de linha de comando incluídas com o Windows Server 2012 R2 permitem a criação e o gerenciamento de grupos em grandes quantidades com o uso de arquivos batch ou outros tipos de scripts. Algumas dessas ferramentas serão discutidas nas próximas seções.

CRIE GRUPOS USANDO A LINHA DE COMANDO

Você pode usar a ferramenta Dsadd.exe para criar novos objetos de usuário e também pode usar o programa para criar objetos de grupo. A sintaxe básica para a criação de objetos de grupo com o Dsadd.exe é:

```
dsadd group <DN do Grupo> [parâmetros]
```

O parâmetro <DN do Grupo> é um DN para o novo objeto de grupo que você deseja criar. Os DNs usam o mesmo formato que os arquivos CSV.

Por padrão, o Dsadd.exe cria grupos de segurança global, mas você pode usar parâmetros de linha de comando para criar grupos com outros tipos e escopos e especificar membros e associações para os grupos e outras propriedades dos objetos de grupo. Os parâmetros de linha de comando mais usados são:

- **-secgrp yes|no** Especifica se o programa deve criar um grupo de segurança (yes) ou um grupo de distribuição (no). O valor padrão é yes.

- **-scope l|g|u**   Especifica se o programa deve criar um grupo domínio local (l), global (g) ou universal (u). O valor padrão é g.
- **-samid <NomeSAM>**   Especifica o nome SAM do objeto de grupo.
- **-desc <descrição>**   Especifica uma descrição para o objeto de grupo.
- **-memberof <DN do Grupo>**   Especifica os DNs de um ou mais grupos dos quais o novo grupo deve tornar-se membro.
- **-member <DN do Grupo>**   Especifica os DNs de um ou mais grupos que devem tornar-se membros do novo grupo.

Por exemplo, para criar um novo grupo chamado Sales no contêiner Users e tornar o usuário Administrator membro, você usaria o comando:

```
dsadd group "CN=Sales,CN=Users,DC=adatum,DC=com"
-member "CN=Administrator,CN=Users,DC=adatum,DC=com
```

Para criar um novo objeto de grupo usando o Windows PowerShell, você pode usar o cmdlet New-ADGroup, com a seguinte sintaxe:

```
New-ADGroup
-Name <nome grupo>
-SamAccountName <nome SAM>
-GroupCategory Distribution|Security
-GroupScope DomainLocal|Global|Universal
-Path <nome distinto>
```

Por exemplo, para criar um grupo de segurança global chamado Sales na OU Chicago, você usaria o comando:

```
New-ADGroup -Name Sales -SamAccountName Sales
-GroupCategory Security -GroupScope Global
-Path "OU=Chicago,DC=Adatum,DC=Com"
```

Gerencie associações a grupos

Ao contrário do Active Directory Administrative Center, que permite que você especifique os membros de um grupo ao criá-lo, no Active Directory Users And Computers, é preciso criar o objeto de grupo primeiro para então adicionar membros a ele.

Para adicionar membros a um grupo, selecione-o no console, selecione Properties no menu Action para abrir a página Properties do grupo e selecione a guia Members.

Na guia Members, você pode adicionar objetos à lista de associações do grupo e, na guia Member Of, pode adicionar o grupo à lista de associações de outro grupo. Para executar essas duas tarefas, use a caixa de diálogo padrão Select Users, Contacts, Computers, Service Accounts, Or Groups e selecione objetos.

Uma vez que você inserir ou encontrar os objetos que deseja adicionar, clique em OK para fechar a página Properties e adicionar os objetos à lista de associações do grupo.

GERENCIE A ASSOCIAÇÃO A GRUPOS USANDO A POLÍTICA DE GRUPO

Também é possível controlar as associações a grupos usando a política de grupo. Quando você criar políticas de grupos restritos (Restricted Groups), poderá especificar a associação a um grupo e impô-la, para que alterações feitas na associação sejam revertidas durante a próxima atualização da política.

Para criar políticas de grupos restritos, use o procedimento a seguir.

1. No Server Manager, abra o Group Policy Management Console, crie uma nova GPO e vincule-a ao seu domínio.
2. Abra a GPO no Group Policy Management Editor e navegue até a pasta Computer Configuration\Policies\Windows Settings\Security Settings\Restricted Groups, como mostrado na Figura 5-23.

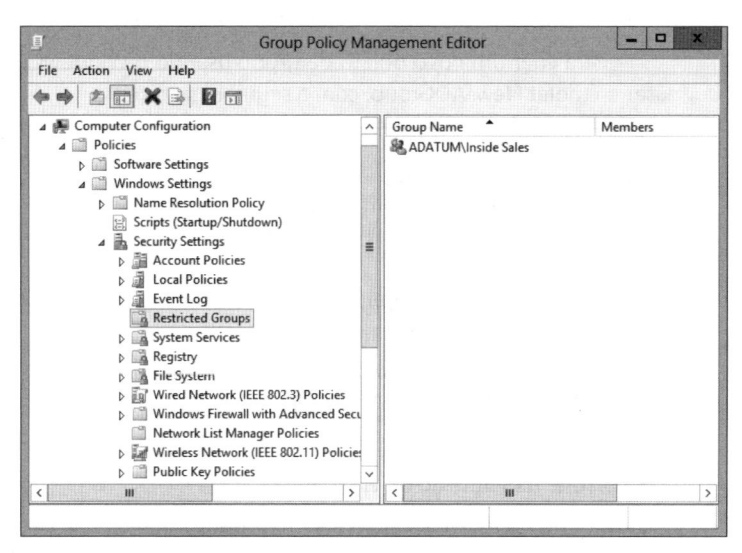

FIGURA 5-23 A pasta Restricted Groups do objeto de política de grupo.

3. Clique com o botão direito do mouse na pasta Restricted Groups e, no menu de contexto, selecione Add Group para abrir a caixa de diálogo Add Group.
4. Digite ou pesquise para adicionar um objeto de grupo e clique em OK. O grupo aparecerá na pasta Restricted Groups, e uma página Properties da política surgirá, como mostrado na Figura 5-24.

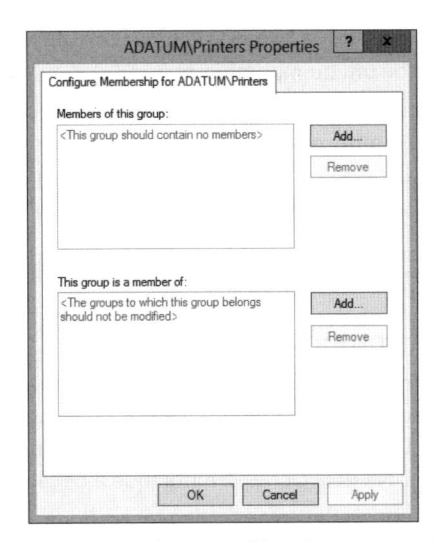

FIGURA 5-24 A página Properties de uma política de grupos restritos.

5. Clique em um ou nos dois botões Add para adicionar objetos que devam ser membros do grupo ou outros grupos dos quais o grupo deva ser membro.
6. Clique em OK.
7. Feche os consoles Group Policy Management Editor e Group Policy Management

Os membros que você especificar para um grupo por meio de uma política Restricted Groups serão os únicos com permissão para permanecer nesse grupo. A política não impede que os administradores modifiquem a associação a grupos usando outras ferramentas, mas, na próxima vez em que o sistema atualizar suas configurações de política de grupo, a lista de associações do grupo será sobreposta pela política.

GERENCIE OBJETOS DE GRUPO USANDO O DSMOD.EXE

O Dsmod.exe permite a modificação das propriedades de objetos de grupo existentes a partir do prompt de comando do Windows Server 2012 R2. Usando esse programa, você pode executar tarefas como adicionar membros a um grupo, removê-los de um grupo e alterar o tipo e o escopo do grupo. A sintaxe básica do Dsmod.exe é a seguinte:

dsmod group <DN do Grupo> [parâmetros]

Os parâmetros de linha de comando mais usados para o Dsmod.exe são:

- **-secgrp yes|no**   Define o tipo de grupo como grupo de segurança (yes) ou grupo de distribuição (no).
- **-scope l|g|u**   Define o escopo do grupo como de domínio local (l), global (g) ou universal (u).
- **-addmbr <membros>**   Adiciona membros ao grupo. Substitua **membros** pelos DNs de um ou mais objetos.

- **-rmmbr <membros>** Remove membros do grupo. Substitua **membros** pelos DNs de um ou mais objetos.
- **-chmbr <membros>** Substitui a lista completa de membros do grupo. Substitua **membros** pelos DNs de um ou mais objetos.

Por exemplo, para adicionar o usuário Administrator ao grupo Guests, você usaria o comando:

```
dsmod group "CN=Guests,CN=Builtin,DC=adatum,DC=com"
-addmbr "CN=Administrator,CN=Users,DC=adatum,DC=com"
```

Converta grupos

À medida que as funções do grupo mudarem, você pode ter que alterar o tipo de um objeto de grupo. Para alterar o tipo de um grupo, abra a página Properties do grupo no Active Directory Administrative Center ou no console Active Directory Users And Computers. Na guia General, modifique a opção Group Type e clique em OK.

O processo de alteração do escopo do grupo é igual, exceto por você selecionar uma das opções de escopo de grupo na guia General. Os utilitários do AD DS só autorizam a execução de alterações de escopo permissíveis. A Tabela 5-1 lista as alterações de escopo permitidas.

TABELA 5-1 Restrições à conversão de escopos de grupo no Active Directory

	Para domínio local	Para global	Para universal
De domínio local	Não aplicável	Não permitida	Permitida somente quando o grupo de domínio local não tem outros grupos de domínio local como membros
De global	Não permitida	Não aplicável	Permitida somente quando o grupo global não é membro de outro grupo global
De universal	Sem restrições	Permitida somente quando o grupo universal não tem outros grupos universais como membros	Não aplicável

Exclua um grupo

Como ocorre com os objetos de usuário, cada objeto de grupo que você criar no AD DS terá um SID exclusivo não reutilizável. O Windows Server 2012 R2 usa o SID para identificar o grupo e as permissões atribuídas a ele.

Quando você excluir um grupo, o Windows Server 2012 R2 não usará o mesmo SID para esse grupo novamente, mesmo se você criar um novo grupo com o mesmo nome do que excluiu. Logo, você não pode restaurar as permissões de acesso atribuídas a recursos recriando um objeto de grupo excluído. Você deverá adicionar o grupo recém-recriado como uma entidade de segurança na lista de controle de acesso (ACL) do recurso novamente.

Quando excluímos um grupo, excluímos apenas o objeto de grupo e as permissões e os direitos que especificam esse grupo como entidade de segurança. A exclusão de um grupo não exclui os objetos que são membros dele.

> *Teste de raciocínio*
> **Crie grupos**
> No teste de raciocínio a seguir, aplique o que aprendeu sobre o objetivo para prever quais etapas terá que executar. As respostas às perguntas podem ser encontradas na seção "Respostas" no fim do capítulo.
>
> A rede empresarial da Fabrikam Corporation é composta por uma floresta com um domínio raiz chamado fabrikam.com e dois domínios filhos chamados east.fabrikam.com e west.fabrikam.com. Há quatro gerentes de departamento com contas de usuário no domínio fabrikam.com e dois em cada um dos outros domínios, east.fabrikam.com e west.fabrikam.com. Cada um dos três domínios tem um grupo global com os gerentes de cada domínio como membros. Você quer que todos os membros desses grupos possam acessar um conjunto de recursos comum no domínio fabrikam.com, separando, ao mesmo tempo, as capacidades de os gerentes acessarem recursos em domínios que não sejam os seus. Como você deve configurar os grupos para fornecer a funcionalidade desejada?

Resumo do objetivo

- Adicionar OUs à hierarquia do Active Directory é mais fácil do que adicionar domínios; você não precisa de hardware adicional e pode mover ou excluir uma OU facilmente quando necessário.
- Quando você quiser conceder a um conjunto de usuários permissão para acessar um recurso da rede, como um compartilhamento do sistema de arquivos ou uma impressora, não poderá atribuir permissões a uma OU; em vez disso, deve usar um grupo de segurança. Embora sejam objetos de contêiner, os grupos não fazem parte da hierarquia do Active Directory, como os domínios e OUs fazem.
- A criação de OUs permite a implementação de um modelo de administração descentralizado, em que outras pessoas gerenciam partes da hierarquia do AD DS, sem afetar o resto da estrutura.
- Os grupos possibilitam que os administradores atribuam permissões a vários usuários simultaneamente. Um grupo pode ser definido como um conjunto de contas de usuário ou computador que funciona como uma entidade de segurança, de forma semelhante ao que ocorre com um usuário.
- No Active Directory, há dois tipos de grupos: de segurança e de distribuição. Também há três escopos de grupo: de domínio local, global e universal.
- Aninhamento de grupos é o termo usado quando grupos são adicionados como membros de outros grupos.

- É possível controlar as associações a grupos usando a política de grupo. Quando você criar políticas de grupos restritos, poderá definir a associação a um grupo e impô-la.

Revisão do objetivo

Responda às perguntas a seguir para testar seu conhecimento sobre as informações deste objetivo. Você pode encontrar as respostas a estas perguntas e explicações de por que cada opção de resposta está certa ou errada na seção "Respostas" no fim do capítulo.

1. Quais dos grupos a seguir são usados para consolidar grupos e contas que se estendem por vários domínios ou pela floresta inteira?
   A. Global
   B. De domínio local
   C. Interno
   D. Universal

2. Qual das afirmações a seguir *não* é uma razão correta para a criação de uma OU?
   A. Criar um contêiner permanente que não possa ser movido ou renomeado.
   B. Duplicar as divisões de sua empresa
   C. Delegar tarefas de administração
   D. Atribuir configurações de política de grupo diferentes a um grupo específico de usuários ou computadores

3. Quais destas modificações de escopo de grupo nunca são permitidas? (Selecione todas que forem aplicáveis.)
   A. Global para universal
   B. Global para domínio local
   C. Universal para global
   D. Domínio local para universal

4. Em um domínio sendo executado no nível funcional de domínio do Windows Server 2012 R2, quais das seguintes entidades de segurança podem ser membros de um grupo global? (Selecione todas que forem aplicáveis.)
   A. Usuários
   B. Computadores
   C. Grupos universais
   D. Grupos globais

5. Você está tentando excluir um grupo de segurança global no console Active Directory Users And Computers, mas o console não permite que execute a tarefa. Quais das afirmações a seguir poderiam ser causas da falha? (Selecione todas que forem aplicáveis.)
   A. Ainda há membros no grupo.
   B. Um dos membros tem o grupo definido como seu grupo primário.

- C. Você não tem as permissões apropriadas no contêiner em que o grupo está localizado.
- D. Você não pode excluir grupos globais no console Active Directory Users And Computers.

Respostas

Esta seção contém as soluções dos testes de raciocínio e as respostas às perguntas das revisões de objetivo deste capítulo.

Objetivo 5.1: Teste de raciocínio

Robert deve instalar o Active Directory em um controlador de domínio na sede em Nova York, criando o domínio raiz da floresta chamado hq.inside.litware.com. Já que a filial de Londres está bem conectada, mas não tem sua própria equipe de TI, ele pode instalar um controlador de domínio somente leitura para o domínio hq.inside.litware.com dessa região, para que os usuários de Londres possam se autenticar usando um controlador de domínio local. Para a filial de Tóquio, que não está bem conectada e tem sua própria equipe de TI, o design demanda dois controladores de domínio hospedando um domínio separado na mesma floresta, chamado tokyo.inside.litware.com. Isso dará aos usuários de Tóquio acesso a um controlador de domínio local e reduzirá o volume de tráfego de replicação passando pela conexão de discagem sob demanda entre os escritórios de Nova York e Tóquio.

Objetivo 5.1: Revisão

1. **Resposta correta:** A
    - A. **Correta:** No AD DS, você pode subdividir um domínio em OUs e preenchê-lo com objetos, mas não pode criar domínos dentro de OUs.
    - B. **Incorreta:** Um site pode conter vários domínios.
    - C. **Incorreta:** Uma árvore pode conter vários domínios.
    - D. **Incorreta:** Uma floresta pode conter vários domínios.
2. **Respostas corretas:** B, D
    - A. **Incorreta:** Não há uma classe de objeto chamada recurso.
    - B. **Correta:** Há duas classes básicas de objetos: objetos de contêiner e objetos folha. Um objeto folha não pode ter objetos subordinados.
    - C. **Incorreta:** Um domínio é um tipo de objeto específico, e não uma classificação geral.
    - D. **Correta:** Há duas classes básicas de objetos: objetos de contêiner e objetos folha. Um objeto de contêiner pode ter outros objetos subordinados a ele.

3. **Resposta correta:** C

   A. **Incorreta:** Alguns atributos são criados automaticamente, enquanto outros devem ter suas informações atribuídas manualmente pelos administradores.

   B. **Incorreta:** Um objeto de contêiner tem, como um de seus atributos, uma lista de todos os outros objetos que ele contém.

   C. **Correta:** Os objetos folha têm atributos que contêm informações sobre o recurso específico que o objeto representa.

   D. **Incorreta:** Alguns atributos são criados automaticamente, como o identificador global exclusivo (GUID) que o controlador de domínio atribui a cada objeto quando o cria.

4. **Resposta correta:** D

   A. **Incorreta:** Cada domínio de uma instalação do Active Directory é uma entidade administrativa separada. Quanto maior for o número de domínios que você criar, maior será o número de tarefas de administração que terá que executar.

   B. **Incorreta:** Cada domínio requer seus próprios controladores de domínio, logo cada domínio adicional que você criar aumentará os custos gerais de hardware e manutenção da implantação.

   C. **Incorreta:** Os aplicativos podem ter problemas para operar em uma floresta com vários domínios.

   D. **Correta:** Não são necessárias licenças especiais da Microsoft para domínios.

5. **Resposta correta:** B

   A. **Incorreta:** O DNS é usado para pesquisas dentro de um domínio.

   B. **Correta:** Para localizar um objeto em outro domínio, primeiro os clientes do Active Directory executam uma pesquisa no catálogo global. Essa pesquisa fornece ao cliente as informações de que ele precisa para procurar o objeto no domínio específico que o contém.

   C. **Incorreta:** O DHCP não fornece recursos de pesquisa.

   D. **Incorreta:** Objetos de conexão de site (site link) não fornecem recursos de pesquisa.

Objetivo 5.2: Teste de raciocínio

Resposta correta: D. A resposta A é incorreta porque, no comando, o termo user está faltando e porque o nome do usuário não está expresso no formato de nome distinto (DN). A resposta B é incorreta porque as variáveis de linha de comando que contêm espaços não estão inseridas entre aspas. A resposta C é incorreta porque o termo user está faltando e porque os parâmetros –company e –dept aparecem antes do DN.

Objetivo 5.2: Revisão

1. **Resposta correta:** B
    - **A. Incorreta:** O Dcpromo, agora em desuso no Windows Server 2012 R2, é uma ferramenta usada para promover e rebaixar controladores de domínio do Active Directory.
    - **B. Correta:** Como o CSVDE.exe, o utilitário LDAP Data Interchange Format Directory Exchange (LDIFDE.exe) pode ser usado para importar ou exportar informações do Active Directory. Ele pode ser usado para adicionar, excluir ou modificar objetos no Active Directory, além de modificar o esquema, se necessário.
    - **C. Incorreta:** O CSVDE.exe pode criar objetos do Active Directory a partir de informações de arquivos CSV, mas não pode modificar objetos existentes.
    - **D. Incorreta:** O NSLOOKUP é um utilitário de resolução de nomes DNS. Ele não pode criar objetos do AD DS.

2. **Resposta correta:** B
    - **A. Incorreta:** A primeira linha do arquivo CSV é o registro de cabeçalho, e não a linha de cabeçalho.
    - **B. Correta:** O utilitário de linha de comando CSVDE permite que um administrador importe ou exporte objetos do AD DS. Ele usa um arquivo .csv baseado em um registro de cabeçalho que descreve cada parte dos dados. Um registro de cabeçalho é apenas a primeira linha do arquivo de texto que usa nomes de atributo apropriados.
    - **C. Incorreta:** A primeira linha do arquivo CSV é o registro de cabeçalho, e não a linha de nome.
    - **D. Incorreta:** A primeira linha do arquivo CSV é o registro de cabeçalho, e não o registro de nome.

3. **Resposta correta:** C
    - **A. Incorreta:** Você não pode executar uma associação offline a domínio usando o comando net join.
    - **B. Incorreta:** Você não pode executar uma associação offline a domínio usando o comando join.
    - **C. Correta:** Você pode executar uma associaçao offline a domínio em um computador executando o Windows Server 2012 R2 usando o utilitário Djoin.exe.
    - **D. Incorreta:** Você não pode executar uma associação offline a domínio usando o comando dconnect.

4. **Resposta correta:** C

    A. Incorreta: Contas locais podem ser criadas e configuradas no Windows Server 2012 R2.

    B. Incorreta: Contas de domínio podem ser criadas e configuradas no Windows Server 2012 R2.

    C. Correta: Há três tipos de contas de usuário no Windows Server 2012 R2: contas locais, contas de domínio e contas de usuário internas.

    D. Incorreta: Contas internas podem ser configuradas, mas não criadas no Windows Server 2012 R2.

5. **Respostas corretas:** C, D

    A. Incorreta: Não há conta Network no Windows Server 2012 R2.

    B. Incorreta: Não há conta Interactive no Windows Server 2012 R2.

    C. Correta: Por padrão, as duas contas de usuário internas criadas em um computador executando o Windows Server 2012 R2 são a conta Administrator e a conta Guest.

    D. Correta: Por padrão, as duas contas de usuário internas criadas em um computador executando o Windows Server 2012 R2 são a conta Administrator e a conta Guest.

Objetivo 5.3: Teste de raciocínio

Resposta correta: Crie um grupo universal no domínio fabrikam.com e adicione todos os três grupos globais a esse grupo universal. Em seguida, crie um grupo domínio local no domínio fabrikam.com e adicione o grupo universal a esse grupo domínio local. Para concluir, atribua ao grupo domínio local as permissões necessárias para o acesso a recursos comuns.

Objetivo 5.3: Revisão

1. **Resposta correta:** D

    A. Incorreta: Os grupos globais não podem conter usuários de outros domínios.

    B. Incorreta: Os grupos de domínio local não podem ter permissões de acesso a recursos de outros domínios.

    C. Incorreta: Os grupos internos não herdam qualidades que se estendam por vários domínios.

    D. Correta: Os grupos universais, como os grupos globais, são usados para organizar usuários de acordo com suas necessidades de acesso a recursos. Você pode usá-los para organizar os usuários de modo a facilitar o acesso a qualquer recurso localizado em qualquer domínio da floresta com o uso de grupos de domínio local. Os grupos universais são usados para consolidar grupos e contas que se estendem por vários domínios ou pela floresta inteira.

2. **Resposta correta:** A

   A. Correta: As razões para a criação de uma OU são a duplicação de divisões organizacionais, a atribuição de configurações de política de grupo e a delegação da administração. Você pode mover ou renomear facilmente uma OU quando necessário.

   B. Incorreta: A duplicação de divisões organizacionais é uma razão viável para a criação de uma OU.

   C. Incorreta: A delegação da administração é uma razão viável para a criação de uma OU.

   D. Incorreta: A atribuição de configurações de política de grupo é uma razão viável para a criação de uma OU.

3. **Resposta correta:** B

   A. Incorreta: Conversões de grupo global para universal são permitidas às vezes.

   B. Correta: Conversões de grupo global para de domínio local nunca são permitidas.

   C. Incorreta: Conversões de grupo universal para global são permitidas às vezes.

   D. Incorreta: Conversões de grupo domínio local para universal são permitidas às vezes.

4. **Respostas corretas:** A, B, D

   A. Correta: Os usuários podem ser entidades de segurança em um grupo global.

   B. Correta: Os computadores podem ser entidades de segurança em um grupo global.

   C. Incorreta: Os grupos universais não podem ser entidades de segurança em um grupo global.

   D. Correta: Os grupos globais podem ser entidades de segurança em um grupo global.

5. **Respostas corretas:** B, C

   A. Incorreta: É possível excluir um grupo que tenha membros.

   B. Correta: Se algum membro definir o grupo como seu grupo primário, o sistema não permitirá que o grupo seja excluído.

   C. Correta: Você deve ter as permissões apropriadas do Active Dierctory no contêiner em que o grupo está localizado para excluí-lo.

   D. Incorreta: É possível excluir grupos usando o console Active Directory Users and Groups.

CAPÍTULO 6

Criação e gerenciamento de Políticas de Grupo

A política de grupo é um mecanismo de controle e implantação de configurações de sistema operacional em computadores de toda a rede. Ela é composta por configurações de usuário e computador dos vários sistemas operacionais Microsoft Windows, que os sistemas implementam durante a inicialização e o desligamento do computador e nos momentos de logon e logoff do usuário. Você pode configurar um ou mais objetos de política de grupo (GPOs) e, então, usar um processo chamado vinculação para associá-los a objetos específicos do Active Directory Domain Services (AD DS). Quando você vincular uma GPO a um objeto de contêiner, todos os objetos desse contêiner receberão as configurações definidas na GPO. Você pode vincular várias GPOs a um único contêiner do AD DS ou vincular uma única GPO a vários contêineres de toda a hierarquia do AD DS.

Este capítulo abordará algumas das tarefas básicas que os administradores executam para criar e implantar configurações de política de grupo.

Objetivos deste capítulo:
- Objetivo 6.1: Criar objetos de política de grupo (GPOs)
- Objetivo 6.2: Configurar políticas de segurança
- Objetivo 6.3: Configurar políticas de restrição de aplicativo
- Objetivo 6.4: Configurar o Firewall do Windows

Objetivo 6.1: Criar objetos de política de grupo (GPOs)

Embora o nome Objeto de Política de Grupo sugira que as políticas estejam vinculadas diretamente a grupos, não é esse o caso. As GPOs devem estar vinculados a sites, domínios e unidades organizacionais (OUs) para aplicar configurações a usuários e computadores existentes nesses contêineres do AD DS. No entanto, uma técnica avançada chamada filtragem de segurança permite a aplicação das configurações de GPO a um ou mais usuários ou grupos de um contêiner, concedendo seletivamente as permissões Apply Group Policy (Aplicar Política de Grupo) e Read (Leitura) a um ou mais usuários ou grupos de segurança.

Provavelmente os benefícios administrativos das GPOs sejam sua grande contribuição para a eficiência das redes. Os administradores afirmam que a implementação de políticas de grupo os ajudam a ter um gerenciamento centralizado. A lista a seguir identifica os benefícios administrativos da implementação de políticas de grupo:

- Os administradores têm controle sobre a definição centralizada de configurações de usuário, instalação de aplicativos e configuração da área de trabalho.
- A administração centralizada de arquivos de usuário elimina a necessidade e o custo de se tentar recuperar arquivos de uma unidade danificada.
- A necessidade de se fazer alterações de segurança manualmente em cada computador é reduzida pela implantação rápida e automatizada de novas configurações por intermédio da política de grupo.

> **Este objetivo aborda como:**
> - Configurar um repositório central
> - Gerenciar starter GPOs (GPOs de início)
> - Configurar vínculos (links) de GPO
> - Configurar várias políticas de grupo locais
> - Configurar a filtragem de segurança

Objetos de política de grupo

As GPOs contêm todas as configurações de política de grupo que os administradores desejam implantar em objetos de usuário e computador em um domínio, site ou OU. Para implantar uma GPO, o administrador deve associá-lo a um contêiner. Essa associação é realizada com a vinculação (link) da GPO ao objeto de domínio, site ou OU desejado do AD DS. As tarefas administrativas da política de grupo são a criação de GPOs, a especificação de onde armazená-los e o gerenciamento de vínculos no AD DS.

Há três tipos de GPOs: GPOs locais, GPOs de domínio e starter GPOs (GPOs de início).

GPOs locais (LGPOs, Local GPOs)

Todos os sistemas operacionais Windows dão suporte a *GPOs locais*, às vezes chamadas de LGPOs. Versões do Windows desde o Windows Server 2008 R2 e o Windows Vista podem dar suporte a várias GPOs locais. Esse suporte permite a especificação de uma GPO local diferente para os administradores e a criação de configurações de GPO específicas para um ou mais usuários locais definidos em uma estação de trabalho. Tal recurso é particularmente importante para computadores em locais públicos, como bibliotecas e quiosques, quando eles não fazem parte de uma infraestrutura do Active Directory. Versões mais antigas do Windows só podem dar suporte a uma única GPO local, e as configurações dessa GPO são aplicadas a todos os usuários que fazem logon no computador.

As GPOs locais contêm menos opções do que as GPOs de domínio. Elas não dão suporte ao redirecionamento de pastas ou à instalação de software por política de grupo. Poucas configurações de segurança estão disponíveis. Quando uma GPO local e uma de domínio (baseado no Active Directory) têm configurações conflitantes, as configurações da GPO de domínio sobrepõem as da GPO local.

GPOs de domínio

As *GPOs de domínio* são criadas no AD DS e vinculadas a sites, domínios e OUs. Uma vez vinculadas a um contêiner, as configurações da GPO são aplicadas a todos os usuários e computadores desse contêiner por padrão.

Starter GPOs

As starter GPOs (GPOs de início) foram introduzidas no Windows Server 2008. Uma starter GPO é, essencialmente, um modelo para a criação de GPOs de domínio baseadas em um conjunto de configurações padrão. Quando você criar uma nova GPO a partir de uma starter GPO, todas as configurações de starter GPO serão copiadas automaticamente na nova GPO como suas configurações padrão.

Configure um repositório central

No Windows Server 2008 e no Windows Vista, a Microsoft substituiu os arquivos de modelo administrativo (ADM) baseados em token usados com versões anteriores das políticas de grupo por um formato de arquivo baseado em XML (ADMX). Os modelos administrativos são os arquivos que definem as configurações baseadas no Registro que aparecem nas GPOs.

Versões anteriores do Windows criavam uma cópia dos arquivos ADM para cada GPO que os administradores geravam e a armazenavam no volume SYSVOL de um controlador de domínio. Uma instalação grande do Active Directory poderia facilmente ter dezenas de GPOs, e cada cópia dos arquivos ADM requeria 4 MB de espaço de armazenamento. O resultado era um *inchaço* do SYSVOL, pois havia centenas de megabytes de informações desnecessárias armazenadas nos volumes SYSVOL, que tinham que ser replicadas para todos os controladores do domínio.

Para resolver esse problema, agora as ferramentas de política de grupo podem acessar os arquivos ADMX em um repositório central (Central Store), uma única cópia dos arquivos ADMX armazenada nos controladores de domínio. Para usar um repositório central, você deve criar a pasta apropriada no volume SYSVOL de um controlador de domínio.

Por padrão, ferramentas como o Group Policy Management Console (GPMC, Gerenciamento de Política de Grupo) salvam os arquivos ADMX na pasta *%systemroot%*\PolicyDefinitions, que, na maioria dos computadores, é C:\Windows\PolicyDefinitions. Para criar um repositório central, você deve copiar a pasta PolicyDefinitions inteira para o mesmo local dos modelos de política de grupo, isto é, *% systemroot%*\SYSVOL\sysvol\<nome domínio>\Policies em um controlador de domínio ou, na notação da convenção de nomenclatura universal (UNC, universal naming convention), \\< *nome domínio* >\SYSVOL\< *nome domínio* >\Policies.

Use o console de gerenciamento de política de grupo (GPMC)

O Group Policy Management Console é o snap-in do Microsoft Management Console (MMC) que os administradores usam para criar GPOs e gerenciar sua implantação em objetos do AD DS. O Group Policy Management Editor é um snap-in separado que abre GPOs e permite a modificação de suas configurações.

Há várias maneiras diferentes de se trabalhar com essas duas ferramentas, dependendo do que você quiser fazer. Você pode criar uma GPO e depois vinculá-la a um domínio, site ou OU, ou pode criar e vincular uma GPO em uma única etapa. O Windows Server 2012 R2 implementa essas ferramentas como o recurso Group Policy Management e também as instala automaticamente junto com a função AD DS. Você pode instalar esse recurso manualmente em um servidor membro usando o Add Roles And Features Wizard (Assistente de Adição de Funções e Recursos) do Server Manager (Gerenciador do Servidor). As ferramentas do Group Policy Management também são incluídas no pacote Remote Server Administration Tools (Ferramentas de Administração de Servidor Remoto) para estações de trabalho com Windows.

Crie e vincule GPOs de domínio

Se você decidir deixar as GPOs padrão do Windows inalteradas, as primeiras etapas da implantação de suas próprias configurações de política de grupo personalizadas serão criar uma ou mais GPOs novas e vinculá-las aos objetos apropriados do AD DS.

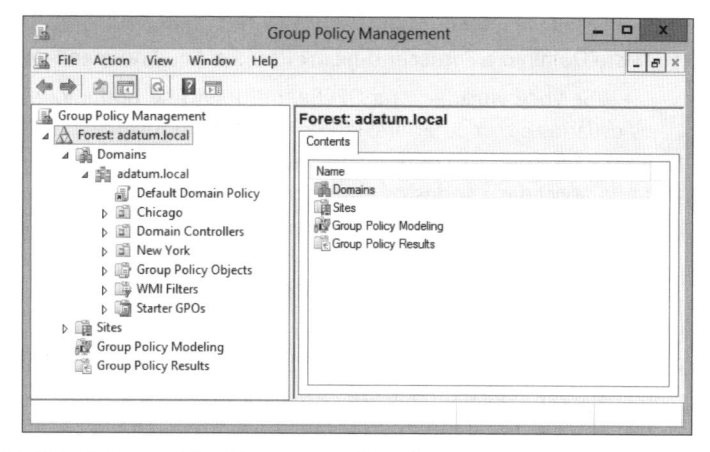

Para usar a ferramenta Group Policy Management Console para criar uma nova GPO e vinculá-la a um objeto de OU no AD DS, empregue o procedimento a seguir.

1. Abra o Active Directory Administrative Center e crie uma OU chamada Sales em seu domínio.

2. No Server Manager, no menu Tools, selecione Group Policy Management. O Group Policy Management Console aparecerá, como mostrado na Figura 6-1.

FIGURA 6-1 O Group Policy Management Console.

3. Expanda o contêiner da floresta e navegue para seu domínio. Em seguida, expanda o contêiner do domínio e selecione o contêiner Group Policy Objects. As GPOs que existem atualmente no domínio aparecerão na guia Contents.

4. Clique com o botão direito do mouse na pasta Group Policy Objects e, no menu de contexto, selecione New. A caixa de diálogo New GPO aparecerá.

5. Na caixa de texto Name, digite um nome para a nova GPO e clique em OK. A nova GPO aparecerá na lista Contents.
6. No painel esquerdo, clique com o botão direito do mouse no objeto de domínio, site ou OU ao qual deseja vincular a nova GPO e, no menu de contexto, selecione Link An Existing GPO. A caixa de diálogo Select GPO aparecerá.
7. Selecione a GPO que deseja vincular ao objeto e clique em OK. A GPO aparecerá na guia Linked Group Policy Objects do objeto, como mostrado na Figura 6-2.

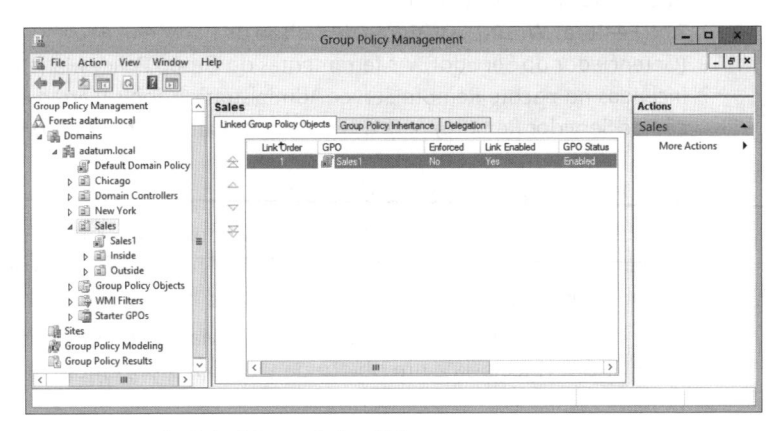

FIGURA 6-2 A guia Linked Group Policy Objects.

8. Feche o Group Policy Management Console.

Você também pode criar e vincular uma GPO a um contêiner do Active Directory em uma única etapa, clicando com o botão direito do mouse em um objeto "contêiner" e selecionando Create A GPO In This Domain And Link It Here (Criar uma GPO Neste Domínio e Fornecer um Link Para Ela Aqui) no menu de contexto.

Se você vincular uma GPO a um objeto de domínio, ela será aplicada a todos os usuários e computadores do domínio. Em uma escala maior, se você vincular uma GPO a um site que contenha vários domínios, as configurações de política de grupo serão aplicadas a todos os domínios e aos objetos filhos existentes abaixo deles. Esse processo é conhecido como *herança de GPO*.

Use a filtragem de segurança

Vincular uma GPO a um contêiner faz com que todos os usuários e computadores desse contêiner recebam as configurações da GPO por padrão. Isso ocorre porque a criação do vínculo concede as permissões Read e Apply Group Policy da GPO aos usuários e computadores do contêiner.

Mais precisamente, o sistema concede as permissões à identidade especial Authenticated Users (Usuários Autenticados), que inclui todos os usuários e computadores do domínio. No entanto, usando uma técnica chamada filtragem de segurança, você pode modificar as atribuições de permissões padrão para que só certos usuários e computadores recebam as permissões e, consequentemente, as configurações da GPO.

Para modificar a configuração de filtragem de segurança padrão de uma GPO, selecione-a no painel esquerdo do Group Policy Management Console, como mostrado na Figura 6-3. Na área Security Filtering (Filtros de Segurança), você pode usar o botão Add (Adicionar) ou o botão Remove (Remover) para substituir a identidade especial Authenticated Users por objetos de usuário, computador ou grupo específicos. Dos usuários e computadores do contêiner aos quais a GPO está vinculada, só os que você selecionar no painel Security Filtering receberão as configurações da GPO.

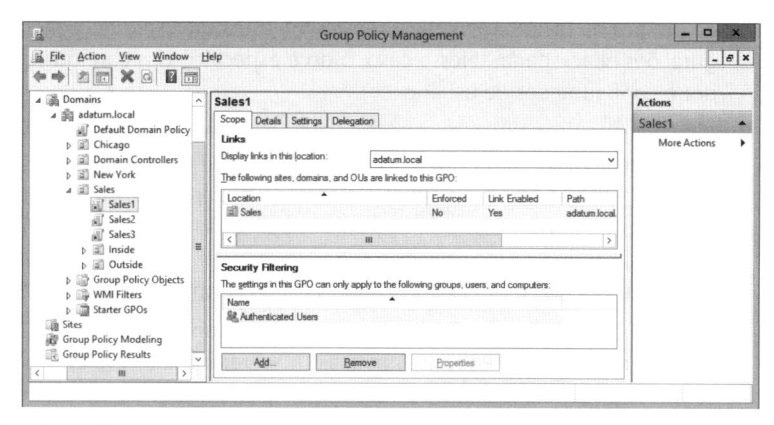

FIGURA 6-3 Filtragem de segurança no Group Policy Management Console.

Gerencie starter GPOs

As starter GPOs (GPOs de início) são essencialmente modelos que você pode usar para criar várias GPOs com o mesmo conjunto de configurações de uma linha de base de modelos administrativos. Você pode criar e editar starter GPOs como faria com qualquer outra GPO. No Group Policy Management Console, clique com o botão direito do mouse na pasta Starter GPOs e, no menu de contexto, selecione Novo (New) para criar uma starter GPO vazia. Agora você pode abrir a starter GPO no Group Policy Management Editor (Editor de Gerenciamento de Política de Grupo) e definir qualquer configuração que quiser que faça parte das novas GPOs que criar a partir dela.

> **NOTA USANDO STARTER GPOS**
> Quando você selecionar para visualizar o conteúdo do contêiner Starter GPOs no Group Policy Management Console pela primeira vez, uma mensagem aparecerá, solicitando que crie a pasta Starter GPOs clicando no botão.

Uma vez que você criar e editar suas starter GPOs, poderá criar novas GPOs a partir delas de várias maneiras. Você pode clicar com o botão direito do mouse em uma starter GPO e selecionar New GPO From Starter GPO (Nova GPO da GPO de Início) no menu de contexto ou criar uma nova GPO da maneira usual descrita anteriormente e selecionar a starter GPO que deseja usar na lista suspensa Source Starter GPO (GPO de Início de Origem). Também pode usar o cmdlet New-GPO no Windows PowerShell. Serão copiadas as configurações da starter GPO para a nova GPO, e você pode continuar editando a partir daí.

Defina configurações de política de grupo

As definições da política de grupo permitem a personalização da configuração da área de trabalho, do ambiente e da segurança do usuário. As configurações são divididas em duas subcategorias: Computer Configuration (Configuração do Computador) e User Configuration (Configuração do Usuário). As subcategorias são chamadas de nós da política de grupo. Um nó é apenas uma estrutura pai que organiza todas as configurações relacionadas. Nesse caso, o nó é específico das configurações de computador e configurações de usuário.

Os nós de política de grupo fornecem uma maneira de organizar as configurações de acordo com onde elas serão aplicadas. As configurações que você definir em uma GPO poderão ser aplicadas a computadores clientes, usuários ou servidores membros e controladores de domínio A aplicação das configurações dependerá do contêiner ao qual você vincular a GPO. Por padrão, todos os objetos do contêiner ao qual você vincular a GPO serão afetados pelas configurações da GPO.

Os nós Computer Configuration e User Configuration dos GPOs de domínio contêm dois subnós: Policies (Políticas) e Preferences (Preferências). Neste objetivo, vamos focar em Policies, que é subdividido em três subnós, ou extensões, que organizam de forma ainda mais detalhada as configurações de política de grupo disponíveis. Essas extensões são:

- **Software Settings (Configurações de Software)** A pasta Software Settings localizada sob o nó Computer Configuration contém configurações de instalação de software que são aplicadas a todos os usuários que fazem logon em um domínio usando qualquer computador afetado pela GPO. A pasta Software Settings localizada sob o nó User Configuration contém configurações de instalação de software que são aplicadas a todos os usuários designados pela política de grupo, não importando o computador a partir do qual fizerem logon.

- **Windows Settings (Configurações do Windows)** A pasta Windows Settings localizada sob o nó Computer Configuration contém configurações e scripts de segurança que serão aplicados a todos os usuários que fizerem logon no AD DS a partir de computadores aos quais a política for aplicada. A pasta Windows Settings localizada sob o nó User Configuration contém configurações relacionadas a redirecionamento de pasta, configurações de segurança e scripts que são aplicadas a usuários aos quais a política for aplicada.

- **Administrative Templates (Modelos Administrativos)** O Windows Server 2012 R2 inclui milhares de políticas em modelos administrativos (Administrative Templates), que contêm todas as configurações de políticas baseadas no Registro. Os modelos administrativos são arquivos com a extensão .admx. Eles são usados para administrar a interface do usuário, disponibilizando as configurações de política de grupo, que podem ser definidas com o uso do Group Policy Management Editor.

Para trabalhar com as configurações de modelos administrativos, você precisa conhecer os três diferentes estados de cada configuração de política. Esses três estados são:

- **Not Configured (Não Configurado)** Não ocorre modificação no estado padrão do Registro como resultado da política. Not Configured é a configuração padrão da maioria das configurações de GPO. Quando um sistema processa uma GPO com configurações Not Configured, as chaves do Registro afetadas pelas configurações não são modificadas ou sobrepostas, não importando seu valor atual.

- **Enabled (Habilitado)** A função da política é ativada explicitamente no Registro, não importando seu estado anterior.
- **Disabled (Desabilitado)** A função da política é desativada explicitamente no Registro, não importando seu estado anterior.

Conhecer esses estados será crucial quando você estiver trabalhando com a herança de política de grupo e várias GPOs. Se uma configuração de política estiver desativada no Registro por padrão e você tiver uma GPO de prioridade mais baixa que a ative explicitamente, deve configurar uma GPO de prioridade mais alta para desativá-la se quiser restaurá-la para seu padrão. A aplicação do estado Not Configured não alterará a configuração, deixando-a ativada.

Crie várias GPOs locais

Computadores que são membros de um domínio do AD DS se beneficiam de um alto nível de flexibilidade quando se trata da configuração de políticas de grupo. Sistemas autônomos (não membros do AD DS) podem usufruir de um pouco dessa flexibilidade, contanto que estejam executando pelo menos o Windows Vista ou o Windows Server 2008 R2. Esses sistemas operacionais permitem que os administradores criem várias GPOs locais, que fornecem diferentes configurações para os usuários, de acordo com suas identidades.

Os sistemas Windows que dão suporte a várias GPOs locais têm três camadas de suporte a políticas de grupo, que são:

- **Local Group Policy (Política de Grupo Local)** Idêntica à GPO local única suportada por versões mais antigas do sistema operacional, a camada Local Group Policy é composta por configurações tanto de computador quanto de usuário e é aplicada a todos os usuários do sistema, administrativos ou não. É a única GPO local que inclui configurações de computador, logo, para aplicar políticas de configuração de computador, você deve usar esta GPO.
- **Administrators and Non Administrators Group Policy (Política de Grupo de Administradores e Não Administradores)** Esta camada é composta por duas GPOs: uma é aplicada a membros do grupo Administrators (Administradores) local, e a outra é aplicada a todos os usuários não membros desse grupo. Ao contrário do que ocorre com a GPO da camada Local Group Policy, nesta camada, não há configurações de computador.
- **User-specific Group Policy (Política de Grupo Específica do Usuário)** Esta camada é composta por GPOs que são aplicadas a contas de usuário locais específicas criadas no computador. São GPOs que só podem ser aplicadas a usuários individuais, e não a grupos locais. Elas também não têm definições de configuração de computador.

O Windows aplica as GPOs locais na ordem listada aqui. As configurações da política de grupo local são aplicadas primeiro, depois vêm a GPO de administradores ou a de não administradores e, por fim, qualquer GPO específica do usuário. Como nas GPOs de domínio, as configurações processadas depois podem sobrepor qualquer configuração anterior com a qual entrem em conflito.

No caso de um sistema que também seja membro de um domínio, as três camadas de processamento de GPO local vêm primeiro, seguidas pela ordem padrão de aplicação de políticas de grupo de domínio.

Para criar GPOs locais, use o Group Policy Object Editor (Editor de Objeto de Política de Grupo), que é um snap-in do MMC fornecido em todos os computadores Windows especificamente para o gerenciamento de GPOs locais, como no procedimento a seguir.

1. Abra a caixa de diálogo Run e, na caixa de texto Open, digite **mmc** e clique em OK. Um console do MMC vazio será aberto.
2. Clique em File, Add/Remove Snap-In para abrir a caixa de diálogo Add Or Remove Snap-Ins.
3. Na lista Available Snap-Ins, selecione Group Policy Object Editor e clique em Add. A página Select Group Policy Object será aberta.
4. Para criar a GPO local, clique em Finish. Para criar uma GPO secundária ou terciária, clique em Browse. A caixa de diálogo Browse For A Group Policy Object será aberta.
5. Clique na guia Users, como mostrado na Figura 6-4.

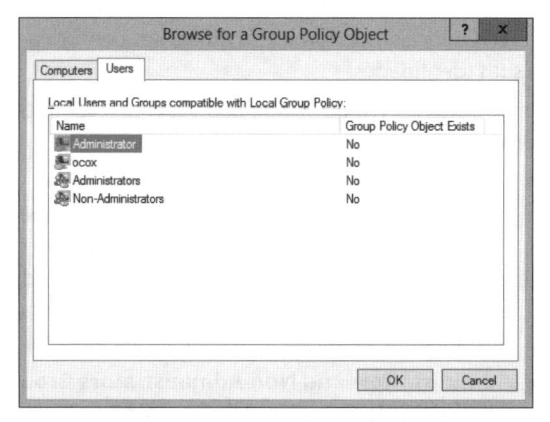

FIGURA 6-4 A guia Users da caixa de diálogo Browse For A Group Policy Object.

> *NOTA* **VÁRIOS GPOS LOCAIS**
> Computadores com Windows que não dão suporte a vários GPOs locais não têm a guia Users (Usuários) na caixa de diálogo Browse For A Group Policy Object (Procurar um Objeto de Política de Grupo). Isso inclui controladores de domínio e computadores executando versões do Windows anteriores ao Windows Vista e Windows Server 2008 R2.

6. Para criar uma GPO secundária, selecione Administrators ou Non-Administrators e clique em OK. Para criar uma GPO terciária, selecione um usuário e clique em OK. A GPO aparecerá na página Select Group Policy Object.

7. Clique em Finish. O snap-in aparecerá na caixa de diálogo Add Or Remove Snap-Ins.
8. Clique em OK. O snap-in aparecerá no console do MMC.
9. Clique em File, Save As. Uma caixa de combinação Save As aparecerá.
10. Digite um nome para o console para salvá-lo no grupo de programas Administrative Tools.
11. Feche o console do MMC.

Agora você pode abrir esse console sempre que precisar definir as configurações da GPO que criou.

> ### Teste de raciocínio
> **Implementando uma política de grupo**
>
> No teste de raciocínio a seguir, aplique o que aprendeu sobre o objetivo para prever quais etapas terá que executar. As respostas às perguntas podem ser encontradas na seção "Respostas" no fim do capítulo.
>
> Após um incidente recente em que um funcionário deixou a empresa com uma quantidade significativa de dados confidenciais, o diretor de TI deu a Alice a tarefa de implementar configurações de política de grupo que impeçam todos os usuários, exceto os administradores e membros do grupo Executivos, de instalar qualquer dispositivo USB.
>
> Alice criou uma GPO chamada Device Restrictions (Restrições de Dispositivos) para esse fim e a vinculou ao objeto de domínio único da empresa. A GPO contém as seguintes configurações da pasta Computer Configuration\Policies\Administrative Templates\System\Device Installation\Device Installation Restrictions (Configuração do Computador\Políticas\Modelos Administrativos\Sistema\Instalação de Dispositivos\Restrições de Instalação de Dispositivos):
>
> - Allow administrators to override Device Installation Restriction policies–Enabled (Permitir que administradores substituam as políticas de restrição de instalação de dispositivos – Habilitada)
> - Prevent installation of devices not described by other policy settings–Enabled (Impedir instalação de dispositivos não descritos por outras configurações de política – Habilitada)
>
> O que mais Alice deve fazer para atender aos requisitos de sua missão?

Resumo do objetivo

- A política de grupo é composta por configurações de usuário e computador que podem ser implementadas durante a inicialização do computador e o logon do usuário. Essas configurações podem ser usadas para personalizar o ambiente do usuário, implementar diretrizes de segurança e ajudar a simplificar a administração dos usuários e da área de trabalho.

- No AD DS, as políticas de grupo podem ser atribuídas a sites, domínios e OUs. Por padrão, há uma política local por computador. As configurações de políticas locais são sobrepostas por configurações de políticas do Active Directory.
- O console Group Policy Management é a ferramenta usada para criar e modificar GPOs de domínio e suas configurações.

Revisão do objetivo

Responda às perguntas a seguir para testar seu conhecimento sobre as informações deste objetivo. Você pode encontrar as respostas a estas perguntas e explicações de por que cada opção de resposta está certa ou errada na seção "Respostas" no fim do capítulo.

1. Qual dos tipos de arquivos a seguir as ferramentas de política de grupo acessam em um repositório central por padrão?
   A. Arquivos ADM
   B. Arquivos ADMX
   C. Objetos de política de grupo
   D. Modelos de segurança

2. Qual das GPOs locais a seguir tem precedência em um sistema com várias GPOs locais?
   A. Política de grupo local
   B. Política de grupo para administradores
   C. Política de grupo para não administradores
   D. Política de grupo específica do usuário

3. Qual destas técnicas pode ser usada na aplicação de configurações de GPO a um grupo específico de usuários de uma OU?
   A. Vinculação de GPO
   B. Modelos administrativos
   C. Filtragem de segurança
   D. Starter GPOs

4. Qual das seguintes afirmações descreve melhor a função de uma starter GPO?
   A. Uma starter GPO funciona como um modelo para a criação de novas GPOs.
   B. Uma starter GPO é a primeira GPO aplicada por todos os clientes do Active Directory.
   C. Uma starter GPO usa uma interface simplificada para usuários básicos.
   D. Uma starter GPO contém todas as configurações encontradas na GPO padrão do domínio (Default Domain Policy).

5. Quando aplicamos uma GPO com o valor Not Configured (Não Configurado) definido para uma configuração específica a um sistema em que a mesma configuração está desativada, qual é o resultado?
   A. A configuração permanece desativada.
   B. A configuração é alterada para Not Configured (Não Configurado).

C. A configuração é alterada para Enabled (Habilitada).

D. A configuração gera um erro por conflito.

Objetivo 6.2: Configurar políticas de segurança

Um dos principais objetivos da política de grupo é fornecer gerenciamento centralizado de configurações de segurança para usuários e computadores. A maioria das configurações pertinentes à segurança é encontrada na pasta Windows Settings do nó Computer Configuration de uma GPO. Você pode usar as configurações de segurança no controle de como os usuários são autenticados na rede, dos recursos que eles têm permissão para usar, de políticas de associação a grupos e de eventos relacionados a ações de usuários e grupos registrados nos logs de eventos. As configurações de segurança do nó Computer Configuration são aplicadas ao computador, não importando quem está fazendo logon. Há mais configurações de segurança no nó Computer Configuration do que você poderia aplicar a um usuário específico.

> **Este objetivo aborda como:**
> - Configurar a atribuição de direitos do usuário
> - Definir configurações das opções de segurança
> - Configurar modelos de segurança
> - Configurar a política de auditoria
> - Configurar usuários e grupos locais
> - Configurar o Controle de Conta de Usuário (UAC, User Account Control)

Defina políticas locais

As políticas locais permitem que os administradores definam no computador local privilégios de usuário que controlam o que os usuários podem fazer no computador e determinam se o sistema deve rastrear as atividades dos usuários em um log de eventos. O rastreamento dos eventos que ocorrem no computador local, um processo chamado auditoria, é outra parte importante do monitoramento e do gerenciamento de atividades em um computador executando o Windows Server 2012 R2.

O nó Local Policies (Políticas Locais) de uma GPO, encontrado sob Security Settings (Configurações de Segurança), tem três nós subordinados: Audit Policy, User Rights Assignment e Security Options (Política de Auditoria, Atribuição de Direitos de Usuário e Opções de Segurança). Como discutido em cada uma das próximas seções, lembre-se de que as políticas locais são específicas de um computador. Quando fazem parte de uma GPO do Active Directory, elas afetam as configurações de segurança locais das contas de computador às quais a GPO é aplicada.

Planeje e configure uma política de auditoria

A seção Audit Policy (Política de Auditoria) de uma GPO permite que os administradores registrem eventos de segurança bem-sucedidos a que falharam, como eventos de logon, acesso a contas e acesso a objetos. Você pode usar a auditoria para rastrear atividades tanto do usuário quanto do sistema. Para planejar a auditoria, você precisa determinar os computadores que serão auditados e os tipos de eventos que deseja rastrear.

Quando você considerar os eventos que serão auditados, como no caso de eventos de logon de contas, deve decidir se deseja auditar tentativas de logon bem-sucedidas, tentativas de logon que falharam ou ambas. O rastreamento de eventos bem-sucedidos permite determinar com que frequência os usuários acessam recursos da rede. Essa informação pode ser importante no planejamento do uso de recursos e na projeção de novos recursos. O rastreamento de eventos que falharam pode ajudá-lo a determinar se houve tentativa de burlar a segurança. Por exemplo, se você notar tentativas frequentes de logon que falharam para uma conta de usuário específica, talvez queira investigar com mais cuidado. As configurações de segurança disponíveis para auditoria são mostradas na Figura 6-5.

Quando um evento de auditoria ocorre, o Windows Server 2012 R2 o grava no log de segurança do controlador de domínio ou do computador em que o evento ocorreu. Se for uma tentativa de logon ou outro evento relacionado ao Active Directory, o evento será gravado no controlador de domínio. Se for um evento de computador, como o acesso a uma unidade de disco, o evento será gravado no log de eventos do computador local.

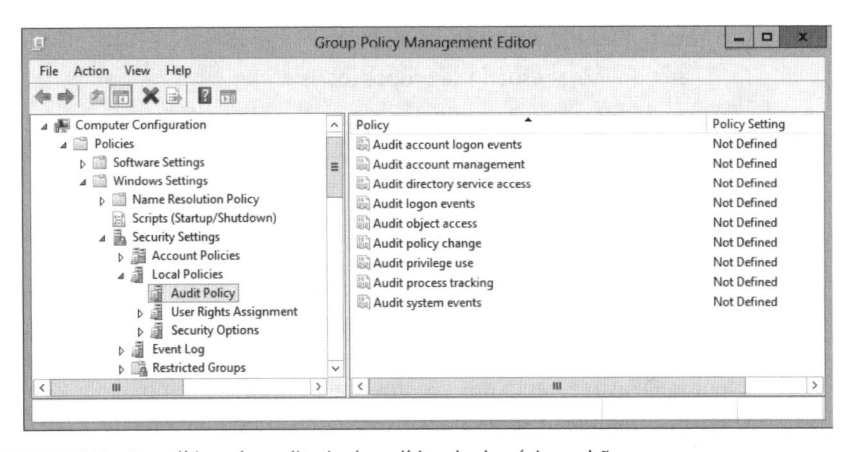

FIGURA 6-5 As políticas de auditoria da política de domínio padrão.

Você deve decidir quais computadores, recursos e eventos deseja auditar. É importante encontrar um equilíbrio entre a necessidade de auditoria e a potencial sobrecarga de informações que seria criada se você auditasse todos os tipos de eventos possíveis. As diretrizes a seguir podem ajudá-lo a planejar sua política de auditoria:

- **Audite apenas itens pertinentes** Determine os eventos que deseja auditar e considere se é mais importante rastrear o sucesso ou a falha desses eventos. Você deve planejar só a auditoria de eventos que o ajudarão a coletar informações de rede.

- **Arquive logs de auditoria para ter um histórico documentado** Manter um histórico de ocorrências de eventos pode fornecer uma documentação para você usar na percepção da necessidade de recursos adicionais de acordo com o uso passado.

- **Configure o tamanho de seus logs de segurança cuidadosamente** É preciso planejar o tamanho dos logs de segurança de acordo com o número de eventos que se pretende registrar. Você pode definir as configurações de política de log de eventos sob o nó Computer Configuration\Policies\Windows Settings\Security Settings\Event Log (Configuração do Computador\Políticas\Configurações do Windows\Configurações de Segurança\Log de Eventos) de uma GPO.

A implementação do plano requer a especificação das categorias a serem auditadas e, se necessário, a configuração de auditoria de objetos. Para configurar uma política de auditoria, use o procedimento a seguir.

1. No Server Manager, no menu Tools, selecione Group Policy Management para abrir o console Group Policy Management.

2. Expanda o contêiner da floresta e navegue para seu domínio. Em seguida, expanda o contêiner do domínio e selecione o contêiner Group Policy Objects. As GPOs que existem atualmente no domínio aparecerão na guia Contents.

3. Clique com o botão direito do mouse na GPO Default Domain Policy e clique em Edit. A janela do Group Policy Management Editor para essa política será aberta.

4. Navegue para o nó Computer Configuration\Policies\Windows Settings\Security Settings\Local Policies e selecione Audit Policy. As configurações de política de auditoria aparecerão no painel direito.

5. Clique duas vezes na configuração de política de auditoria que deseja modificar. A página Properties da política que você selecionou será aberta, como mostrado na Figura 6-6.

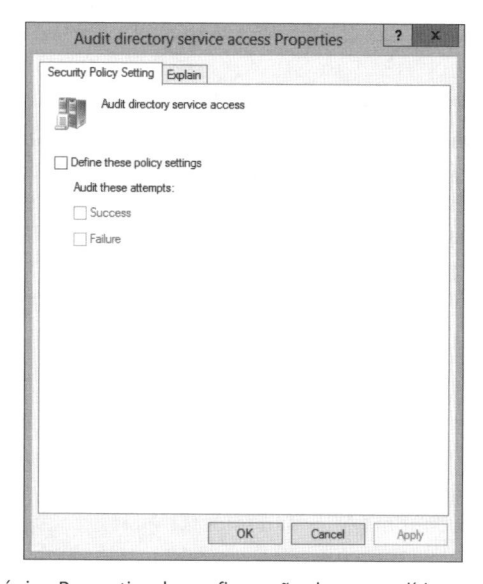

FIGURA 6-6 A página Properties de configuração de uma política.

6. Marque a caixa de seleção Define These Policy Settings.
7. Marque as caixas de seleção apropriadas para auditar sucesso, falha ou ambos.
8. Clique em OK para fechar a página Properties da configuração.
9. Feche o Group Policy Management Editor e o console Group Policy Management.

Agora você configurou uma política de auditoria na GPO de política de domínio padrão, que será propagada para todos os computadores do domínio durante a próxima atualização de políticas.

A configuração da auditoria de objetos será efetivada quando você tiver configurado uma das duas categorias de eventos a seguir:

- **Audit Directory Service Access (Auditoria de Acesso ao Serviço de Diretório)**   Esta categoria de eventos registra o acesso dos usuários a objetos do Active Directory, como outros objetos de usuário ou OUs.
- **Audit Object Access (Auditoria de Acesso a Objeto)**   Esta categoria de eventos registra o acesso de usuários a arquivos, pastas, chaves do Registro e impressoras.

Cada uma dessas categorias de eventos requer etapas de configuração adicionais, nas quais você deverá abrir a página Properties (Propriedades) do objeto a ser auditado e especificar as entidades de segurança cujo acesso deseja auditar.

> *NOTA* **OPÇÕES DE AUDITORIA**
> A partir do Windows Server 2008, ficaram disponíveis para a auditoria do AD DS novas opções que indicam que ocorreu uma alteração e fornecem o valor antigo e o novo valor. Por exemplo, se você alterar a descrição de um usuário de Marketing para Treinamento, o Log de Eventos de Serviços de Diretório (Directory Services Event Log) registrará dois eventos contendo o valor original e o novo valor.

Atribua direitos de usuário

Como mostrado na Figura 6-7, há muitas configurações de atribuição de direitos de usuário (User Rights Assignment) no Windows Server 2012 R2 e elas incluem configurações pertinentes aos direitos de que os usuários precisam para executar tarefas relacionadas ao sistema.

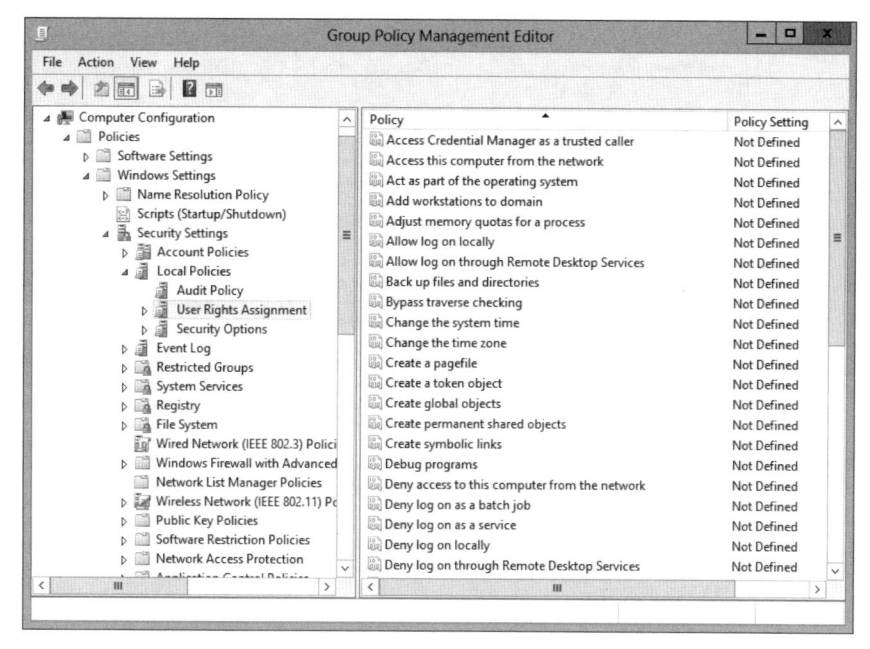

FIGURA 6-7 Configurações de atribuição de direitos de usuário em uma GPO.

Por exemplo, um usuário fazendo logon localmente em um controlador de domínio deve ter o direito Allow Log On Locally (Permitir Logon Local) atribuído à sua conta ou ser membro de um dos seguintes grupos do AD DS: Account Operators, Administrators, Backup Operators, Print Operators, Server Operators (Opers. de Conta, Administradores, Operadores de Cópia, Opers. de Impressão ou Opers. de Servidores).

A associação a esses grupos permite que os usuários façam logon local, porque o Windows Server 2012 R2 atribui automaticamente o direito de usuário Allow Log On Locally a eles na GPO Default Domain Controllers Policy (política padrão aplicada aos controladores de domínio).

Outras configurações semelhantes incluídas nesse conjunto referem-se a direitos de usuário associados ao desligamento do sistema, ter privilégios de tomar posse de arquivos ou objetos, restauração de arquivos e pastas e sincronização de dados do serviço de diretório.

Configure opções de segurança

O nó Security Options (Opções de Segurança) de uma GPO, mostrado na Figura 6-8, inclui configurações de segurança relacionadas a logon interativo, assinatura digital de dados, restrições de acesso a unidades de disquete e CD-ROM, comportamento de instalação de driver não assinado e comportamento de caixa de diálogo de logon.

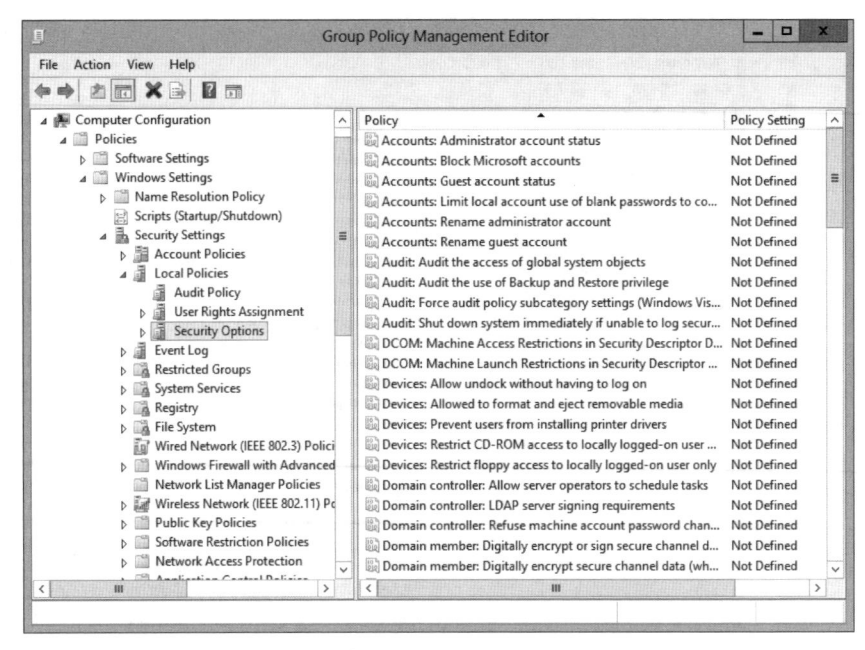

FIGURA 6-8 O nó Security Options de uma GPO.

A categoria Security Options também inclui opções para a configuração de segurança de autenticação e comunicação dentro do Active Directory.

Use modelos de segurança

Um *modelo de segurança* é um conjunto de definições de configuração armazenado como um arquivo de texto com extensão .inf. Os modelos de segurança podem conter muitos dos mesmos parâmetros de segurança das GPOs. No entanto, eles apresentam esses parâmetros em uma interface unificada, permitem-nos salvar nossas configurações como arquivos e simplificam seu processo de implantação quando e onde forem necessários.

As configurações que você pode implantar usando os modelos de segurança incluem muitas das políticas de segurança abordadas neste objetivo, entre elas as políticas de auditoria, as atribuições de direitos de usuário, as opções de segurança, as políticas de log de eventos e os grupos restritos. Por si só, um modelo de segurança já é uma maneira conveniente de configurarmos a segurança de um sistema individual. Quando combinado com as políticas de grupo ou a criação de scripts, ele permite que os administradores preservem a segurança de redes compostas por centenas ou milhares de computadores executando várias versões do Microsoft Windows.

Usando essas ferramentas em conjunto, os administradores podem criar configurações de segurança complexas e misturar e comparar essas configurações para cada um dos vários papéis que os computadores desempenham em suas empresas. Quando implantados em uma rede, os modelos de segurança permitem a implementação de configurações de segurança coerentes, escaláveis e passíveis de reprodução em toda a empresa.

Use o console Security Templates

Os modelos de segurança são arquivos de texto sem formatação que contêm configurações de segurança em vários formatos, dependendo da natureza das configurações individuais. Embora seja possível trabalhar com arquivos de modelos de segurança diretamente com o uso de qualquer editor de texto, o Windows Server 2012 R2 fornece uma interface gráfica que facilita muito a tarefa.

Para criar e gerenciar modelos de segurança, você usará o snap-in Security Templates (Modelos de Segurança) do MMC. Você também pode baixar e instalar a ferramenta Security Compliance Manager (SCM) a partir do site da Microsoft; essa ferramenta fornece funcionalidade semelhante mais um conjunto de linhas de base de segurança do sistema. Por padrão, o menu das Administrative Tools (Ferramentas Administrativas) do Windows Server 2012 R2 não inclui um MMC contendo o snap-in Security Templates, logo você tem que criar um por sua própria conta usando a caixa de diálogo Add Or Remove Snap-Ins (Adicionar ou Remover Snap-Ins) do MMC. Quando você criar um novo modelo, o console fornecerá uma interface como a mostrada na Figura 6-9.

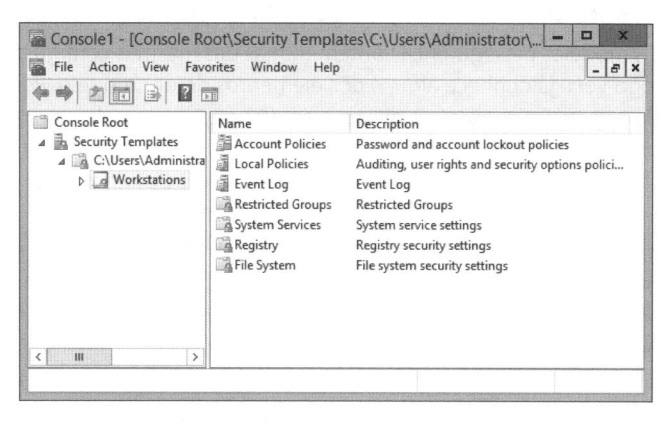

FIGURA 6-9 O snap-in Security Templates.

O painel esquerdo do snap-in Security Templates aponta para uma pasta padrão na qual o console armazenará os arquivos de modelos que você criar. O snap-in interpreta qualquer arquivo dessa pasta com extensão .inf como um modelo de segurança, ainda que as extensões não apareçam no console.

Quando você criar um novo modelo no console, verá uma exibição hierárquica das políticas do modelo e suas configurações atuais. Muitas das políticas são idênticas às de uma GPO, tanto na aparência quanto na função. Você pode modificar as políticas de cada modelo da mesma forma que o faria em uma GPO.

Crie modelos de segurança

Para criar um novo modelo de segurança a partir do zero, use o procedimento a seguir.

1. Abra a caixa de diálogo Run e, na caixa de texto Open, digite **mmc** e clique em OK. Um MMC vazio aparecerá.
2. Clique em File, Add/Remove Snap-In para abrir a caixa de diálogo Add Or Remove Snap-Ins.
3. Na lista Available Snap-Ins, selecione Security Templates e clique em Add. O snap-in aparecerá na caixa de diálogo Add Or Remove Snap-Ins.
4. Clique em OK. O snap-in aparecerá no MMC.
5. Clique em File, Save As. Uma caixa de combinação Save As aparecerá.
6. Digite um nome para o console para salvá-lo no grupo de programas Administrative Tools.
7. Expanda o nó Security Templates.
8. Clique com o botão direito do mouse no caminho de pesquisa do modelo e, no menu de contexto, selecione New Template. Uma caixa de diálogo aparecerá.
9. No campo de nome Template, digite um nome para o modelo e clique em OK. O novo modelo aparecerá no console. Deixe o console aberto.

Quando você criar um modelo de segurança vazio, não haverá políticas definidas. A aplicação do modelo vazio a um computador não terá efeito sobre ele.

Trabalhe com configurações de modelo de segurança

Os modelos de segurança contêm muitas das mesmas configurações que as das GPOs, logo você já conhece alguns dos elementos de um modelo. Por exemplo, os modelos de segurança contêm as mesmas configurações de políticas locais descritas anteriormente neste capítulo; são apenas uma maneira diferente de configurar e implantar essas políticas. Eles também fornecem um meio de configurar as permissões associadas a arquivos, pastas, entradas do Registro e serviços.

Os modelos de segurança têm mais configurações do que a política do computador local (Local Computer Policy), porque um modelo inclui opções tanto para computadores autônomos quanto para computadores que estejam participando de um domínio.

Importe modelos de segurança para GPOs

A maneira mais simples de implantar um modelo de segurança em vários computadores simultaneamente é importar o modelo para uma GPO. Uma vez que você importar o modelo, suas configurações se tornarão parte da GPO, e os controladores de domínio da rede as implantarão em todos os computadores afetados por essa GPO. Como ocorre com qualquer implantação de política de grupo, você pode vincular uma GPO a qualquer objeto de domínio, site ou OU da árvore do Active Directory. As configurações da GPO serão, então, herdadas por todos os objetos de contêiner e folha subordinados ao objeto que você selecionou.

Para importar um modelo de segurança para uma GPO, use o procedimento a seguir.

1. No Server Manager, no menu Tools, selecione Group Policy Management. O console Group Policy Management aparecerá.
2. Expanda o contêiner da floresta e navegue para seu domínio. Em seguida, expanda o contêiner do domínio e selecione a pasta Group Policy Objects. As GPOs que existem atualmente no domínio aparecerão na guia Contents.
3. Clique com o botão direito do mouse na GPO para a qual deseja importar o modelo e clique em Edit. A janela do Group Policy Management Editor para essa política será aberta.
4. Navegue para o nó Computer Configuration\Policies\Windows Settings\Security Settings. Clique com o botão direito do mouse no nó Security Settings e, no menu de contexto, selecione Import Policy. A caixa de diálogo Import Policy aparecerá.
5. Navegue para o arquivo de modelo de segurança que deseja importar e clique em Open. As configurações de política do modelo serão copiadas para a GPO.
6. Feche os consoles Group Policy Management Editor e Group Policy Management.

Configure usuários e grupos locais

O Windows Server 2012 R2 fornece duas interfaces separadas para a criação e o gerenciamento de contas de usuário locais: o item User Accounts (Contas de Usuário) do painel de controle e o snap-in Local Users and Groups (Usuários e Grupos Locais) do MMC, que está incluído no console Computer Management (Gerenciamento do Computador). Essas duas interfaces dão acesso ao mesmo *Security Account Manager* (SAM) em que as informações de usuário e grupo estão armazenadas, logo qualquer alteração que você fizer usando uma interface também aparecerá na outra.

A Microsoft projetou o item User Accounts do painel de controle e o snap-in Local Users And Groups para usuários de computador com diferentes níveis de experiência, e eles fornecem graus distintos de acesso ao SAM, como descrito a seguir:

- **User Accounts** Fornece uma interface simplificada com acesso limitado às contas de usuário. Usando essa interface, você pode criar contas de usuário locais e modificar seus atributos básicos, mas não pode criar grupos ou gerenciar associações a grupos (exceto para o grupo Administradores).
- **Local Users And Groups** Fornece acesso total a usuários e grupos locais e todos os seus atributos.

Use o item User Accounts do Painel de Controle

O Windows Server 2012 R2 cria duas contas de usuário locais durante o processo de instalação do sistema operacional: a conta Administrator (Administrador) e a conta Guest (Convidado). O programa de instalação solicita ao instalador uma senha para o usuário Administrator durante a instalação, e a conta Guest é desativada por padrão.

Uma vez que o processo de instalação terminar, o sistema será reinicializado. Já que só a conta Administrador está disponível, o computador faz logon usando essa conta. Ela tem privilégios administrativos, logo, nesse momento, você pode criar contas de usuário adicionais ou modificar as existentes.

> **NOTA CRIANDO USUÁRIOS LOCAIS**
>
> Você só pode criar novas contas de usuário no Painel de Controle em computadores Windows Server 2012 R2 que façam parte de um grupo de trabalho. Quando você associar um computador a um domínio do AD DS, deve usar o snap-in Local Users And Groups para criar novas contas de usuário locais. Os controladores de domínio não têm contas de usuário ou grupo locais.

O item User Accounts do Painel de Controle cria contas *padrão*. Para conceder habilidades administrativas a um usuário local, você deve alterar o tipo de conta usando a interface mostrada na Figura 6-10.

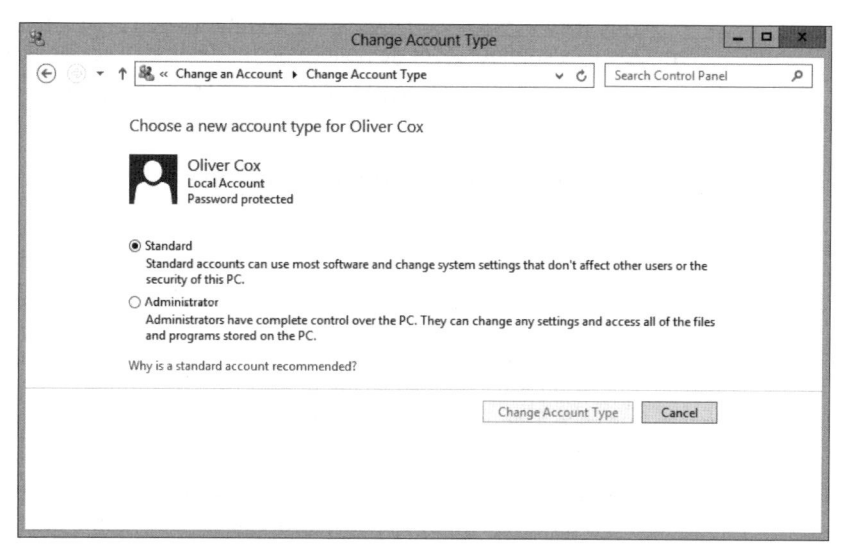

FIGURA 6-10 A janela Change Account Type.

O que o item User Accounts do Painel de Controle chama de tipo de conta é, na verdade, uma associação a grupo. A seleção da opção Standard (Padrão) adiciona a conta de usuário ao grupo Users local, enquanto a seleção da opção Administrator adiciona a conta ao grupo Administrators.

Use o snap-in Local Users And Groups

Por padrão, o snap-in Local Users And Groups faz parte do console Computer Management. No entanto, você também pode carregar o snap-in separadamente ou criar seu próprio MMC com a combinação de snap-ins que quiser.

Para criar uma conta de usuário local com o snap-in Local Users And Groups, use o procedimento a seguir.

1. No Server Manager, no menu Tools, selecione Computer Management para abrir o console Computer Management.
2. Expanda o nó Local Users And Groups e clique em Users para visualizar uma lista dos usuários locais atuais.
3. Clique com o botão direito do mouse na pasta Users e, no menu de contexto, selecione New User. A caixa de diálogo New User será aberta, como mostrado na Figura 6-11.

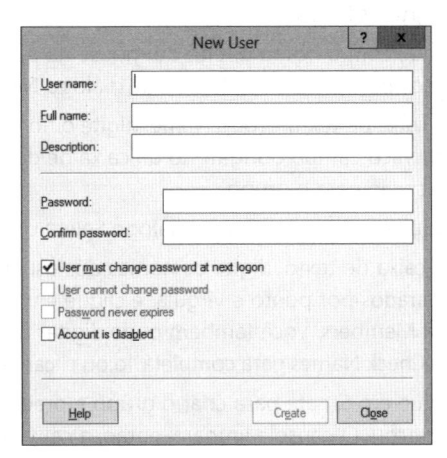

FIGURA 6-11 A caixa de diálogo New User.

4. Na caixa de texto User Name, digite o nome que deseja atribuir à conta de usuário. Esse é o único campo obrigatório da caixa de diálogo.
5. Especifique um nome completo e uma descrição para a conta, se desejado.
6. Na caixa de texto Password e na caixa de texto Confirm Password, digite uma senha para a conta, se desejado.
7. Marque ou desmarque as quatro caixas de seleção para controlar as seguintes funções:

- **User Must Change Password At Next Logon (O Usuário Deve Alterar a Senha no Próximo Logon)**   Marcar esta caixa de seleção força o novo usuário a alterar a senha após a primeira vez em que fizer logon.
- **User Cannot Change Password (O Usuário Não Pode Alterar a Senha)**   Marcar esta caixa de seleção impede que o usuário altere a senha da conta.
- **Password Never Expires (A Senha Nunca Expira)**   Marcar esta caixa de seleção impede que a senha existente expire.
- **Account Is Disabled (Conta Desativada)**   Marcar esta caixa de seleção desativa a conta de usuário, impedindo que alguém a use para fazer logon.

8. Clique em Create. A nova conta será adicionada à lista de usuários, e o console limpará a caixa de diálogo, deixando-a pronta para a criação de outra conta de usuário.

9. Clique em Close.
10. Feche o console Computer Management.

Crie um grupo local

Para criar um grupo local com o snap-in Local Users And Groups, use o procedimento a seguir.

1. No Server Manager, no menu Tools, selecione Computer Management para abrir o console Computer Management.
2. Expanda o nó Local Users And Groups e clique em Groups para exibir uma lista de grupos locais.
3. Clique com o botão direito do mouse na pasta Groups e, no menu de contexto, selecione New Group. A caixa de diálogo New Group será aberta.
4. Na caixa de texto Group Name, digite o nome que deseja atribuir ao grupo. Esse é o único campo obrigatório da caixa de diálogo. Se desejado, especifique uma descrição para o grupo.
5. Clique em Add. A caixa de diálogo Select Users será aberta.
6. Na caixa de texto, digite os nomes dos usuários que deseja adicionar ao grupo, separados por ponto e vírgula, e clique em OK. Os usuários serão adicionados à lista Members. Você também pode digitar parte de um nome de usuário e clicar em Check Names para completá-lo ou clicar em Advanced para procurar usuários.
7. Clique em Create para criar o grupo e preenchê-lo com o(s) usuários(s) que especificou. O console limpará, então, a caixa de diálogo, deixando-a pronta para a criação de outro grupo.
8. Clique em Close.
9. Feche o console Computer Management.

Os grupos locais não têm atributos configuráveis além de uma descrição e uma lista de membros, logo as únicas modificações que você pode fazer quando abrir um grupo existente são fornecer uma descrição e adicionar e remover membros. Como mencionado anteriormente nesta lição, os grupos locais não podem ter outros grupos locais como membros, mas, se o computador for membro de um domínio do Windows, um grupo local poderá ter usuários e grupos do domínio como membros.

Controle de Contas de Usuário (UAC)

Um dos problemas de segurança mais comuns do Windows surge do fato de que muitos usuários executam suas tarefas de computação diárias com mais acesso ao sistema do que realmente precisam. Fazer logon como administrador ou como um usuário que seja membro do grupo Administrators dá ao usuário acesso total a todas as áreas do sistema operacional. Esse grau de acesso ao sistema não é necessário para a execução de muitos dos aplicativos e das tarefas de que os usuários precisam diariamente; ele só é necessário para certas funções administrativas, como instalar softwares e configurar parâmetros do sistema.

Para a maioria dos usuários, fazer logon com privilégios administrativos o tempo todo é apenas uma questão de conveniência. A Microsoft recomenda fazer logon

CAPÍTULO 6 Criação e gerenciamento de Políticas de Grupo

como usuário padrão e só usar privilégios administrativos quando forem necessários. No entanto, muitos especialistas técnicos que fazem isso com frequência se deparam com situações em que precisam de acesso administrativo. Há um número surpreendentemente grande de tarefas comuns, e até mesmo corriqueiras, do Windows que requerem acesso administrativo, e a impossibilidade de executar essas tarefas pode afetar negativamente a produtividade de um usuário.

A Microsoft decidiu resolver esse problema impedindo todos os usuários do Windows Server 2012 R2 de acessar o sistema usando privilégios administrativos, a menos que esses privilégios sejam necessários para a execução da tarefa em questão. O mecanismo que faz isso é chamado de User Account Control (UAC, Controle de Conta de Usuário).

Execute tarefas administrativas

Quando um usuário faz logon no Windows Server 2012 R2, o sistema emite um token, que indica seu nível de acesso. Sempre que o sistema precisa autorizar o usuário a executar uma atividade específica, ele consulta o token para ver se o usuário tem os privilégios requeridos.

Em versões do Windows anteriores ao Windows Server 2008 e ao Windows Vista, usuários padrão recebiam tokens de usuário padrão, e membros do grupo Administrators recebiam tokens administrativos. Qualquer atividade executada por um usuário administrativo era, portanto, autorizada com o uso do token administrativo, resultando nos problemas já descritos.

Em um computador executando o Windows Server 2012 R2 com o UAC, um usuário padrão ainda recebe um token de usuário padrão, mas um usuário administrativo recebe dois tokens: um para acesso de usuário padrão e outro para acesso de usuário administrativo. Tanto os usuários padrão quanto os administrativos operam quase o tempo todo usando o token de usuário padrão.

Quando um usuário padrão tenta executar uma tarefa que requer privilégios administrativos, o sistema exibe uma solicitação de credenciais, como mostrado na Figura 6-12, pedindo que o usuário forneça o nome e a senha de uma conta com privilégios administrativos.

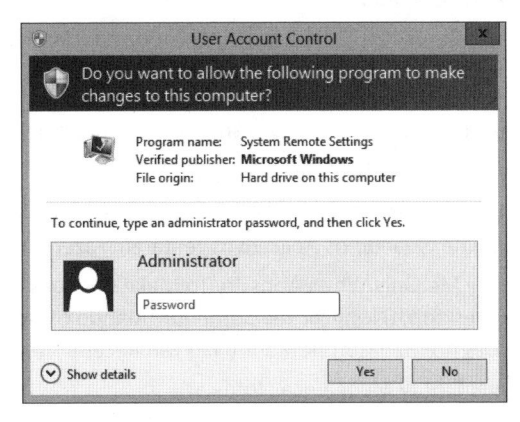

FIGURA 6-12 Uma solicitação de credenciais do UAC.

Quando um administrador tenta executar uma tarefa que requer acesso administrativo, o sistema troca o token da conta alternando o token de usuário padrão para o token administrativo. Isso é conhecido como Admin Approval Mode.

Antes de o sistema permitir que o usuário utilize o token administrativo, pode requerer uma confirmação para verificar se é ele mesmo quem está tentando executar uma tarefa administrativa. Para isso, o sistema gera um prompt de elevação, como mostrado na Figura 6-13. Essa confirmação impede que processos não autorizados, como os iniciados por malwares, acessem o sistema usando privilégios administrativos.

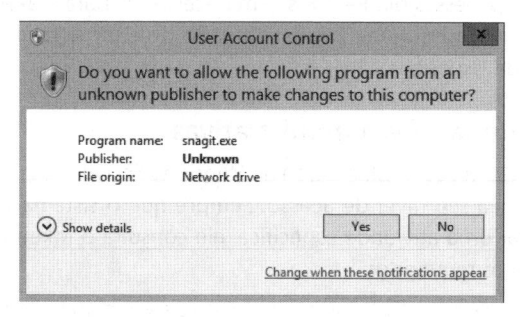

FIGURA 6-13 Um prompt de elevação do UAC.

Use a área de trabalho segura

Por padrão, sempre que o Windows Server 2012 R2 exibe um prompt de elevação ou de credencial, ele o faz usando a área de trabalho segura.

A área de trabalho segura é uma alternativa à área de trabalho interativa do usuário que o Windows exibe normalmente. Quando o Windows Server 2012 R2 gera um prompt de elevação ou de credencial, ele passa para a área de trabalho segura, suprimindo a operação de todos os outros controles da área de trabalho e permitindo que apenas processos do Windows interajam com o prompt. O objetivo é impedir que malwares automatizem uma resposta para o prompt de elevação ou de credencial e simulem a resposta humana.

Configure o UAC

O Windows Server 2012 R2 ativa o UAC por padrão, mas é possível configurar suas propriedades e até desativá-lo totalmente. No Windows Server 2012 R2, há quatro configurações do UAC disponíveis no Action Center (Central de Ações) do Control Panel (Painel de Controle), como mostrado na Figura 6-14. As quatro configurações são:

- Always Notify Me (Sempre Notificar)
- Notify Me Only When Apps Try To Make Changes To My Computer (Notificar-me Somente Quando os Aplicativos Tentarem Fazer Alterações no Meu Computador)
- Notify Me Only When Apps Try To Make Changes To My Computer (Do Not Dim My Desktop) (Notificar-me Somente Quando os Aplicativos Tentarem Fazer Alterações no Meu Computador (Não Esmaecer a Área de Trabalho))
- Never Notify Me (Nunca Notificar)

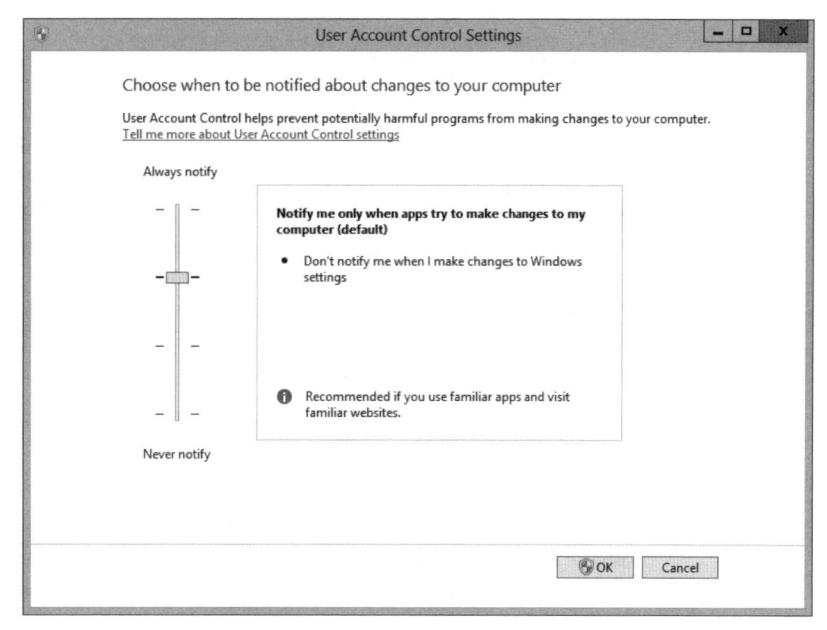

FIGURA 6-14 A caixa de diálogo User Account Control Settings.

Embora o Control Panel forneça algum controle sobre o UAC, o controle mais granular sobre as propriedades do UAC se dá por intermédio do nó Security Options da política de grupo ou da política de segurança local.

> *Teste de raciocínio*
>
> **Implantando modelos de segurança**
>
> No teste de raciocínio a seguir, aplique o que aprendeu sobre o objetivo para prever quais etapas terá que executar. As respostas às perguntas podem ser encontradas na seção "Respostas" no fim do capítulo.
>
> Você é um administrador de rede planejando uma implantação de modelo de segurança em uma rede composta por 100 estações de trabalho. As estações de trabalho estão todas executando versões do Microsoft Windows, divididas da seguinte forma:
>
> - Windows 7: 30 estações de trabalho
> - Windows XP Professional: 40 estações de trabalho
> - Windows XP Home Edition: 20 estações de trabalho
> - Windows 2000 Professional: 10 estações de trabalho
>
> No passado, alguns computadores da rede ficaram comprometidos, porque os usuários finais modificaram as configurações de segurança das estações de trabalho. Sua tarefa é implantar os modelos de segurança nas estações de trabalho de forma que os usuários finais não possam modificá-los. Para atingir esse objetivo, você decidiu usar a política de grupo para implantar os modelos em um objeto de OU do AD DS contendo todas as estações de trabalho.
>
> De acordo com as informações fornecidas, responda às seguintes perguntas:
>
> 1. Quantas estações de trabalho não podem receber suas configurações de modelo de segurança de uma GPO vinculada a um contêiner do AD DS?
> 2. Qual dos métodos a seguir você pode usar para implantar seus modelos de segurança nas estações de trabalho que não deem suporte à política de grupo e atingir os objetivos atribuídos?
>   A. Fazer o upgrade de todos os computadores que não deem suporte à política de grupo para o Windows 7.
>   B. Executar o snap-in Security Templates em cada computador e carregar o modelo de segurança apropriado.
>   C. Criar um script de logon que use o Secedit.exe para importar o modelo de segurança em cada computador.
>   D. Executar o snap-in Security Configuration and Analysis (Configuração e Análise de Segurança) em cada computador e usá-lo para importar o modelo de segurança apropriado.

Resumo do objetivo

- A maioria das configurações relacionadas à segurança é encontrada dentro do nó Windows Settings do nó Computer Configuration de uma GPO.
- As configurações de política local controlam as ações que os usuários podem executar em um computador específico e determinam se as ações serão registradas em um log de eventos.
- A auditoria pode ser configurada para auditar sucesso, falha ou ambos.
- Os administradores podem usar modelos de segurança para configurar políticas locais, associações a grupos, configurações de log de eventos e outras políticas.
- Quando um usuário padrão tenta executar uma tarefa que requer privilégios administrativos, o sistema exibe uma solicitação de credenciais, pedindo que o usuário forneça o nome e a senha de uma conta com privilégios administrativos.
- O User Account Control é ativado por padrão em todas as instalações do Windows Server 2012 R2, mas é possível configurar suas propriedades e até desativá-lo totalmente.

Revisão do objetivo

Responda às perguntas a seguir para testar seu conhecimento sobre as informações deste objetivo. Você pode encontrar as respostas a estas perguntas e explicações de por que cada opção de resposta está certa ou errada na seção "Respostas" no fim do capítulo.

1. Qual das ferramentas a seguir é usada para implantar as configurações de um modelo de segurança em todos os computadores de um domínio do AD DS?
    - **A.** Active Directory Users and Computers (Usuários e Computadores do Active Directory)
    - **B.** Snap-in Security Templates
    - **C.** Group Policy Object Editor
    - **D.** Console Group Policy Management

2. Quais dos itens a seguir são grupos locais aos quais você pode adicionar usuários com o Painel de Controle do Windows? (Selecione todos que forem aplicáveis.)
    - **A.** Users
    - **B.** Power Users (Usuários Avançados)
    - **C.** Administrators
    - **D.** Non-Adminstrators (Não Administradores)

3. Qual destas ferramentas é usada para modificar as configurações de um modelo de segurança?
    - **A.** Active Directory Users and Computers
    - **B.** Snap-in Security Templates
    - **C.** Group Policy Object Editor
    - **D.** Console Group Policy Management

4. Os grupos locais internos de um servidor executando o Windows Server 2012 R2 recebem seus recursos especiais por intermédio de qual destes mecanismos?
   A. Opções de segurança
   B. Regras do firewall do Windows
   C. Permissões NTFS
   D. Direitos de usuário

5. Após configurar e implantar a política para auditoria de Audit Directory Service Access, o que você deve fazer antes que um computador executando o Windows Server 2012 R2 comece a registrar tentativas de acesso ao Active Directory?
   A. Selecionar os objetos do Active Directory que deseja auditar usando o console Active Directory Users and Computers.
   B. Esperar as configurações de política de auditoria se propagarem para todos os controladores de domínio da rede.
   C. Abrir a página Audit Directory Service Access Properties e selecionar todos os objetos do Active Directory que deseja auditar.
   D. Adicionar um caractere de sublinhado ao nome de cada objeto do Active Directory que deseja auditar.

Objetivo 6.3: Configurar políticas de restrição de aplicativo

As opções do nó Software Restriction Policies (Políticas de Restrição de Software) fornecem às empresa maior controle para impedir que aplicativos potencialmente perigosos sejam executados. As políticas de restrição de software foram projetadas para identificar softwares e controlar sua execução. Além disso, os administradores podem controlar quem será afetado pelas políticas.

> Este objetivo aborda como:
> - Configurar a imposição de regras
> - Configurar regras do AppLocker
> - Configurar políticas de restrição de software

Use políticas de restrição de software

O nó Software Restriction Policies pode ser encontrado no nó Windows Settings\Security Settings (Configurações do Windows\Configurações de Segurança), que, por sua vez, fica no nó User Configuration ou Computer Configuration de uma GPO. Por padrão, a pasta Software Restriction Policies se encontra vazia. Quando você criar uma nova política, duas subpastas aparecerão: Security Levels (Níveis de Segurança) e Additional Rules (Regras Adicionais). A pasta Security Levels permite definir o comportamento padrão a partir do qual todas as regras serão criadas. Os critérios para cada programa executável são definidos na pasta Additional Rules.

Nas próximas seções, você aprenderá como definir o nível de segurança de uma política de restrição de software e como definir regras de controle da execução de arquivos de programas.

Imponha restrições

Antes de criar qualquer regra que controle a restrição ou a aprovação de arquivos executáveis, é importante entender como as regras funcionam por padrão. Se uma política não impuser restrições, os arquivos executáveis serão processados de acordo com as permissões dos usuários ou grupos no sistema de arquivos NTFS.

Ao considerar o uso de políticas de restrição de software, você deve determinar sua abordagem de imposição de restrições. Há três estratégias básicas para a imposição de restrições, que são:

- **Unrestricted (Irrestrito)** Esta abordagem permite que todos os aplicativos sejam executados, exceto os que sejam especificamente excluídos.
- **Disallowed (Não Permitido)** Esta abordagem impede que todos os aplicativos sejam executados, exceto os que sejam especificamente permitidos.
- **Basic User (Usuário Padrão)** Esta abordagem impede que aplicativos que requeiram direitos administrativos sejam executados, mas permite a execução de programas que só precisem de recursos acessados por usuários comuns.

A abordagem adotada dependerá das necessidades da empresa. Por padrão, a configuração do Default Security Level (Nível de Segurança Padrão) das Software Restriction Policies tem o valor Unrestricted (Irrestrito).

Por exemplo, suponhamos que você só quisesse permitir que aplicativos específicos fossem executados em um ambiente de alta segurança. Nesse caso, configuraria o Nível de Segurança Padrão como Disallowed (Não Permitido). Por outro lado, em uma rede menos segura, você poderia querer permitir que todos os executáveis fossem processados, a menos que fosse especificado o contrário. Isso exigiria que você deixasse a configuração do Default Security Level como Unrestricted, caso em que teria que criar uma regra para identificar um aplicativo antes de poder desativá-lo. Você teria que modificar o nível de segurança padrão para que refletisse a configuração Disallowed.

Já que a configuração Disallowed assume que todos os programas serão barrados, a menos que uma regra específica permita que sejam executados, ela pode causar problemas administrativos se não for totalmente testada. Você deve testar todos os aplicativos que deseja executar para verificar se funcionarão apropriadamente.

Para modificar a configuração Default Security Level para Disallowed, use o procedimento a seguir.

1. No Server Manager, no menu Tools, selecione Group Policy Management para abrir o console Group Policy Management.
2. Expanda o contêiner da floresta e navegue para seu domínio. Em seguida, expanda o contêiner do domínio e selecione o contêiner Group Policy Objects. As GPOs que existem atualmente no domínio aparecerão na guia Contents.

3. Clique com o botão direito do mouse em uma GPO e selecione Edit. Uma janela do Group Policy Management Editor será aberta.
4. Navegue para o nó Software Restriction Policies sob Computer Configuration ou User Configuration.
5. Clique com o botão direito do mouse em Software Restriction Policies e selecione New Software Restriction Policies. As pastas contendo as novas políticas aparecerão.
6. No painel de detalhes, clique duas vezes em Security Levels. Observe a marca de seleção no ícone Unrestricted, que é a configuração padrão.
7. Clique com o botão direito do mouse no nível de segurança Disallowed e, no menu de contexto, selecione Set As Default. Uma caixa de mensagem Software Restriction Policies aparecerá, advertindo-o sobre sua ação.
8. Clique em Yes e feche os consoles Group Policy Management Editor e Group Policy Management.

Você modificou o nível de segurança padrão de uma política de restrição de software.

Configure regras de restrição de software

A funcionalidade das políticas de restrição de software depende primeiro das regras que identificam softwares e depois das regras que controlam seu uso. Quando você criar uma nova política de restrição de software, a subpasta Additional Rules aparecerá. Essa pasta permite a criação de regras que definem as condições pelas quais os programas serão executados ou rejeitados. As regras podem sobrepor a configuração Default Security Level quando necessário.

Você pode criar suas novas regras na pasta Additional Rules usando uma caixa de diálogo como a mostrada na Figura 6-15.

FIGURA 6-15 A caixa de diálogo New Path Rule.

Há quatro tipos de regras de restrição de software que você pode usar para especificar quais programas podem ou não ser executados em sua rede:

- Regras de hash
- Regras de certificado
- Regras de caminho
- Regras de zona de rede

Também há um quinto tipo de regra – a regra padrão – que é aplicada quando um aplicativo não se enquadra em nenhuma das outras regras criadas. Para configurar a regra padrão, selecione uma das políticas na pasta Security Levels e, em sua página Properties, clique em Set As Default (Definir Como Padrão).

As funções dos quatro tipos de regra serão explicadas nas próximas seções.

REGRAS DE HASH

Um hash é uma série de bytes com tamanho fixo que identifica de maneira exclusiva um programa ou arquivo. Um valor de hash é gerado por um algoritmo que, basicamente, cria uma *impressão digital* do arquivo, tornando quase impossível outro programa ter o mesmo hash. Se você criar uma regra de hash e um usuário tentar executar um programa afetado pela regra, o sistema verificará o valor de hash do arquivo executável e o comparará com o valor de hash armazenado na política de restrição de software. Se os dois coincidirem, as configurações da política serão aplicadas. Assim, se for criada uma regra de hash para permitir a execução de um arquivo executável de um aplicativo, essa regra impedirá que o aplicativo seja executado se o valor de hash não estiver correto. Já que o valor de hash é baseado no próprio arquivo, o arquivo continuará a funcionar mesmo se você movê-lo de um local para outro. Se o arquivo executável fosse alterado de alguma forma – por exemplo, se for modificado ou substituído por um worm ou vírus –, a regra de hash da política de restrição de software o impediria de ser executado.

REGRAS DE CERTIFICADO

Uma regra de certificado usa o certificado digital associado a um aplicativo para confirmar sua legitimidade. Você pode usar regras de certificado para permitir que um software de uma fonte confiável seja executado ou para impedir a execução de um software que não venha de fonte confiável. Você também pode usar regras de certificado para executar programas em áreas não permitidas do sistema operacional.

REGRAS DE CAMINHO

Uma regra de caminho identifica um software especificando o caminho de diretório em que o aplicativo está armazenado no sistema de arquivos. Você pode usar regras de caminho para criar exceções que permitam que um aplicativo seja executado quando o nível de segurança padrão das políticas de restrição de software estiver configurado com Disallowed, ou pode usá-las para impedir que um aplicativo seja executado quando o nível de segurança padrão estiver configurado com Unrestricted.

As regras de caminho especificam um local no sistema de arquivos em que os arquivos do aplicativo estão situados ou uma configuração de caminho do Registro. As regras de caminho do Registro fornecem a garantia de que os executáveis do aplicativo serão encontrados. Por exemplo, se um administrador usar uma regra de caminho para definir a localização de um aplicativo no sistema de arquivos, mas o aplicativo for movido para um novo local, como durante uma reestruturação da rede, o caminho original da regra de caminho não será mais válido. Se a regra especificar que o aplicativo não deve funcionar a menos que esteja localizado em um caminho específico, o programa não poderá ser executado a partir de seu novo local. Isso poderia causar uma brecha significativa na segurança se o programa fizesse referência a informações confidenciais.

Por outro lado, se você criar uma regra de caminho usando a localização de uma chave do Registro, alterações no local dos arquivos do aplicativo não afetarão o resultado da regra. Isso ocorre porque, quando você muda um aplicativo de local, a chave do Registro que aponta para os arquivos do aplicativo é atualizada automaticamente.

REGRAS DE ZONA DE REDE

As regras de zona de rede são aplicadas apenas a pacotes do Windows Installer que tentam se instalar a partir de uma zona especificada, como um computador local, uma intranet local, sites confiáveis, sites restritos ou a Internet. Você pode configurar esse tipo de regra para permitir que pacotes do Windows Installer sejam instalados somente se vierem de uma área confiável da rede. Por exemplo, uma regra de zona de Internet poderia impedir que pacotes do Windows Installer fossem baixados e instalados a partir da Internet ou de outros locais da rede.

Use várias regras

Você pode definir uma política de restrição de software usando vários tipos de regras para permitir e impedir a execução de programas. Usando vários tipos de regras, é possível criar vários níveis de segurança. Por exemplo, você poderia querer especificar uma regra de caminho que impedisse que programas fossem executados a partir da pasta compartilhada \\Server1\Accounting e uma que permitisse que programas fossem executados a partir da pasta compartilhada \\Server1\Application. Você também pode optar por incorporar regras de certificado e regras de hash à sua política. Na implementação de vários tipos de regras, os sistemas aplicam as regras na ordem de precedência a seguir:

1. Regras de hash
2. Regras de certificado
3. Regras de zona de rede
4. Regras de caminho

Quando um conflito ocorrer entre os tipos de regras, como entre uma regra de hash e uma regra de caminho, a regra de hash prevelecerá, porque ela vem antes na ordem de precedência. Se um conflito ocorrer entre duas regras do mesmo tipo com as mesmas configurações de identificação, como duas regras de caminho que identifiquem software do mesmo diretório, a configuração mais restritiva será aplicada. Nesse caso, se uma das regras de caminho fosse configurada com Unrestricted e a outra com Disallowed, a política imporia a configuração Disallowed.

Configure propriedades de restrição de software

Dentro da pasta Software Restriction Policies, você pode configurar três propriedades específicas para fornecer configurações adicionais que sejam aplicadas a todas as políticas quando implementadas: Enforcement, Designated File Types e Trusted Publishers (Aplicação, Tipos de Arquivos Designados e Fornecedores Confiáveis).

PROPRIEDADES DE IMPOSIÇÃO

Como mostrado na Figura 6-16, as propriedades de Enforcement (Aplicação) nos permitem determinar se as políticas serão aplicadas a todos os arquivos ou se arquivos de biblioteca, como os arquivos de biblioteca de vínculo dinâmico (DLL, dynamic link library), serão excluídos. A exclusão de DLLs é o padrão. Esse é o método mais prático de aplicação. Por exemplo, se o nível de segurança padrão da política estivesse configurado com Disallowed e as propriedades Enforcement estivessem configuradas com All Software Files (Todos os Arquivos de Software), você teria que criar uma regra que verificasse cada DLL antes de o programa poder ser aceito ou rejeitado. Por outro lado, a exclusão de arquivos DLL com o uso da propriedade padrão de aplicação não requer que o administrador defina regras individuais para cada arquivo DLL.

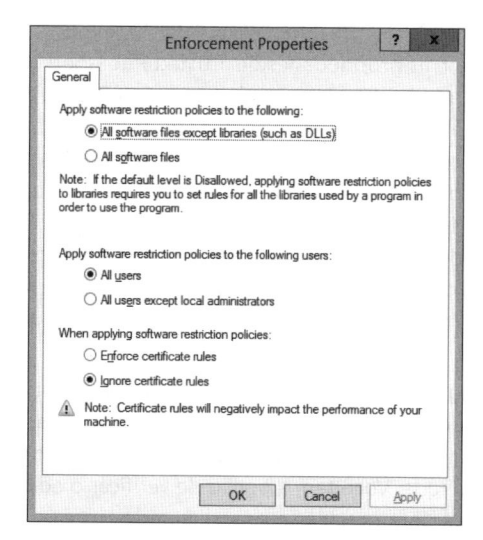

FIGURA 6-16 Configurando propriedades de aplicação.

PROPRIEDADES DE TIPOS DE ARQUIVO DESIGNADOS

As propriedades Designated Type Files (Tipos de Arquivo Designados) da pasta Software Restriction Policies, como mostrado na Figura 6-17, especificam os tipos de arquivos que são considerados executáveis. Os tipos de arquivos que são designados como arquivos executáveis ou de programa são compartilhados por todas as regras, embora você possa especificar uma lista para uma política de computador que seja diferente da especificada para uma política de usuário.

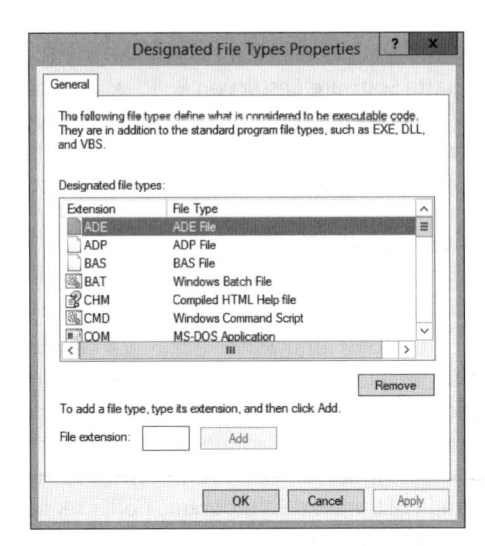

FIGURA 6-17 Configurando propriedades de tipos de arquivo designados.

PROPRIEDADES DE FORNECEDORES CONFIÁVEIS

Para concluir, as propriedades de Trusted Publishers (Fornecedores Confiáveis) permitem que o administrador controle como os sistemas tratarão regras de certificado. Na caixa de diálogo Properties da categoria Trusted Publishers, mostrada na Figura 6-18, a primeira configuração permite a especificação dos usuários que têm permissão para gerenciar fontes de certificado confiáveis. Por padrão, administradores de um computador local têm o direito de especificar fornecedores confiáveis no computador local, e administradores corporativos têm o direito de especificar fornecedores confiáveis em uma OU. Do ponto de vista da proteção, em uma rede de alta segurança, os usuários não devem ter permissão para determinar as fontes das quais certificados poderão ser obtidos.

A página Trusted Publishers Properties (Propriedades de Fornecedores Confiáveis) também lhe permite decidir se deseja verificar se um certificado foi revogado. Se um certificado tiver sido revogado, o usuário não deve ter permissão para acessar recursos da rede. Você tem a opção de verificar o editor ou o carimbo de hora do certificado para determinar se ele foi revogado.

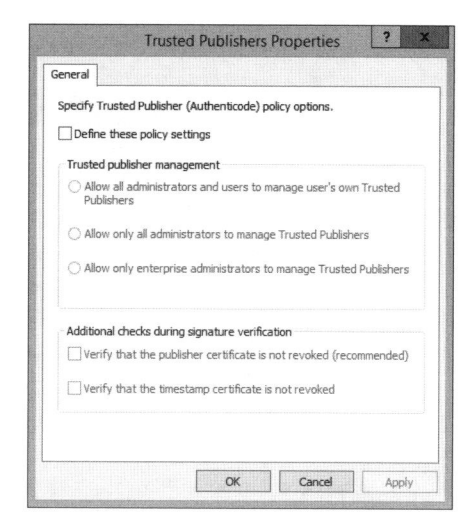

FIGURA 6-18 Configurando propriedades de fornecedores confiáveis.

Use o AppLocker

As políticas de restrição de software podem ser uma ferramenta poderosa, mas também podem gerar um grande overhead (sobrecarga) administrativo. Se você optar por proibir a execução de todos os aplicativos, exceto os que atenderem às regras criadas, muitos programas do próprio Windows Server 2012 R2 precisarão de regras, além dos aplicativos que você quiser instalar. Os administradores devem criar as regras manualmente, o que pode ser uma tarefa pesada.

O *AppLocker*, também conhecido como *políticas de controle de aplicativos*, é um recurso do Windows que é, essencialmente, uma versão atualizada do conceito implementado nas políticas de restrição de software. Ele também usa regras, que os administradores devem gerenciar, mas o processo de criação das regras é muito mais fácil, graças a uma interface baseada em assistente.

O AppLocker também é mais flexível do que as políticas de restrição de software. Você pode aplicar regras do AppLocker a usuários e grupos específicos e criar regras que deem suporte a todas as versões futuras de um aplicativo. A principal desvantagem do AppLocker é que as políticas só podem ser aplicadas a computadores executando o Windows 7, o Windows Server 2008 R2 e posteriores.

Tipos de regras

As configurações do AppLocker ficam localizadas em GPOs no nó Computer Configuration\Policies\Windows Settings\Security Settings\Application Control Policies\AppLocker (Configurações do Computador\Políticas\Configurações do Windows\Configurações de Segurança\Políticas de Controle de Aplicativo\Applocker), como mostrado na Figura 6-19.

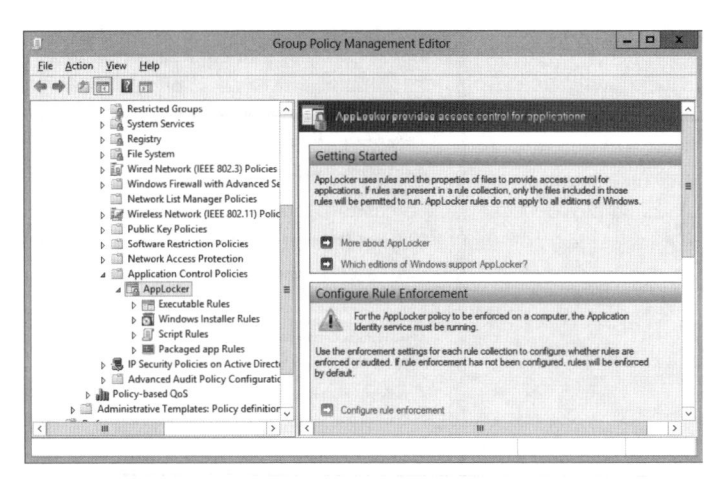

FIGURA 6-19 O nó AppLocker em uma GPO.

No nó AppLocker, há quatro nós com os tipos de regra básicos:

- **Executable Rules (Regras Executáveis)** Contém regras que são aplicadas a arquivos com extensões .exe e .com
- **Windows Installer Rules (Regras do Windows Installer)** Contém regras que são aplicadas a pacotes do Windows Installer com extensões .msi e .msp
- **Script Rules (Regras de Script)** Contém regras que são aplicadas a arquivos de script com extensões .ps1, .bat, .cmd, .vbs e .js
- **Packaged App Rules (Regras para Aplicativos Empacotados)** Contém regras que são aplicadas a aplicativos comprados na Windows Store

Cada regra que você criar nesses contêineres permitirá ou bloqueará o acesso a recursos específicos, de acordo com um dos critérios a seguir:

- **Publisher (Fornecedor)** Identifica aplicativos de código assinado por meio de uma assinatura digital extraída do arquivo do aplicativo. Você também pode criar regras de fornecedor que sejam aplicadas a todas as versões futuras de um aplicativo.
- **Caminho (Path)** Identifica aplicativos com a especificação de um nome de arquivo ou pasta. Uma possível vulnerabilidade desse tipo de regra é que qualquer arquivo pode atendê-la, contanto que tenha o nome e o local corretos.
- **File Hash (Hash de Arquivo)** Identifica aplicativos de acordo com uma *impressão digital* que permanece válida mesmo quando o nome ou o local do arquivo executável muda. Esse tipo de regra funciona de forma semelhante a seu equivalente nas políticas de restrição de software; no AppLocker, no entanto, o processo de criação das regras e geração de hashes de arquivo é muito mais fácil.

Crie regras padrão

Quando ativado, o AppLocker bloqueia todos os arquivos executáveis, pacotes de instalador e scripts (exceto os especificados nas regras com ação *Allow*) por padrão. Logo, para usar o AppLocker, você deve criar regras que permitam que os usuários acessem os arquivos necessários para o Windows e os aplicativos do sistema serem executados. A maneira mais simples de fazer isso é clicar com o botão direito do mouse em cada uma das quatro regras e selecionar Create Default Rules (Criar Regras Padrão) no menu de contexto.

As regras padrão de cada nó são regras que podem ser replicadas, modificadas ou excluídas quando necessário. Você também pode criar suas próprias regras, contanto que tome o cuidado de fornecer acesso a todos os recursos de que o computador precisa para executar o Windows.

> *IMPORTANTE* **APLICANDO POLÍTICAS DO APPLOCKER**
>
> Para o AppLocker ser usado, o serviço Application Identity (Identidade do Aplicativo) tem que estar sendo executado. Por padrão, esse serviço usa o tipo de inicialização manual, portanto você deve iniciá-lo por sua própria conta no console Services (Serviços) antes de o Windows poder aplicar as políticas do AppLocker.

Crie regras automaticamente

A maior vantagem do AppLocker sobre as políticas de restrição de software é a possibilidade de criar regras automaticamente. Quando clicamos com o botão direito do mouse em um dos contêineres de regras e selecionamos Automatically Generate Rules (Gerar Regras Automaticamente) no menu de contexto, o Automatically Generate Rules Wizard (Assistente Gerar Automaticamente Regras) é iniciado.

Após especificar a pasta a ser analisada e os usuários ou grupos ao quais as regras devem ser aplicadas, você verá uma página Rule Preferences (Preferências de Regras), permitindo que especifique os tipos de regras que deseja criar. O assistente exibirá, então, um resumo de seus resultados na página Review Rules (Verificar Regras) e adicionará as regras ao contêiner.

Crie regras manualmente

Além de criar regras automaticamente, você pode criá-las manualmente usando uma interface baseada em assistente que é ativada com a seleção de Create New Rule (Criar Nova Regra) no menu de contexto de um dos nós de regras.

O assistente solicita as seguintes informações:

- **Action (Ação)** Especifica se você deseja permitir ou negar ao usuário ou grupo acesso ao recurso. No AppLocker, regras de negação explícitas sempre sobrepõem regras de permissão.
- **User Or Group (Usuário ou Grupo)** Especifica o nome do usuário ou grupo ao qual a política deve ser aplicada.
- **Conditions (Condições)** Especifica se você deseja criar uma regra de fornecedor, caminho ou hash de arquivo. O assistente gerará uma página adicional para qualquer que seja a opção selecionada, permitindo que você confirme seus parâmetros.

- **Exceptions (Exceções)** Permite que você especifique exceções para a regra que está criando usando qualquer uma das três condições: fornecedor, caminho ou hash de arquivo.

> ### Teste de raciocínio
> **Usando o AppLocker**
>
> No teste de raciocínio a seguir, aplique o que aprendeu sobre o objetivo para prever quais etapas terá que executar. As respostas às perguntas podem ser encontradas na seção "Respostas" no fim do capítulo.
>
> Sophie está planejando usar o AppLocker para controlar o acesso a aplicativos em uma nova rede que ela construiu para o departamento de pesquisa e desenvolvimento de uma grande empresa aeroespacial. Os desenvolvedores de software do departamento implantaram recentemente um novo aplicativo chamado Virtual Wind Tunnel, que é baseado em pesquisa de projeto governamental e, portanto, é confidencial. Todos os envolvidos em tempo integral devem ter um nível de autorização suficiente para usar o aplicativo, mas o resto do departamento não. Sophie inseriu as contas de usuário de todas as pessoas do departamento em um grupo de segurança chamado ResDev. Os funcionários administrativos também são membros de um grupo chamado RDint.
>
> Como Sophie pode usar o AppLocker para dar a todas as pessoas do departamento acesso ao aplicativo Virtual Wind Tunnel sem alterar as associações a grupos e sem ter que aplicar políticas a usuários individuais?

Resumo do objetivo

- As políticas de restrição de software permitem que o código executável do software seja identificado e receba ou não permissão para operar na rede.
- Os três níveis de segurança padrão das políticas de restrição de software são Unrestricted, em que todos os aplicativos funcionam de acordo com as permissões dos usuários; Disallowed, em que todos os aplicativos são impedidos de ser executados, não importando as permissões dos usuários; e Basic User, que só permite que executáveis que possam ser usados por usuários comuns sejam executados.
- Quatro tipos de regras podem ser definidos dentro de uma política de restrição de software. Em ordem de precedência, seriam as regras de hash, certificado, zona de rede e caminho. O nível de segurança definido em uma regra específica substitui o nível de segurança padrão da política.
- Políticas de restrição de software são configurações de política de grupo que permitem que os administradores especifiquem os programas que terão permissão para ser executados em estações de trabalho criando regras de vários tipos.
- O AppLocker permite que os administradores criem regras de restrição de aplicativos muito mais facilmente do que era possível antes.

Revisão do objetivo

Responda às perguntas a seguir para testar seu conhecimento sobre as informações deste objetivo. Você pode encontrar as respostas a estas perguntas e explicações de por que cada opção de resposta está certa ou errada na seção "Respostas" no fim do capítulo.

1. Qual das regras a seguir *não* é um dos tipos de regra de restrição de software suportados pelo Windows Server 2012 R2?
    A. Regras de hash
    B. Regras de certificado
    C. Regras de caminho
    D. Regras de firewall

2. Qual das estratégias a seguir para a imposição de restrições de software impedirá qualquer executável de ser processado, exceto os que tenham sido especificamente permitidos por um administrador?
    A. Basic user
    B. Disallowed (Não permitido)
    C. Power user (Usuário avançado)
    D. Unrestricted (Irrestrito)

3. Sob quais destas condições a regra de hash de uma política de restrição de software parará de funcionar? (Selecione todas que se apliquem.)
    A. Quando você mover para uma pasta diferente o arquivo em que o hash foi baseado
    B. Quando você atualizar para uma nova versão o arquivo em que o hash foi baseado
    C. Quando o arquivo em que o hash foi baseado for modificado por um vírus
    D. Quando você alterar as permissões do arquivo em que o hash foi baseado

4. Qual dos seguintes tipos de regra é aplicado a arquivos com extensão .msi?
    A. Regras de executáveis (executable rules)
    B. Regras do Windows Installer (Windows Installer rules)
    C. Regras de scripts (script rules)
    D. Regras de aplicativos empacotados (packaged app rules)

5. Qual dos serviços a seguir você deve iniciar manualmente antes de o Windows poder aplicar políticas do AppLocker?
    A. Application Identity (Identidade do Aplicativo)
    B. Application Management (Gerenciamento de Aplicativo)
    C. Credential Manager (Gerenciador de Credenciais)
    D. Network Connectivity Assistant (Assistente de Conectividade de Rede)

Objetivo 6.4: Configurar o Firewall do Windows

Você pode trancar a porta da central de computadores em que os servidores estão localizados, mas os computadores continuarão conectados à rede. Uma rede é outro tipo de porta, ou melhor, uma série de portas, que pode permitir a entrada ou a saída de dados. Para você fornecer serviços para seus usuários, algumas dessas portas devem estar abertas pelo menos parte do tempo, mas os administradores dos servidores precisam se certificar de que só as portas corretas sejam deixadas abertas.

Um firewall é um programa de software que protege um computador ou uma rede permitindo a entrada e a saída de certos tipos de tráfego no sistema e bloqueando outros. Trata-se, basicamente, de uma série de filtros que examinam o conteúdo de pacotes e os padrões de tráfego enviados e recebidos na rede para determinar quais pacotes podem passar.

A missão de um firewall é permitir a passagem de todo o tráfego necessário para os usuários legítimos executarem suas tarefas e bloquear o resto. Observe que, quando trabalhamos com firewalls, não precisamos nos preocupar com temas como autenticação e autorização. Esses são os mecanismos que controlam quem pode passar pelas portas abertas do servidor. O firewall determina quais portas serão deixadas abertas e quais estarão fechadas.

> **Este objetivo aborda como:**
> - Configurar regras para vários perfis usando a política de grupo
> - Configurar regras de segurança da conexão
> - Configurar o Firewall do Windows para permitir ou negar programas, protocolos, escopos, portas e usuários
> - Configurar exceções de firewall autenticadas
> - Importar e exportar configurações

Configurações do Firewall do Windows

O Windows Server 2012 R2 inclui um programa de firewall chamado Firewall do Windows (Windows Firewall), que é ativado por padrão em todos os sistemas. Em sua configuração padrão, o Firewall do Windows impede que grande parte do tráfego de rede entre no computador. Os firewalls operam examinando o conteúdo de cada pacote que entra e sai no computador e comparando as informações que encontram com uma série de regras, que especificam quais pacotes têm permissão para passar pelo firewall e quais serão bloqueados.

O Transmission Control Protocol/Internet Protocol (TCP/IP) é usado pelos sistemas Windows para comunicar funções com o empacotamento de dados de aplicativos em uma série de protocolos em camadas que definem de onde os dados vieram e para onde vão. Os três critérios mais importantes que os firewalls podem usar em suas regras são:

- **Endereços IP** Os *endereços IP* identificam hosts específicos na rede. Você pode usar endereços IP para configurar um firewall para só permitir a entrada e a saída de tráfego de computadores ou redes específicos.
- **Números de protocolo** Os *números de protocolo* especificam se o pacote contém tráfego TCP ou User Datagram Protocol (UDP). Você pode filtrar números de protocolo para bloquear pacotes contendo certos tipos de tráfego. Normalmente, os computadores com Windows usam o UDP para trocas rápidas de mensagens, como em transações do Domain Name System (DNS) e do Dynamic Host Configuration Protocol (DHCP). Os pacotes TCP costumam carregar quantidades de dados maiores, como no caso dos arquivos transferidos por servidores web, de arquivos e de impressão.
- **Números de porta** Os *números de porta* identificam aplicativos específicos sendo executados no computador. As regras de firewall mais comuns usam números de porta para especificar os tipos de tráfego de aplicativos que o computador tem permissão para enviar e receber. Por exemplo, geralmente, um servidor web recebe seus pacotes de entrada no número de porta 80. A menos que o firewall tenha uma regra que abra a porta 80 para o tráfego recebido, o servidor web não poderá operar em sua configuração padrão.

As regras de firewall podem funcionar de duas maneiras:

- Admitir todo o tráfego, exceto o que estiver de acordo com as regras aplicadas
- Bloquear todo o tráfego, exceto o que estiver de acordo com as regras aplicadas

Geralmente, bloquear todo o tráfego por padrão é o esquema mais seguro. Do ponto de vista do administrador do servidor, inicialmente temos um sistema totalmente bloqueado e, então, começamos a testar os aplicativos. Quando um aplicativo não consegue funcionar apropriadamente porque o acesso à rede está bloqueado, criamos uma regra que abra as portas necessárias para que ele se comunique.

Esse é o método que o Firewall do Windows usa por padrão para tráfego recebido da rede. Há regras pré-configuradas no firewall projetadas para admitir o tráfego usado por funções de rede do Windows, como o compartilhamento de arquivos e impressoras. Para tráfego de saída para a rede, o Firewall do Windows usa o outro método, permitindo que todo o tráfego passe, exceto aquele que estiver de acordo com uma regra.

Firewall do Windows

O Firewall do Windows é um programa individual com um único conjunto de regras, mas há duas interfaces distintas que você pode usar no seu gerenciamento e monitoramento. O applet do Painel de Controle para o Firewall do Windows fornece uma interface simplificada, que permite que os administradores evitem os detalhes de regras e números de porta. Se você quiser apenas ativar ou desativar o firewall (normalmente, para fins de teste ou solução de problemas) ou trabalhar com as configurações de uma função ou de um recurso específico do Windows, pode fazê-lo usando somente o Painel de Controle. Para ter acesso total às regras e a funções mais sofisticadas do firewall, você deve usar o console Windows Firewall With Advanced Security (Firewall do Windows com Segurança Avançada), como discutido posteriormente neste objetivo.

Em muitos casos, os administradores não precisam trabalhar diretamente com o Firewall do Windows. Várias das funções e dos recursos incluídos no Windows Server 2012 R2 abrem automaticamente as portas apropriadas do firewall quando são instalados. Em outras situações, o sistema avisa sobre problemas no firewall.

Por exemplo, na primeira vez em que você abrir o File Explorer e tentar acessar a rede, um aviso aparecerá, informando que a Descoberta de Rede (Network Discovery) e o compartilhamento de arquivos (File Sharing) estão desativados, impedindo a navegação na rede.

A descoberta de rede é apenas um conjunto de regras de firewall que regulam as portas que o Windows usa para a navegação na rede, principalmente as portas 137, 138, 1900, 2869, 3702, 5355, 5357 e 5358. Por padrão, o Windows Server 2012 R2 desativa as regras de entrada associadas a essas portas, logo as portas são fechadas, bloqueando todo o tráfego que passa por elas. Quando você clicar no banner de aviso e selecionar Turn On Network Discovery And File Sharing (Ativar Descoberta de Rede e Compartilhamento de Arquivos) no menu de contexto, na verdade, estará ativando essas regras de firewall, abrindo, assim, as portas associadas a elas.

Além dos comandos de menu que podem ser acessados no banner de aviso, você pode controlar as regras de descoberta de rede e compartilhamento de arquivos de outras maneiras. O item Network and Sharing Center (Central de Rede e Compartilhamento) do Painel de Controle, em sua página Advanced Sharing Settings (Configurações de Compartilhamento Avançadas), fornece opções que você pode usar para ativar e desativar a descoberta de rede, o compartilhamento de arquivos e outras funções básicas de rede.

O applet Firewall do Windows do Painel de Controle tem um link Allow An App Or Feature Through Windows Firewall (Permitir um Aplicativo ou Recurso Através do Firewall do Windows), que abre a caixa de diálogo Allowed Apps (Aplicativos Permitidos). A caixa de seleção Network Discovery (Descoberta de Rede) dessa caixa de diálogo permite controlar o mesmo conjunto de regras que por meio do Network And Sharing Center, no item Descoberta de Rede (Network Discovery).

Para concluir, você pode acessar as regras individuais de descoberta de rede diretamente usando o console Windows Firewall With Advanced Security. Quando selecionar o nó Inbound Rules (Regras de Entrada) e rolar para baixo na lista, verá nove regras de Descoberta de Rede.

Como você pode ver ao examinar as regras do console, a Descoberta de Rede é uma função complexa do Windows que seria difícil de controlar se fosse preciso determinar por tentativa e erro quais portas ela usa. É por isso que o Firewall do Windows inclui um grande conjunto de regras que regulam as portas de que os aplicativos e serviços do sistema operacional precisam para funcionar.

Use o applet do Painel de Controle para o Firewall do Windows

O applet Firewall do Windows do Painel de Controle fornece o acesso mais fácil e seguro aos controles do firewall. Geralmente, esses controles são suficientes para a maioria dos administradores de servidor, a menos que o sistema tenha requisitos especiais ou você esteja trabalhando com aplicativos de servidor personalizados.

CAPÍTULO 6 Criação e gerenciamento de Políticas de Grupo

Quando você abrir a janela Firewall do Windows no Painel de Controle, como mostrado na Figura 6-20, verá as seguintes informações:

- Se o computador está conectado a uma rede privada, pública ou de domínio
- Se o serviço Firewall do Windows está ativado ou desativado
- Se conexões de entrada e saída estão bloqueadas
- O nome da rede ativa atualmente
- Se os usuários são notificados quando um programa é bloqueado

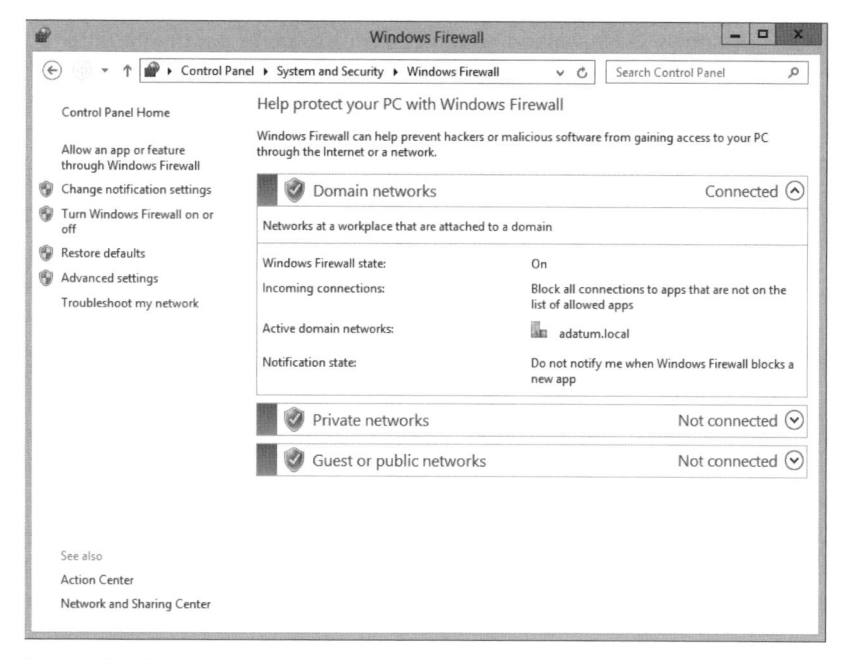

FIGURA 6-20 O Painel de Controle do Firewall do Windows.

No lado esquerdo da janela, temos uma série de links, que fornecem as seguintes funções:

- **Allow An App Or Feature Through Windows Firewall** Abre a caixa de diálogo Allowed Apps, na qual você pode selecionar os aplicativos que podem enviar tráfego pelo firewall
- **Change Notification Settings (Alterar Configurações de Notificação)** Abre a caixa de diálogo Customize Settings (Personalizar Configurações), na qual você pode ajustar as configurações de notificação de cada um dos três perfis
- **Turn Windows Firewall On Or Off (Ativar ou Desativar o Firewall do Windows)** Abre a caixa de diálogo Customize Settings, na qual você pode alternar o estado do firewall em cada um dos três perfis
- **Restore Defaults (Restaurar Padrões)** Retorna todas as configurações do firewall para seus padrões de instalação
- **Advanced Settings (Configurações Avançadas)** Inicia o console Windows Firewall With Advanced Security

- **Troubleshoot My Network (Solucionar Problemas com a Rede)**   Inicia o solucionador de problemas de rede e Internet

Personalize configurações

Vários dos links da janela Firewall do Windows apontam para o mesmo local: uma caixa de diálogo Customize Settings, que contém controles de algumas das funções mais básicas do firewall.

A caixa de diálogo Customize Settings, mostrada na Figura 6-21, está organizada de acordo com três áreas, correspondentes aos três perfis de um computador com Windows. O Firewall do Windows usa esses perfis para representar o tipo de rede à qual o servidor está conectado. Os perfis são:

- **Público**   O perfil público (ou de convidado) é destinado a servidores que possam ser acessados por usuários não autenticados ou temporários, como os computadores de um laboratório.
- **Privado**   O perfil privado se destina aos servidores de uma rede interna que não seja acessada por usuários não autorizados.
- **De domínio**   O perfil de domínio é aplicado a servidores membros de um domínio do AD DS em que todos os usuários sejam identificados e autenticados.

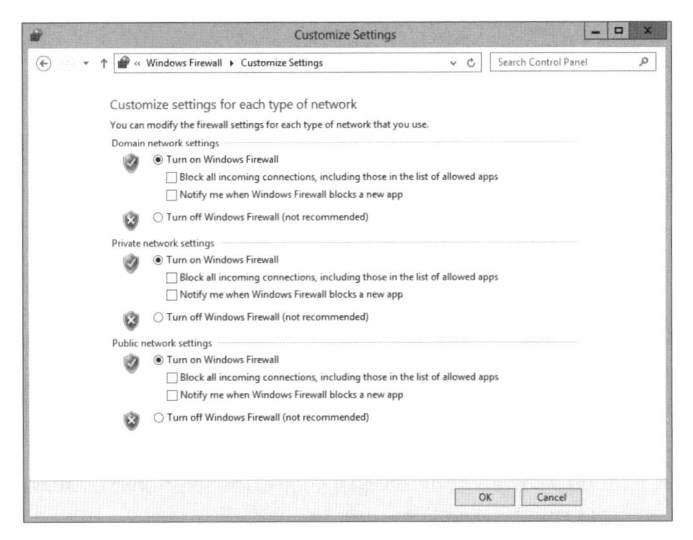

FIGURA 6-21   A caixa de diálogo Customize Settings do Firewall do Windows.

No Firewall do Windows, os três perfis são essencialmente conjuntos de regras separados que só são aplicados a computadores conectados ao tipo de rede designado. Os administradores podem controlar o ambiente de cada tipo de rede definindo regras e configurações separadas para cada perfil.

A caixa de diálogo Customize Settings tem os seguintes controles para cada um dos três perfis de rede:

- **Turn On/Off Windows Firewall (Ativar/Desativar o Firewall do Windows)**   Ativa e desativa o Firewall do Windows para o perfil selecionado

- **Block All Incoming Connections, Including Those In The List Of Allowed Apps (Bloquear Todas as Conexões de Entrada, Inclusive as que Estejam na Lista de Aplicativos Permitidos)** Permite que você aumente a segurança de seu sistema bloqueando todas as tentativas não solicitadas de conexão ao seu computador
- **Notify Me When Windows Firewall Blocks A New App (Avisar-me Quando o Firewall do Windows Bloquear um Aplicativo Novo)** Faz o sistema notificar o usuário quando uma tentativa de um aplicativo enviar tráfego pelo firewall falhar

Permita o acesso de aplicativos

Em certos momentos, os administradores podem ter que modificar as configurações de outras maneiras, normalmente porque um aplicativo específico requer acesso a uma porta não prevista nas regras do firewall.

Para isso, você pode usar a caixa de diálogo Allowed Apps do Painel de Controle do Firewall do Windows, como mostrado na Figura 6-22.

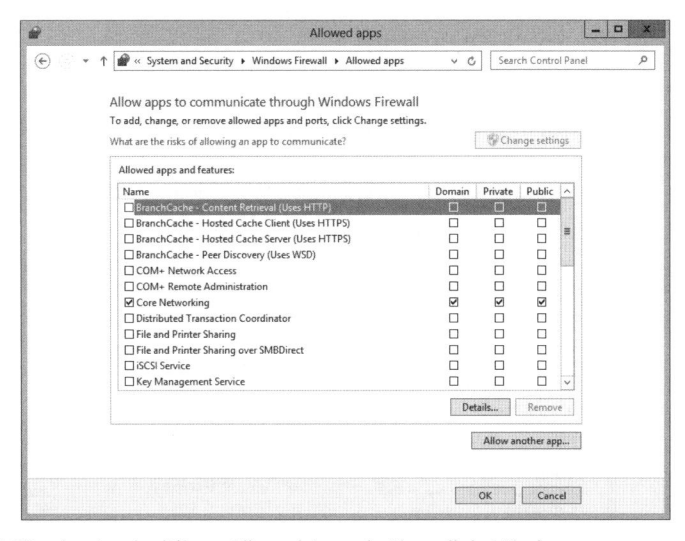

FIGURA 6-22 A caixa de diálogo Allowed Apps do Firewall do Windows.

Abrir uma porta no firewall de um servidor é uma atividade inerentemente perigosa. Quanto mais portas abertas você tiver em um firewall, maior a possibilidade de instrusos entrarem. O Firewall do Windows fornece dois métodos básicos para a abertura de uma entrada: abrir uma porta ou permitir o acesso de um aplicativo. Os dois são arriscados, mas o último é menos. Isso ocorre porque, quando você abre uma porta criando uma regra no console Windows Firewall With Advanced Security, ela fica aberta permanentemente. Quando você permite que um aplicativo passe pelo firewall usando o Painel de Controle, a porta especificada só fica aberta enquanto o programa está sendo executado. Quando o programa é encerrado, o firewall fecha a porta.

> **DICA DE EXAME**
>
> Versões anteriores do Windows chamam de *exceções* os aplicativos com permissão de acesso, ou seja, eles são exceções às regras gerais do firewall de fechar todas as portas do computador para impedir invasões. Os candidatos do exame devem estar preparados para ver perguntas contendo os dois termos.

Os aplicativos listados na caixa de diálogo Allowed Apps são baseados nas funções e nos recursos instalados no servidor. Cada aplicativo listado corresponde a uma ou mais regras do firewall, que o Painel de Controle ativa e desativa quando necessário.

Ao contrário de versões anteriores, a versão do Painel de Controle do firewall do Windows Server 2012 R2 não dá acesso direto a números de porta. Para ter um controle mais preciso sobre o firewall, você deve usar o console Windows Firewall With Advanced Security, que pode acessar clicando em Advanced Settings no Painel de Controle do Firewall do Windows ou selecionando-o no menu Tools no Server Manager.

Use o console Firewall do Windows com Segurança Avançada

O Painel de Controle do Firewall do Windows foi projetado para permitir que os administradores e os usuários avançados gerenciem configurações básicas do firewall. Para ter acesso total às definições de configurações do Firewall do Windows, você deve usar o snap-in Windows Firewall With Advanced Security do MMC.

Para abrir o console, abra o Server Manager e, no menu Tools, selecione Windows Firewall With Advanced Security. O console Windows Firewall With Advanced Security será aberto, como mostrado na Figura 6-23.

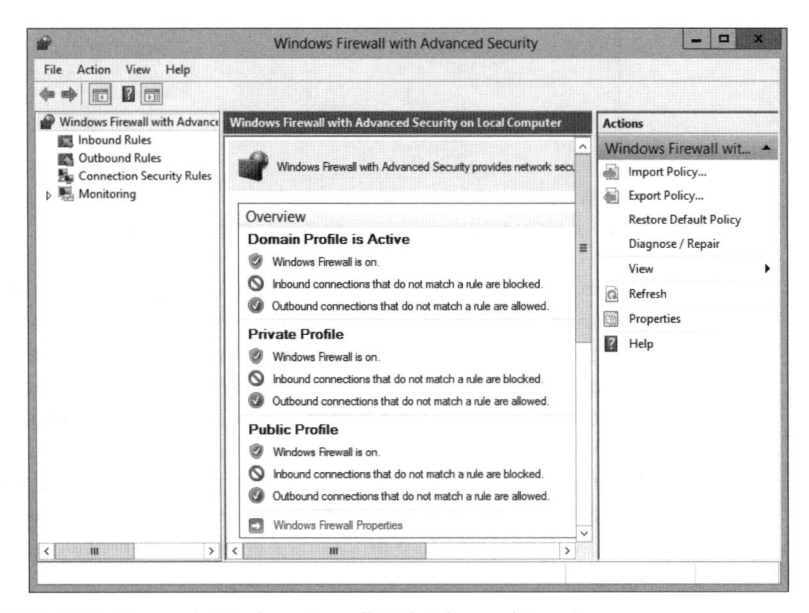

FIGURA 6-23 O console Windows Firewall With Advanced Security.

Defina configurações de perfil

No topo do painel do meio do console Windows Firewall With Advanced Security, na seção Overview (Visão Geral), há exibição de status para os três perfis de rede do computador. Se você conectar o computador a uma rede diferente (o que não é muito comum em um servidor), o Firewall do Windows poderá carregar um perfil e um conjunto de regras diferentes.

A configuração padrão do Firewall do Windows usa as mesmas definições básicas para todos os três perfis, que são:

- O firewall é ativado.
- O tráfego de entrada é bloqueado, a menos que atenda a uma regra.
- O tráfego de saída é permitido, a menos que atenda a uma regra.

Você pode alterar esse comportamento padrão clicando no link Windows Firewall Properties (Propriedades do Firewall do Windows), que exibe uma caixa de diálogo para efetuar essas configurações.

Nessa caixa de diálogo, cada um dos três perfis de local de rede tem uma guia com controles idênticos que permite modificar as configurações padrão do perfil. Você pode, por exemplo, definir o firewall para se desligar totalmente quando estiver conectado a uma rede de domínio e defini-lo para se ativar com suas configurações mais seguras quando você conectar o computador a uma rede pública. Você também pode configurar as opções de notificação do firewall, seu comportamento de registro em log e como ele reagirá quando as regras estiverem em conflito.

Crie regras

Os aplicativos com permissão de acesso que você pode configurar no painel de controle do Firewall do Windows são um método relativamente amigável de se trabalhar com as regras do firewall. No console Windows Firewall With Advanced Security, é possível trabalhar com as regras em sua forma bruta.

A seleção de Inbound Rules (Regras de Entrada) ou Outbound Rules (Regras de Saída) no painel esquerdo exibe uma lista de todas as regras que estão operando nessa direção, como mostrado na Figura 6-24. As regras que estão operando atualmente têm uma marca de seleção em um círculo de verde perto delas; as que não estão em vigor ficam indisponíveis.

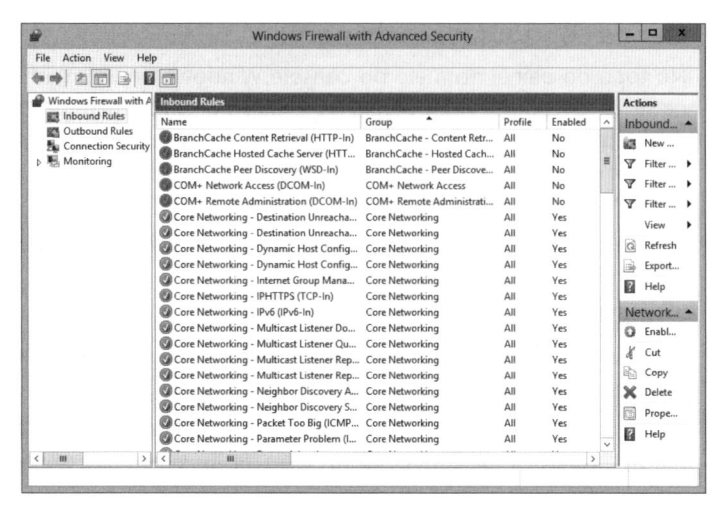

FIGURA 6-24 A lista Inbound Rules do console Windows Firewall With Advanced Security.

A criação de novas regras com o uso dessa interface fornece muito mais flexibilidade do que no painel de controle do Firewall do Windows. Quando você clicar com o botão direito do mouse no nó Inbound Rules (ou Outbound Rules) e selecionar New Rule (Nova Regra) no menu de contexto, o New Inbound (ou Outbound) Rule Wizard [Assistente para Nova Regra de Entrada (ou Saída)] o conduzirá pelo processo de configurar os seguintes conjuntos de parâmetros:

- **Rule Type (Tipo de Regra)** Especifica se você deseja criar uma regra de programa, uma regra de porta, uma variante de uma das regras predefinidas ou uma regra personalizada. Esta seleção determina qual das páginas a seguir o assistente exibirá.

- **Program (Programa)** Especifica se a regra será aplicada a todos os programas, a um programa específico ou a um serviço específico. É o equivalente à definição de um aplicativo com permissão de entrada no painel de controle do Firewall do Windows, exceto por ser preciso especificar o caminho exato do aplicativo.

- **Protocol And Ports (Protocolo e Portas)** Especifica as portas locais ou remotas ou o protocolo de camada de rede ou de transporte aos quais a regra será aplicada. Permite a especificação exata dos tipos de tráfego que a regra deve bloquear ou permitir. Para criar regras dessa forma, é preciso conhecer os protocolos e as portas que um aplicativo usa para se comunicar nas duas extremidades da conexão.

- **Predefined Rules (Regras Predefinidas)** Especifica quais regras predefinidas de requisitos específicos de conectividade de rede o assistente deve criar.

- **Scope (Escopo)** Especifica os endereços IP dos sistemas locais ou remotos aos quais a regra será aplicada. Permite bloquear ou autorizar tráfego entre computadores específicos.

- **Action (Ação)**   Especifica a ação que o firewall deve executar quando um pacote atender à regra. Você pode configurar a regra para permitir a entrada de tráfego se ele estiver sendo bloqueado por padrão ou bloquear o tráfego se ele estiver sendo permitido por padrão. Também pode configurar a regra que só permite tráfego quando a conexão entre os computadores em comunicação está sendo protegida com o uso da Ipsec.
- **Profile (Perfil)**   Especifica o(s) perfil(is) ao(s) qual(is) a regra deve ser aplicada: de domínio, privado ou público.
- **Name (Nome)**   Especifica um nome e (opcionalmente) uma descrição para a regra.

As regras que você pode criar usando os assistentes vão de simples regras de programas, como as criadas no painel de controle do Firewall do Windows, a regras altamente complexas e específicas que bloqueiem ou permitam só certos tipos de tráfego entre computadores específicos. Quanto mais complicadas forem as regras, no entanto, mais você terá que saber sobre as comunicações TCP/IP em geral e o comportamento específico de seus aplicativos. É relativamente simples modificar as configurações padrão do firewall para que acomodem algum aplicativo especial, mas criar uma configuração de firewall totalmente nova é uma tarefa complicada.

Importe e exporte regras

O processo de criar e modificar regras no console Windows Firewall With Advanced Security pode ser demorado, e repetir o processo em vários computadores pode demorar ainda mais. Logo, o console nos permite salvar as regras e configurações criadas exportando-as para um arquivo de políticas.

Um arquivo de políticas é um arquivo com extensão .wfw que contém todas as configurações de propriedades de uma instalação do Firewall do Windows e todas as suas regras, inclusive as regras pré-configuradas e as que você criar ou modificar. Para criar um arquivo de políticas, selecione Export Policy (Exportar Política) no menu Action do console Windows Firewall With Advanced Security e especifique um nome e um local para o arquivo.

Agora você pode duplicar as regras e configurações em outro computador copiando o arquivo e usando a função Import Policy (Importar Política) para transferir o conteúdo.

> *NOTA*   **IMPORTANDO POLÍTICAS**
>
> Quando você importar as políticas de um arquivo, o console o avisará que todas as regras e configurações existentes serão sobrepostas. Logo, você deve tomar cuidado para não criar regras personalizadas em um computador e depois importar outras regras usando um arquivo de políticas.

Crie regras usando a política de grupo

O console Windows Firewall With Advanced Security possibilita a criação de configurações de firewall complexas, mas o Firewall do Windows continua sendo um aplicativo projetado para proteger um único computador contra invasões. Se você tiver um grande número de servidores executando o Windows Server 2012 R2, criar uma configuração de firewall complexa em cada um pode ser um processo demorado. Portanto, como na maioria das tarefas de configuração do Windows, os administradores podem distribuir configurações de firewall para computadores de toda a rede usando a política de grupo.

Quando você editar uma GPO e navegar para o nó Computer Configuration\Policies\Windows Settings\Security Settings\Windows Firewall With Advanced Security (Configurações do Computador\Políticas\Configurações do Windows\Configurações de Segurança\Firewall do Windows com Segurança Avançada), verá uma interface quase idêntica à do console Windows Firewall With Advanced Security.

Você pode configurar as propriedades do Firewall do Windows e criar regras de entrada, de saída e de segurança de conexões, da mesma forma que o faria no console. A diferença é que você poderá implantar essas configurações em computadores de qualquer local da rede vinculando a GPO a um objeto de domínio, site ou OU do AD DS.

Quando abrimos uma nova GPO, o nó Windows Firewall With Advanced Security não contém regras. As regras pré-configuradas encontradas em todos os computadores que executam o Windows Server 2012 R2 não estão presentes. Podemos criar novas regras a partir do zero para implantar na rede ou importar configurações de um arquivo de políticas, da mesma forma que o faríamos no console Windows Firewall With Advanced Security.

A política de grupo não sobrepõe a configuração do Firewall do Windows inteira como o faz a importação de um arquivo de políticas. Quando implantamos regras e configurações de firewall usando a política de grupo, as regras da GPO são combinadas com as regras existentes nos computadores de destino. A única exceção é quando implantamos regras com nomes idênticos aos das regras existentes. Nesse caso, as configurações da GPO sobrepõem as encontradas nos computadores de destino.

Crie regras de segurança da conexão

O Windows Server 2012 R2 também inclui um recurso que incorpora a proteção de dados do IPsec ao Firewall do Windows. Os padrões do *IP Security* (IPsec) são um conjunto de documentos que definem um método para a proteção de dados enquanto eles estão em trânsito por uma rede TCP/IP. O IPsec inclui uma rotina de estabelecimento de conexão, durante a qual os computadores autenticam uns os outros antes de transmitir dados, e uma técnica chamada *encapsulamento*, em que pacotes de dados são encapsulados dentro de outros pacotes para sua proteção.

Além de regras de entrada e saída, o console Windows Firewall With Advanced Security permite que você crie regras de segurança de conexão usando o New Connection Security Rule Wizard (Assistente para Nova Regra de Segurança de Conexão). As regras de segurança de conexão definirão o tipo de proteção que você deseja aplicar às comunicações que estiverem de acordo com as regras do Firewall do Windows.

Quando você clicar com o botão direito do mouse no nó Connection Security Rules (Regras de Segurança de Conexão) e selecionar New Rule no menu de contexto, o New Connection Security Rule Wizard o conduzirá pelo processo de configuração dos seguintes conjuntos de parâmetros:

- **Rule Type**   Especifica a função básica da regra, como isolar computadores de acordo com critérios de autenticação, isentar certos computadores (como servidores de infraestrutura) da autenticação, autenticar dois computadores ou grupos de computadores específicos ou encapsular comunicações entre dois computadores. Você também pode criar regras personalizadas combinando essas funções.
- **Endpoints (Pontos de Extremidade)**   Especifica os endereços IP dos computadores que estabelecerão uma conexão segura antes de transmitir qualquer dado.
- **Requirements (Requisitos)**   Especifica se a autenticação entre dois computadores deve ser solicitada ou requerida em cada direção.
- **Authentication Method (Método de Autenticação)**   Especifica o tipo de autenticação que os computadores devem usar ao estabelecer uma conexão.
- **Profile**   Especifica o(s) perfil(is) ao(s) qual(is) a regra deve ser aplicada: de domínio, privado, público ou uma combinação deles.
- **Name**   Especifica um nome e (opcionalmente) uma descrição para a regra.

> *Teste de raciocínio*
> **Configurando o Firewall do Windows**
>
> No teste de raciocínio a seguir, aplique o que aprendeu sobre o objetivo para prever quais etapas terá que executar. As respostas às perguntas podem ser encontradas na seção "Respostas" no fim do capítulo.
>
> Ralph é administrador de rede júnior na Wingtip Toys. Ele foi incumbido de cuidar do departamento de TI enquanto os outros estão fora da cidade em uma conferência. Ralph recebeu, então, uma chamada do melhor cliente da empresa, relatando que não conseguia fazer pedidos no site. Ele examinou os logs do servidor web do Windows e notou um grande volume de tráfego de chegada começando naquela manhã.
>
> Ralph suspeita de que o servidor tenha sido alvo de um ataque de recusa de serviço (DoS, denial of service), mas não tem acesso ao firewall da rede e não conhece a configuração de firewall que sua empresa usa. No entanto, ele tem acesso ao Firewall do Windows que está sendo executado no servidor web. Quais modificações temporárias ele pode fazer nesse firewall para bloquear o ataque e permitir que o cliente envie pedidos como sempre?

Resumo do objetivo

- Um firewall é um programa de software que protege um computador permitindo a entrada e a saída de certos tipos de tráfego de rede no sistema e bloqueando outros.
- Um firewall é, basicamente, uma série de filtros que examinam o conteúdo de pacotes e os padrões de tráfego enviados e recebidos na rede para determinar quais pacotes podem passar.
- As regras pré-configuradas do firewall foram projetadas para admitir o tráfego usado por funções de rede padrão do Windows, como o compartilhamento de arquivos e impressoras. Para tráfego de saída para a rede, o Firewall do Windows permite que todo o tráfego passe, exceto aquele que estiver de acordo com uma regra.
- O painel de controle do Firewall do Windows foi projetado para permitir que os administradores executem tarefas básicas de configuração do firewall quando necessário.
- Para ter acesso total às definições de configuração do Firewall do Windows, você deve usar o snap-in Windows Firewall With Advanced Security do MMC.

Revisão do objetivo

Responda às perguntas a seguir para testar seu conhecimento sobre as informações deste objetivo. Você pode encontrar as respostas a estas perguntas e explicações de por que cada opção de resposta está certa ou errada na seção "Respostas" no fim do capítulo.

1. Qual dos mecanismos a seguir é usado com mais frequência em regras de firewall para permitir a entrada de tráfego na rede?
   A. Endereços de hardware
   B. Endereços IP
   C. Números de protocolo
   D. Números de porta

2. As regras de segurança de conexão requerem que o tráfego de rede com permissão para passar pelo firewall use qual dos mecanismos de segurança a seguir?
   A. EFS
   B. IPsec
   C. UAC
   D. Kerberos

3. Qual destas ações *não pode* ser executada no painel de controle do Firewall do Windows?
   A. Permitir que um aplicativo passe pelo firewall em todos os três perfis
   B. Bloquear todas as conexões de entrada para qualquer um dos três perfis
   C. Criar exceções de firewall baseadas em números de porta para todos os três perfis
   D. Desativar o Firewall do Windows para todos os três perfis

4. Qual das seguintes ferramentas *não pode* ativar e desativar as regras de descoberta de rede do firewall?
   A. File Explorer
   B. Network and Sharing Center
   C. Action Center
   D. Caixa de diálogo Allowed Apps

5. Quais das afirmações a seguir sobre o Firewall do Windows são verdadeiras? (Selecione todas que se aplicam)
   A. A aplicação de regras de firewall com o uso da política de grupo sobrepõe todas as regras no computador de destino.
   B. A aplicação de regras de firewall com o uso da política de grupo combina as regras recém-implantadas com as já existentes.
   C. A importação de regras de firewall salvas a partir de outro computador sobrepõe todas as regras no sistema de destino.
   D. A importação de regras de firewall a partir de outro computador combina os dois conjuntos de configurações.

Respostas

Esta seção contém as soluções dos testes de raciocínio e as respostas às perguntas das revisões de objetivo deste capítulo.

Objetivo 6.1: Teste de raciocínio

Alice deve criar outra GPO contendo a configuração a seguir, vinculá-la ao domínio e modificar sua filtragem de segurança adicionando o grupo Executives e removendo o grupo Authenticated Users. Essa GPO deve ter precedência sobre a GPO Device Restrictions.

- Prevent installation of devices not described by other policy settings – Disabled (Impedir a instalação de dispositivos não descritos por outras configurações de política – Desabilitada)

Objetivo 6.1: Revisão

1. **Resposta correta:** B
    - **A. Incorreta:** Ferramentas de política de grupo que usam arquivos de modelo administrativo de estilo mais antigo (ADM) não procuram por eles no repositório central.
    - **B. Correta:** Ferramentas de política de grupo procuram arquivos de modelo administrativo baseados em XML (ADMX) no repositório central por padrão.
    - **C. Incorreta:** As GPOs são armazenadas no banco de dados do Active Directory, e não no repositório central.
    - **D. Incorreta:** Os modelos de segurança não são encontrados no repositório central.
2. **Resposta correta:** D
    - **A. Incorreta:** As GPOs locais são aplicadas primeiro, antes de GPOs locais para administradores, não administradores e específicos do usuário.
    - **B. Incorreta:** As GPOs locais para administradores são aplicados após as GPOs locais e antes das GPOs locais específicas de usuários.
    - **C. Incorreta:** As GPOs locais para não administradores são aplicadas após as GPOs locais e antes das GPOs locais específicas de usuários.
    - **D. Correta:** Dos tipos de GPOs locais, as GPOs locais específicas de usuários são aplicadas primeiro.
3. **Resposta correta:** C
    - **A. Incorreta:** A vinculação da GPO aplica as configurações de política de grupo ao conteúdo inteiro de um contêiner do AD DS.
    - **B. Incorreta:** Os modelos administrativos são os arquivos que definem as configurações baseadas no Registro que aparecem nas GPOs.

C. Correta: A filtragem de segurança é um recurso de política de grupo que nos pemite restringir a disseminação de configurações de política de grupo a usuários e grupos específicos dentro de um contêiner do AD DS.

D. Incorreta: As starter GPOs são modelos usados na criação de novas GPOs.

4. **Resposta correta:** A

   A. Correta: As starter GPOs são modelos que você pode usar para criar várias GPOs com o mesmo conjunto de configurações de uma linha de base de modelos administrativos.

   B. Incorreta: As starter GPOs não são aplicadas por clientes.

   C. Incorreta: As starter GPOs usam a mesma interface que as GPOs padrão.

   D. Incorreta: As starter GPOs não contêm todas as configurações encontradas na GPO padrão do domínio – Default Domain Policy.

5. **Resposta correta:** A

   A. Correta: Uma configuração de política Not Configured não tem efeito sobre a configuração existente dessa política.

   B. Incorreta: Uma configuração Disabled permanecerá desativada se você aplicar uma GPO com um valor Not Configured para a mesma configuração.

   C. Incorreta: Uma configuração Not Configured não alterará uma configuração Disabled para Enabled.

   D. Incorreta: Conflitos entre configurações de políticas resultam na sobreposição de configurações, e não em erros.

Objetivo 6.2: Teste de raciocínio

1. 20. Dos sistemas operacionais de estação de trabalho listados, só o Windows 7, o Windows XP Professional e o Windows 2000 podem usar a política de grupo.

2. A. A única maneira de assegurar que os usuários finais não alterem as configurações de segurança de seus computadores é implantá-las usando a política de grupo, o que demandaria que você fizesse o upgrade do sistema operacional. As respostas C e D permitiriam que você implantasse com sucesso os modelos de segurança nos computadores, mas os usuários conseguiriam modificar as configurações.

Objetivo 6.2: Revisão

1. **Respostas corretas:** C, D

   A. Incorreta: Você não pode usar o Active Directory Users and Computers para aplicar um modelo de segurança a um domínio.

   B. Incorreta: Você não pode usar o snap-in Security Templates para aplicar um modelo de segurança a um domínio.

   C. Correta: Você deve usar o Group Policy Management Editor (Editor de Gerenciamento de Política de Grupo) para importar um modelo para uma GPO antes de aplicá-lo a um domínio.

D. **Correta:** Após importar o modelo de segurança para uma GPO, você poderá vinculá-lo a um objeto de domíno e implantar as configurações do modelo.

2. **Respostas corretas:** A, C

    A. **Correta:** Ao criar um usuário padrão no Painel de Controle do Windows, você está adicionando a conta ao grupo Users local.

    B. **Incorreta:** Você não pode adicionar usuários ao grupo Power Users usando o Painel de Controle do Windows.

    C. **Correta:** Conceder a um usuário privilégios administrativos no Painel de Controle do Windows adiciona a conta ao grupo Administrators.

    D. **Incorreta:** Não há um grupo Non-Administrators (Não Administradores) local no Windows.

3. **Resposta correta:** B

    A. **Incorreta:** Você não pode usar o Active Directory Users and Computers para modificar as configurações de um modelo de segurança.

    B. **Correta:** Você pode usar o snap-in Security Templates para modificar as configurações de um modelo de segurança.

    C. **Incorreta:** Você não pode usar o Group Policy Object Editor para modificar as configurações de um modelo de segurança.

    D. **Incorreta:** Você não pode usar o console Group Policy Management para modificar as configurações de um modelo de segurança.

4. **Resposta correta:** D

    A. **Incorreta:** As opções de segurança não podem fornecer os recursos concedidos aos grupos locais internos.

    B. **Incorreta:** As regras do Firewall do Windows não podem fornecer os recursos concedidos aos grupos locais internos.

    C. **Incorreta:** As permissões NTFS não podem fornecer os recursos concedidos aos grupos locais internos.

    D. **Correta:** Os grupos locais internos de um servidor executando o Windows Server 2012 R2 recebem seus recursos especiais por intermédio de direitos de usuário.

5. **Resposta correta:** A

    A. **Correta:** A política Audit Directory Service Access só audita os objetos selecionados no console Active Directory Users and Computers.

    B. **Incorreta:** Não é preciso esperar as configurações da política se propagarem para todos os controladores de domínio.

    C. **Incorreta:** Você pode configurar os objetos a serem auditados no console Active Directory Users and Computers, e não na própria política.

    D. **Incorreta:** A modificação dos nomes dos objetos não terá efeito.

Objetivo 6.3: Teste de raciocínio

Sophie tem que criar duas regras: uma regra de permissão que dê ao grupo ResDev acesso ao aplicativo e uma regra de negação que só seja aplicada ao grupo RDint. Já que as regras de negação têm precedência sobre as regras de permissão no AppLocker, os funcionários administrativos não poderão acessar o aplicativo.

Objetivo 6.3: Revisão

1. **Resposta correta:** D
   A. **Incorreta:** As regras de hash são um dos tipos de regras de restrição de software.
   B. **Incorreta:** As regras de certificado são um dos tipos de regras de restrição de software.
   C. **Incorreta:** As regras de caminho são um dos tipos de regras de restrição de software.
   D. **Correta:** As regras de firewall não são um dos tipos de regras de restrição de software.
2. **Resposta correta:** B
   A. **Incorreta:** A estratégia Basic User (Usuário Básico) impede que aplicativos que requeiram direitos administrativos sejam executados, mas permite a execução de programas que só precisem de recursos acessados por usuários comuns.
   B. **Correta:** A estratégia Disallowed impede que todos os aplicativos sejam executados, exceto os que forem especificamente permitidos.
   C. **Incorreta:** Não há estratégia Power User para a imposição de restrições de software.
   D. **Incorreta:** A estratégia Unrestricted permite que todos os aplicativos sejam executados, exceto os que forem especificamente excluídos.
3. **Respostas corretas:** B, C
   A. **Incorreta:** O hash é baseado no arquivo, e não em sua localização, logo movê-lo não afeta sua funcionalidade.
   B. **Correta:** A substituição por uma versão diferente do arquivo faz o hash perder a validade.
   C. **Correta:** Modificar o arquivo de alguma forma faz o hash perder a validade.
   D. **Incorreta:** A alteração das permissões do arquivo não modifica o próprio arquivo, logo o hash permanece funcional.
4. **Resposta correta:** B
   A. **Incorreta:** As regras de executáveis são aplicadas a arquivos com extensões .exe e .com.
   B. **Correta:** As regras do Windows Installer são aplicadas a pacotes do Windows Installer com extensões .msi e .msp.

C. **Incorreta:** As regras de script são aplicadas a arquivos de script com extensões .ps1, .bat, .cmd, .vbs e .js.

D. **Incorreta:** As regras de aplicativos empacotados são aplicadas a aplicativos adquiridos na Windows Store.

5. **Resposta correta:** A

A. **Correta:** Para o AppLocker ser usado, o Windows Server 2012 R2 requer que o serviço Application Identity (Identidade do Aplicativo) esteja sendo executado.

B. **Incorreta:** O serviço Application Management não é necessário para o Windows aplicar políticas do AppLocker.

C. **Incorreta:** O serviço Credential Manager não é necessário para o Windows aplicar políticas do AppLocker.

D. **Incorreta:** O serviço Network Connectivity Assistant não é necessário para o Windows aplicar políticas do AppLocker.

Objetivo 6.4: Teste de raciocínio

Como medida temporária, o administrador poderia criar uma regra do Firewall do Windows baseada em endereço IP que admitisse o tráfego do computador do cliente e bloqueasse outros tráfegos. Isso impediria que o sistema processasse os arquivos DoS.

Objetivo 6.4: Revisão

1. **Resposta correta:** D

    A. **Incorreta:** Os firewalls podem usar endereços de hardware para filtrar tráfego de rede, mas raramente essa é uma solução prática.

    B. **Incorreta:** Normalmente, os firewalls especificam tipos de tráfego de rede, e não endereços IP inteiros.

    C. **Incorreta:** A filtragem por número de protocolo não costuma fornecer a granularidade necessária à criação de uma configuração de firewall eficiente.

    D. **Correta:** Geralmente, os firewalls usam números de porta para permitir que o trafego entre na rede.

2. **Resposta correta:** B

    A. **Incorreta:** O *Encrypting File System* só fornece segurança para o meio de armazenamento, e não para o tráfego de rede.

    B. **Correta:** As regras de segurança de conexão requerem que o tráfego de rede com permissão para passar pelo firewall use o IPsec no fornecimento de segurança.

    C. **Incorreta:** O User Account Control não pode restringir o tráfego de rede.

    D. **Incorreta:** O Kerberos é um protocolo de autenticação. Ele não pode restringir o tráfego de rede.

3. **Resposta correta:** C
    - **A. Incorreta:** Você pode permitir que um aplicativo passe pelo firewall em todos os três perfis usando o painel de controle do Firewall do Windows.
    - **B. Incorreta:** Você pode usar o painel de controle do Firewall do Windows para bloquear todas as conexões de entrada em todos os três perfis.
    - **C. Correta:** Você não pode bloquear tráfego com base em números de porta em todos os três perfis usando o painel de controle do Firewall do Windows.
    - **D. Incorreta:** Você pode usar o painel de controle do Firewall do Windows para ativar e desativar o firewall em qualquer um dos três perfis.
4. **Resposta correta:** C
    - **A. Incorreta:** O File Explorer exibe um link que ativa as regras de descoberta de rede.
    - **B. Incorreta:** O painel de controle do Network and Sharing Center contém um link que dá acesso a controles das ferramentas de descoberta de rede.
    - **C. Correta:** O painel de controle do Action Center não contém controles de Descoberta de Rede.
    - **D. Incorreta:** A caixa de diálogo Allowed Apps contém controles das regras de descoberta de rede.
5. **Respostas corretas:** B, C
    - **A. Incorreta:** As regras de firewall aplicadas com a política de grupo são combinadas às regras existentes.
    - **B. Correta:** As regras de firewall aplicadas com a política de grupo são combinadas às regras existentes.
    - **C. Correta:** A importação de regras do Firewall do Windows a partir de outro sistema sobrepõe todas as regras existentes.
    - **D. Incorreta:** A importação de regras sobrepõe as regras existentes; ela não as combina.

Índice

Símbolos
6to4, mecanismo, transição de IP, 211-212

A
AAAA (Address), registros de recurso, 243
ABE (enumeração baseada em acesso), 74-75
Account Operators, grupo, 290
ACEs (entradas de controle de acesso), 76
acessando
   arquivos, configurando o acesso a compartilhamentos, 70-88
      compartilhamento de pastas, 71-76
      Cópias de sombra de volume, 85-86
      cotas NTFS, 86-87
      permissões, 76-85
      Work Folders, 88
acesso a compartilhamento, arquivos configurando, 70-88
   compartilhamentos de pastas, 71-76
   cópias de volume de sombra, 85-86
   cotas NTFS, 86-87
   permissões, 76-85
   Work Folders, 88
acesso efetivo, atribuindo permissões, 79-80
acesso remoto
   Easy Print, 100-101
ACL (lista de controle de acesso), 76
Action (New Inbound Rule Wizard), parâmetro, 362-363
activate instance ntds, comando, 266-267
Activate Scope, (New Scope Wizard), página, 222
Active Directory, guia
   adicionando servidores no Server Manager, 113
Active Directory, objetos do, gerenciamento, 286-291
Active Directory, zonas integradas ao, 241-242
Active Directory Administrative Center, console, 275
   criando objetos de computador, 286
   criando usuários individuais no AD DS, 276-280
Active Directory Domain Services. *Consulte* AD DS
Active Directory Object Type (Delegation of Control Wizard), página, 297
Active Directory Sites and Services, console, 271
Active Directory Users and Computers, console, 275
   Copy Object-User Wizard, 280
   criando modelos de usuário, 280-280
   criando objetos de computador, 285
   New Object-User Wizard, 277
Active Directory Zone Replication Scope (Zone Wizard), página, 242
AD DS
   Configuration Wizard, 257
   controladores de domínio, 255-271
      adicionando a domínios existentes, 261-263
      configurando o catálogo global, 270-271
      criando um novo domínio filho em uma floresta, 263-264
      criando uma nova floresta, 257-261
      fazendo o upgrade do AD DS, 267-268
      implantando a IaaS no Windows Azure, 268-269
      instalando a função AD DS, 256-257
      instalando o AD DS em instalações Server Core, 264-267
      opção Install from Media (IFM), 266-267
      removendo, 269-270
      solucionando problemas de falha de registro de servidor no DNS, 271
   gerenciamento de grupos e OUs, 293-307
      criando OUs, 294-296
      trabalhando com grupos, 298-307
      usando OUs para atribuir configurações de política de grupo, 296
      usando OUs para delegar tarefas de gerenciamento do AD, 296-298
   gerenciamento de usuários e computadores, 274-291
      criando objetos de computador, 283-286
      criando objetos de usuário, 274-283
      objetos do Active Directory, 286-291
   Installation Wizard, 257
adaptador de rede (Network Adapter), configurações de, adaptador de NIC team, 186
adaptadores, redes virtuais, 179-183
   adaptadores emulados, 181-182
   adaptadores sintéticos, 181-182
   configurações de aceleração de hardware, 182-183
   recursos avançados de adaptadores de rede, 183
adaptadores de rede (Network Adapter), recursos avançados de, 183

adaptadores emulados, 181-182
adaptadores legados, 181
adaptadores sintéticos, 181-182
Add, ação, utilitário LDIFDE.exe, 282
Add Exclusion And Delay (New Scope Wizard), página, 221
Add Features That Are Required, caixa de diálogo, 32
Add Features That Are Required for Active Directory Domain Services, caixa de diálogo, 256
Add Features That Are Required for Hyper-V, caixa de diálogo, 135
Add Or Remove Snap-Ins, caixa de diálogo, 322-323
Add Printer Wizard, 97-98
Add Roles And Features Wizard
   página Create Virtual Switches, 135
   página Virtual Machine Migration, 135-136
Add Servers, caixa de diálogo, 27, 113
Add Workstations To The Domain, direito, 289
Add/Remove Servers, caixa de diálogo, 106
Add-DnsServerPrimaryZone, cmdlet, 243
Additional Drivers, caixa de diálogo, 99
Additional Options (AD DS Configuration Wizard), página, 262
Additional Rules (nó Software Restriction Policies), pasta, 343
–addmbr <membros>, parâmetro de linha de comando, 305
Address (A), registros de recurso, 243
Address (AAAA), registros de recurso, 243
adicionando
   servidores, Server Manager, 112-113
   servidores de impressão, 106-107
administração
   AD DS
      controladores de domínio, 255-271
      gerenciamento de grupos e OUs, 293-307
      gerenciamento de usuários e computadores, 274-291
Administrative Templates, subnó, 320-321
Administrators, grupo, 290
Administrators and Nonadministrators Group Policy, camada, 321-322
ADMX, arquivos, 316
Adprep.exe, funcionalidade do, 268
Advanced Security Settings, caixa de diálogo, 78, 81
Advanced Shating, caixa de diálogo, 71-73
agentes de retransmissão do, DHCP, 225-228
agrupamento (NIC teaming), 22
agrupamento estático, 22
All Servers (Server Manager), página, 27-28
Allocation Unit Size, opção, página Configuring the Format Partition, 59
Allow (entrada de controle de acesso), 78
Allow Manage This Printer, permissão, 103

Allow Management Operating System To Share This Network Adapter, opção, 177
Allowed Apps, caixa de diálogo, 356-357, 359-360
alocação, métodos de
   endereços IP do DHCP, 215-216
alocação automática
   definição, 215-216
alocação dinâmica
   atribuindo endereços IPv6, 206-207
   definição, 215-216
alocação manual
   atribuindo endereços IPv6, 205-206
   definição, 215-216
alocando memória, console Hyper-V Manager, 148-151
ambiente de sistema operacional físico (POSE)
   instalação, 4
ambiente de sistema operacional virtual (VOSE)
   instalação, 4
ambientes de rede isolados, 187
AMD-V (AMD Virtualization), tecnologia, 134
aninhando grupos, 299, 301
anycast, endereços, IPv6, 205
anycast, transmissões, endereçamento IPv6, 204
APIPA (Automatic Private IP Addressing), 203
Application Identity, serviço, AppLocker e, 351
AppLocker, 349-351
área de trabalho segura, configurando o User Account Control, 338
armazenamento
   configurando o armazenamento local, 41-63
      configurações de disco, 43-47
      discos, 46-63
      planejando necessidades de armazenamento, 41-44
   máquinas virtuais, 154-171
      conectando-se a uma SAN, 165-170
      discos de passagem, 161-162
      discos virtuais, 155-161
      formatos de disco virtual, 154-155
      modificando discos virtuais, 162-163
      pontos de verificação, 162-164
      QoS (Quality of Service), 164-165
armazenamento local
   configurando, 41-63
      configurações de disco, 43-47
      discos, 46-63
      planejando necessidades de armazenamento, 41-44
arquitetura
   arquitetura de impressão do Windows, 92
   DNS, 230-239
      cache do resolvedor no lado do cliente, 236
      cache do servidor, 234-236
      comunicações DNS, 231-234
      encaminhadores, 237-238

referências e consultas, 236-237
resolução de nome inversa, 238-239
permissões, 76-77
virtualização, 130-131
arquiteturas de virtualização, 130-131
arquivo, sistemas de, 46-47
arquivos
  ADMX, 316
  configurando, 70-88
    compartilhamento de pastas, 71-76
    cópias de volume de sombra, 85-86
    cotas NTFS, 86-87
    permissões, 76-85
    Work Folders, 88
  CSV, 281
Assign Drive Letter Or Path (New Simple Volume Wizard), página, 58
Assign Drive Letter Or Path (New Volume Wizard), página, 61
Assign The Following Drive Letter, opção, 58
assistentes (wizards)
  Active Directory Domain Services Configuration, 257
  Active Directory Domain Services Installation, 257
  Add Printer, 97-98
  Add Roles And Features
    página Create Virtual Swiches, 135
    página Virtual Machine Migration, 135-136
  Automatically Generate Rules, 351
  configurando opções do DHCP, 222-223
  Configure Remote Access Getting Started, 226
  Copy Object-User, 280
  Delegation of Control, 296
  Edit Virtual Hard Disk, 162-163
  New Connection Security Rule, 364
  New Inbound (ou Outbound) Rule, 362
  New Object-Computer, 285
  New Object-User, 277
  New Scope, 221
  New Share, 72-73
  New Simple Volume, 57
  New Storage Pool, 50
  New Virtual Machine
    página Configure Networking, 138
    página Connect Virtual Hard Disk, 139-140, 155
    página Specify Generation, 142
  New Zone, 242
  Remove Roles And Features, 10, 269
  Routing And Remote Access Server Setup, 226
associações, grupos do AD DS, 303-306
associando computadores a domínios, 287-290
ativo/ativo (Switch Independent Mode), configuração, 22
ativo/standby (Switch Independent Mode), configuração, 22

atribuindo
  direitos de usuário, 290
    políticas de segurança locais, 328-330
  endereços IPv4, 201-203
  endereços IPv6, 205-207
atributo userPrincipalName, 281
atributos
  criando contas de usuário, 281
Attach A Virtual Hard Disk Later, opção, página Connect Virtual Hard Disk, 156
Audit Directory Service Access, categoria de evento, 328
Audit Object Access, categoria de evento, 328
autenticação, 274
Authentication Method (New Connection Security Rule Wizard), parâmetro, 365
autoalocação, atribuindo endereços IPv6, 206-207
autoconfiguração de endereços IPv6 sem informações de estado, 206-207
Automatic Private IP Addressing (APIPA), 203
Automatically Generate Rules Wizard, 351
autorização, 274
Auxílio ao leitor, 132

B

Backup (Guest Integration Services), função, 144-145
Backup Operators, grupo, 290
balanceamento (NIC teaming), 22
Basic User, abordagem, impondo restrições, 343
Boot Threshold, 227
BOOTP (Bootstrap Protocol), 216-217
BOOTP, extensões de informações de fornecedor, 216-217
Bootstrap Protocol (BOOTP), 216-217
Browse For A Group Policy Object, caixa de diálogo, 322-323

C

cache
  servidores DNS, 234-236
cache do resolvedor no lado do cliente, DNS, 236
cache no lado do cliente, 74-75
caixas de diálogo
  Add Features That Are Required, 32
  Add Features That Are Required for Active Directory Domain Services, 256
  Add Features That Are Required for Hyper-V, 135
  Add Or remove Snap-Ins, 322-323
  Add Servers, 27, 113
  Add/Remove Servers, 106
  Additional Drivers, 99
  Advanced Security Settings, 78, 81
  Advanced Sharing, 71-73
  Allowed Apps, 356-357, 359-360

Browse For A Group Policy Object, 322-323
Change Zone Replication Scope, 245
Computer Name/Domain Changes, 287-288
Create And Attach Virtual Hard Disk, 49
Create Server Group, 119-120
Credentials For Deployment Operation, 261
Customize Settings, 357-358
Deploy With Group Policy, 108-109
File Sharing, 71
Import Policy From, 333
Move, 295
New GPO, 317
New Group, 336
New Host, 244
New Interface for DHCP Relay Agent, 227
New Object-Group, 302
New Path Rule, 344
New User, 335
NIC Teaming, 184
Select a Domain From The Forest, 261
Select GPO, 318
Select Print Server, 106
Select Users, 336
Settings, novas máquinas virtuais, 141-142
Shadow Copies, 85
User Account Control Settings, 339
Validation Results, 269
Virtual Switch Manager, 175
canais de vendas, licenciamento de servidor, 5
Canonical Name (CNAME), registro de recursos, 243
Catálogo Global (GC, Global Catalog)
    configurando, 270-271
    controladores de domínio, 259
certificado, regras de, 345
Change Zone Replication Scope, caixa de diálogo, 245
CIDR (Classless Inter-Domain Routing), 198-199
classes
    endereços IPv4, 196-198
classful, endereçamento, IPv4, 196-198
Classless Inter-Domain Routing (CIDR), 198-199
clientes, DHCP, 215-216
clientes de impressão, 94
cmdlet, New-ADUser, 279
cmdlets
    Add-DnsServerPrimaryZone, 243
    Enable-VMResourceMetering, 151
    Get-PhysicalDisk, 53
    Get-StorageSubsystem, 53
    Install-ADDSDomain, 264
    Install-ADDSDomainController, 264
    Install-ADDSForest, 264
    Install-WindowsFeature, 264
    Measure-VM, 151

New-ADUser, 279
New-GPO, 319
New-StoragePool, 52
    opções, 53
New-VHD, 157
New-VM, 140
New-VMResourcePool, 151
New-VMSwitch, 177
Set-VMMemory, 150
Uninstall-WindowsFeature, 11
CNAME (Canonical Name), registro de recursos, 243
comandos
    Activate instance ntds, 266-267
    CreateFull|RODC, 267
    Get-Help, 265
    Ifm, 266-267
    Ntdsutil, 266-267
Comma-Separated Value Directory Exchange (CSVDE.exe), ferramenta de linha de comando, 275
    AD DS, criando vários usuários no, 281-282
Compact (Edit Virtual Hard Disk Wizard), função, 162
compactando endereços IPv6, 204
compartilhamento, permissões de, 76, 80-82
compartilhamento de arquivos, 356-358
compartilhamentos de pastas, criando, 71-76
compartilhando impressoras, 97-102
    compartilhamento de impressora conectada à rede, 96-98
    compartilhamento de impressora conectada localmente, 94-95
    configurações de impressão avançadas, 97-98
    configurando a segurança da impressora, 101-102
    Easy Print para acesso remoto, 100-101
    gerenciando drivers de impressora, 100
    impressão conectada à rede, 95-97
compartilhando pastas, 71-76
Compatibility Report (programa de instalação), página, 13
Completing The New Simple Volume Wizard (New Simple Volume Wizard), página, 59
computadores, gerenciamento do AD DS, 274-291
    criando objetos de computador, 283-286
    objetos do Active Directory, 28-291
Computer Name, guia, página System Properties, 287
Computer Name/Domain Changes, caixa de diálogo, 287-288
comunicações
    DHCP, 217-221, 218-222
        negociação de concessão, 227-219
        renovação de concessão, 219-221
    DNS, 231-234
concedendo permissões, 78-79

concessão, negociação de, DHCP, 217-219
concessão, renovação de, DHCP, 219-221
conexão local, endereços unicast de, IPv6, 205
conexões
    SANs (redes de área de armazenamento), 165-170
        Fibre Channel, 167-168
        máquinas virtuais para SANs, 168-170
configurações
    discos, 43-47
        estilo de partição, 43-44
        tipos de disco, 44-46
        volumes, 45-47
    redes virtuais, 186-187
    VMs (máquinas virtuais), 129-153
        arquiteturas de virtualização, 130-131
        avaliação do uso de recursos, 150-151
        Hyper-V Manager, 136-152
        implementações do Hyper-V, 131-134
        instalando o Hyper-V, 134-136
configurações de impressão avançadas, 97-98
configurações de unidade de DVD, máquinas virtuais, 143-144
configurando
    acesso a arquivos e compartilhamentos, 70-88
        compartilhamento de pastas, 71-76
        cópias de volume de sombra, 85-86
        cotas NTFS, 86-87
        permissões, 76-85
        Work Folders, 88
    armazenamento da máquina virtual, 154-171
        conectando-se a uma SAN, 165-170
        discos de passagem, 161-162
        discos virtuais, 155-161
        formatos de disco virtual, 154-155
        modificando discos virtuais, 162-163
        pontos de verificação, 162-164
        QoS (Quality of Service), 164-165
    armazenamento local, 41-63
        configurações de discos, 43-47
        discos, 46-63
        planejando necessidades de armazenamento, 41-44
    catálogo global, 270-271
    configurações de máquina virtual, 129-153
        arquiteturas de virtualização, 130-131
        avaliação do uso de recursos, 150-151
        Hyper-V Manager, 136-152
        implementações do Hyper-V, 131-134
        instalando o Hyper-V, 134-136
    configurações de política de grupo, 320-322
    Firewall do Windows, 115-117, 354-365
        applet do Painel de Controle, 356-360
        configurações, 354-355
        snap-in Windows Firewall with Advanced Security, 360-365

funções e recursos
    acesso a arquivos e compartilhamentos, 70-88
    serviços de impressão e documentos, 91-109
    servidores para gerenciamento remoto, 111-121
Hyper-V
    configurações de máquina virtual, 129-153
    permissões de compartilhamento, 80-82
    políticas de restrição de software (GP), 344-347
    prioridades de impressora, 103-105
    propriedades de restrição de software, 346-349
    redes virtuais, 172-173, 186
        adaptadores de rede virtuais, 179-183
        configurações, 186-187
        NIC teaming, 183-186
        switches virtuais, 173-179
    segurança da impressora, 101-102
    serviços básicos de rede
        DNS, 230-248
        endereçamentos IPv4 e IPv6, 195-213
        serviço DHCP, 215-230
    serviços de impressão e documentos, 91-109
        compartilhando impressoras, 97-102
        função Print and Document Services, 105-109
        gerenciamento de documentos, 102-103
        gerenciando impressoras, 103-105
        implantando servidores de impressão, 91-98
    servidores, 18-37
        delegando a administração de servidores, 37
        DSC (Desired State Configuration), 37-38
        ferramenta Server Manager, 26-35
        gerenciamento remoto, 111-121
        serviços, 36-37
        tarefas pós-instalação, 18-25
    WinRM, 115-117
Configuration (Routing and Remote Access Server Setup Wizard), página, 226
Configure DHCP Options (New Scope Wizard), página, 221
Configure Networking (New Virtual Machine Wizard), página, 138
Configure Remote Access Getting Started Wizard, 226
Configure Share Settings (New Share Wizard), página, 74
Connect Virtual Hard Disk (New Virtual Machine Wizard), página, 139-140, 155
consultas
    DNS, 236-237
consultas iterativas, DNS, 236
consultas recursivas, DNS, 236
contêineres, 294
controladores de domínio padrão, GPO da política de, 289
controladores de domínio RODC (Read Only Domain Controller), 259

Convert (Edit Virtual Hard Disk Wizard), função, 162
Convert To GPT Disk, opção, 48-49
Convert To MBR Disk, opção, 48-49
convertendo grupos, AD DS, 306
Copy Object-User Wizard, 280
Create A Virtual Hard Disk, opção, página Connect Virtual Hard Disk, 155
Create And Attach Virtual Hard Disk, caixa de diálogo, 49
Create Full|RODC, comando, 267
Create Group, janela, console AD Administrative Center, 301-302
Create Organizational Unit, janela, console AD DS Administrative Center, 295
Create Server Group, caixa de diálogo, 119-120
Create User (console Active Directory Administrative Center), janela, 276
Create Virtual Switches (Add Roles and Features Wizard), página, 135
credenciais, prompt de, User Account Control, 337
Credentials For Deployment Operation, caixa de diálogo, 261
criação, ferramentas de, criando objetos de usuário do AD DS, 275-276
criação, permissões de, 297
criando
 armazenamento da máquina virtual, 154-171
  conectando-se a uma SAN, 165-170
  discos de passagem, 161-162
  discos virtuais, 155-161
  formatos de disco virtual, 154-155
  modificando discos virtuais, 162-163
  pontos de verificação, 162-164
  QoS (Quality of Service), 164-165
 configurações de máquina virtual, 129-153
  arquiteturas de virtualização, 130-131
  avaliação do uso de recursos, 150-151
  Hyper-V Manager, 136-152
  implementações do Hyper-V, 131-134
  instalando o Hyper-V, 134-136
 configurações de política de grupo
  Firewall Do Windows, 354-365
  GPOs (objetos de política de grupo), 314-323
  políticas de restrição de software, 342-351
 discos diferenciais, 160-161
 discos virtuais, 53-57, 155-161
 escopo, servidores DHCP, 220-222
 florestas, 257-261
 grupos, AD DS, 301-303
 grupos de servidores, 119-120
 objetos de computador, AD DS, 283-286
 objetos de usuário, AD DS, 274-283
  modelos de usuário, 280-281
  usuários individuais, 276-280
  vários usuários, 281-283
 OUs (unidades organizacionais), AD DS, 294-296
 pastas compartilhadas, 71-76

políticas Restricted Groups, 304
pontos de verificação, 162-164
pools de impressão, 104
redes virtuais, 172-186
 adaptadores de rede virtuais, 179-183
 configurações, 186-187
 NIC teaming, 183-187
 switches virtuais, 173-179
 registro de recursos, DNS, 243-245
 reservas, servidores DHCP, 223-224
 zonas, servidores DNS, 240-243
CSV, arquivos, 281
CSVDE.exe (Comma-Separated Value Directory Exchange), ferramenta de linha de comando, 275
 criando vários usuários do AD DS, 281-282
Custom Configuration (Routing and Remote Access Server Setup Wizard), página, 226
Custom Filters (console Print Management), nó, 107-108
Customize Settings, caixa de diálogo, 357-358

D

Dashboard (Server Manager), página, 26-27
Data Exchange (Guest Integration Services), função, 144-145
Data Execution Prevention (DEP), 134
Datacenter, edição, 3
 licenciamento do Hyper-V, 132
 suporte ao Hyper-V, 4
Dcpromo.exe, programa, 257
Default Gateway, opção, configuração manual de endereços IPv4, 202
Default Security Level (nó Software Restriction Policies), configuração, 343
delegando
 administração de servidores, 37
 privilégios de impressão, 37
Delegation of Control Wizard, 296
Delete, ação, utilitário LDIFDE.exe, 282
Deny (entrada de controle de acesso), 78
DEP (Data Execution Prevention), 134
Deploy With Group Policy, caixa de diálogo, 108-109
Deployment Configuration (AD DS Configuration Wizard), página, 257-258, 263
desativando contas de usuário, 290-291
–desc <descrição>, parâmetro de linha de comando, 303
Designated File Types, propriedades, 347-348
desinstalando recursos, página Remove Features, 21-22
Desired State Configuration (DSC), 37-38
DHCP (Dynamic Host Configuration Protocol), 215-230
 comunicações, 217-221
  negociação de concessão, 217-219

renovação de concessão, 219-221
configuração manual de endereços IPv4, 202-203
implantando agentes de retransmissão do DHCP, 225-228
implantando servidores, 220-225
    configurando opções do DHCP, 222-223
    criando reservas, 223-224
    criando um escopo, 222
    PXE, 224-225
métodos de alocação de endereço IP, 207, 215-216
opções, 216-218
DHCP Relay Agents Properties, página, 227
DHCPACK, tipo de mensagem, DHCP, 216-217
DHCPDECLINE, tipo de mensagem, DHCP, 216-217
DHCPDISCOVER, tipo de mensagem, DHCP, 216-217
DHCPINFORM, tipo de mensagem, DHCP, 216-217
DHCPNACK, tipo de mensagem, DHCP, 216-217
DHCPOFFER, tipo de mensagem, DHCP, 216-217
DHCPRELEASE, tipo de mensagem, DHCP, 216-217
DHCPREQUEST, tipo de mensagem, DHCP, 216-217
dicas de raiz, configurando, 246-247
Directory Services Restore Mode (DSRM), 260
direitos de usuário, atribuindo, 290
Disabled, estado, configurações de modelos administrativos, 320-321
Disallowed, abordagem, impondo restrições, 343
disco rígido diferencial, arquivos VHD de imagem de, 155
disco rígido fixa, arquivos VHD de imagem de, 155
discos
    configurações, 43-47
        estilo de partição, 43-44
        tipos de disco, 44-46
    configurando o armazenamento local, 46-63
        adicionando discos físicos, 47-49
        criando um volume simples, 56-60
        discos virtuais, 53-57
        pools de armazenamento, 50-53
        VHDs (discos rígidos virtuais), 48-50
        volumes distribuído, expandido, espelhado, RAID-5, 60-62
discos básicos, 44
discos de expansão dinâmica, 156
discos de passagem, 161-162
discos de tamanho fixo, 156
discos diferenciais, 156, 160-161
discos dinâmicos, 45-46
discos físicos
    configurando o armazenamento local, 47-49
discos rígidos virtuais (VHDs)
    criando e montando, 48-50
    implantando funções em, 34-36

discos virtuais
    configurando o armazenamento local, 53-57
    criando, 155-161
    discos de passagem, 161-162
    formatos, 154-155
    modificando, 162-163
    QoS (Quality of Service), 164-165
Disk Management, snap-in, 45-48
    criando volumes simples, 57
Diskpart.exe, utilitário, 57
Disks (Server Manager), painel, 47-49
dispositivo de impressão, definição, 92
dispositivos de impressão conectados à rede
    instalação, 99
dispositivos de impressão conectados localmente, 94
distribuição, grupos de, 299
Distributed Scan Server (página Select Role Services), opção, 105
Djoin.exe, ferramenta de linha de comando, associando-se a um domínio estando offline, 290
DN (nome distinto), usuários, 278
DN, atributo, 281
DNS (Domain Name System), 230-248
    arquitetura, 230-239
        cache do resolvedor no lado do cliente, 236
        cache do servidor, 234-236
        comunicações DNS, 231-234
        encaminhadores, 237-238
        referências e consultas, 236-237
        resolução de nome inversa, 238-239
    implantando servidores, 239-246
        criando zonas, 240-243
        definindo configurações, 245-246
        registros de recurso, 243-246
DNS, falha de registro do servidor no, 271
DNS, guia
    adicionando servidores no Server Manager, 113
Do Not Assign A Drive Letter Or Drive Path, opção, 58
documentos, serviços de, configurando, 91-109
    compartilhando impressoras, 97-102
        configurando a segurança da impressora, 101-102
        Easy Print para acesso remoto, 100-101
        gerenciando drivers de impressoras, 100
    função Print and Document Services, 105-109
        adicionando servidores de impressão, 106-107
        implantando impressoras com a política de grupo, 108-109
        visualizando impressoras, 107-108
    gerenciamento de documentos, 102-103
    gerenciando impressoras, 103-105
    implantando servidores de impressão, 91-98
        arquitetura de impressão do Windows, 92

entendendo a impressão do Windows, 92-93
flexibilidade de impressão do Windows, 93-98
Domain Admins, grupo, 268
Domain Controller Options (AD DS Configuration Wizard), página, 258-259, 261
Domain Name And DNS Servers (New Scope Wizard), página, 222
Domain Name System. *Consulte* DNS (Domain Name System)
domínio, controladores de,
    instalação, 255-271
        adicionando a domínios existentes, 261-263
        configurando o catálogo global, 270-271
        criando um novo domínio filho em uma floresta, 263-264
        criando uma nova floresta, 257-261
        fazendo o upgrade do AD DS, 267-268
        implantando a IaaS no Windows Azure, 268-269
        instalando a função AD DS, 256-257
        instalando o AD DS em uma instalação Server Core, 264-267
        opção Install from Media (IFM), 266-267
        solucionando problemas de falha de registro do servidor no DNS, 271
    removendo, 269-270
domínio, usuários do, 275
domínio local, grupos de, AD DS, 299-300
domínios
    adicionando controladores de domínio a domínios existentes, 261-263
    associando computadores a, 287-290
    definição, 255
domínios filho, criando em uma floresta, 263-264
drivers
    impressoras, 100
Dsadd.exe, ferramenta de linha de comando, 275
    criando objetos de computador, 286
    criando objetos de grupo, 302-303
    criando usuários individuais no AD DS, 277-278
DSC (Desired State Configuration), 37-38
DSC Service, 38
Dsmod.exe, ferramenta de linha de comando, gerenciando objetos de grupo, 305-306
DSRM (Directory Services Restore Mode), 260
Dynamic Host Configuration Protocol. *Consulte* DHCP (Dynamic Host Configuration Protocol)
Dynamic Memory, console Hyper-V Manager, 148-151
Dynamic Update (New Zone Wizard), página, 242
Dynamically Expanding VHD Type, opção, 49

E

Easy Print, 100-101
edições, 3
Edit Virtual Hard Disk Wizard, 162-163
editor, regras de, 350

editores confiáveis, propriedades de, 348-349
Enable DHCP Guard (recurso avançado de adaptador de rede), 183
Enable File And Folder Compression, opção, página Configuring the Format Partition, 59
Enable IPsec Task Offloading (configuração de aceleração de hardware), 183
Enable MAC Address Spoofing (recurso avançado de adaptador de rede), 183
Enable Single Root I/O Virtualization (SR-IOV), opção, 177
Enable Virtual LAN Identification For Management Operating System, opção, 177
Enable Virtual Machine Queue (configuração de aceleração de hardware), 182
Enabled, estado, configurações de modelos administrativos, 320-321
Enable-VMResourceMetering, cmdlet, 151
encaminhadores, DNS, 237-238
encapsulamento, transição de IP, 210-212
-EnclosureAwareDefault (cmdlet New-StoragePool), opção, 53
endereços
    endereçamento IPv4. *Consulte* IPv4, endereçamento
    endereçamento IPv6. *Consulte* IPv6, endereçamento
endereços IP (super-rede), agregação de, 200-201
endereços IP, métodos de alocação de, DHCP, 215-216
endereços IPv4, configuração manual de, 201-202
endereços unicast globais, IPv6, 204
endereços unicast unique local, IPv6, 205
Endpoints (New Connection Security Rule Wizard), parâmetro, 365
Enterprise Admins, grupo, 268
entradas de controle de acesso (ACEs), 76
enumeração baseada em acesso (ABE), 74-75
escopo
    endereços IPv6, 204
    servidores DHCP, 220-222
espaço de nomes, DNS, 230
Essentials, edição, 3
estados, Features on Demand, 11
estilo de partição, discos, 43-44
excluindo
    grupos, AD DS, 306-307
exclusão, permissões de, 297
Executable Rules, AppLocker, nó, 350
eXecute Disable (XD), 134
Expand (Edit Virtual Hard Disk Wizard), função, 162
Export Configuration Settings, função, 257

F

falhas, tolerância a, Storage Spaces, 54
FCoE (Fibre Channel over Ethernet), 168

Índice **383**

Features On Demand, 10-11
ferramentas não contextuais, acessando servidores remotos, 121
Fibre Channel, 167-168
Fibre Channel over Ethernet (FCoE), 168
fila de impressão, 93
fila de impressão, janela da, 102
File and Storage Services (Server Manager), página, 72-73
File and Storage Services, função, 46-48
File Server, serviço de função, 72-73
File Server Resource Manager, cotas do, 86
File Sharing, caixa de diálogo, 71
File System, opção, página Configuring the Format Partition, 59
filtragem de segurança, Group Policy Management Console, 318-319
Firewall do Windows, 354-365
   applet do Painel de Controle, 356-360
   configurações, 354-355
   configurando, 115-117
   snap-in Windows Firewall with Advanced Security, 360-365
Fixed Provisioning Type, opção, 55
Fixed Type (Recommended) VHD Type, opção, 49
flexibilidade, impressão do Windows, 93-98
florestas
   criando, 257-261
   criando novos domínios filho em, 263-264
Format Partition (New Simple Volume Wizard), página, 58
formatos
   discos virtuais, 154-155
Forwarders (página Properties do servidor DNS), guia, 237-238
Foundation, edição, 3
funções
   adicionando, ferramenta Server Manager, 29-33
   configurando
     acesso a arquivos e compartilhamentos, 70-88
     serviços de impressão e documentos, 91-109
     servidores para gerenciamento remoto, 111-121
   considerações para a instalação de servidor, 3-4
   Hyper-V Server, 132-133
   implantando em VHDs, 34-35

G

GC (Catálogo Global)
   configurando, 270-271
   controladores de domínio, 259
Generation 1, VMs, 141-144
Generation 2, VMs, 141-144
gerenciamento
   configurações de política de grupo
     Firewall do Windows, 354-365
     GPOs (objetos de política de grupo), 314-323
     políticas de restrição de software, 342-351
   grupos e OUs do AD DS, 293-307
     criando OUs, 294-296
     trabalhando com grupos, 298-307
     usando OUs para atribuir configurações de política de grupo, 296
     usando OUs para delegar tarefas de gerenciamento do AD, 296-298
   usuários e computadores do AD DS, 274-291
     criando objetos de computador, 283-286
     criando objetos de usuário, 274-283
     objetos do Active Directory, 286-291
gerenciamento de permissões, tarefa aditiva de, 78
gerenciando
   documentos, 102-103
   drivers de impressora, 100
   impressoras, 103-105, 107
   servidores de impressão, 107
Get-Help, comando, 265
Get-PhysicalDisk, cmdlet, 53
Get-StorageSubsystem, cmdlet, 53
GPMC (Group Policy Management Console), 316, 317
   criando/vinculando políticas de grupo não locais, 317-318
   filtragem de segurança, 318-319
GPOs (objetos de política de grupo), 108
   criando, 314-323
     definindo configurações, 320-322
     GPOs locais, 315, 321-323
     GPOs não locais, 316
     Group Policy Management Console, 316-319
     repositório central, 316
     starter GPOs, 316, 319
GPOs locais, 315, 321-323
GPOs não locais, 316
   criando e vinculando, Group Policy Management Console, 317-318
GPT, estilo de partição, 44
Group Policy Management Console (GPMC), 316-319
   criando/vinculando GPOs não locais, 317-318
   filtragem de segurança, 318-319
Group Policy Management Editor, console, 117
Group Policy Management Editor, janela, 327
Group Policy Object Editor, snap-in, 321-322
grupo, escopos de, AD DS, 299-300
grupo, política de,
   atribuindo configurações usando OUs, 296
   criando GPOs, 314-323
     definindo configurações, 320-322
     GPOs locais, 315, 321-323
     GPOs não locais, 316
     Group Policy Management Console, 316-319
     repositório central, 316
     starter GPOs, 316, 319

Firewall do Windows, 354-365
   applet do Painel de Controle, 356-360
   configurações, 354-355
   snap-in Windows Firewall with Advanced Security, 360-365
gerenciando a associação a grupos, 304-306
implantando impressoras, 108-109
políticas de restrição de software, 342-351
   AppLocker, 349-351
   configurando propriedades, 346-349
   configurando regras, 344-347
   impondo restrições, 343-344
   usando várias regras, 346-347
políticas de segurança, 325-339
   definindo políticas locais, 325-330
   modelos de segurança, 330-333
   User Account Control, 336-339
   usuários e grupos locais, 333-336
grupos
   acesso ao SAM, 333
   políticas de segurança de uma política de grupo, 333-336
grupos, aninhamento de, 299, 301
grupos, gerenciamento do AD DS, 293-307
   aninhando grupos, 301
   associações a grupos, 303-306
   convertendo grupos, 306
   criando grupos, 301-303
   Domain Admins, 268
   Enterprise Admins, 268
   escopos de grupo, 299-300
   excluindo grupos, 306-307
   Schema Admins, 268
   tipos de grupo, 299
grupos de servidores, criando, 119-120
grupos globais, AD DS, 300
grupos locais, criando, 336
grupos relacionados à segurança, 299
grupos universais, AD DS, 300
Guest Integration Services, 144-146
Guest Services (Guest Integration Services), função, 144-145
GUI, ferramentas da tarefas pós-instalação, 19-20

H

Hard Drive, interface, caixa de diálogo Settings, 159
hardware, configurações de aceleração de, adaptadores de rede virtuais, 182-183
hardware, limitações de, Hyper-V, 132
hardware, requisitos de
   Hyper-V, instalação do, 134
hash, regras de, 345
hash de arquivo, regras de, 350
Hearbeat (Guest Integration Services), função, 144-145

herdando permissões, 79
hipervisor, 129
Hop-Count Threshold, 227
host, sistemas operacionais, hipervisor e, 130
Hyper-V
   configurando
      armazenamento da máquina virtual, 154-171
      configurações de máquina virtual, 129-153
      redes virtuais, 172-186
   considerações de instalação de servidor, 4-5
   instalação, 134-136
   licenciando, 132
Hyper-V Manager, console, 136-152
   alocação de memória, 148-151
   criando máquinas virtuais, 137-142
   Guest Integration Services, 144-146
   modo de sessão melhorado, 146-147
   VMs Generation 1 e Generation 2, 141-144
Hyper-V Server, 132-134

I

IaaS (Infrastructure as a Service)
   Windows Azure, 268-269
ICANN (Internet Corporation for Assigned Names and Numbers), 199
ICMPv6 (Internet Control Message Protocol version 6), 212-213
ID de interface, endereços IP, 208
ID de sub-rede, endereços IP, 208
IDE (Integrated Drive Electronics), controladoras, 154
identificadores de segurança (SIDs), 82
IFM (Install from Media), opção, 266-267
ifm, comando, 266-267
imagem de disco rígido dinâmica, arquivos VHD de, 155
implantando
   agentes de retransmissão do DHCP, 225-228
   configurações de política de grupo
      Firewall do Windows, 354-365
      GPOs (objetos de política de grupo), 314-323
      políticas de restrição de software, 342-351
   funções em VHDs, 34-35
   IaaS do Active Directory no Windows Azure, 268-269
   impressoras com política de grupo, 108-109
   serviços básicos de rede, 173-179
      DHCP, 215-230
      DNS, 230-248
      endereçamento IPv4 e IPv6, 195-232
   servidores de impressão, 91-98
      arquitetura de impressão do Windows, 92
      entendendo a impressão do Windows, 92-93
      flexibilidade de impressão do Windows, 93-98
   servidores DHCP, 220-225
      configurando opções do DHCP, 222-223

Índice **385**

criando reservas, 223-224
criando um escopo, 220-222
PXE, 224-225
servidores DNS, 239-246
criando zonas, 240-243
definindo configurações, 245-246
registros de recurso, 243-246
implementações
Hyper-V, 131-134
impondo restrições, Política de grupo, 343-344
Import, guia
adicionando servidores no Server Manager, 113
Import Policy From, caixa de diálogo, 333
importando
modelos de segurança para GPOs, 332-333
imposição, propriedades de, 347
impressão, serviços de, configurando, 91-109
compartilhando impressoras, 97-102
configurando a segurança da impressora, 101-102
Easy Print para acesso remoto, 100-101
gerenciando drivers de impressoras, 100
função Print And Document Services, 105-109
adicionando servidores de impressão, 106-107
implantando impressoras com política de grupo, 108-109
visualizando impressoras, 107-108
gerenciamento de documentos, 102-103
gerenciando impressoras, 103-105
implantando servidores de impressão, 91-98
arquitetura de impressão do Windows, 92
entendendo a impressão do Windows, 92-93
flexibilidade de impressão do Windows, 93-98
impressão, servidores de
adicionando, 106-107
definição, 92
gerenciando, 107
implantando, 91-98
arquitetura de impressão do Windows, 92
entendendo a impressão do Windows, 92-93
flexibilidade de impressão do Windows, 93-98
impressão direta, 94
impressora, compartilhamento de, 97-102
compartilhamento de impressora conectada à rede, 96-98
compartilhamento de impressora conectada localmente, 94-95
configurações de impressão avançadas, 97-98
configurando a segurança de impressora, 101-102
Easy Print para acesso remoto, 100-101
gerenciando drivers de impressoras, 100
impressão conectada à rede, 95-97
impressora, drivers de
definição, 92
gerenciando, 100

impressora conectada à rede, 95-97
impressora conectada à rede, compartilhamento de, 96-98
impressora conectada localmente, compartilhamento de, 94-95
impressoras
definição, 92
gerenciamento, 103-105
gerenciando, 107
implantando com política de grupo, 108-109
instalação, 93
visualizando, 107-108
impressoras com conexão USB, 97-98
in-addr.arpa, domínio, 238
in-addr.arpa, subdomínios do domínio, 238-239
Inbound Rules, lista, console Windows Firewall with Advanced Security, 361-362
Infrastructure as a Service (IaaS)
Windows Azure, 268-269
instalação
controladores de domínio. *Consulte* domínio, controladores de
dispositivos de impressão conectados à rede, 99
função AD DS, 256-257
Hyper-V, 134-136
impressoras, 93
Migration Tools, 15-16
servidores, 2-15
Features on Demand, 10-11
interface Minimal Server, 9-10
migração de funções, 14-15
planejando a instalação, 2-6
Server Core, 6-9
upgrades, 12-15
sistemas operacionais, 143-144
instalação padrão, Server Core, 8
Install from Media (IFM), opção, 266-267
Install-ADDSDomain, cmdlet, 264
Install-ADDSDomainController, cmdlet, 264
Install-ADDSForest, cmdlet, 264
Install-WindowsFeature, cmdlet, 264
Integrated Drive Electronics (IDE), controladoras, 154
interface IDE Controller, caixa de diálogo Settings, 158
Internet Control Message Protocol version 6 (ICMPv6), 212-213
Internet Corporation for Assigned Names and Numbers (ICANN), 199
Internet Printing (página Select Role Services), opção, 105
Internet Protocol Version 4 (TCP/IPv4) Properties, página, 201-202
Intra-Site Automatic Tunnel Addressing Protocol (ISATAP), 212-213
IP, endereços, 355

IP Address, opção, configuração manual de endereços IPv4, 202
IP Address Lease Time, extensão, DHCP, 217
IP Address Range (New Scope Wizard), página, 221-222
IPv4, endereçamento, 195-213
    atribuindo endereços IPv4, 201-203
    CIDR (Classless Inter-Domain Routing), 198-199
    endereçamento classful, 196-198
    endereçamento público e privado, 199
    planejando uma transição de IP, 209-213
    sub-rede, 199, 200
    super-rede, 200-201
IPv4 privado, endereçamento, 199
IPv4 público, endereçamento, 199
IPv6, endereçamento, 195-213
    atribuindo endereços IPv6, 205-207
    introdução, 203-204
    planejando uma transição de IP, 209-213
    sub-rede de endereços IPv6, 208-210
    tipos de endereço, 204-205
IPv6, endereços, obsoletos, 205
ISATAP (Intra-Site Automatic Tunnel Addressing Protocol), 212-213
ISS Hostable Web Core, recurso, 88

J

janelas
    NIC Teaming, 23
JBOD ("Just a Bunch of Disks"), conjuntos, 42
junção (NIC teaming), 22
"Just a Bunch of Disks" (JBOD), conjuntos, 42

L

LDAP Data Interchange Formal Directory Exchange (LDIFDE.exe), utilitário, 275
    criando vários usuários do AD DS, 282
LDIFDE.exe (LDAP Data Interchange Formal Directory Exchange), utilitário, 275
    criando vários usuários do AD DS, 282
Lease Duration (New Scope Wizard), página, 221
licenciando
    Hyper-V, 132
    instalação de servidor, 5
limitações
    de hardware do Hyper-V, 132
linguagem de controle de impressora (PCL), 93
linha de comando, ferramentas de, tarefas pós-instalação, 20-21
lista de controle de acesso (ACL), 76
Local Group Policy, camada, 321-322
Local Users And Groups, snap-in, 334-336
Log On Locally, direito, 290
LPD Service (página Select Role Services), opção, 105

M

MAC, endereços
    switches virtuais, 177-178
MAC Address Range (Virtual Switch Manager), 178
Mail Exchanger (MX), registros de recurso, 243
Manager (Hyper-V), 136-152
    alocação de memória, 148-151
    criando máquinas virtuais, 137-142
    Guest Integration Services, 144-146
    modo de sessão melhorado, 146-147
    VMs Generation 1 e Generation 2, 141-144
máquinas virtuais. *Consulte* VMs
máscara de sub-rede, endereços IP, 196
máscara de sub-rede de tamanho variável (VLSM), 198
Maximum RAM, configuração, Dynamic Memory, 149
MBR, estilo de partição, 43-44
Measure-VM, cmdlet, 151
–member <DNdoGrupo>, parâmetro de linha de comando, 303
–memberof <DNdoGrupo>, parâmetro de linha de comando, 303
memória, alocação de, console Hyper-V Manager, 148-151
memória, configurações de, máquinas virtuais, 148
Memory Buffer, configuração, Dynamic Memory, 149
Memory Weight, configuração, Dynamic Memory, 149
Merge (Edit Virtual Hard Disk Wizard), função, 162-163
Message, extensão, DHCP, 217
Message Type, opção, DHCP, 216-217
Microsoft Network Adapter Multiplexor Driver, 184
migração, guias de, 15
migração, servidores de, 14-15
Migration Tools, 14-15
Minimal Server, interface, 9-10
Minimum RAM, configuração, Dynamic Memory, 149
Mirror, opção de leiaute de armazenamento, 54
modelos de segurança, 330-333
    configurações, 332
    criando, 332
    importando para GPOs, 332-333
    snap-in Security Template, 331
modificando
    discos virtuais, 162-163
Modify, ação, utilitário LDIFDE.exe, 282
modo de sessão melhorado, 146-147
modo de sessão melhorado, configurações de política de, 147-148
monitor de máquina virtual (VMM), 129
Mount In The Following Empty NTFS Folder, opção, 58

Índice **387**

Move, caixa de diálogo, 295
multicast, endereços, IPv6, 205
multicast, transmissões, endereçamento IPv6, 204
MX (Mail Exchanger), registros de recurso, 243

N

Name, parâmetro
   New Connection Security Rule Wizard, 365
   New Inbound Rule Wizard, 362-363
Name Server (NS), registros de recurso, 243
ND (Neighbor Discovery), protocolo, 207
negando permissões, 78-79
Neighbor Discovery (ND), protocolo, 207
Netdom.exe, utilitário de linha de comando, associando computadores a domínios, 288-289
Network And Sharing Center do Painel de Controle, item, 356-357
Network File System (NFS), 72-73
New Connection Security Rule Wizard, 364
New GPO, caixa de diálogo, 317
New Group, caixa de diálogo, 336
New Host, caixa de diálogo, 244
New Inbound (ou Outbound) Rule Wizard, 362
New Interface For DHCP Relay Agent, caixa de diálogo, 227
New Object-Computer Wizard, 285
New Object-Group, caixa de diálogo, 302
New Object-User Wizard, 277
New Path Rule, caixa de diálogo, 344
New Scope Wizard, 221-223
New Share Wizard, 72-73
New Simple Volume Wizard, 57
New Storage Pool Wizard, 50
New Team (Server Manager), página, 23
New User, caixa de diálogo, 335
New Virtual Disk, menu, 53
New Virtual Machine Wizard
   página Configure Networking, 138
   página Connect Virtual Hard Disk, 139-140, 155
   página Specify Generation, 142
New Zone Wizard, 242
New-GPO, cmdlet, 319
New-StoragePool, cmdlet, 52
   opções, 53
New-VHD, cmdlet, 157
New-VM, cmdlet, 140
New-VMResourcePool, cmdlet, 151
New-VMSwitch, cmdlet, 177
NFS (Network File System), 72-73
NFS Share-Advanced (lista File Share Profile), opção, 73
NFS Share-Quick (lista File Share Profile), opção, 73
NIC teaming, 22-26
   redes virtuais, 183-186
     configurando adaptadores de rede virtuais, 185-186

   criando agrupamentos NIC, 184
   criando switches virtuais de grupos, 185
NIC Teaming, caixa de diálogo, 184
NIC Teaming, janela, 23
No eXecute (NX), 134
nome distinto (DN), usuários, 278
Not Configured, estado, configurações de modelos administrativos, 320-321
NS (Name Server), registros de recurso, 243
Ntdsutil.exe, ferramenta de linha de comando, 266-267
NTFS, autorização
   atribuindo permissões, 82
NTFS, cotas, configurando, 86-87
NTFS, permissões, 76
   combinando com permissões de compartilhamento, 84-85
   permissões básicas, 82-84
   permissões NTFS avançadas, 84
NTFS, sistema de arquivos, 46-47
NX (No eXecute), 134

O

objectClass, atributo, 281
objetos de política de grupo (GPOs), 108
objetos de usuário, AD DS, 274-283
   criando
     modelos de usuário, 280-281
     usuários individuais, 276-280
     vários usuários, 281-283
Offline Files, 74-75
Open Systems Interconnect (OSI), modelo de referência, 173-174
Operating System Shutdown (Guest Integration Services), função, 144-145
OSI (Open Systems Interconnect), modelo de referência, 173-174
OUs (unidades organizacionais), gerenciamento do AD DS, 293-307
   criando OUs, 294-296
   usando OUs para atribuir configurações de política de grupo, 296
   usando OUs para delegar tarefas de gerenciamento do AD, 296-298
Outbound Rules, lista, console Windows Firewall with Advanced Security, 361

P

Packaged App Rules, nó, AppLocker, 350
paginação inteligente, 150-151
Painel de Controle do, applet, Firewall do Windows, 356-360
Parameter Request List, extensão, DHCP, 217
Parity, opção de leiaute de armazenamento, 54
partição pai, 131

partições, 131
partições filho, 131
  parâmetro de linha de comando -chmbr <membros>, 306
PCL (linguagem de controle de impressora), 93
Perform A Quick Format, opção, página Configuring the Format Partition, 59
Permissions (Delegation of Control Wizard), página, 297
permissões, atribuindo, 76-85
  acesso efetivo, 79-80
  arquitetura de permissões do Windows, 76-77
  autorização NTFS, 82
  combinando permissões de compartilhamento com permissões NTFS, 84-85
  concedendo/negando permissões, 78-79
  definindo permissões de compartilhamento, 80-82
  permissões básicas e avançadas, 77-78
  permissões herdadas, 79
  permissões NTFS avançadas, 84
  permissões NTFS básicas, 82-84
permissões, herança de, 79
permissões avançadas, 77-78
permissões básicas, 77-78
permissões especiais, 77
permissões gerais, 297
permissões NTFS avançadas, atribuindo, 84
permissões NTFS básicas, atribuindo, 82-84
permissões padrão, 77
pilhas IP duplas, transição de IP, 210-211
planejando
  instalação de servidor, 2-6
    dando suporte a funções de servidor, 3-4
    dando suporte à virtualização do servidor, 4-5
    licenciamento de servidor, 5
    requisitos de instalação, 5-6
    selecionando a edição do Windows Server 2012 R2, 3
  transições de IP, 209-213
  armazenamento do servidor, 41-44
política de grupo, objetos de. *Consulte* GPOs (objetos de política de grupo)
políticas
  políticas de restrição de software da política de grupo, 342-351
    AppLocker, 349-351
    configurando propriedades, 346-349
    configurando regras, 344-347
    impondo restrições, 343-344
    usando várias regras, 346-347
  políticas de segurança de uma política de grupo, 325-339
    definindo políticas locais, 325-330
    modelos de segurança, 330-333

User Account Control, 336-339
  usuários e grupos locais, 333-336
políticas de auditoria, GPOs, 325-328
políticas de restrição de software (GP), 342-351
  AppLocker, 349-351
  configurando propriedades de restrição, 346-349
  configurando regras, 344-347
  impondo restrições, 343-344
políticas locais, 325-330
pontos de verificação, 162-164
pools de armazenamento
  configurando o armazenamento local, 50-53
pools de impressão, criando, 104
Port Mirroring Mode (recurso avançado de adaptador de rede), 183
porta, números de, 355
POSE (ambiente de sistema operacional físico) instalação, 4
pós-instalação, tarefas
  configurando servidores, 18-25
    fazendo a conversão entre GUI e Server Core, 21-22
    ferramentas da GUI, 19-20
    ferramentas de linha de comando, 20-21
    NIC teaming, 22-26
PowerShell, Windows, 275
  criando objetos de computador, 286
  criando objetos de usuário, 283
  criando usuários individuais do AD DS, 279
Preboot eXecution Environment (PXE), 182, 224-225
Predefined Rules (New Inbound Rule Wizard), parâmetro, 362-363
Preferred DNS Server, opção, configuração manual de endereços IPv4, 202
prefixos de roteamento global, endereços IP, 208
preparando
  upgrades de servidor, 12-14
Prerequisites Check (AD DS Configuration Wizard), página, 260
primeiros bits, valores dos, endereços IP, 197
Print And Document Services, função, 105-109
  adicionando servidores de impressão, 106-107
  implantando impressoras com política de grupo, 108-109
  visualizando impressoras, 107-108
Print Management, console, 105
Print Operators, grupo, 290
Print Server (página Select Role Services), opção, 105
privilégios
  delegando privilégios de impressora, 37
Profile, parâmetro
  New Connection Security Rule Wizard, 365
  New Inbound Rule Wizard, 362-363
Program (New Inbound Rule Wizard), parâmetro, 362

Índice **389**

programa de instalação, página Compatibility Report, 13
prompts de elevação, User Account Control, 338
Properties (Server Manager), painel, 19-20
Properties, página
   configuração de política, 327
Properties, páginas, consoles AD Administrative Center/Users and Computers, 286-287
propriedades
   configurando propriedades de restrição de software, 346-349
propriedades, permissões específicas de, 297
Protocol And Ports (New Inbound Rule Wizard), parâmetro, 362-363
protocolo, números de, 355
–ProvisioningTypeDefault (cmdlet New-StoragePool), opção, 53
PTR (Pointer), registros de recurso, 243
PXE (Preboot eXecution Environment), 182, 224-225

Q

QoS (Quality of Service), discos rígidos virtuais, 164-165
Quality of Service (QoS), discos rígidos virtuais, 164-165

R

RAID-5, volumes
   configurando o armazenamento local, 60-62
   discos, 46-47
Read Only Domain Controller (RODC), 259
Rebinding (T2) time value, extensão, DHCP, 217
recurso, registros de, servidores DNS, 243-246
recursos
   adicionando, ferramenta Server Manager, 29-33
   configurando
      acesso a arquivos e compartilhamentos, 70-88
      serviços de impressão e documentos, 91-109
      servidores para gerenciamento remoto, 111-121
recursos, avaliação do uso de, 150-151
recursos, Server Core, 9-10
recursos, usuários do AD DS, acesso a, 274
rede, descoberta de, 356-358
rede, serviços de
   DHCP, 215-230
      comunicações, 217-221
      implantando agentes de retransmissão do DHCP, 225-228
      implantando servidores DHCP, 220-225
      métodos de alocação de endereço IP, 235
      opções, 216-218
   DNS, 230-248
      arquitetura, 230-239
      implantando servidores, 239-246

endereçamento IPv4 e IPv6, 195-213
   atribuindo endereços IPv4, 201-203
   atribuindo endereços IPv6, 205-207
   CIDR (Classless Inter-Domain Routing), 198-199
   endereçamento IPv4 classful, 196-198
   endereçamento IPv4 público e privado, 199
   introdução ao endereçamento IPv6, 203-204
   planejando uma transição de IP, 209-213
   sub-rede de endereços IPv6, 208-210
   sub-rede IPv4, 199-200
   super-rede, 200-201
   tipos de endereço IPv6, 204-205
rede virtuais, adaptadores de, 179-183
   adaptadores emulados, 181-182
   adaptadores sintéticos, 181-182
   configurações de aceleração de hardware, 182-183
   recursos avançados de adaptadores de rede, 183
redes
   redes virtuais, 172-186
      adaptadores de rede virtuais, 179-183
      configurações, 186-187
      NIC teaming, 183-186
      switches virtuais, 173-179
redes de área de armazenamento (SANs), 165-170
   Fibre Channel, 167-168
   máquinas virtuais para SANs, 168-170
redes virtuais
   criando e configurando, 172-186
      adaptadores de rede virtuais, 179-183
      configurações,186-187
      NIC teaming, 183-186
      switches virtuais, 173-179
referências, DNS, 236-237
ReFS, sistema de arquivos, 46-47
registros de recurso Pointer (PTR), 243
regras de caminho, 345-347, 350
regras padrão, AppLocker, 351
Remote Desktop Session Host, serviço de função, 100
Remote Features (Server Manager), página, 21-22
–Remove, flag, 11
Remove Roles And Features Wizard, 10, 269
removendo
   controladores de domínio, 269-270
   recurso Server Graphical Shell, 10
Renewal (T1) time value, DHCP, extensão, 217
renovação, processo de, endereços IP do DHCP, 219-221
replicação, 266-267
repositório central, configurando, 316
representando endereços de rede no IPv6, 204
Requested IP Address, extensão, DHCP, 217
Requirements (New Connection Security Rule Wizard), parâmetro, 365

Índice

requisitos de hardware, instalação do servidor, 5
reservas, servidores DHCP, 223-224
–ResiliencySettingsNameDefault (cmdlet New-StoragePool), opção, 53
resolução de nomes (referências), DNS, solicitações de, 236-237
resolução de nomes, processo de, DNS, 238-239
resolução de nomes inversa, DNS, 238-239
resolvedores, DNS, 231
Restart The Destination Server Automatically If Desired, função, 257
restrição de aplicativo (GP), políticas de, 342-351
   AppLocker, 349-351
   configurando propriedades de restrições, 346-349
   configurando regras, 344-347
   impondo restrições, 343-344
Restricted Groups, políticas, criando, 304
Reverse Lookup Zone Name (New Zone Wizard), página, 245
–rmmbr <membros>, parâmetro de linha de comando, 306
Root Hints (página Properties do servidor DNS), guia, 246-247
Router (Default Gateway) (New Scope Wizard), página, 221-222
Routing And Remote Access, console, 226
Routing And Remote Access Server Setup Wizard, 226
Rule Type, parâmetro
   New Connection Security Rule Wizard, 365
   New Inbound Rule Wizard, 362

S

SAM (Security Account Manager), 333
SAM, atributo de nome de conta, 278, 281
–samid <nome de conta SAM>, parâmetro de linha de comando, 303
SANs (redes de area de armazenamento), 165-170
   Fibre Channel, 167-168
   máquinas virtuais para SANs, 168-170
Schema Admins, grupo, 268
SCM (Security Compliance Manager), ferramenta, 331
SCONFIG, interface, 133
Scope (New Inbound Rule Wizard), parâmetro, 362-363
–scope l|g|u, parâmetro de linha de comando, 303, 305
script, modelo de, DSC, 38
Script Rules, nó, AppLocker, 350
scripts de configuração, DSC, 38
SCSI (Small Computer Systems Interface), controladoras, 154
SCSI, discos, 142

–secgrp yes|no, parâmetro de linha de comando, 302, 305
Security Account Manager (SAM), 333
Security Compliance Manager (SCM), ferramenta, 331
Security Levels (nó Software Restriction Policies), pasta, 342
Security Options, nó, GPOs, 329-330
Security Templates, snap-in, 331
segurança
   AD DS
      autenticação e autorização, 274
   impressoras, 101-102
   políticas de restrição de software da política de grupo, 342-351
      AppLocker, 349-351
      configurando propriedades, 346-349
      configurando regras, 346-347
      impondo restrições, 343-344
      usando várias regras, 346-347
   políticas de segurança de uma política de grupo, 325-339
      definindo políticas locais, 325-330
      modelos de segurança, 330-333
      User Account Control, 336-339
      usuários e grupos locais, 333-336
Select A Domain From The Forest, caixa de diálogo, 261
Select Destination Server (Add Roles and Features Wizard), página, 30-31, 35
Select Disks (New Volume Wizard), página, 61
Select Features (Add Roles and Features Wizard), página, 32
Select GPO, caixa de diálogo, 318
Select installation Type (Add Roles and Features Wizard), página, 29
Select Physical Disks For the Storage Pool (new Storage Pool Wizard), página, 51
Select Print Server, caixa de diálogo, 106
Select Server Roles (Add Roles and Features Wizard), página, 31-32
Select The Profile For This Share (New Share Wizard), página, 72-73
Select The Server And Storage Pool (Server Manager), página, 53
Select The Storage Layout (Server Manager), página, 53-54
Select Users, caixa de diálogo, 336
Server Core
   instalando o AD DS em, 264-267
Server Core, interface
   Hyper-V Server, 133
Server Core, opção de instalação, 6-9
Server for NFS, serviço de função, 72-73
Server Graphical Shell, recurso, removendo, 10
Server Identifier, extensão, DHCP, 217

Server Manager, 26-35
　adicionando funções e recursos, 29-33
　adicionando servidores, 26-29
　gerenciamento remoto, 112-120
　　adicionando servidores, 112-113
　　criando grupos de servidores, 119-120
　　servidores de nível inferior, 117-119
　　servidores não associados a domínios, 114-116
　　servidores Windows Server 2012 R2, 114-117
　implantando funções em VHDs, 34-35
Server Message Blocks (SMB), 72-73
Server Operators, grupo, 290
Services (Server Manager), painel, 36
serviços
　configurando servidores, 36-37
serviços básicos de rede
　DHCP, 215-230
　　comunicações, 217-221
　　implantando agentes de retransmissão do DHCP, 225-228
　　implantando servidores DHCP, 220-225
　　métodos de alocação de endereço IP, 215-216
　　opções, 216-218
　DNS, 230-248
　　arquitetura, 230-239
　　implantando servidores, 239-246
　endereçamentos IPv4 e IPv6, 195-213
　　atribuindo endereços IPv4, 201-203
　　atribuindo endereços IPv6, 205-207
　　CIDR (Classless Inter-Domain Routing), 198-199
　　endereçamento classful IPv4, 196-198
　　endereçamento IPv4 público e privado, 199
　　introdução ao endereçamento IPv6, 203-204
　　planejando uma transição de IP, 209-213
　　sub-rede IPv4, 199-200
　　sub-redes de endereços IPv6, 208-210
　　super-rede, 200-201
　　tipos de endereço IPv6, 204-205
serviços de diretório, definição de, 255
serviços de integração, configurações dos, máquinas virtuais, 146
servidor, cache do
　DNS, 234-236
servidor remoto, ferramentas de administração de, 120-121
servidor remoto, gerenciamento de
　configurando servidores, 111-121
　　ferramentas de administração de servidor remoto, 120-121
　　Server Manager, 112-120
　　trabalhando com servidores remotos, 121
servidores
　adicionando, ferramenta Server Manager, 26-29
　adicionando, Server Manager, 112-113
　conexões da SAN, 166-170

configurando, 18-37
　delegando a administração do servidor, 37
　DSC (Desired State Configuration), 37-38
　ferramenta Server Manager, 26-35
　gerenciamento remoto, 111-121
　serviços, 36-37
　tarefas pós-instalação, 18-25
DHCP, 220-225
　configurando opções do DHCP, 222-223
　criando reservas, 223-226
　criando um escopo, 220-222
　PXE, 224-225
DNS, 239-246
　criando zonas, 240-243
　definindo configurações, 245-246
　registros de recurso, 243-246
instalação, 2-15
　Features on Demand, 10-11
　interface Minimal Server, 9-10
　migração de funções, 14-15
　planejando a instalação, 2-6
　Server Core, 6-9
　upgrades, 12-15
servidores de impressão, 91-98
　adicionando, 106-107
　arquitetura de impressão do Windows, 92
　entendendo a impressão do Windows, 92-93
　flexibilidade de impressão do Windows, 93-98
servidores de nível inferior, 117-119
servidores de nome, DNS, 230
servidores não associados a domínios, 114-116
servidores remotos, 121
Settings, caixa de diálogo, novas máquinas virtuais, 141-142
Set-VMMemory, cmdlet, 150
Shadow Copies, caixa de diálogo, 85
Share Permissions (pasta compartilhada), guia, 80
Shrink (Edit Virtual Hard Disk Wizard), função, 162-163
SIDs (identificadores de segurança), 82
Simple, opção de leiaute de armazenamento, 54
Single-Root I/O Virtualization (configuração de aceleração de hardware), 183
sistemas de arquivos FAT, 46-47
sistemas operacionais
　instalação, 143-144
sistemas operacionais, considerações para instalação de servidor, 3
Small Computer Systems Interface (SCSI), controladoras, 154
Smart Paging File Location, configurações, 150
SMB (Server Message Blocks), 72-73
SMB Share-Advanced (lista File Share Profile), opção, 73
SMB Share-Applications (lista File Share Profile), opção, 73

SMB Share-Quick (lista File Share Profile), opção, 73
snap-ins
  Group Policy Object Editor, 321-322
  Local Users and Groups, 334-336
  Security Templates, 331
  Windows Firewall with Advanced Security, 360-365
snapshots, 162-163
SOA (Start of Authority), guia, (página Properties do servidor DNS), 235-236
SOA (Start of Authority), registros de recurso, 243
Software Settings, subnó, 320-321
Specify A Storage Pool Name and Subsystem (New Storage Pool Wizard), página, 50-51
Specify An Alternate Source Path, função, 257
Specify Generation (New Virtual Machine Wizard), página, 142
Specify The Provisioning Type (Server Manager), página, 54
Specify The Size Of The Virtual Disk (Server Manager), página, 55-56
Specify The Virtual Disk Name (Server Manager), página, 53
Specify Volume Size (New Simple Volume Wizard), página, 57
spooler (fila de impressão) 93
Standard, edição, 3
  licenciamento do Hyper-V, 132
  suporte ao Hyper-V, 4
Start of Authority (SOA), registros de recurso, 243
Start of Authority (SOA), guia, (página Properties do servidor DNS), 235-236
starter GPOs, 316, 319
Startup RAM, configuração, Dynamic Memory, 149
Static MAC Address (recurso avançado de adaptador de rede), 183
Storage Pools (Server Manager), painel, 50
Storage Services, função, 72-73
Storage Spaces, 42-44
stub, zonas, servidores DNS, 241
Subnet Mask, opção, configuração manual de endereços IPv4, 202
sub-rede
  endereçamento IPv4, 199-200
  endereços IPv6, 208-210
sub-rede de dois níveis, opção de, sub-rede de endereços IPv6, 208
sub-rede de um nível, opção de, sub-rede de endereços IPv6, 208
sub-rede de vários níveis, opção de, sub-rede de endereços IPv6, 208
super-rede, endereçamento IPv4, 200-201
Switch Dependent Mode, NIC teaming, 22
Switch Independent Mode, NIC teaming, 22
switches virtuais, 173-179
  criando um novo switch, 175-177
  endereços MAC, 177-178
  switches virtuais padrão, 173-174
switches virtuais, 173-179
  criando um novo switch, 175-177
  endereços MAC, 177-178
  switches virtuais padrão, 173-174
switches virtuais externos, 176
switches virtuais internos, 176
switches virtuais padrão, 173-174
switches virtuais privados, 176
sync shares, 88
System Properties, páginas, 287

T

tarefa subtrativa de gerenciamento de permissões, 78
tarefas administrativas, configurando o User Account Control, 337-338
tarefas contextuais, acessando servidores remotos, 121
tarefas não contextuais, acessando servidores remotos, 121
Tasks To Delegate (Delegation of Control Wizard), página, 297
TCP (Transmission Control Protocol), portas, 95
tecnologia AMD Virtualization (AMD-V), 134
tecnologias de armazenamento conectado à rede (NAS), 42
tecnologias NAS (armazenamento conectado à rede), 42
telephoneNumber, atributo, 281
Teredo, transição de IP, 212-213
TFTP (Trivial File Transfer Protocol), 225
Thin Provisioning Type, opção, 55
Time Synchronization (Guest Integration Services), função, 144-145
time to live (TTL), 235
Tipo I, virtualização, 131
Tipo II, virtualização, 130
tokens de acesso, 298
Transmission Control Protocol (TCP), portas, 95
Trivial File Transfer Protocol (TFTP), 225
TTL (time to live), 235

U

UAC (User Account Control), segurança da política de grupo, 336-339
UEFI, inicialização, 142
unicast, transmissões, endereçamento IPv6, 204
unidades organizacionais. *Consulte* OUs
Uninstall-WindowsFeature, cmdlet, 11
Unrestricted, abordagem, impondo restrições, 343
upgrade, caminhos de, servidores, 12
upgrade, fazendo o
  AD DS, 267-268
  Guest Integration Services, 144-146

Índice **393**

upgrades
  servidores, 12-15
    caminhos de upgrade, 12
    preparando-se para fazer o upgrade, 12-14
Use An Existing Virtual Hard Disk, opção, página Connect Virtual Hard Disk, 156
User Account Control (UAC), segurança da política de grupo, 336-339
User Account Control Settings, caixa de diálogo, 339
User Accounts do Painel de Controle, item, configurando usuários locais, 333-334
User Rights Assignment, configurações, 328-330
User-specific Group Policy, camada, 321-322
usuário, direitos de
  políticas de segurança locais, 328-330
usuário, modelos de, AD DS, 280-281
usuários
  AD DS, 274-291
    criando objetos de usuário, 274-283
    objetos do Active Directory, 286-291
  políticas de segurança de uma política de grupo, 333-336
usuários individuais, AD DS, 276-280
usuários locais, 275
  políticas de segurança de uma política de grupo, 333-336

V

Validation Results, caixa de diálogo, 269
várias GPOs locais, criando, 321-323
vários usuários, AD DS, 281-283
VHDs (discos rígidos virtuais)
  criando e montando, 48-50
  implantando funções em, 34-35
VHDX, arquivos de imagem, 155
View Results, página
  New Storage Pool Wizard, 52
  Server Manager, 56
vinculando GPOs não locais, Group Policy Management Console, 317-318
Virtual Hard Disk Format, opções, 49
Virtual Hard Disk Type, opções, 49
Virtual Machine Migration (Add Roles and Features Wizard), página, 135-136
Virtual Switch Manager, caixa de diálogo, 175
Virtual Switch Properties, configurações, switch de NIC team, 185
Virtual Switch Properties, página, 177
virtualização
  considerações para instalação de servidor, 4-5
virtualização de disco, tecnologia de, Storage Spaces, 42-44
Virtualization Service Client (VSC), 181
Virtualization Service Provider (VSP), 181

visualizando
  impressoras, 107-108
VLSM (máscara de sub-rede de tamanho variável), 198
VMBus, 181
VMM (monitor de máquina virtual), 129
VMs
  conectando a SANs, 168-170
  criando e configurando o armazenamento, 154-171
    conectando-se a uma SAN, 165-170
    discos de passagem, 161-162
    discos virtuais, 155-161
    formatos de disco virtual, 154-155
    modificando discos virtuais, 162-163
    pontos de verificação, 162-164
    QoS (Quality of Service), 164-165
  criando e definindo configurações, 129-153
    arquiteturas de virtualização, 130-131
    avaliação do uso de recursos, 150-151
    Hyper-V Manager, 136-152
    implementações do Hyper-V, 131-134
    instalando o Hyper-V, 134-136
volume de sombra, cópias de, 85-86
Volume Label, opção, página Configuring the Format Partition, 59
volumes
  configurando o armazenamento local, 56-62
  discos, 45-47
volumes distribuídos
  configurando o armazenamento local, 60-62
  discos, 45-46
volumes espelhados
  configurando o armazenamento local, 60-62
  discos, 45-46
volumes expandidos
  configurando o armazenamento local, 60-62
  discos, 45-46
volumes simples
  discos, 45-46
VOSE (ambiente de sistema operacional virtual), instalação, 4
VSC (Virtualization Service Client), 181
VSP (Virtualization Service Provider), 181

W

Windows Azure
  Infrastructure as a Service (IaaS), 268-269
Windows Firewall with Advanced Security, snap-in, 360-365
Windows Installer Rules, nó, AppLocker, 350
Windows PowerShell, 275
  criando objetos de computador, 286
  criando objetos de usuário, 283
  criando usuários individuais do AD DS, 279

instalando o AD DS em uma instalação Server Core, 264-267
Windows Remote Management (HTTP-In), regras, 118
Windows Server 2012 R2, servidores
   gerenciando, 114-117
Windows Settings, subnó, 320-321
WinRM
   configurando, 115-117
WINS Servers (New Scope Wizard), página, 222
Work Folders, configurando, 88
World Wide Node Names (WWNNs), 168-169
World Wide Port Names (WWPNs), 168-169

WWNNs (World Wide Node Names), 168-169
WWPNs (World Wide Port Names), 168-169

X

XD (eXecute Disable), 134

Z

zona de rede, regras de, 346-347
Zonas, servidores DNS, 240-243
zonas primárias, servidores DNS, 240
zonas secundárias, servidores DNS, 241

edelbra

Impressão e Acabamento
E-mail: edelbra@edelbra.com.br
Fone/Fax: (54) 3520-5000

IMPRESSO EM SISTEMA CTP